suhrkamp taschenbuch 3398

*Berühmte Frauen* ist ein biographisches Nachschlagewerk mit Lexikoncharakter und informiert exakt, abwechslungsreich und unterhaltsam über große Frauen aller Epochen und Länder. Mit Porträts von Berenice Abbott, Anne Stuart, Ingrid Bergman, Maria Callas, Coco Chanel, Isadora Duncan, Elisabeth von Österreich, Indira Gandhi, Clara Haskil, Frida Kahlo, Petra Kelly, Rosa Luxemburg, Mata Hari, Virginia Woolf, Unica Zürn und vielen anderen.

»Die 300 Porträts setzen allen ein Denkmal, die große Leistungen erbracht haben – und dennoch in Vergessenheit versanken oder erst gar nicht bekannt wurden ... Man kann in diesem Band interessante, informative Entdeckungen machen, gezielt suchen oder einfach querlesen. Eine aufschlußreiche Lektüre, die viel Stoff für Biographien liefern könnte.«

*Allgemeine Zeitung Mainz*

# Berühmte Frauen

## Dreihundert Porträts

Herausgegeben
von Luise F. Pusch
und Susanne Gretter

Suhrkamp

Umschlagfoto:
Eugene Robert Richee. Marlene Dietrich in »Morocco«, 1932.


suhrkamp taschenbuch 3398
Erste Auflage 2002

Druck: Pustet, Regensburg
Printed in Germany

2 3 4 5 6 – 07 06 05 04 03 02

Die Weltgeschichte ist nichts anderes als die Biographie großer Männer.
*Thomas Carlyle (1841)*[1]

# Vorwort

Was wir hier stolz präsentieren, ist das erste Lexikon bedeutender Frauen aller Epochen und Länder auf dem heutigen Stand der Forschung in deutscher Sprache.
Gibt es nicht schon genug Frauenbücher? Wozu denn nun noch ein frauenbiographisches Lexikon?
Dazu eine kleine Geschichte, eine von vielen: Ende 1998 bekam ich (LFP) ein Fax von der Frauenbeauftragten einer norddeutschen Stadt, ich möge ihr bitte umgehend Kurzbiographien von einigen Physikerinnen zurückfaxen. Der Bauausschuß der Stadt wollte nämlich vier neue Straßen nach Physikern benennen, und sie kämpfte nun um Physiker*innen*-Benennung.
In der Stadt gab es unter 280 Straßen bis dahin keine einzige, die nach einer Frau benannt worden war. Anfang 1999 kam die Erfolgsmeldung: Die Straßen wurden benannt nach Marie Curie, Agnes Pockels, Lise Meitner und Maria Goeppert-Meyer.
Bei der nächsten Gelegenheit brauchen Frauenbeauftragte nur im Berufe-register unseres Lexikons unter »Physikerinnen« (oder »Ärztinnen« oder »Fliegerinnen« oder was sonst gerade gefragt ist) nachzusehen – schon haben sie die nötige Information.
Diese Geschichte macht u.a. deutlich, daß wir alle noch immer, selbst nach 30 Jahren Frauenbewegung, unter einer Umweltverschmutzung besonderer Art zu leiden haben: Unsere Umgebung ist patriarchal durchseucht; die Verantwortlichen wie die Betroffenen merken es meist nicht einmal und müssen buchstäblich »mit der Nase darauf gestoßen werden«, daß dies für Frauen eine Zumutung ist und daß etwas geändert werden muß.
Auf die Frage, warum Frauen in der herrkömmlichen Geschichtsschreibung und daher auch bei der herrkömmlichen Benennung von Straßen usw. nicht vorkommen, gibt es im wesentlichen drei Arten von Antworten:

Altväterliche Variante: Die Frauen haben eben zur Geschichte und zur Kultur nichts Erwähnenswertes beigetragen. Sie sind zu passiv und zu doof dazu. Überdies paßt die Anmaßung schöpferischen Tuns nicht zu der vornehmsten aller Aufgaben – Mutterschaft –, für die Gottvater und Mutter Natur gerade die Frau ausersehen haben.

Altmütterliche Variante: Die Frauen haben zur Geschichte und zur Kultur nichts Erwähnenswertes beitragen können, weil die Sorge für Mann und Kinder ihnen keine Zeit für solche Kinkerlitzchen ließ.

> Es geht nicht darum, daß die Frauen noch mehr Leistungen zu erbringen haben, sondern vielmehr darum, daß die Leistungen von Frauen endlich sichtbar gemacht werden.
>
> *Rita Süssmuth*[2]

Feministische Variante: Die Frauen haben zur Geschichte und zur Kultur im selben Maße beigetragen wie die Männer, aber die männliche Geschichtsschreibung hat den weiblichen Beitrag entweder trivialisiert oder marginalisiert oder »vergessen«.

***

Aus einer verzerrten Wahrnehmung der Realität kann natürlich nichts Gutes erwachsen. Aber ganz abgesehen von dieser Binsenweisheit ist es auch wichtig für unsere psychische Gesundheit, daß wir wahrgenommen werden. Die Psychologie spricht hier von »Spiegelung«.[3]
Wenn ein Kind nicht »gespiegelt« wird, keine Aufmerksamkeit für seine Freuden, Leiden und Leistungen bekommt, kann es sich nicht entwickeln. Es erkrankt an Hospitalismus und verkümmert seelisch, selbst wenn für alle körperlichen Bedürfnisse gut gesorgt wird.
Das vorliegende Lexikon spiegelt uns, indem es unsere Geschichte und Leistung würdigt. Und es liefert die notwendige Information für weitere Spiegelungen aller Art, für Gedenkveranstaltungen, Gedenkmünzen, Sondermarken usw.
Unsere Herrenkultur spiegelt normalerweise nur Männer wider; sie erhalten routinemäßig die Botschaft, daß sie bedeutsam und wichtig sind. Die Frauen erhalten die entgegengesetzte Botschaft, daß sie nämlich nicht der Rede wert sind.
Die meisten Menschen denken, sofern sie über die fehlende positive Spiegelung von Frauen in unserer Kultur überhaupt nachdenken, in altväterlichen Bahnen: »Frauen haben wohl nichts geleistet, sonst würden sie ja gewürdigt.« Die wenigsten machen sich klar, daß der Zusammenhang zwischen öffentlicher Würdigung und Leistung komplizierter ist. Die jeweils herrschende Klasse würdigt diejenigen, die ihr lieb und teuer sind, vorzugsweise also sich selbst und ihresgleichen. Die herrschenden Klassen können wechseln. Karl-Marx-Stadt heißt heute wieder Chemnitz, Leningrad heißt heute wieder St. Petersburg.
So wechseln zwar die Herrschenden, aber Männer sind es allemal. Erst heute erleben wir, in der wichtigsten sozialen Bewegung des Jahrhunderts, daß das herrschende Kollektiv der Männer – jedenfalls in den Industrienationen – sich wandelt und allmählich vom Sockel geholt wird von Frauen, die das Spiel durchschaut haben und es nicht mehr mitmachen. Die Erforschung und Sichtbarmachung der weiblichen Seite der Geschichte ist ein wesentlicher Teil dieser Arbeit, denn, um noch einmal die große US-amerikanische Historikerin Gerda Lerner zu zitieren: »... die bisher aufgezeichnete und interpretierte Darstellung der Vergangenheit der Menschheit (ist) partiell und lückenhaft, weil sie die Vergangenheit der Hälfte der Mensch-

> Frauenemanzipation ist ohne genaue Kenntnis der Frauengeschichte nicht möglich.
>
> *Gerda Lerner*

heit übergeht, und sie ist verzerrt, weil sie die Geschichte nur aus dem Blickwinkel der männlichen Hälfte der Menschheit wiedergibt.«[4]

Zwar trägt seit etwa zehn Jahren die beharrliche Zusammenarbeit etablierter Frauenorganisationen mit feministischen Forscherinnen und Aktivistinnen auch bei uns erste Früchte: Es gibt Lehrstühle und Forschungszentren für feministische Geschichtsforschung, zahlreiche Städte haben – oft mit Hilfe der Datenbank »Bedeutende Frauen international«[5] – eindrucksvolle Bücher über berühmte Töchter der Stadt herausgegeben[6], in immer mehr Städten gibt es feministische Stadtrundgänge[7] – und Briefmarken und Geldscheine zeigen uns nun auch große weibliche Persönlichkeiten; Intercity-Züge tragen auch die Namen großer Frauen durch alle Bundesländer und ins Ausland. Aber andere Länder, besonders England und die USA, sind den Deutschen hinsichtlich des »Frauen-präsent-Machens« und in der frauenbiographischen Forschung Jahrzehnte voraus. Bei uns sind in den letzten 15 Jahren eine Reihe wichtiger Speziallexika erschienen, über Philosophinnen, Schriftstellerinnen, Künsterinnen, Rebellinnen – aber nichts Umfassendes. Da will unser Nachschlagewerk eine erste Hilfe sein, so wie es seit 1987 auch der Kalender *Berühmte Frauen* ist, aus dessen biographischen Artikeln zu den sogenannten »Frauen der Woche« dieses Buch entstand.

Seit es den Kalender gibt, wurden wir – Herausgeberinnen des Lexikons und der Suhrkamp Verlag – von den BenutzerInnen immer wieder gebeten, die bisher entstandenen Kurzbiographien doch in einem Sammelwerk zusammenzufassen, so daß bei Informationsbedarf nicht immer sämtliche Kalender der vergangenen Jahre durchgesehen werden müssen. Was wir hier nach 13 Jahren vorlegen, erfüllt diesen Wunsch nur halb: Vorerst haben wir nur die Hälfte der Biographien neu herausgebracht. Wenn das Lexikon genügend Interesse findet, werden weitere Bände folgen ...

Aus der Tatsache, daß unser Lexikon aus dem Kalenderprojekt hervorgegangen ist, erklären sich einige seiner Besonderheiten: Der Kalender will, anders als herkömmliche Lexika, nicht nur informieren, sondern auch fesseln – unbedingt soll er beim Lesen und Anschauen Freude machen. Sie können das Lexikon also auch einfach durchlesen wie einen Schmöker – ja das geplante Sammelwerk lief bei uns von Anfang an unter dem Namen »Schmöker«. Die Kalender-Mitarbeiterinnen bekamen von uns keine Anweisungen zur einheitlichen Gestaltung ihrer biographischen Texte. So spiegeln sich in den verschiedenen Biographien auch sehr unterschiedliche Temperamente und Akzentsetzungen der Biographinnen (eine z.B. fand es jeweils mitteilenswert, wenn die berühmte Frau besonders tierlieb war...). Für Abwechslung ist also gesorgt!

Wenn Sie beim Durchlesen des Schmökers eine sinnvollere Reihenfolge als die alphabetische bevorzugen, helfen Ihnen diverse Register im Anhang. Anhand des chronologischen Registers können Sie allgemeine Frauengeschich-

te von den Anfängen bis zur Gegenwart studieren, oder Sie erlesen sich mit Hilfe des Beruferegisters die weibliche Geschichte eines Berufsstandes oder mit Hilfe des Länderregisters die Frauen-Geschichte einzelner Nationen.
Der Schmöker enthält Porträts von überwiegend sehr bekannten Frauen – und wenn es nicht so unfeministisch wäre, würden wir (gestützt auf die Erfahrung von 13 Jahren oft schwierigster Auswahl-Entscheidungen für die Aufnahme in die Kalender) glatt von der Erstellung eines neuen Kanons sprechen, etwa so: »Unter diesen 300 Frauen finden Sie an die 200 der 400 wichtigsten Frauen der Geschichte«. Sie können über die meisten dieser Frauen auch woanders nachlesen, und zu diesem Zweck sind bei jeder die fünf wichtigsten Quellen angegeben, in denen Sie weitere Quellen finden werden. In einem gewöhnlichen Lexikon aber werden Sie nicht darüber informiert, wie diese Frauen wirklich gelebt haben. Wenn z.B. große Frauen von Männern behindert, benachteiligt, mißbraucht, gequält oder gar ermordet wurden, so erfahren Sie das in anderen Lexika meist nicht. Wenn die Frauen lieber mit Frauen als mit Männern zusammenlebten, so wird das in den gängigen Lexika in der Regel »diskret« übergangen.[8] In unserem feministisch inspirierten Lexikon werden aber solche biographischen Fakten mindestens genauso wichtig genommen wie alle anderen. Diese sorgfältige und konsistente Ergänzung bzw. Korrektur der von Männern tradierten Frauen-Bilder durch neue, feministisch relevante Informationen und feministisch motivierte Wertungen unterscheidet unser Lexikon von fast allen anderen (Ausnahmen: einige der bereits erwähnten Spezial-Lexika).
Ein weiterer wichtiger Unterschied zu herkömmlichen Lexika ist die entschieden frauenbewußte Sprache der Artikel. Typisch sind Formulierungen wie »Mahalia Jackson ging mit vier SängerInnen auf Tounee« oder »Gwen Johns zunächst berühmterer Bruder Augustus hat immer behauptet, *sie* sei die bessere Malerin (nicht: »der bessere Maler«, bloß weil Augustus Maler war!)«.
Wenn Sie das Buch als Nachschlagewerk benutzen, werden Sie sich manchmal wundern, weshalb die eine oder andere bekannte Frau fehlt, während eine andere, vielleicht weniger wichtige, aufgenommen wurde. Sie finden Königin Anne von England, aber nicht Königin Elizabeth I. Oder Sie finden Susan B. Anthony, eine der beiden führenden Frauen der US-amerikanischen Stimmrechtsbewegung – aber es fehlt ihre Mitstreiterin Elizabeth Cady Stanton. Diese Lücken ergeben sich aus der speziellen Kalender-Herkunft des Lexikons. Elizabeth I. ist für den Kalender 2003 vorgesehen (ihr 400. Todestag) und Stanton für den Kalender 2002 (100. Todestag). Im Laufe der Jahre werden – wenn Sie wollen – all die »fehlenden« großen Frauen noch an die Reihe kommen und in den Folgebänden dieses Lexikons gewürdigt werden.

Frankfurt/Main, im Januar 1999
Luise F. Pusch und Susanne Gretter

1 Im Original: »The history of the world is but the biography of great men.« Aus: On Heroes and Hero-Worship, lecture 1, »The Hero as Divinity« (1841).

2 Rita Süssmuth in einer Rede zur Eröffnung der Ausstellung »Politeia« im Bonner Frauen-Museum am 9. November 1998. IFPA (Initiative Frauen-Presse-Agentur) Nr. 181 (Dez. 1998/Jan. 1999), S. 1.

3 Vgl. René Spitz. 1982 [1981]. Vom Dialog: Studien über den Ursprung der menschlichen Kommunikation und ihre Rolle in der Persönlichkeitsbildung. Aus dem Engl. von Käthe Hügel und Erhard Künzler. Frankfurt/M., Berlin, Wien. Ullstein TB 39030.

4 Lerner, Gerda. 1991 (1986). Die Entstehung des Patriarchats [=The Creation of Patriarchy]. Aus dem Engl. von Walmot Möller-Falkenberg. Frankfurt/M.; New York, Campus, S. 21.

5 Diese frauenbiographische Datenbank wurde 1982 von Luise F. Pusch angelegt und ist inzwischen auf knapp 30.000 Datensätze angewachsen. Sie bildet die Grundlage für den von Luise F. Pusch seit 1987 erstellten Kalender »Berühmte Frauen« (Suhrkamp Taschenbuch), für das vorliegende Lexikon und viele andere frauenbiographische Projekte. Informationen erhalten Sie bei Luise F. Pusch, Fax 0511 – 392433 oder auf ihrer Internet-Webseite www.fembio.org.

6 Arbeitskreis Frauengeschichte. Hg. 1991. Frauenleben in Münster: Ein historisches Lesebuch. Münster. Westfälisches Dampfboot.
Armenat, Gabriele. 1991. Frauen aus Braunschweig. Braunschweig. Waisenhaus Druckerei.
Augsburger Frauenlexikon. 1993. Redaktion: Ingrid Bergmann-Ehm, Frauenbeauftragte. Autorinnen: Martha Schad, Edith Findel und Irene Löffler-Mayer. Augsburg. Stadt Augsburg: Gleichstellungsstelle.
Petra Budke & Jutta Schulze. 1995. Schriftstellerinnen in Berlin 1871 bis 1945: Ein Lexikon zu Leben und Werk. Berlin. Orlanda.
Marianne Koerner. 1989. Auf die Spur gekommen: Frauengeschichte in Göttingen. Neustadt am Rübenberge. Calenberg Press.
Hiltrud Schroeder. Hg. 1991. Sophie & Co · Bedeutende Frauen Hannovers. Hannover. Fackelträger.
Eva Maria Volland & Reinhard Bauer. Hgg. 1991. München – Stadt der Frauen. Kampf für Frieden und Gleichberechtigung 1800-1945. München. Serie Piper 1006.
Traudel Weber-Reich. Hg. 1993. »Des Kennenlernens werth«: Bedeutende Frauen Göttingens. Göttingen. Wallstein.

7 Eva Maria Volland. 1988. Frauenleben und Frauenbewegung in München: DGB-Stadtrundfahrt. München. DGB-Bildungswerk.

8 Vgl. hierzu Luise F. Pusch. »›Eine gewisse Wehmut‹: Homophobie und Sexismus im neuen Literaturbrockhaus«, in: Luise F. Pusch. 1999. Die Frau ist nicht der Rede wert: Aufsätze, Reden und Glossen. Suhrkamp TB.

# Berühmte Frauen

geb. 17. Juli 1898 in Springfield, Ohio
gest. 9. Dezember 1991 in Monson, Maine
amerikanische Fotografin
Lit. 2, 3, 4, 750

Berenice Abbott gehört zu den bedeutendsten FotografInnen der USA im 20. Jahrhundert. Die Mutter hatte sie zur Lehrerin bestimmt, doch die Tochter wählte eine andere Richtung. Nach dem Studium der Journalistik an der Ohio State University ging Abbott nach Paris, um sich dort zunächst der Bildhauerei zu widmen. Von 1918 bis 1921 war sie Schülerin von Brancusi und Bourdelle, ab 1923 arbeitete sie als Assistentin des Surrealisten Man Ray, der ihr eine Ausbildung als Fotografin ermöglichte. Schon drei Jahre später eröffnete Abbott ein eigenes Atelier und erlangte mit Porträts so berühmter Persönlichkeiten wie James Joyce, Jean Cocteau, Marie Laurencin und Djuna Barnes Bekanntheit.
Ihr Freund, der Fotograf Eugène Atget, hatte Kultur und Alltag des Pariser Lebens dokumentiert. Nach seinem Tod 1927 kaufte Abbott diesen Nachlaß auf und machte Atgets bis dahin verkanntes Werk einer breiteren Öffentlichkeit bekannt. Als Kuratorin verfügte sie schließlich 1968 den Verkauf des Nachlasses an das Museum of Modern Art in New York.
Nach ihrer Rückkehr in die USA 1929 war Abbott vier Jahre lang gezwungen, sich als freie Bildreporterin durchzuschlagen. Die materiellen Sorgen schwanden, als sie 1934 an der New School for Social Research in New York eine Dozentur für Fotografie übernahm, die sie bis 1958 innehatte.
Abbott hielt in brillanten Schwarz-Weiß-Fotografien den sich ständig vollziehenden Wandel des Stadtbildes fest. Ihre Bildbände *Changing New York* und *Greenwich Village today and yesterday*, erstmals 1939 bzw. 1949 veröffentlicht, zählen zu den modernen Klassikern des Genres. Ein weiteres Buch zeigt eine fotografische Reise entlang des Highway 1 von Florida nach Maine. Die Künstlerin schrieb auch zwei Ratgeber für besseres Fotografieren (New York 1941 und 1953).
Während der fünfziger Jahre wandte sich Abbott dann der wissenschaftlichen Fotografie zu. Berühmt wurden vor allem ihre mit Hilfe eines Mikroskops entstandenen Bilder. Es gelang ihr auch, Phänomene wie Magnetismus und Bewegungsabläufe optisch festzuhalten. Ihre Lebensleistung wurde mehrfach durch Ausstellungen und Retrospektiven gewürdigt, u.a. im Museum of Modern Art in New York. Hochbetagt starb Berenice Abbott auf ihrem Alterssitz in Monson, Maine, wohin sie sich zurückgezogen hatte. A.E.R.

geb. 23. Juni 1889 bei Odessa
gest. 5. März 1966 in Moskau
russische Dichterin
Lit. 7, 8, 733, 1028

»Ich kenne überhaupt kein Land, in dem man Gedichte mehr lieben würde als in unserem und wo man sie mehr brauchen würde als bei uns. Als ich im Krankenhaus lag, bat mich ... eine einfache Putzfrau: ›Es heißt, Bürgerin, Sie schreiben Gedichte ... Könnten Sie mir nicht so ein kleines Gedicht aufschreiben, ich schicke sie ins Dorf ...‹ Und es stellte sich heraus, daß sie jeden ihrer Briefe mit einem Gedicht beendete ...« (Anna Achmatowa)

Anna Achmatowa gehört zu den bedeutendsten russischen SchriftstellerInnen dieses Jahrhunderts. Als 1912 und 1914 ihre ersten Gedichtbände, *Abend* und *Rosenkranz*, erschienen, hatte sie sofort Erfolg. Es sind nahezu zeitlose Gedichte über Liebe und Enttäuschung, Trennung und Tod – aus der Sicht einer Frau, in klarer, einfacher Sprache. In den Petersburger Salons wurde Achmatowa gefeiert, doch schon kurz nach der Revolution war ihr Werk nicht mehr erwünscht. Ihr erster Mann, der Dichter Gumiljow, wurde 1921 als Konterrevolutionär erschossen. Sicher spielte das ebenso eine Rolle wie ihre Zurückhaltung gegenüber den politischen Veränderungen. Bis 1940 konnte Achmatowa nicht mehr veröffentlichen:

»Man hat das Leben mir vertauscht. Hineingeströmt
Ist's in ein fremdes Flußbett, und vorbei
An fremden Ufern fließt es – nicht den meinen.«

In diesen Jahren bekommt ihre Dichtung – in der Auseinandersetzung mit ihrer Zeit – eine neue, historische Dimension. Währenddessen verschlechtern sich unter Stalin die Lebensbedingungen; Millionen Menschen verschwinden in Lagern. Auch Achmatowas Sohn wird inhaftiert wie viele ihrer FreundInnen. Zeitweise wagt sie nicht mehr, ihre Gedichte aufzubewahren. Trotzdem entsteht von 1935 bis 1940 eine Sammlung, die zu den bedeutendsten Zeugnissen des stalinistischen Terrors gehört – das *Requiem*:

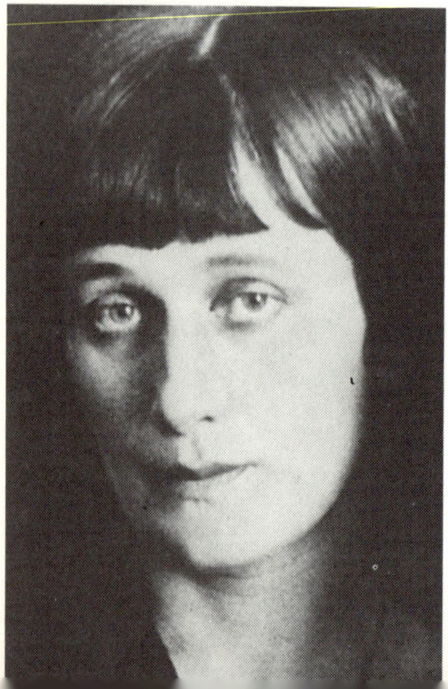

»Aber das, was geschehen ist,
Sollen schwarze Tücher bedecken,
Und man soll die Lampe wegtragen ...
Nacht.«

Unter dem Vorwurf des Individualismus wird Achmatowa 1946 aus dem Schriftstellerverband ausgeschlossen, nachdem sie während des Zweiten Weltkrieges eine kurze Periode offizieller Anerkennung erlebt hat. Erst nach Stalins Tod wird sie rehabilitiert, zehn Jahre später stirbt sie – »ungetröstet«.
B.P.

geb. um 931 in Hochburgund
gest. 16. Dezember 999 in Kloster Selz, Elsaß
deutsche Kaiserin, Heilige
Lit. 43, 89, 598, 740

Die Tochter Rudolfs II. von Burgund und der Berta von Schwaben wurde schon als Kind mit Lothar von Italien verlobt, den sie sechzehnjährig heiratete. Drei Jahre später fiel der Gatte einem Giftmord zum Opfer, und die junge Witwe sollte gezwungen werden, den Sohn seines Nachfolgers zu heiraten. Als sie sich weigerte, ließ dieser sie einkerkern. Adelheid gelang es jedoch, mit ihrer Tochter Emma nach Canossa zu fliehen. Der deutsche Kaiser Otto I. kam ihr in Verfolgung politischer Pläne zu Hilfe und heiratete sie im Jahr 951. Aus der Ehe gingen vier Kinder hervor: Mathilde, später Äbtissin von Quedlinburg, Heinrich und Bruno, die früh starben, sowie der Thronfolger Otto. Adelheid übte großen Einfluß auf die Reichspolitik aus, in Italien wie auch in Deutschland. Die Kaiserin war belesen, beherrschte vier Sprachen und spielte meisterlich Harfe. Sie erwies sich kirchlichen Einrichtungen gegenüber als überaus großzügig und förderte auch die Klosterreform von Cluny. Nach dem Tod ihres Gemahls (983) blieb sie Hauptberaterin ihres Sohnes, Ottos II., bis sie sich mit diesem überwarf und sich vom Hofleben zurückzog. Das Verhältnis zur Schwiegertochter Theophanu, einer byzantinischen Prinzessin, war stets spannungsreich. Dennoch versöhnte sie sich nach dem allzu frühen Tod Ottos II. mit ihr, um dem minderjährigen Enkel – Otto III. – Krone und Macht zu erhalten. Adelheid wirkte zunächst als Statthalterin in Italien und führte gemeinsam mit Theophanu und Erzbischof Willigis von Mainz die Regierungsgeschäfte. Nach erneutem Streit mit Theophanu verließ Adelheid zum zweitenmal den Hof, kehrte jedoch 991 zurück, als die Schwiegertochter erst 35jährig einer Krankheit erlag. Drei Jahre noch, bis zur Mündigkeit Ottos III., führte die tatkräftige Ex-Kaiserin die Regentschaft. Schließlich widmete sie sich Klostergründungen und übersiedelte nach Selz im Elsaß, wo sie auch begraben wurde. Wegen ihrer Mildtätigkeit verehrten sie die einfachen Leute über den Tod hinaus; im Jahr 1097 sprach Papst Urban II. Adelheid heilig. A.E.R.

# Maria Gaetana Agnesi

geb. 16. April 1718 in Mailand
gest. 9. Januar 1799 in Mailand
italienische Mathematikerin und Wohltäterin
Lit. 213, 361, 519

Maria Gaetana Agnesi war die Älteste von 21 Kindern einer wohlhabenden Mailänder Kaufmannsfamilie, die ihre herausragende Begabung früh erkannte und förderte. Im Alter von 21 Jahren äußerte sie den Wunsch, ins Kloster zu gehen. Ihr Vater konnte sie überreden, sich weiter der Wissenschaft zu widmen, aber sie stellte folgende Bedingungen: Erstens wollte sie sich einfach und bescheiden kleiden dürfen, zweitens wollte sie nicht ins Theater, zu Bällen und dergleichen gehen.

Das nächste Jahrzehnt widmete Agnesi sich folgsam der Mathematik. Das Ergebnis ihrer Studien und Forschungen war das 1748 veröffentlichte Werk *Instituzioni analitiche* (Grundlagen der Analysis), das ihren Ruhm begründete. Es ist eine systematische Darstellung des mathematischen Wissens ihrer Zeit. In zwei Bänden behandelt Agnesi die Gebiete Algebra, analytische Geometrie, Integral- und Differentialrechnung. Dabei erhebt sie keinen Anspruch auf eigene mathematische Entdeckungen, aber sie revidiert die Mathematik ihrer Zeit gründlich in dem Versuch, die unterschiedlichen Entdeckungen, die in den Werken vieler Autoren verstreut waren, in eine »natürliche Ordnung« zu bringen: »Während ich die verschiedenen Methoden behandelte, fielen mir Erweiterungen und etliche andere Dinge ein, die der Neuheit und Originalität vielleicht nicht ganz entbehren.« Besonderen Wert legte Agnesi auf größtmögliche Klarheit der Darstellung, der sie die »Reinheit der Sprache« unterordnete.

Agnesi widmete ihre *Instituzioni analitiche* der Kaiserin Maria Theresia, die ihr dafür ein Kristallkästchen mit Diamanten und einen Diamantring schenkte. Papst Benedikt XIV. ernannte sie zur Honorarprofessorin an der Universität Bologna – gelehrt hat sie dort allerdings niemals, obwohl die große Physikerin Laura Bassi sie wiederholt darum bat.

Vier Jahre nach diesem Triumph – Agnesi war 34 Jahre alt – starb Agnesis Vater (die Mutter war schon nach der Geburt des achten Kindes gestorben, als Agnesi 14 war). 47 Lebensjahre lagen noch vor ihr, und sie widmete sie der Ausübung ihres Glaubens und Werken der Nächstenliebe. Umgehend wechselte sie zum Studium der Theologie und sorgte für Arme und Kranke. Zunächst wohnte sie mit einigen ihrer Schutzbefohlenen im Haus ihrer Familie, später bezog sie mit vier von ihnen ein Mietshaus. 1771 übernahm Agnesi die Leitung der Frauen-Abteilung des Altersheims Pio Albergo Trivulzio. Die Zahl der EinwohnerInnen stieg bald auf über 450. Agnesi widmete die letzten 28 Jahre ihres Lebens dieser Einrichtung, wo sie zuletzt auch selbst wohnte. L.F.P.

# Anni Albers

geb. 12. Juni 1899 in Berlin
gest. 9. Mai 1994 in Orange, Connecticut
deutsch-amerikanische Textilkünstlerin, Weberin und Druckgrafikerin
Lit. 66, 189, 295, 1088

1989 kam die 90-jährige Anni Albers noch einmal nach Europa. In der Villa Stuck in München wurden die Hauptwerke des Künstlerpaares Anni Fleischmann und Josef Albers als eine Art künstlerischer Dialog ausgestellt. Es war ein Rückblick auf einen langen gemeinsamen Lebensweg, der 1922 im Bauhaus in Weimar begonnen hatte.

Eigentlich wollte Anni Albers freie Malerei studieren, entschied sich aber dann für den angewandten Bereich und trat 1923 als Lehrling in die Weberei-Werkstatt ein. Ziel der Ausbildung am Bauhaus war es, »die trennende Unterscheidung zwischen freier und angewandter Kunst aufzuheben und die Wechselwirkung beider Bereiche fruchtbar werden zu lassen« (Gropius). Albers empfand die Einschränkungen, die das Handwerk mit sich brachte, als eine Art Geländer, an das sie sich halten konnte, im Gegensatz zur Freiheit der Malerei.

Sie profilierte sich in den beiden gegensätzlichen Bereichen der Weberei: Herstellung des künstlerischen Unikats und Entwurf verschiedenartiger Stoffe für die mechanische Herstellung. 1931 übernahm Anni Albers die Leitung der Weberei als Nachfolgerin von Gunta Stölzl.

»Keine Rücksicht auf Damen, absolute Gleichberechtigung« lautete ein Grundsatz von Walter Gropius, Gründer und Direktor des Bauhauses. Trotzdem bekamen die Frauen nur in dem traditionell als weiblich geltenden Bereich der Weberei eine Chance – Gunta Stölzl und nach ihr Anni Albers waren die einzigen »Meisterinnen« unter 10 Männern.

Nach der Machtergreifung Hitlers wurde 1933 das Bauhaus endgültig geschlossen. Das Ehepaar Albers emigrierte in die USA, wo Anni Albers eine 16jährige Lehrtätigkeit am Black Mountain College, North Carolina, begann; ihr Mann wurde ein bekannter Farbtheoretiker und Wortführer der abstrakten Kunst. 1949 siedelten sie nach New York über, im selben Jahr stellte Anni Albers als erste Textilkünstlerin im *Museum of Modern Art* aus und erhielt danach viele Auszeichnungen und Ehrendoktortitel.

Seit Beginn der 60er Jahre experimentierte Anni Albers mit abstrakter Druckgrafik, da sie die Weberei als angewandte Kunst für überholt hielt. Sie war die letzte überlebende Dozentin des Bauhauses. R.R.

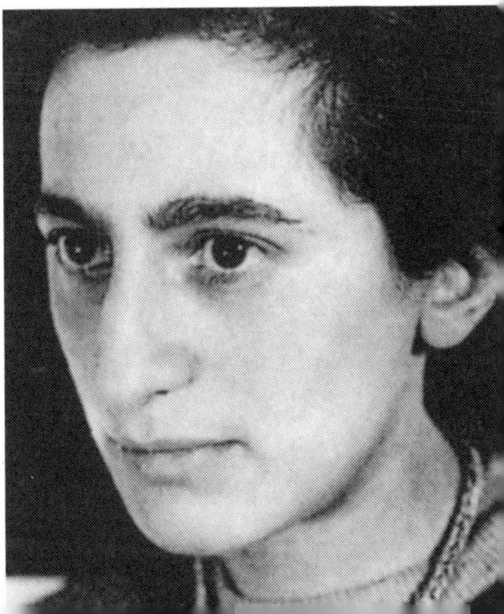

# Lou Albert-Lasard

geb. 10. November 1885 in Metz
gest. 21. Juli 1969 in Paris
deutsch-französische Malerin, Lithographin, Bildhauerin
Lit. 11, 189, 360, 614, 1056

Im September 1914 lernen sich Lou Albert-Lasard und Rilke kennen, beide zutiefst verstört vom Ausbruch des Ersten Weltkriegs. Die gebürtige Lothringerin mußte als Deutsche Frankreich überstürzt verlassen. Ihr schreckliches Erlebnis hält Lou in dem Gedicht »Kriegsausbruch« fest. Die Malerin und der Dichter stürzen sich in eine stürmische Liebesbeziehung, die nicht von Dauer sein kann. Im Mai 1916 besucht Lou noch einmal Rilke in Rodaun. Dort entsteht im Gartenpavillon der Hofmannsthals ihr berühmtes Rilke-Porträt. In dem ausdrucksstarken Bildnis fängt Lou die gegenwärtige Seelenlage des Porträtierten ein. Dieses im anderen Wesen Erfühlte auf die Leinwand zu bannen macht das Einzigartige und Intensive ihrer Porträts aus.
Während ihres faszinierenden Lebens trifft Lou mit den bekanntesten KünstlerInnen und LiteratInnen unseres Jahrhunderts zusammen. Sie gilt als sehr schöne, temperamentvolle und geistreiche Frau. Sie war aber auch eine mutige Frau, die mit einer unglaublichen Energie die vielen schweren Krankheiten und ihre Gehbehinderung meisterte. Malen ist ihr Leben. Weder ihre Ehe noch die Geburt ihrer Tochter Ingo können sie am Malen hindern. Sie läßt sich nicht auf eine bestimmte Stilrichtung festlegen, auch wenn sie z.B. in München mit den KünstlerInnen des »Blauen Reiters« verkehrt und Elemente dieser Gruppe in ihre Arbeit einfließen. Nach Kriegsende zieht sie nach Berlin. Ähnlich wie in den Porträts fängt sie die Atmosphäre der Stadt ein, malt am liebsten die Welt des Zirkus, des Varietés, des Nachtlebens und vor allem Tiere, die sie stundenlang im Zoo beobachtet. In Berlin findet Lou endgültig zu ihrer ganz eigenen künstlerischen Sprache.
1928 kann es sich Lou durch eine Erbschaft endlich leisten, ganz nach Paris zu übersiedeln. Schon immer liebte sie es, zu reisen und ihre Eindrücke in Formen und Farben festzuhalten. So unternimmt sie zum Beispiel 1938 zusammen mit ihrer Tochter eine abenteuerliche Fahrt nach Indien, China und Indochina und verarbeitet das Erlebte in einer Aquarellserie, mit der sie ihre ZeitgenossInnen begeistert. Trotzdem ist ihr Werk heute nahezu unbekannt. A.V.H.

geb. 17. Februar 1897 in Philadelphia, Pennsylvania
gest. 8. April 1993 in Portland, Oregon
amerikanische Sängerin
Lit. 23, 766

Marian Anderson sang 1955, gegen Ende ihrer langen Laufbahn, als erste Afro-Amerikanerin an der New Yorker Met. Längst war sie international anerkannt; die Welt liebte und verehrte nicht nur die Kunst dieser großen Sängerin, sondern auch ihre Wärme, Grazie und Würde.
Wie Anderson in ihrer Autobiographie *My Lord, What a Morning* berichtet, waren Religion und Familie bestimmende Faktoren ihres Lebens. Sie erinnert sich an eine Kindheit voller Liebe und Freude. Ihre Familie war arm. Marians Vater starb, als sie zehn war, und ihre Mutter arbeitete als Putzfrau und Wäscherin, um sich und ihre drei Töchter durchzubringen.
Die Union Baptist Church in Philadelphia verhalf Marian zu ihrem Start als Sängerin im Chor und unterstützte sie während der frühen Phase ihrer Karriere. Ihre ersten Schritte als Solistin tat sie auf Einladung anderer Kirchen und kirchlicher Gruppen, die sie in ihrer Kirche gehört hatten.
Als Künstlerin strebte Anderson unermüdlich nach Vervollkommnung, denn sie hatte niemals eine formale musikalische Ausbildung bekommen.
Der Rassismus in den USA spielte leider in ihrem Leben überhaupt eine große Rolle. Auf ihren vielen Tourneen durch die Vereinigten Staaten verweigerten ihr viele Hotels und Restaurants den Zutritt. Auch dem bekanntesten Auftritt Marian Andersons ging ein rassistischer Anlaß voraus: Als die »Töchter der amerikanischen Revolution« (DAR) es ablehnten, Marian als schwarze Sängerin in der Constitution Hall in Washington, D.C., auftreten zu lassen, trat Eleanor Roosevelt unter Protest aus der Organisation aus. Etwas später, am Ostersonntag 1939, sang Anderson auf Einladung des Innenministers auf den Stufen des Lincoln Memorial vor 75000 Menschen.
Obwohl Anderson sehr unter dem Rassismus litt, hat sie sich am politischen Kampf dagegen nicht beteiligt. Sie zog es vor, ihr Publikum durch das Beispiel ihres Lebens und ihrer Kunst zu bilden und aufzuklären.
So wurde sie zum großen Vorbild für afro-amerikanische MusikerInnen.
K.E.H.

# Lou Andreas-Salomé

geb. 12. Februar 1861 in St. Petersburg
gest. 5. Februar 1937 in Göttingen
deutsche Schriftstellerin und Psychoanalytikerin
Lit. 25, 372, 527, 644, 776

Von berühmten Zeitgenossen umworben, geliebt, bewundert, geschätzt, führte Louise von Salomé ein recht unkonventionelles Leben. Die Generalstochter aus St. Petersburg interessierte sich von Kindheit an für Philosophie und Religion, studierte zwei Semester in Zürich und beschloß, freie Schriftstellerin zu werden. Ihre ungewöhnliche Bildung, ihr lebhaftes Interesse für Kunst und Wissenschaft, ihre Schönheit und nicht zuletzt ihr weltläufiges Auftreten machten sie für viele Männer sehr anziehend. Einen Heiratsantrag von Nietzsche schlägt sie aus. Ihr schwebt eine geistige Gemeinschaft mit interessanten Männern vor. Auch ihre 1887 geschlossene Ehe mit dem Iranisten und späteren Göttinger Professor F. C. Andreas bleibt eine rein geistige Verbindung. Aber Lou hatte auch eine Reihe leidenschaftlicher Liebesbeziehungen; die bekannteste ist die der 35jährigen zu dem 21jährigen Rilke.
Sie bereiste fast alle europäischen Großstädte, verfaßte Rezensionen, religionsphilosophische und psychologische Schriften sowie Romane und Erzählungen. Ihr Essay »Der Mensch als Weib« (1899) brachte ihr eine ironische Kritik von Hedwig Dohm in der berühmten Schrift *Die Antifeministen* ein. Trat Lou auf der einen Seite für die Selbständigkeit und Freiheit von Frauen ein und führte auch ihr eigenes Leben nach dieser Devise, so befand sie doch andererseits: »Die Frau muß sich dem Manne in Demut, freiwillig und bereitwillig unterordnen.« Die politischen und sozialen Anliegen der Frauenbewegung kümmerten sie nicht. Ein Wendepunkt in ihrem Leben trat ein, als sie 1911 die Psychoanalyse kennenlernte. Begeistert las sie Freuds Schriften, besuchte ihn mehrmals in Wien und schrieb u.a. Aufsätze für die psychoanalytische Zeitschrift *Imago*. Bis ins hohe Alter war sie erfolgreich als psychoanalytische Therapeutin tätig, ohne je eine Lehranalyse absolviert zu haben. S.D.

# Anne Stuart

geb. 6. Februar 1665 in London
gest. 1. August 1714 in London
Königin von Großbritannien und Irland
Lit. 169, 182, 353, 963

Bei ihrer Geburt stand Anne Stuart, Nichte des Königs Karl II., in der Thronfolge so weit hinten, daß sie von den zeitgenössischen Biographen nicht erwähnt wurde. 37 Jahre später wird Anne nach der Entthronung ihres Vaters Jakob II. und dem Tod ihrer Schwester Mary und ihres Schwagers Wilhelm III. von Oranien als letztes Mitglied der protestantischen Stuart-Linie die englische Krone tragen. Ihre Persönlichkeit, äußere Erscheinung und Fähigkeiten werden in der Literatur vorwiegend negativ dargestellt: Ungebildet, langweilig, dick und übellaunig soll sie gewesen sein, außerdem als Regentin privat und politisch unmündig, ausgeliefert dem Einfluß von Sarah Churchill, Herzogin von Marlborough (ihrer engsten Vertrauten von Kindheit an), und deren Gatten (Annes erfolgreichster Feldherr und Diplomat). Tragik und Leid überschatten Annes Leben. Als Kind muß sie zahlreiche Krankheiten und den Tod von fünf Geschwistern, ihrer Großmutter, ihrer Tante, ihrer Mutter und ihrer Erzieherin verkraften, außerdem die Trennung von ihrer Schwester und ihrem Vater, der zum Katholizismus konvertierte, floh und abgesetzt wurde.

Annes Erziehung war völlig oberflächlich, aber streng protestantisch – *die* Voraussetzung für ihre spätere Thronfolge.

Während ihrer angeblich glücklichen Ehe mit dem Prinzen von Dänemark machten achtzehn Schwangerschaften Anne zur Invalidin. Nur eines ihrer Kinder lebt länger als zwei Jahre, aber auch William stirbt mit elf Jahren. Zu ihrer Krönung 1701 muß Anne in einer Sänfte getragen werden, und an einem Festakt anläßlich des Friedens von Utrecht (1713), ihrem wohl größten außenpolitischen Erfolg, der den langen Krieg gegen Frankreich und Spanien siegreich beendet, kann sie wegen Fieberanfällen nicht teilnehmen. In einer innen- wie außenpolitisch schwierigen Zeit (drohender Bürgerkrieg, Invasionsversuche französischer Truppen unter Mitwirkung ihres Vaters und ihres Halbbruders, Union mit Schottland, gewalttätige Auseinandersetzungen zwischen und unter den Tories und Whigs, Spanischer Erbfolgekrieg 1701–1714) nutzte Anne sehr wohl ihre Möglichkeiten und fällte wichtige Entscheidungen, auch gegen die Empfehlungen ihrer Berater. Annes ausgleichende Politik war eine wichtige Voraussetzung für die imperiale Zukunft Großbritanniens, den florierenden Handel und den wachsenden Wohlstand, an dem die Mehrheit des Volkes allerdings nicht beteiligt wurde. M.K.

## Susan Brownell Anthony



geb. 15. Februar 1820 bei Adams, Massachusetts
gest. 13. März 1906 in Rochester, New York
Pionierin der amerikanischen Frauenbewegung
Lit. 29, 58, 388, 746, 955

Susan B. Anthony, »Napoleon der Frauenbewegung«, wurde durch ihren unermüdlichen, leidenschaftlichen und couragierten Einsatz zur national wie international anerkannten Führerin der Frauenstimmrechtsbewegung. Am Anfang wegen ihrer radikalen Ansichten und kompromißlosen Forderungen öffentlich geschmäht, wurde sie am Ende ihres Lebens als bewunderte und geliebte Symbolfigur einer mächtigen Bewegung gefeiert.

Anthony wuchs in einer kinderreichen Familie im liberalen Geist der QuäkerInnen auf, die Frauen als gleichberechtigt ansahen. Sie bekam eine für die Zeit relativ gute Ausbildung und wurde Lehrerin. Früh erfuhr sie aber die Ungerechtigkeit gegen Frauen: Sie verdiente nur ein Viertel dessen, was die Männer bekamen. 1849 kehrte Anthony als Verwalterin der Familienfarm nach Rochester zurück. Im Hause ihres fortschrittlichen Vaters lernte sie AktivistInnen der vielen Reformbewegungen der Zeit kennen und engagierte sich bald selbst, zunächst in der Temperenz- und der AbolitionistInnenbewegung. Empört darüber, daß sie als Frau in diesen Organisationen nur begrenzt mitreden durfte, stimmte Anthony bald der brillanten und militanten Elizabeth Cady Stanton zu, daß frau sich vor allem der Sache der Frauen widmen sollte. In der lebenslangen innigen Freundschaft und Arbeitsgemeinschaft der beiden hatte die Frauenbewegung eine unbezwingbare Waffe. Und für Anthony, die nie heiratete, wie auch für Mrs. Stanton war die Beziehung von zentraler Bedeutung: »Bald griff Herz an Herz mit Haken aus Stahl«, schrieb Stanton später über diese »perfekte Ehe«. Anthony und Stanton kämpften mehr als 40 Jahre an der Spitze der Bewegung für das Stimmrecht und andere Reformen: Sie organisierten Konferenzen, hielten Vorträge im ganzen Land, entwickelten Initiativen, redeten vor den Landtagen, gaben eine radikale Zeitung (*Die Revolution*) heraus und gründeten Organisationen wie die *National Women Suffrage Association* (1869), 1872 wurde Anthony verhaftet, weil sie versucht hatte, das Wahlrecht für sich zu beanspruchen. Erst mit 80 trat sie als Präsidentin des nationalen Frauenstimmrechtsverbands zurück, und einen Monat vor ihrem Tod nahm sie noch an einer Frauenrechtstagung teil. Hier gab Anthony ihre lebenslange Überzeugung als Vermächtnis an die Bewegung weiter, mit den berühmten Worten: »Failure is impossible!« (Es kann nicht mißlingen!) 14 Jahre später, 1920, wurde das bundesweite Wahlrecht für Frauen in den USA endlich erreicht. J.H.

Ihre Kindheit verlebte Diane Arbus, Kind reicher Eltern, in New York in der Nähe des Central Parks. Mit 18 Jahren heiratet sie den Fotografen Allan Arbus und arbeitet mit ihm zusammen als Modefotografin. Zwei Töchter werden geboren. Mit 36 Jahren studiert sie bei Lisette Model und beginnt auf deren Anregung hin, sich mit Porträts und Menschendarstellung auseinanderzusetzen. Sie findet ihren eigenen künstlerischen Weg: Der seelisch und körperlich deformierte Mensch, der Mensch am Rand der Gesellschaft bleibt ihr Thema.

geb. 14. März 1923 in New York
gest. 27. Juli 1971 in New York
amerikanische Fotografin
Lit. 105, 208, 1029

Zweimal erhält sie ein Guggenheim-Stipendium, ehe sie 1967 in der Ausstellung »New Documents« im *Museum of Modern Art* in New York mit wenigen Fotos großes Aufsehen erregt. Schonungslos zeigt sie dem amerikanischen Publikum in ihren Bildern und Fotoserien ein bedrückendes Panorama dessen, was die Gesellschaft gern verdrängt, und das ruft auch die KritikerInnen auf den Plan. Inmitten dieser Auseinandersetzungen nimmt Arbus sich 1971 das Leben. Sie war depressiv, und die Arbeit auf der Schattenseite der Gesellschaft war für sie selbst eine zu starke Belastung geworden.

1972 zeigt das *Museum of Modern Art* eine Ausstellung ihrer Fotos. Im selben Jahr wird ein Teil ihres Werkes auf der Biennale in Venedig ausgestellt. Sie ist die erste amerikanische Fotografin, deren Bilder in diesem Rahmen gezeigt werden.

Diane Arbus über ihre Arbeit (aus einem Interview): »Ich erinnere mich, daß ich vor langer Zeit dachte, als ich gerade anfing zu fotografieren: In dieser Welt gibt es so schrecklich viele Menschen, und es wird ziemlich schwierig sein, alle zu fotografieren. Wenn ich also so ein allgemein menschliches Wesen fotografiere, wird es jeder erkennen. Früher nannte man das ›den Mann auf der Straße‹. Meine Lehrerin Lisette Model machte mir schließlich klar, je konkreter man ist, desto allgemeiner wird die Aussage. Das muß man sich mal richtig klarmachen. Und da gibt es gewisse Ausflüchte, gewisse Nettigkeiten, die man überwinden muß.« R.R.

# Inès Armand



geb. 8. Mai 1874 in Paris
gest. 24. September 1920 in Kislowodsk/Kaukasus
französisch-russische Revolutionärin
Lit. 251, 785, 825, 916, 1080

Alles schien auf ein gutbürgerliches Frauenleben hinauszulaufen, als Inès-Elizabeth Stéphane nach dem frühen Tod ihres Vaters, eines berühmten Opernsängers, zu Tante und Großmutter nach Moskau zog, wo sie eine gute Erziehung erhielt, mit 17 Jahren ihr Examen als Hauslehrerin ablegte und zwei Jahre später Alexander Armand heiratete, Sohn eines reichen Moskauer Fabrikanten. 1200 Arbeiterinnen und Arbeiter waren in der Armandschen Manufaktur mit der Herstellung von Wollstoffen beschäftigt. Von der Not der Arbeiter, dem Los ihrer Ehefrauen und dem Anblick der skrofulösen Kinder erschüttert, richtete sie zusammen mit ihrem Mann eine Schule für Arbeiter- und Bauernkinder ein. In Moskau wurde sie 1900 Vorsitzende des »Vereins zur Verbesserung des Loses der Frau«.

Als Inès sich von Herbst 1904 bis Sommer 1905 mit ihren fünf Kindern am Genfer See zur Erholung aufhält, liest sie Lenins »Entwicklung des Kapitalismus in Rußland« und andere marxistische Literatur – und wird zur begeisterten Bolschewistin. 1905 wird sie, die inzwischen mit ihrem Schwager zusammenlebt, wegen ihrer Arbeit für die Bolschewisten zum ersten Mal verhaftet. Illegale Parteiarbeit in Rußland und Westeuropa wechselten sich nun ab. Sie ist Herausgeberin von *Rabotniza*, der bolschewistischen Frauenzeitung, spielt eine führende Rolle bei den Internationalen Sozialistischen Frauenkongressen, ist Leiterin der Parteischule bei Paris und ab 1909 enge Vertraute von Lenin, zu dem ihr eine Liebesbeziehung nachgesagt wird. »Ich will eine Broschüre über die Familie schreiben. An interessantem Material habe ich schon einiges ... Deine Fragen nach der Liebe, der Familie und ähnlichem haben mich nämlich am allermeisten auf den Gedanken gebracht, darüber zu schreiben«, schreibt sie an ihre Tochter. Auch die freie Liebe ist jetzt ihr Thema. Das Private soll politisch werden – da zieht sie mit ihrer berühmten Kollegin Alexandra Kollontai an einem Strang. Die Maßregelung des Übervaters und Pharisäers Lenin folgt auf dem Fuße. Im Januar 1914 schreibt er ihr: »Über eines muß ich meine Meinung schon jetzt sagen: § 3 – die Forderung (der Frau) nach Freiheit der Liebe rate ich überhaupt zu streichen. Hierbei kommt in Wirklichkeit keine proletarische, sondern eine bürgerliche Forderung heraus.« Inessa Armand hat ihre Thesen zur Frauenfrage daraufhin nicht publiziert.

Nach einem Leben für die Partei – »Straßenpflastern ist sicher leichter«, sagte sie einmal zu ihren Töchtern –, ist sie 1920 im Kaukasus an der Cholera gestorben. S.G.

# Dorothy Arzner

geb. 3. Januar 1897 in San Francisco
gest. 11. Oktober 1979
amerikanische Filmregisseurin
Lit. 478, 651, 851, 936, 1091

Die großen Hollywood-Studios produzierten in den 30 Jahren von 1949 bis 1979 7332 Spielfilme. 7332mal wurde ein Name auf der Rückenlehne des Regiesessels angebracht. Nur 14mal stand da der Name einer Frau – in 30 langen Jahren führte weniger als ein Fünftel eines Prozents Frauen Regie bei einem Spielfilm!

In der halb so langen Spanne vom ersten längeren Stummfilm 1912 bis zu den ersten Tonfilmen um 1928 waren es doppelt so viele Frauen, die in Amerika bewiesen hatten, daß der Regiesessel durchaus nicht der angestammte Sitzplatz von Männern sein mußte. Zu ihnen gehörte Dorothy Arzner, und wie viele andere damals in den Kinderjahren des Films war sie 1919 eher zufällig in den Studios der späteren Paramount gelandet.

Viele junge Frauen, die wie sie dort vor der Schreibmaschine saßen und Manuskripte abtippten, träumten von der Karriere als umschwärmte Schauspielerin an der Seite eines Filmgotts wie Rodolfo Valentino ... Auch Dorothy Arzner hatte einen Traum, ihr Traumziel aber war der Regiesessel. Sieben Jahre brauchte sie, um dieses Ziel zu erreichen. Sie arbeitete als Scriptgirl, schrieb Drehbücher. Vor allem aber wurde sie Meisterin in einem Bereich, den sich Frauen damals auch erst erobern mußten: Filmschnitt und -montage.

1927 führte sie zum erstenmal Regie, bei dem Film *Fashions for Women* – bis zu ihrem letzten Film *First comes Courage* 1943 blieben ihr, die als einzige Regisseurin den Sprung zum Tonfilm schaffte, die Film- und Klatschblätter getreulich auf den Fersen. Interessanter als ihre Regiearbeit waren da allemal ihr Aussehen (Dorothy Arzner bevorzugte Hosen und strenggeschnittene Jacken samt Krawatte) und ihr Privatleben (Dorothy Arzner bevorzugte Frauen nicht nur als Mitarbeiterinnen; mit der Tänzerin Marian Morgan hatte sie eine lebenslange Beziehung). Interessant natürlich immer auch die Frage nach dem Kassen-Erfolg eines von einer Frau gedrehten Films.

Und Arzners Filme, immer mit Frauen im Mittelpunkt, waren erfolgreich (z.B. *Get your Man* 1927, *The Wild Party* 1929 mit Clara Bow, *Christopher Strong* 1933 mit Katharine Hepburn, *The Bird Wore Red* 1937 mit Joan Crawford) und haben bewiesen, daß der Regiesessel nicht nur den Männern gehört. B.W.

# Louise Aston

geb. 26. November 1814 in Gröningen bei Halberstadt
gest. 21. Dezember 1871 in Wangen/Allgäu
deutsche Schriftstellerin, Revolutionärin, Frauenrechtlerin
Lit. 122, 146, 337, 341, 698

Die jüngste Tochter eines Konsistorialrats erhält eine Privaterziehung und wird, kaum 17jährig, zur Ehe mit dem englischen Fabrikanten Samuel Aston gezwungen: »Verzweiflung sprach den Hochzeitssegen, /Sprach ihren Fluch am Traualtar!« Die Ehe, die sie in dem Roman *Aus dem Leben einer Frau* (1847) verarbeitet, wird zweimal geschieden, 1844 endgültig. Aston läßt sich mit der einzig überlebenden ihrer drei Töchter in Berlin nieder und strebt eine literarische Laufbahn an. Sie verkehrt mit Junghegelianern und ist bald als hosentragendes »Mannweib« berüchtigt. Anonyme Briefe veranlassen eine polizeiliche Unterredung, bei der Aston bekennt, »sie glaube nicht an Gott und rauche Zigarren. Sie beabsichtige, die Frauen zu emanzipieren, und sollte es ihr Herzblut kosten. Sie halte die Ehe für ein unsittliches Institut ...« Noch vor Erscheinen ihres ersten Gedichtbandes, *Wilde Rosen* (1846), wird sie aus Berlin verbannt. Bald danach veröffentlicht sie *Meine Emanzipation, Verweisung und Rechtfertigung*, in dem sie das Prinzip der Gleichheit und das Recht der Frau auf die freie Entfaltung der Persönlichkeit radikal formuliert. Anscheinend verliert sie wegen ihres Lebenswandels das Sorgerecht für die Tochter. Sie bleibt aber »ein kämpfendes Kind der kämpfenden Zeit!« 1848 schließt sie sich den Freischaren an und nimmt als Pflegerin am Schleswig-Holsteinischen Feldzug teil. Dabei lernt sie ihren zweiten Mann, Dr. med. Daniel Eduard Meier, kennen. Aston veröffentlicht einen zweiten Roman, *Lydia*, und redigiert sieben Nummern der Zeitschrift *Der Freischärler*, bevor sie als radikale Demokratin erneut Berlin verlassen muß. Nach mehreren Ausweisungen wird sie vorläufig in Bremen geduldet, wo sie den Roman *Revolution und Contrerevolution* (1849) schreibt. Die *Freischärlerreminiszenzen* von 1850 sind ihre letzte Veröffentlichung. Nach Meiers Entlassung aus dem Gefängnis 1855 begann für das Paar eine 20jährige Wanderschaft. Die erste Station war Rußland während des Krimkrieges, die letzte Wangen im Allgäu, wo Louise Aston-Meier bald nach der Ankunft 1871 starb. M.W.

# Rose Ausländer

geb. 11. Mai 1901 in Czernowitz/Bukowina
gest. 3. Januar 1988 in Düsseldorf
deutsch-österreichische Dichterin
Lit. 106, 115, 409, 848, 1123

In der Bukowina kam Rose Ausländer, geb. Rosalie Beatrice Ruth Scherzer, zur Welt. Der Vater Sigmund stammte aus der streng orthodoxen, von Chassidismus und Mystik des Ostjudentums geprägten Stadt Sadagora, bekannte sich aber zum Feidenkertum und wurde Prokurist in einer Import-Export-Firma in der Hauptstadt Czernowitz, wo er seine Braut Etie Rifke Binder kennenlernte. Rose wuchs in einem weltoffenen liberal-jüdischen, auch kaisertreuen Elternhaus auf, in dem jedoch die wichtigsten Regeln der jüdischen Tradition bewahrt wurden. Zudem gab es in dieser »ehemals östlichen Provinz deutsch-österreichischer Kultur« (Kurt Rein) eine fast 200jährige deutsche Sprach- und Literaturtradition. Ruth studierte 1919/20 Literaturwissenschaft und Philosophie an der Universität Czernowitz und wanderte 1921 mit ihrem Studienfreund Ignaz Ausländer in die USA aus. Das Paar heiratete 1923 und trennte sich 1926. 1930 kam die Scheidung. Rose Ausländer erhielt die amerikanische Staatsbürgerschaft, die ihr jedoch 1934 wegen dreijähriger Abwesenheit aus den USA wieder aberkannt wurde. In Amerika publizierte sie ihre ersten Gedichte und arbeitete u.a. als Redakteurin, Sekretärin und Bankangestellte. 1931 nach Czernowitz zurückgekehrt, um die erkrankte Mutter zu pflegen, war sie in ihrer Heimatstadt als Lyrikerin, Journalistin, Übersetzerin und Englischlehrerin tätig. Ihr erster Gedichtband *Der Regenbogen* erschien 1939 in Czernowitz. 1941 bis 1944 hielten die Nazis die Stadt besetzt. Rose Ausländer gelang es, im Ghetto zu überleben. Sie mußte Zwangsarbeit leisten und versteckte sich zeitweise in einem Keller. Die Lyrikerin übersiedelte 1946 nach New York, wo sie Gedichte in deutscher und englischer Sprache veröffentlichte. Das erste Buch nach dem Krieg, *Blinder Sommer*, erschien 1965 in Wien. Rose Ausländer zog 1965 in die Bundesrepublik, reiste viel und lebte von 1970 bis 1988 im Nelly-Sachs-Haus, dem Altenheim der jüdischen Gemeinde in Düsseldorf. Die letzten zehn Jahre ihres Lebens war sie bettlägerig.

Sie veröffentlichte mehr als zwanzig Gedichtbände, u.a. *Hügel aus Äther/unwiderruflich*, *Im Aschenregen/die Spur deines Namens*, *Mutterland*, *Einverständnis*; aus dem Nachlaß wurde *Jeder Tropfen ein Tag* zusammengestellt. Gegen Ende ihres Lebens erhielt sie viele Preise und Auszeichnungen. B.H.

# Grazyna Bacewicz

geb. 5. Februar 1909 in Lodz
gest. 17. Januar 1969 in Warschau
polnische Komponistin und Geigerin
Lit. 850, 1010

Grazyna Bacewicz war Geigerin, Konzertmeisterin und Komponistin. Sie studierte in Lodz Klavier und Violine, später in Warschau Komposition und Philosophie. Den letzten Schliff erhielt sie bei der berühmten Musikpädagogin Nadia Boulanger in Paris. Während der grauenhaften Kriegsjahre ging sie in ihrer Arbeit auf, vergaß sich völlig, komponierte mehrere Stunden täglich. 1944 wurden viele Manuskripte vernichtet. Sie hatte sich während der Okkupationszeit mit den Richtlinien des »sozialistischen Realismus« auseinanderzusetzen, widersetzte sich dem politischen Druck, schrieb aber einige Stücke mit folkloristischem Einschlag.

1955 zog sie sich vom Konzertieren zurück, um mehr Zeit zum Komponieren zu haben. Auch die Arbeit in Ausschüssen und Kommissionen lehnte sie ab.

Bacewicz hinterließ ein riesiges Œuvre: sieben Violinkonzerte, sieben Streichquartette, fünf Sinfonien, eine Oper, Chor- und Kammermusik. Es fällt schwer, ihr Werk zu etikettieren. In den 40er Jahren entdeckte sie den Neoklassizismus für sich, den sie für ihre kreativen Bedürfnisse ausbaute. Als sie zu komponieren anfing, war die Abkehr von der Spätromantik ein wichtiger Einschnitt – daher auch ihr zuweilen präzis unterkühlter Stil, der die Expressivität nicht offen zur Schau trägt. Lineare Strukturen durchziehen ihr Schaffen, wobei sie zuweilen einen fließenden linearen Kontrapunkt bevorzugt, ein andermal eine eher geschlossene, vertikal polyphone Textur wählt. Stets suchte sie danach, ihre Ausdrucksmittel zu erweitern, wobei sie sich als Meisterin der Instrumentation, aber auch der ungewöhnlichen Besetzungen erwies. Wäre sie noch am Leben, würde man sie als »Grande Dame« verehren, die nicht nur in ihrem Schaffen, sondern in ihrer Kompromißlosigkeit, ihrer Produktivität und ihrer Vielseitigkeit ein Vorbild für spätere Komponistinnen wurde. E.R.

# Ingeborg Bachmann

geb. 25. Juni 1926 in Klagenfurt
gest. 17. Oktober 1973 in Rom
österreichische Dichterin
Lit. 41, 77, 440, 1002

»Was aber möglich ist, in der Tat, ist Veränderung. Und die verändernde Wirkung, die von neuen Werken ausgeht, erzieht uns zu neuer Wahrnehmung, neuem Gefühl, neuem Bewußtsein.« Dieser Satz Ingeborg Bachmanns gilt sowohl für ihr eigenes schriftstellerisches Selbstbewußtsein als auch für ihre Rezeption. Ob Lyrik, Kurzprosa, Hörspiele, Libretti, Reden und Essays oder längere fiktionale Prosa, das Bachmannsche Werk hatte als Ziel und als Wirkung, »die Menschen dorthin zu bringen oder mitzureißen, in die Erfahrungen, die die Schriftsteller machen«. Vor allem ihre eindringliche Darstellung weiblicher Subjektivität im Kontext einer von Männern beherrschten Gesellschaft schuf »neues Bewußtsein«.

Ihre beiden Erzählungen »Ein Schritt nach Gomorrha« und »Undine geht« (1961) gehören zu den frühesten feministischen Äußerungen der deutschsprachigen Literatur der Nachkriegszeit. In ihrer späteren Prosa (*Malina* 1971; *Simultan* 1972; und in den postum veröffentlichten Werken *Der Fall Franza* und *Requiem für Fanny Goldmann*) war Bachmann wieder ihrer Zeit voraus, indem sie darstellte, wie Frauen durch die patriarchalische Gesellschaft zugerichtet werden. Ihre Beschäftigung mit weiblicher Identität im Patriarchat hing mit ihrer Zeitkritik überhaupt eng zusammen: »... der Faschismus ... fängt an in Beziehungen zwischen Menschen. Der Faschismus ist das erste in der Beziehung zwischen einem Mann und einer Frau ...«

Bachmann studierte nach dem Krieg Philosophie, Germanistik und Psychologie. Von 1957 bis 1963, während ihrer Beziehung mit Max Frisch, lebte sie abwechselnd in Zürich und Rom. Die Ehe lehnte sie ab als »eine unmögliche Institution ... für eine Frau, die arbeitet und die denkt und selber etwas will«. Ab Ende 1965 lebte sie wieder in Rom. Trotz ihres prekären Gesundheitszustandes (sie war infolge einer medizinischen Fehlbehandlung jahrelang tablettensüchtig) plante sie gerade einen Umzug nach Wien, als sie an den Folgen eines Brandunfalls starb.

J.H.

## Harriet Backer

geb. 21. Januar 1845 in Holmestrand
gest. 25. März 1932 in Oslo
norwegische Malerin
Lit. 466, 510, 1038

Bereits mit 16 Jahren erhielt Backer Mal- und Zeichenunterricht an verschiedenen Kunstschulen in Oslo. Ihren künstlerischen Stil entwickelte sie aber außerhalb Skandinaviens. Ab 1874 studierte sie, wie viele der norwegischen KünstlerInnen in den 70er Jahren, an der Münchner Akademie bei ihrem Landsmann Eilif Peterssen. Vier Jahre später zog es sie nach Paris, wo sie für die nächsten zehn Jahre lebte. Das Paris der 70er und 80er Jahre war das Zentrum der Kunstwelt, der Salons und der ImpressionistInnen, der RealistInnen und des Plein-air, der Weltausstellungen, der Oper und der Cafés. Hier wohnte Backer mit der norwegischen Malerin Kitty L. Kielland zusammen, mit der sie verschiedene Studienreisen in die Bretagne und nach Norwegen unternahm. 1880 stellte sie ein Bild im Pariser Salon aus, 1889 ein weiteres auf der Pariser Weltausstellung. Für beide Gemälde erhielt sie eine Auszeichnung. Unter dem Einfluß des intensiven Lichts, der luftigen Farbigkeit und der neuen Technik der ImpressionistInnen entwickelte sich die Künstlerin hin zum Koloristischen und zu harmonischeren Kompositionen. Bekannt wurde Backer besonders für ihre Interieurs. Wie sie das Spiel des (Tages-)Lichts im Raum wiedergab, kräftige und leuchtende Farben einsetzte, erregte Aufsehen. Um 1888 kehrte sie nach Norwegen zurück und perfektionierte diese Malweise, die treffend als »Plein-air im Interieur« bezeichnet wird. Ihr Motiv sind häufig Frauen und Männer, die in tiefer Kontemplation, beim Lesen oder versunkenen Zuhören, als harmonischer Bestandteil des Raumes erscheinen. Ihre Bilder erinnern an die niederländische Interieurmalerei des 17. Jahrhunderts, insbesondere an Vermeer.

Zu Beginn der 90er Jahre entdeckte Backer Kircheninterieurs als neuen Motivkreis. Neben ihrem künstlerischen Schaffen leitete sie von 1889 bis 1909 eine private Malschule in Oslo und übte so auch großen Einfluß auf die nachfolgende KünstlerInnen-Generation ihres Landes aus. S.DÖ.

geb. 12. Juni 1892 in Cornwall-on-Hudson, New York
gest. 18. Juni 1982 in New York City
amerikanische Schriftstellerin
Lit. 56, 80, 143, 212, 978

Djuna Barnes wurde von ihrem Vater nicht eigentlich verführt oder vergewaltigt, es wurde eher über sie ... ›sexuell verfügt‹ – so ihr Biograph Field. »Was das bedeutet, wird nicht klar«, kommentiert die Biographin Stromberg; sie nimmt aber an, daß es in Barnes' Kindheit eine traumatische inzestuöse Erfahrung gab. »Diese Erfahrung ... verdichtet sich bei Djuna Barnes zum Grundthema.«

Djuna Barnes wuchs, ohne die Schule zu besuchen, auf einer Farm auf. Ab 1912 veröffentlichte sie in New York Reportagen, Interviews und Illustrationen in Tageszeitungen. Nach einer kurzen Ehe geht sie 1919 als freie Journalistin nach Paris und bekommt Kontakt zu dem lesbischen Kreis um Natalie Barney, die sie zu Lesungen einlädt: »Ich habe niemals zuvor eine so linkische Autorin vorgestellt, eine, die weniger fähig war, ihrer eigenen Sache zu dienen.« 1928 erscheint der Roman *Ryder* und, als Privatdruck, *Ladies Almanack*, eine Satire auf Natalie Barney und ihre Freundinnen und Geliebten.

Ab 1923 lebt Barnes mit der Bildhauerin Thelma Wood zusammen; es ist die große Passion ihres Lebens. Thelma ist ihr untreu und dem Alkohol verfallen. 1931 trennt sich Barnes von Wood und beginnt auf dem englischen Landsitz Peggy Guggenheims mit dem Roman *Nightwood*. T. S. Eliot erkennt in *Nightwood* ein Schlüsselwerk der modernen Literatur und setzt sich erfolgreich für die Veröffentlichung ein.

1940 kehrt Djuna Barnes für immer nach New York zurück. Im Patchin Place 5 in Greenwich Village bezieht sie ein Einzimmerapartment. Dort lebt die »berühmteste Unbekannte ihrer Zeit« von $ 115 Sozialhilfe und Peggy Guggenheims spärlichen, aber regelmäßigen Zuwendungen 41 Jahre lang. Sie veröffentlicht fast nichts mehr (1958 erscheint das Stück *The Antiphon*), aber sie arbeitet, soweit es ihre immer schlechter werdende Gesundheit zuläßt, wie besessen an ihren Gedichten: »Ich stehe um fünf Uhr morgens auf und bin dann bald an meiner Schreibmaschine ...«, schreibt sie 1967 mit 75 Jahren, und sie wurde neunzig. L.F.P.

# Clara Barton

geb. 25. Dezember 1821 in North Oxford, Massachusetts
gest. 12. April 1912 in Glen Echo, Maryland
Gründerin des Roten Kreuzes in den USA
Lit. 60, 270, 630, 746, 795

Mit drei Jahren konnte sie lesen, mit 18 Jahren stand sie erstmals – schmal, schüchtern, 1,52 m groß – vor einer Schulklasse. Pädagogisch hochbegabt, gründete sie 1853 die erste freie Schule in New Jersey. Aus anfänglich sechs SchülerInnen wurden in kurzer Zeit 600. Den Schulleiterposten bekam ein Mann. Barton resignierte. Sie wurde Sekretärin im Patentamt der Regierung in Washington und somit die erste weibliche Regierungsangestellte der USA.

Ihre eigentliche Lebensaufgabe aber fand Barton im amerikanischen Bürgerkrieg. Sie leistete als »Engel des Schlachtfelds« und »Florence Nightingale Amerikas« schier Unmögliches.

Nach dem Krieg rief Barton den weltweit ersten Vermißtensuchdienst ins Leben. In Europa lernte sie das Rote Kreuz kennen. Sie kümmerte sich während des deutsch-französischen Krieges um die Zivilbevölkerung in Straßburg und richtete Werkstätten für Frauen ein. Fünf Jahre lang kämpfte Barton um den Beitritt der USA zum Internationalen Roten Kreuz.

Bartons Begabung lag in der Aktion, nicht in bürokratischer Arbeit. Die Liste ihrer erfolgreichen Katastrophenhilfen ist legendär: Überflutungen, Tornados, Gelbfieber oder Typhusepidemien in verschiedenen Regionen der USA, Hungersnot in Rußland, der armenisch-türkische Krieg, Krieg in Kuba, der russisch-japanische Krieg …

Bis ins hohe Alter war sie selbst vor Ort. In Südcarolina waren 30000, meist schwarze EinwohnerInnen, durch eine Flutwelle obdachlos geworden. Sie half den schon Aufgegebenen mit nur 30000 Dollar. Die Vergabe von Nahrungsmitteln koppelte sie an Aufbauarbeit und die Abnahme von Sämereien. Ein modernes Projekt zur Selbsthilfe!

Nach jahrelangen Kämpfen innerhalb des amerikanischen Roten Kreuzes gab Barton nach 20 Jahren ihre Präsidentinnenschaft auf. Sie baute nun, 86jährig, eine landesweite Erste-Hilfe-Gesellschaft auf. Trotz schwerer Krankheiten und Depressionen, von denen ihre Tagebücher und Briefe berichten, erreichte Barton ein hohes Alter. Sie starb, hochgeehrt, im Alter von 91 Jahren. B.R.

# Amy Beach

geb. 5. September 1867 in Henniker, New Hampshire
gest. 27. Dezember 1944 in New York
amerikanische Komponistin und Pianistin
Lit. 17, 679, 746, 1012

1892 wurde ihre Es-Dur-Messe in Boston uraufgeführt. Ihre Gaelische Sinfonie e-Moll, die erste einer Amerikanerin überhaupt, erklang mit großem Erfolg vier Jahre später. Ihr Klavierkonzert cis-Moll hob die Pianistin 1899 mit dem Boston Symphony Orchestra selbst aus der Taufe.

Amy Cheney war ein Wunderkind: als Einjährige sang sie Melodien nach, mit drei Jahren brachte sie sich das Lesen bei, und die Vierjährige komponierte ihre ersten Klavierstücke. Mit sieben Jahren debütierte sie als Pianistin.

Eine Doppelkarriere als Pianistin und Komponistin folgte. Während ihrer Ehe mit dem Arzt Dr. Beach beschränkte sie auf seinen Wunsch ihre Auftritte, sie verschenkte das Honorar an Wohltätigkeitsvereine und konzentrierte sich auf das Komponieren. Nach dem Tode ihres Mannes nahm sie allerdings das Konzertieren wieder auf. Von 1911 bis 1914 war sie in Europa; sie trat als Pianistin auf und machte ihre Werke bekannt.

Beach war eine disziplinierte Arbeiterin. Am liebsten komponierte sie im Freien. Sie übte täglich auf einer stummen Klaviertastatur, um ihr empfindliches Gehör zu schonen. Sie engagierte sich auch für die Belange der Frau, betonte den Wert einer umfassenden Bildung und forderte Musikerinnen auf, trotz Ehe und Mutterschaft weiterhin künstlerisch tätig zu sein. Sie war Mitbegründerin und Vorsitzende der »Association of American Women Composers«.

Ihr Musikstil ist der Spätromantik zuzuordnen, doch verwendete sie auch oft Elemente aus der Eskimo-, amerikanisch-indianischen, schottischen und gaelischen Folklore. Die erste Amerikanerin, die als Komponistin sinfonischer Werke internationale Anerkennung errang, ist trotz eines umfangreichen Werkverzeichnisses in allen Musikgattungen in Deutschland unbekannt geblieben. E.R.

# Simone de Beauvoir



geb. 9. Januar 1908 in Paris
gest. 14. April 1986 in Paris
französische Schriftstellerin
Lit. 30, 49, 71, 308, 1120

Vor ihrem Durchbruch als Schriftstellerin mit den existentialistischen Romanen *Sie kam und blieb* (1943) und *Das Blut der anderen* (1945) studierte die »Tochter aus gutem Hause« – zunehmend gegen den »erstickenden Konformismus« und die »bedrückende Tyrannei« des Bürgertums revoltierend – Philosophie an der Sorbonne und der renommierten Ecole Normale Supérieure, um dann zehn Jahre lang an Lyzeen in Marseille, Rouen und Paris Philosophie zu unterrichten.

Zu Hause war sie zeitlebens in Montparnasse. In getrennten Wohnungen genossen Simone de Beauvoir und Jean-Paul Sartre »die Vorteile des Lebens zu zweit und keine seiner Unannehmlichkeiten«. Freiheit und »vollständiges gegenseitiges Vertrauen« waren die Grundlage ihrer Beziehung. In Montparnasse schrieb sie sechs Romane, darunter das preisgekrönte Werk *Die Mandarins von Paris* (1955), Erzählungen, ein Drama, Essays zu Themen aus Philosophie, Literatur, Politik und Gesellschaft und ihre Autobiographie in vier Bänden.

Auf Einladung von Regierungen, als Gesandte der linksintellektuellen »Internationale« und privat unternahm sie viele Reisen innerhalb Europas, nach Nord-, Mittel- und Südamerika, in den Nahen und Fernen Osten, die UdSSR und nach China, über die sie zahlreiche Reportagen und Tagebücher veröffentlichte.

Konsequent ließ sie sich weder privat noch politisch vereinnahmen, sondern handelte dort, wo die Freiheit zu erkämpfen war: sie verteilte Flugblätter und verbotene Zeitungen, verteidigte eine (später amnestierte) FLN-Agentin und stand seit 1970 der neuen internationalen Frauenbewegung engagiert »zur Verfügung«, die in ihrer detaillierten Analyse der Realität von Frauen im Patriarchat, dem bahnbrechenden Werk *Das andere Geschlecht* (1949), eine theoretische Grundlage fand. »Mit fünfzehn wünschte ich mir, daß die Leute eines Tages meine Biographie mit gerührter Neugier lesen würden. Diese Hoffnung war es, die in mir den Wunsch weckte, eine bekannte Autorin zu werden« – Simone de Beauvoir hielt immer an ihrem »ursprünglichen Projekt« fest und wurde damit weltberühmt: »Erkennen und Schreiben« (*Alles in allem*) – und Handeln. M.K.

Foto: Ullstein

# Cecilia Beaux

geb. 1. Mai 1855 in Philadelphia, Pennsylvania
gest. 12. September 1942 in Gloucester, Massachusetts
amerikanische Malerin
Lit. 46,, 72, 151, 736, 994

Diese exzellente Malerin hatte das Glück, in den vollen Genuß des Erfolgs ihrer Arbeit zu kommen. Sie wurde zeit ihres Lebens mit Auszeichnungen und Komplimenten überschüttet – und war vergessen, kaum daß sie gestorben war. Beaux brillierte auf einem Gebiet, das für Frauen als angemessen galt, nämlich der Portraitmalerei. Ihre faszinierend lebendigen Wiedergaben berühmter ZeitgenossInnen haben nur einen einzigen Mangel: den des begrenzten Interesses der Nachwelt an den Dargestellten, wodurch ihre Bilder schnell in Vergessenheit gerieten. An andere Themen – spektakulärere oder experimentellere – wagte sie sich nicht, obgleich viele ihrer Bilder ahnen lassen, daß Beaux sich durchaus nicht nur für Konterfeis interessierte. Es mag an ihrem moderaten Temperament, an der behüteten Kindheit gelegen haben, daß sie vor den Experimenten der modernen Malerei ihrer ZeitgenossInnen, die sie ja auf ihren Europareisen kennenlernte, zurückschreckte, die vom Impressionismus herrührende Auflösung des Lichts allerdings wird von ihr meisterhaft und in einer an Max Liebermann gemahnenden Weise eingesetzt.

Ihrer Rolle als Frau in einem von Männern dominierten Feld war sie sich bewußt, aber sie weigerte sich, einen Unterschied zwischen weiblicher und männlicher Malerei anzuerkennen, der nur dazu diente, der Kunst von Frauen das zweifelhafte Kompliment des Gelungenseins ›trotz allem‹ zu verleihen. 1935 veranstaltete die *American Academy of Arts and Letters* eine große Retrospektive. Danach hörte man nichts mehr von ihr, bis die *Pennsylvania Academy of Fine Arts* 1974 eine Ausstellung veranstaltete. C.S.

## Aphra Behn

geb. 10. Juli 1640 in Kent
gest. 16. April 1689 in London
englische Schriftstellerin
Lit. 212, 234, 301, 944

Aphra Behn (geb. Johnson) ist bekannt als die erste Frau in der Geschichte, die mit der Schriftstellerei ihren Lebensunterhalt verdient hat – und das im 17. Jahrhundert, das für Frauen kaum Raum für selbständige Erwerbsarbeit bot. Eine lückenlose Rekonstruktion ihres Lebens ist nicht möglich, da es nur wenige zuverlässige Quellen gibt.

Aufgewachsen in Kent, reiste sie (wahrscheinlich zusammen mit ihrer Familie) als etwa Zwanzigjährige nach Surinam, wo sie Material sammelte, das sie später in dem »dokumentarischen« Roman *Oronooko* verarbeitete. Manche bezweifeln, daß diese Reise stattgefunden hat. Behns Biographin Duffy aber meint aufgrund des vorhandenen Materials, die Reise sowie die in *Oronooko* geschilderten Verhältnisse als Tatsachen betrachten zu können. Behn war verheiratet; über die Umstände dieser Ehe ist allerdings nichts bekannt. Nach dem Tod ihres Mannes stand sie vor der Wahl, sich wieder zu verheiraten, Mätresse zu werden oder aber einer regulären Arbeit nachzugehen. Da sie eine Heirat aus nur finanziellen Gründen als eine Form der Prostitution ansah, blieb ihr nur der letztere Weg (ihre Karriere in Flandern als Spionin des englischen Königs war nur kurz gewesen): Sie wurde eine erfolgreiche Bühnenautorin.

*Oronooko* wurde im 18. Jahrhundert ins Französische und ins Deutsche übersetzt, und es ist nicht auszuschließen, daß die darin enthaltenen Schilderungen und Ideen der Anti-Sklaverei-Bewegung insofern dienlich wurden, als eindeutig Sympathien für den entführten und schließlich ermordeten Sklaven Oronooko geweckt werden. Aphra Behn trat selbstbewußt für ihr Recht zum Schreiben ein und wurde von konservativen Kreisen wegen ihrer »Freizügigkeit« angefeindet: Die Darstellung von Erotik wollte Behn nicht nur den männlichen Kollegen überlassen. B.S.

geb. 29. August 1915 in Stockholm
gest. 29. August 1982 in London
schwedische Schauspielerin
Lit. 83, 575

Ingrid Bergman ist in Schweden bereits ein Star, als sie der Produzent David O. Selznick 1939 in die USA holt. Die AmerikanerInnen sind begeistert von der »Natürlichkeit« der Schwedin. Von ihrer Mütterlichkeit, ihrer Treue in der Ehe mit dem schwedischen Arzt Petter Lindström. Nicht nur im Film ist sie die *Johanna von Orléans*. Und so nehmen sie ihr auch das Laszive in den Hitchcock-Filmen *Notorious* oder *Under Capricorn* nicht übel. Und wenn sie in *Casablanca* in der berühmtesten aller Abschiedsszenen sich letztlich doch gegen Humphrey Bogart entscheidet, dann hat das niemand anders erwartet. Der Bannstrahl des moralisierenden Publikums trifft sie allerdings, als sie 1949 mit Roberto Rossellini in Italien *Stromboli* dreht, sich in ihn verliebt und Mann und Kind verläßt. 1950 heiratet sie Rossellini, sie haben drei Kinder. Sieben Filme drehen sie in ihrer gemeinsamen Zeit miteinander. Aber viel Erfolg ist ihnen nicht beschieden, schon gar nicht in den USA, wo die Filme praktisch boykottiert werden. Ingrid Bergman ist längst nicht mehr der »Star« von früher, und lange Zeit verbietet ihr Rossellini, mit anderen Regisseuren zu filmen. 1957 läßt sie sich von Rossellini scheiden und heiratet 1958 den schwedischen Produzenten Lars Schmidt, der sie 1970 verläßt.

Inzwischen haben sich die AmerikanerInnen wieder mit ihr ausgesöhnt; als sie im Januar 1957 nach neun Jahren zum erstenmal wieder in New York amerikanischen Boden betritt, wird sie begeistert empfangen. Sie filmt wieder regelmäßig. Als sie 1982 *Eine Frau namens Golda* dreht, ist sie bereits sehr krank. Sie stirbt am 29. August 1982 an Krebs. Bei ihrer Trauerfeier hört man in einer entfernten Ecke der Kirche eine Geige, sie spielt die Melodie »As Time Goes By«. S.G.

# Elisabeth Bergner

geb. 22. August 1897 in Drohobycz/Galizien
gest. 12. Mai 1986 in London
österreichisch-englische Schauspielerin und Regisseurin
Lit. 84, 210, 714, 1050

Sie hat vieles angeregt, sich selten gefügt: weder Brecht noch Shaw z.B. und sicher nicht den Ansprüchen aller »Liebschaften« (die reisten *ihr* nach, wohin auch immer sie zog). Intuition und Improvisieren: Ensemblespiel ist tatsächlich nicht ihre Sache gewesen. Und die lange Ehe mit Paul Czinner, dem Regisseur mehr als der Hälfte ihrer 22 Filme, war »die schönste Freundschaft ihres Lebens«.

Debüt in Zürich, danach Engagements nach Wien, München und der Hauptstadt Berlin. Neben ihrem Theaterspielen entstand zwischen 1924 und 1941 fast alljährlich ein Film (die populärsten: *Der Geiger von Florenz, Ariane, Der träumende Mund*). 1933 kehrt sie von Dreharbeiten in England nicht wieder nach Deutschland zurück, arbeitet für Bühne und Film und weicht nach Kriegsbeginn in die USA aus (Zusammenarbeit mit Brecht und Auden); trotz knapper Finanzen setzt sie sich weiter intensiv für Verfolgte und für Kinderhilfswerke ein, ermöglicht vielen die Emigration.

Über Albert Einstein findet sie zur Christian Science. Erst 1954 spielt sie wieder in Berlin, später in Düsseldorf. Von 1968 bis 1983 arbeitet sie in England und Deutschland auch fürs Fernsehen.

Mit 88 Jahren war aus der *femme enfant* und zugleich *femme fatale* der Goldenen Zwanziger Jahre eine »charmante und gelegentlich auch abgründige alte Dame geworden«. Noch in dieser Beschreibung ist die Faszination spürbar, die schon die Rollengestaltung der 19jährigen Schauspielerin in Zürich als Ophelia (neben Moissi), als Wedekinds Lulu oder – wichtigste ihrer vielen Hosenrollen – Shakespeares Rosalinde so unverwechselbar machte: im Leben wie auf der Bühne entzog sie sich jeder interpretierenden Festlegung, zog mit ihrer Lebensintensität Männer wie Frauen, Kollegen, Theater- und Filmpublikum in ihren Bann und ließ doch keine einengende Nähe zu, war »die Bergner« und doch nicht zu fassen. Oft wurde sie porträtiert, Berühmtheiten widmeten ihr Gedichte, Literaten und Kritiker ließen sich zu emphatischen Umschreibungen ihrer Kunst, ihres Wesens hinreißen, Zeitungen veröffentlichten intensive Porträtstudien – jedoch kaum einmal eine Privataufnahme von ihr. S.K.-K.

# Bernadette Soubirous

geb. 17. Februar 1844 in Lourdes
gest. 16. April 1879 in Nevers
französische Heilige
Lit. 1133, 1134, 1135

In der französischen Hauptstadt herrscht Aufbruchstimmung, George Sand, eine Symbolfigur der Französischen Revolution, trägt Männeranzüge und raucht Zigarren, die erste Pariser Weltausstellung zeigt unermeßliche industrielle Perspektiven auf. Von all dem ist in Lourdes, der Pyrenäenstadt mit 4000 Einwohnern, nichts zu spüren. Hier herrscht noch das Mittelalter, Bauern und Handwerker sind arm. Besonders arm ist das Ehepaar Soubirous, das am 11. Februar 1858 ihre Tochter Bernadette mit zwei Geschwistern zum Reisigsammeln schickt. Bei der Grotte von Massabielle erstarrt das 14jährige asthmakranke Mädchen, das bis vor kurzem noch Schafe gehütet hatte und erst seit einem Monat die Schule besuchte. Wächsern sieht sie aus, wie versteinert steht sie da. »Ich habe ein Licht gesehen und dann ein weißgekleidetes Mädchen mit einem blauen Gürtel und einer gelben Rose auf jedem Fuß«, erklärt sie den verschreckten Geschwistern später. Die Nachricht verbreitet sich wie ein Lauffeuer: Bernadette Soubirous hat in Massabielle die Jungfrau gesehen! Das ruft die Obrigkeit auf den Plan. Aber weder Klerus, Staatsanwalt noch Polizei können das Mädchen vom Besuch der Grotte abhalten: »Ich habe versprochen, fünfzehn Tage hindurch hinzugehen ... Ich empfinde zu viel Freude, wenn ich zur Grotte gehe.« Der ortsansässige Arzt kann die »Simulantin und Neurotikerin« auch nach der 17. Erscheinung, zu der sich bereits 20000 Pilger eingefunden haben, nicht überführen. Inzwischen fließt Wasser aus der Grotte, dem Heilkräfte nachgewiesen werden. Bernadette gerät in eine Zwickmühle. Die Polizei droht sie einzusperren, das Dorf verlangt seine Wunder, schon wollen die ersten durch Handauflegen von ihr geheilt werden. Im Januar 1862 erfährt sie Genugtuung: ihre Visionen werden im großen Hirtenbrief des Bischofs von Tarbes bestätigt. Das Wunder nimmt seinen Lauf. Auch der Bürgermeister von Lourdes hat jetzt eine Vision. Die Vision von Lourdes als einem Badekurort. Schon um die Jahrhundertwende war in Lourdes »jedes Haus ein Hotel«, und als Bernadette 1932 heiliggesprochen wurde, sah die »elektrisch erleuchtete Kirche« von Lourdes aus »wie ein Vergnügungslokal auf dem Montmartre« (Kurt Tucholsky). Jahr für Jahr pilgern mehrere Millionen Menschen nach Lourdes, sie baden im Wasser, hoffen auf Heilung, beten zur heiligen Bernadette. Diese war 1866 in den Orden der »Sœurs de la Charité« in Nevers eingetreten und 1879 nach langer Krankheit im Kloster gestorben. S.G.

# Sarah Bernhardt

geb. 22. Oktober 1844 in Paris
gest. 26. März 1923 in Paris
französische Schauspielerin und Theaterleiterin
Lit. 86, 338, 481, 828, 934

Sie schritt mit der Haltung einer Königin, schwebte wie eine Wolke oder schlich geschmeidig wie eine Katze. Ihr schmales, blasses Gesicht war erstaunlich wandlungsfähig. Sie konnte erröten, weinen und sterben wie keine andere. Das größte Wunder der Sarah Bernhardt aber war ihre Stimme – so klar, rein und melodisch, daß sie noch den scharfzüngigsten Kritiker betörte.

Mit nie gesehener Lebendigkeit und Poesie interpretierte sie die Rollen des klassischen französischen Dramas wie Racines *Phèdre*, während sie andererseits zeitgenössische Salonstücke zu ganz großem Theater machte. Und obwohl sie geradezu als Idealbild des Weiblichen galt und ihr Kleidungsgeschmack und ihre grazile Schlankheit die Mode ihrer Zeit prägten, begeisterte sie auch in Hosenrollen. Mit 54 spielte sie den Hamlet, mit 56 in *L'Aiglon* den jungen Sohn Napoleons.

Bei der *Comédie française*, Frankreichs berühmtestem Ensemble, hatte sie 1863 ihr Debüt, suchte aber bald Unabhängigkeit bei wechselnden Engagements im In- und Ausland. Obwohl sie ausschließlich auf Französisch spielte und aus ihrem Patriotismus keinen Hehl machte, gewann sie überall in der Welt begeisterte AnhängerInnen, ganz besonders in England und den USA. 1893 gründete sie ihr *Théatre Sarah-Bernhardt* in Paris. 61 Jahre lang trieb ihre legendäre Energie sie auf die Bühne. Zu ihren Auftritten vor den Frontsoldaten des Ersten Weltkriegs mußte die über 70jährige getragen werden – trotz einer schweren Beinverletzung, die schließlich zur Amputation führte, mochte sie nicht aufhören zu arbeiten. Doch sie erntete nicht nur Applaus. Öffentliche Kritik (die immer wieder auch antisemitische Züge trug) entzündete sich an ihrem exzentrischen Auftreten und ihrem »unmoralischen« Lebenswandel (Schulden, ungezählte Liebhaber und ein sehr geliebter unehelicher Sohn). A.S.

# Birgitta von Schweden

geb. 1303 auf Gut Finsta bei Uppsala
gest. 23. Juli 1373 in Rom
schwedische Heilige, Mystikerin
Lit. 24, 172, 442, 993

Selbstbewußt, hochintelligent, durchsetzungsfähig, dazu blond, blauäugig und gut gewachsen, überdies aus einer der begütertsten und politisch einflußreichsten schwedischen Hochadelsfamilien – Birgitta hatte alle Voraussetzungen für einen erfolgreichen Lebensweg. Geboren wurde sie 1303 auf Gut Finsta nördlich von Stockholm. Als sie vierzehn war, verheiratete der Vater sie mit dem achtzehnjährigen Sohn einer benachbarten Hochadelsfamilie. Innerhalb weniger Jahre begründeten beide eine einflußreiche Stellung innerhalb des schwedischen Königreichs: Ehemann Ulf als Landvogt der Provinz Narke in Mittelschweden, Birgitta als Verwalterin der ausgedehnten Familiengüter. Acht Kinder entstammten der offenbar glücklichen Ehe. Anders als die meisten Standesgenossinnen in Skandinavien war Birgitta stark beeinflußt von der europäischen Frömmigkeitsbewegung ihrer Zeit. Mit Hilfe der Hauslehrer ihrer Kinder erwarb sie eine für ihren Stand und ihre Zeit ungewöhnliche Bildung. Schon als Siebenjährige hatte sie Visionen empfangen und veröffentlicht.

Ihre ungewöhnlichen Fähigkeiten und Kenntnisse führten zu ihrer Berufung als Erzieherin und Ratgeberin für das junge schwedische Königspaar. Ihnen hält sie gleich nach ihrer Ankunft einen Fürstenspiegel vor: »Der König muß so beschaffen sein, daß er von den Jüngeren gefürchtet, von den Älteren geehrt, von den Weibern gelobt, von den Gerechten geliebt und von den Unterdrückten herzlich begehrt wird.« Niemals dürfe ein König aber vergessen, daß er Gott und seiner Kirche Treue und Gehorsam schulde.

Der König hält sich nicht an diese Ideale und wird daraufhin von ihr als »Kind auf dem Königsthron«, »Hasenherz« und »gekrönter Esel« bezeichnet. Sie wird der glänzenden Hofgesellschaft lästig, bei einem Ausgang sogar mit Kübeln von Schmutzwasser übergossen. Sie zieht sich zu geistlichen Übungen zurück, unternimmt gemeinsam mit ihrem Mann ausgedehnte Pilgerfahrten nach Trondheim und Santiago de Compostela. Inzwischen hat das schwedische Königspaar ihr das königliche Gut Vadstena überlassen, auf dem Birgitta, Witwe geworden, mit dem Aufbau eines eigenen Ordens beginnt.

Um dessen Anerkennung durch den Papst zu erreichen, geht sie 1349 nach Rom.

Strenge Askese, unterbrochen durch Pilgerfahrten innerhalb Italiens und bis ins Heilige Land, bestimmten ihre zweite Lebenshälfte. Als sie 1373 in Rom starb, war sie zu einer europäischen Größe geworden. M.G.

# Rosa Bonheur

geb. 16. März 1822 in Bordeaux
gest. 25. Mai 1899 in Schloß By bei Fontainebleau
französische Tiermalerin und Bildhauerin
Lit. 37, 521, 522

Ihre Schulausbildung war nur rudimentär und endete, als sie 13 war. Ihr Handwerk aber lernte Rosa Bonheur gründlich – Zeichnen und Kolorieren im Pariser Atelier ihres Vaters, eines mäßig erfolgreichen Porträt- und Landschaftsmalers, der nach dem frühen Tod seiner Frau die vier Kinder allein erzog und, seinen saint-simonistischen Idealen folgend, den Töchtern (Rosa war die Erstgeborene) dieselben Freiheiten gestattete wie den Söhnen. Zum Kopieren der alten Meister verbrachte die 14jährige viel Zeit im Louvre, wo man sie wegen ihres jungenhaften Auftretens »Der kleine Husar« nannte. Später ging sie für Anatomiestudien und Tierskizzen in die Pariser Schlachthöfe und auf den Pferdemarkt – in Männerkleidung. Mit 19 stellte sie im Pariser Salon aus, mit 26 erhielt sie ihren ersten großen Regierungsauftrag für *Pflügende Ochsen im Nivernais* (heute im Musée d'Orsay), mit 31 beendete sie ihr berühmtestes Bild, *Der Pferdemarkt*, ein Riesengemälde (2,5 × 5 m), das großes Aufsehen bei Publikum und Kritik erregte und ihren Ruhm als bedeutendste Tiermalerin des 19. Jahrhunderts begründete. Zugleich war es ein sensationeller finanzieller Erfolg. Vom Erlös erwarb sie das Château de By, einen Landsitz am Rand des Waldes von Fontainebleau, wo sie fortan mit ihrer Lebensgefährtin Nathalie Micas, deren Mutter und einem großen Privatzoo (u.a. Löwinnen) lebte und arbeitete.

Die Malerin wurde bei Hof eingeladen und mit öffentlichen Ehrungen überschüttet – die Kaiserin Eugénie überbrachte ihr persönlich die Ernennung zum »Offizier der Ehrenlegion« – obwohl ihr Privatleben nicht gerade den Konventionen entsprach. Mit 14 hatte Rosa Bonheur die zwei Jahre jüngere Nathalie Micas kennengelernt und sich seitdem nicht mehr von ihr getrennt. Als Micas 1889 im Alter von 65 Jahren starb, stürzte Bonheur in eine tiefe Depression.

Zwei Begegnungen aus Übersee bestimmten die letzten Lebensjahre – sie traf Buffalo Bill Cody, der mit seiner Wildwest-Show durch Europa zog, und nutzte den siebenmonatigen Parisaufenthalt der Truppe zu zahlreichen Gemälden und Skizzen nach Indianer- und Cowboymotiven. Und sie begegnete einer 33 Jahre jungen amerikanischen Kollegin. Anna Klumpke wurde ihre Gefährtin, schrieb ihre Biographie, porträtierte sie und wurde – zum Entsetzen der Verwandtschaft – Alleinerbin.

Mit 77 Jahren starb Bonheur und wurde auf dem Pariser Père-Lachaise-Friedhof neben Nathalie und Mme Micas begraben. Auch Anna Klumpke wurde dort beigesetzt. A.S.

## Katharina von Bora, die Lutherin

geb. 29. Januar 1499 in Lippendorf bei Leipzig
gest. 20. Dezember 1552 in Torgau
deutsche Pfarrfrau
Lit. 48, 545, 1104, 1122

Ihr Ehemann, der berühmte Reformator, nannte sie in seinen Briefen »Carissima«, »meine herzliebe Käthe«, auch »mea domina« oder »meus dominus Ketha«. Über ihre Kindheit ist nur bekannt, daß sie aus verarmtem sächsischen Adel stammte, die Mutter früh starb, ihr Vater sie mit zehn Jahren im Kloster Nimbschen bei Grimma unterbrachte, wo sie Lesen, Schreiben, auch etwas Latein, hauptsächlich aber wohl Demut, Gehorsam und Beten lernte. Wie sie und acht weitere Nonnen zu dem mutigen Entschluß kamen, aus Zwang und Enge des Klosters zu fliehen, ist nur zu ahnen; vermutlich wurden Schriften des Reformators, in denen er sich gegen Mönchtum und Zölibat aussprach, heimlich ins Kloster geschmuggelt.

Die Nonnen baten Luther um Hilfe. Der schickte ihnen einen Lieferanten ins Kloster, in dessen Planwagen sie unbemerkt fliehen konnten. Am Ostertag 1523 kamen sie in Wittenberg an. Dort sorgte Luther für Unterbringung und Verheiratung. Nur drei der Nonnen blieben am Ende übrig, darunter Katharina. Sie erklärte deutlich, daß sie nur den Reformator selbst heiraten wollte.

Zunächst wenig geneigt, eine Ehe einzugehen, vermählte sich der 15 Jahre ältere Luther 1525 mit ihr nach allen Regeln und Bräuchen (Einsegnung durch den Freund P. Bugenhagen, Beilager vor Zeugen, festliches Hochzeitsmahl). Der Haushalt wurde in dem alten, verwahrlosten Augustinerkloster in Wittenberg eingerichtet, das der Landesvater, Kurfürst Johann, zur Verfügung gestellt hatte. Katharinas Fleiß und Tüchtigkeit machten es bewohnbar. Sie bewirtschaftete umfangreiche Ländereien mit Gemüseanbau, betrieb Viehzucht und Bierbrauerei, um dadurch zahlreiche Studenten und Gäste beköstigen zu können, die vom Ruhm des Mannes angezogen wurden. In Pestzeiten nahm sie Pflegebedürftige auf. Auch der oft kranke, zu Depressionen neigende Ehemann verlangte viel Zuwendung. Ihre Arbeitskraft war fast unerschöpflich.

Katharina war keine Schönheit, ein Bildnis Cranachs zeigt ein Gesicht mit breiten Backenknochen, auffallend schräg gestellten Augen, einem fein gezeichneten Mund. Für den schwierigen Luther war sie die beste Ehefrau, die er sich wünschen konnte, zumal sie nicht nur eine überaus sparsame und umsichtige Hausfrau, sondern auch geistige Gefährtin war und an seinen theologischen und politischen Problemen teilnahm.

Nach dem Tode Luthers 1546 geriet Katharina in große Not, mußte zweimal mit den Kindern in Kriegswirren aus Wittenberg flüchten, ihr Eigentum wurde zerstört. Nach dem Wiederaufbau zwang die Pest nochmals zur Flucht. Sie verunglückte und starb an den Folgen des Unfalls 1552.

U.S.

# Lili Boulanger

geb. 21. August 1893 in Paris
gest. 15. März 1918 in Paris
französische Komponistin
Lit. 852

Trotz ihrer chronischen Krankheit (Bronchialpneumonie) erlangte die französische Komponistin Lili Boulanger bereits zu Lebzeiten großen künstlerischen Erfolg. Als zweite Tochter einer sprachlich und musisch begabten Russin und eines komponierenden Gesanglehrers wuchs sie mit ihrer Schwester Nadia in musikalischer Umgebung auf. (Ihre Schwester Nadia wurde eine der bekanntesten Lehrerinnen für Musiktheorie).
Schon frühzeitig erhielt Lili Privatunterricht in Orgel, Klavier, Violoncello und Harfe sowie in Harmonielehre. Die Neunzehnjährige gewann als erste Frau für die Kantate »Faust et Hélène« den Grand Prix de Rome in Komposition, der ihr öffentliche Beachtung sowie Aufenthalte in der berühmten Villa Medici in Rom einbrachte. Zu Lilis Werkschaffen, das in den Lebensjahren von 1911 bis zu ihrem frühen Tod 1918 mehr als 50 Werke umspannt, gehören zahlreiche Werke für Soli, Chor und Orchester, zwei symphonische Dichtungen, ein »Pie Jesu«, Lieder, Klavier-, Violin- und Flötenstücke. Die Oper »La Princesse Madeleine« blieb unvollendet.
Erst seit zwei Jahrzehnten wird ihr Werk vorurteilslos betrachtet und in eine Reihe mit denen von Gabriel Fauré und Claude Debussy gestellt. Dennoch sind Aufführungen ihrer Musik ebenso rar wie Schallaufzeichnungen. Um so eindrucksvoller, wenn es zu Aufführungen kommt, wie im Februar 1987 in Kassel. Anläßlich eines Komponistinnen-Festivals wurde ihre Vertonung des 130. Psalms aufgeführt. Das Werk bestach durch seine Verbindung von homophonen und kontrapunktischen Mitteln sowie die raffinierte Instrumentation; es erhielt einen zusätzlichen Reiz dadurch, daß es von einem Frauenorchester aufgeführt wurde. Zu Lili Boulangers bewegendsten Werken zählt ihre »Vieille Prière Bouddhique« für Tenorsolo, Chor und Orchester. Sie benutzte einen alten buddhistischen Text, den sie als Siebenjährige von einer Freundin geschenkt bekam. Diese Meditation über universale Liebe entsprach ihrer intensiven Beschäftigung mit Werten wie Frieden und Glück, und sie vertonte es kurz vor ihrem Tod. Die letzte Strophe des Textes, der sie ihr Leben lang begleitete, lautet:

»Mögen alle Frauen, mögen alle Männer, Arier und Nicht-Arier, alle Götter und alle Menschen, und alle, die gestorben sind, ohne Feind, ohne Hindernis, den Schmerz überwinden und glücklich sein, und sich in Freiheit bewegen können, jeder nach seiner Art.« E.R.

# Nadia Boulanger

geb. 16. September 1887 in Paris
gest. 22. Oktober 1979 in Paris
französische Komponistin und Musiktheoretikerin
Lit. 704, 853, 950

Über 60 Jahre lang war Nadia Boulangers Pariser Wohnung Treffpunkt zahlloser Komponisten (u.a. Copland, Ravel, Honegger und Bernstein), PädagogInnen und LaiInnen, die bei ihr Klavier- und Orgelunterricht sowie Unterweisung in Harmonielehre, Kontrapunkt, Analyse, Komposition, Vomblattspiel und Instrumentation erhielten. Auch viele Komponistinnen gehörten zu ihrer »Boulangerie«, wie sich ihr Bekanntenkreis nannte: die Südafrikanerin Priaulx Rainier, die Britin Thea Musgrave, die Polin Grazyna Bacewicz.

Nadia Boulanger war Komponistin, Dirigentin, Pädagogin, Musikjournalistin, Theoretikerin und Instrumentalistin in einer Person. Am Pariser Konservatorium gründlich ausgebildet, gewann sie etliche Kompositionspreise. Sie arbeitete an mehreren privaten Konservatorien. Die StudentInnen kamen in Scharen, um der Frau mit dem Monokel in dem dunklen strengen Kostüm zuzuhören. Ihre profunde Kenntnis der Musik aller Epochen, ihre leidenschaftliche Begeisterung für jedes Detail machten ihre Vorlesungen zu bewegenden Erlebnissen.

Während des Zweiten Weltkriegs lehrte Boulanger in den USA. 1946 kehrte sie mit 40 Koffern voller Lebensmittel für ihre FreundInnen nach Paris zurück, um eine Professur am Conservatoire National zu übernehmen. Überhäuft mit zahllosen Ehrungen, unterrichtete sie bis zu ihrem Tod im Alter von 92 Jahren.

Boulanger hat in ihrem Leben fast alles auf dem Musiksektor angepackt, hatte es aber schwer, sich als Komponistin auszuweisen. Die Situation vor dem Ersten Weltkrieg war für Komponistinnen noch bedrückender als heute. So fand Nadia in der Musikpädagogik einen Bereich, dem ihr immenses Wissen und ihre Ausstrahlung zugute kamen. Dennoch ist es bedauerlich, daß ihr Können nur im Werk anderer weiterlebt. Sie verweigerte sich zwar der Mutterrolle, verhielt sich aber doch »weiblich«, indem sie ein Leben lang anderen Menschen diente. E.R.

# Jane Bowles

geb. 22. Februar 1917 in New York
gest. 4. Mai 1973 in Malaga
amerikanische Schriftstellerin
Lit. 107, 108, 218, 882

Durch das Leben der amerikanischen Schriftstellerin und Bühnenautorin Jane Bowles ziehen sich Selbstzweifel und Schreibhemmungen, Ausgelassenheit und Depression wie ein roter Faden. Die wohlbehütet aufgewachsene junge Frau ist fasziniert vom turbulenten Leben der New Yorker Boheme der dreißiger Jahre. Schnell wird sie Mittelpunkt einer KünstlerInnengemeinde, die ihren Charme und Witz bewundert.

1937 lernt Jane ihren späteren Mann, den Komponisten und Schriftsteller Paul Bowles, kennen. Mit ihm entwickelt sich eine Beziehung, die bis zu ihrem Lebensende hält. Aus einer Ehe (sie heiraten im Februar 1938), in der sich beide den größtmöglichen Freiraum zugestehen, entsteht schließlich eine Freundschaft, in der Jane und Paul ihre eigenen Wege gehen und sich gegenseitig in ihrer künstlerischen Arbeit unterstützen. Schon früh wurde Jane sich ihres besonderen Status bewußt und nennt sich (scherzhaft) crippie, the kike dyke (etwa »Krüppi, die jüdische Lesbe« – wegen einer Tuberkulose-Erkrankung war ein Knie steif), Paul unterdessen pflegt seine Beziehungen zu Männern.

Es folgt eine Zeit rastlosen Reisens: Jane und Paul pendeln – mal gemeinsam, oft getrennt – zwischen Mittelamerika, den USA, Nordafrika und Asien. Schließlich lassen sie sich 1948 in Marokko nieder, wo sich Jane in die einheimische Markthändlerin Cherifa verliebt, die vom Bowlesschen Freundeskreis (u.a. Truman Capote, Peggy Guggenheim, Tennessee Williams) abgelehnt wird, weil sie einen zu starken Einfluß auf Jane ausübe.

Jane Bowles veröffentlicht den autobiographisch geprägten Roman *Zwei sehr ernsthafte Damen*, der von der Kritik äußerst unterschiedlich aufgenommen wird: Die Reaktionen schwankten zwischen Begeisterung und Ablehnung. Ebenso ergeht es ihrem Theaterstück *Im Gartenhaus*. 1957 erleidet Jane einen Schlaganfall. Ihre Schreibhemmungen verschlimmern sich: exzessiver Alkohol- und Tablettenkonsum untergraben ihre Gesundheit weiter. Ständige Geldsorgen lenken sie von ihrer Arbeit ab; daran kann auch die finanzielle Unterstützung seitens ihrer Freundinnen nichts ändern. Sie zerfällt zunehmend, psychisch wie auch physisch, hat epileptische Anfälle, ist geistig verwirrt, verliert allmählich ihre Sehkraft und kann Bewegungen nur noch schlecht koordinieren. Zu Paul sagt die Vierzigjährige 1957: »Ich weiß, daß ich langsam verfalle. Es ist mir völlig klar, und keiner kann mich vom Gegenteil überzeugen. Ich merke den Unterschied von einem Monat zum anderen. Erzähl mir nicht, daß es mir irgendwann besser gehen wird.«

Jane Bowles stirbt am 4. Mai 1973 in Malaga.

B.S.

# Elsa Brändström

geb. 26. März 1888 in St. Petersburg
gest. 4. März 1948 in Boston
schwedische Philanthropin
Lit. 18, 270, 480

Eine Berufsbezeichnung für die Schwedin Elsa Brändström zu finden ist schwer: Als eine der ersten kümmerte sich die in Petersburg geborene Tochter des schwedischen Militärattachés und dessen Frau Anna Pieper (geb. Eschelsson) um Kriegsgefangene, die nach Sibirien abtransportiert werden sollten.

Ihre Kindheit und Jugend verbrachte sie in Rußland und Schweden und kehrte nach Rußland zurück, als ihr Vater zum Schwedischen Gesandten in Petersburg ernannt worden war. Nach dem Tode ihrer Mutter (1913) blieb Elsa Brändström in Petersburg, wo sie den Beginn des Ersten Weltkrieges miterlebte und sich als russische Kriegsschwester meldete. 1915 wird sie für das Rote Kreuz tätig und reist mit ihrer Freundin und Mitarbeiterin Ethel von Heidelstam nach Sibirien, um dort in den Gefangenenlagern medizinische Hilfe zu leisten. Die dort herrschenden Verhältnisse sind aber derart katastrophal, daß sie gezwungen ist, einen medizinischen Hilfsdienst überhaupt erst einmal zu organisieren.

Als sie 1916 nach Petersburg zurückkehrt, beteiligt sie sich am Aufbau einer schwedischen Hilfsorganisation. Eine zweite Sibirienreise unternimmt sie 1917; die Revolutionswirren verzögern die Heimführungsaktionen, an denen sie maßgeblich mitwirkt.

1922 erscheint ihr Buch »Unter Kriegsgefangenen in Rußland und Sibirien 1914–1920«. In der Zwischenzeit hatte sie sich einer neuen Aufgabe zugewandt: In Deutschland kümmerte sie sich um die Heimkehrer, die Kinder verstorbener Kriegsgefangener und um solche Kinder, die nicht in ihrer Familie bleiben konnten. Sie gründete zwei Heime und reiste 1923 in die USA, um dort auf Vortragsreisen Geld für ihr Unternehmen aufzutreiben.

1929 heiratet sie den Pädagogik-Professor Robert Ulich und wohnt mit ihm in Dresden. 1932 kommt ihre Tochter Brita zur Welt. Ein Jahr später legt Robert Ulich seine Ämter nieder (er gehört zur Gruppe religiöser Sozialisten) und nimmt eine Gastprofessur in Harvard an: Die Familie siedelt in die USA über und hilft dort ankommenden Flüchtlingen aus Deutschland und Österreich. Als das Ende des Krieges absehbar ist, beginnt Elsa Brändström eine Hilfsaktion für notleidende Kinder in Deutschland und wird so zur eigentlichen Initiatorin der CARE-Pakete-Aktion. Eine Reise nach Deutschland war geplant; es sollte aber nicht mehr dazu kommen: Elsa Brändström starb, kurz vor ihrem 60. Geburtstag, an Krebs. B.S.

# Ebba Brahe

geb. 16. März 1596 in Lerjeholm in Västergötland
gest. 5. Januar 1674 in Stockholm
schwedische Hofdame und Adelige
Lit. 621, 990

Sie soll von außerordentlicher Schönheit gewesen sein, die junge Ebba Brahe, Tochter des Reichsdrosten Magnus Graf Brahe, als sie 1611 nach dem Tod der Mutter als Hofdame zur Königinwitwe Christine an den schwedischen Hof kam, wo sie sogleich die Aufmerksamkeit auf sich zog. Auch König Gustav Adolf verliebte sich in sie. Im März 1613 bat er sie in einem Brief um Antwort auf sein »liebes Begehren« und um Auskunft über die Unterredung mit ihrem Vater – ein Heiratsantrag oder zumindest eine Liebeserklärung? Die romantische Liebe fiel sehr schnell der Staatsraison zum Opfer: Die Königinmutter stellte sich vehement gegen diese unstandesgemäße Verbindung, und Ebba Brahe gab schließlich, nachdem sie von Gustav Adolf noch ein diamantbesetztes Schmuckstück entgegengenommen hatte, dem Werben des Reichsmarschalls Jakob de la Gardie nach, den sie 1618 heiratete. Und mit dem sie 14 Kinder hatte. Sie erzog ihre Kinder, unterhielt Beziehungen zum königlichen Hof, legte Gärten an, züchtete Pflanzen und galt als kunstsinnige Mäzenin.

Nach dem Tod ihres Mannes 1652 aber übernahm die resolute Dame konsequent die Rolle der mater familias. Umsichtig, ehrgeizig und hin und wieder streitsüchtig – 1667 war sie in einen eigenartigen Eigentumsprozeß gegen Johan Oxenstierna, den Sohn des Kanzlers, verwickelt – mehrte sie ihren Reichtum und kaufte ein Landgut nach dem anderen, wohl um die Mitgift für ihre Kinder und damit deren standesgemäße Verheiratung zu sichern. Schließlich wurde auf zweien ihrer Güter Eisenerz gefunden, und sie widmete sich erfolgreich der Eisenproduktion, mit der sie ihr Vermögen noch einmal erheblich vergrößern konnte. Ob sie auch Waffen hergestellt hat, ist nicht überliefert, aber fest steht, daß sie 1655 dem Niederländer Louis de Geer, damals der bekannteste Waffenhändler in Schweden, in Göteborg ein Palais abkaufte, das noch heute ihren Namen trägt. S.G.

# Karin Brandauer

geb. 14. Oktober 1945 in Altaussee
gest. 13. November 1992 in Wien
österreichische Regisseurin, Drehbuch-Autorin
Lit. 501, 568, 726, 794, 1008

*Nicht besser sein als die anderen – aber anders*, bezeichnete Brandauer in einem Interview als eine Art Leitmotiv für sich. Und außergewöhnlich muß ihre Art gewesen sein, mit Menschen zusammenzuarbeiten, Menschen zu motivieren. Sich als Person zurückzunehmen und doch die eigenen Vorstellungen durchzusetzen. Aufgewachsen ist Karin Brandauer in Altaussee. Mit 18 Jahren heiratete sie ihre Jugendliebe Klaus Maria, ein Kind ist unterwegs. Erst nach sechs Jahren entschließt sie sich zu einem Studium an der Wiener Filmhochschule und erwirbt 1975 das Regiediplom. Schon in ihren ersten Dokumentarfilmen, so wie in ihrem über 40 Filme umfassenden Gesamtwerk, darunter *Der Weg ins Freie*, *Verkaufte Heimat*, *Sidonie*, setzte sie mit großem Einfühlungsvermögen schwierige und unbequeme Stoffe in Szene. Ihre Literaturverfilmungen fangen die damalige Atmosphäre ein und verlieren dennoch nicht den Bezug zu unserer Zeit. Vergangenheitsbewältigung ist ihr ein wichtiges Thema. Nicht anklagen will sie, sondern die Beweggründe der Menschen erforschen, die mitgezogen sind. Richtig wütend kann sie bei dem »Mann rettet schwache Frau«-Schema werden. So hat sie zur Stärkung einer Frauenrolle in literarische Vorlagen eingegriffen (an ihren Drehbüchern ist sie sowieso immer zumindest beteiligt) und läßt selbst im Kinderfilm das Aschenputtel erkennen, daß es im Leben auf mehr ankommt, als in voller Schönheit einen Märchenprinzen zu ergattern. Aus sich selbst heraus etwas zu versuchen und zu erreichen, darauf kommt es ihr an. Karin Brandauer hatte keine Scheu, über Privates zu reden. In der Öffentlichkeit leben wollte sie allerdings nicht. Und erst recht nicht sterben. Ihre Krebserkrankung ging niemanden etwas an. So war die Nachricht von ihrem Tod für alle ein unerwarteter Schock. Eine Woche vorher hatte man sie noch in der Jury bei den Nordischen Filmtagen in Lübeck erlebt. Die Universität von Tel Aviv benannte den Lehrstuhl für Theaterwissenschaften nach ihr und richtete einen Karin-Brandauer-Fonds ein.

A.v.H.

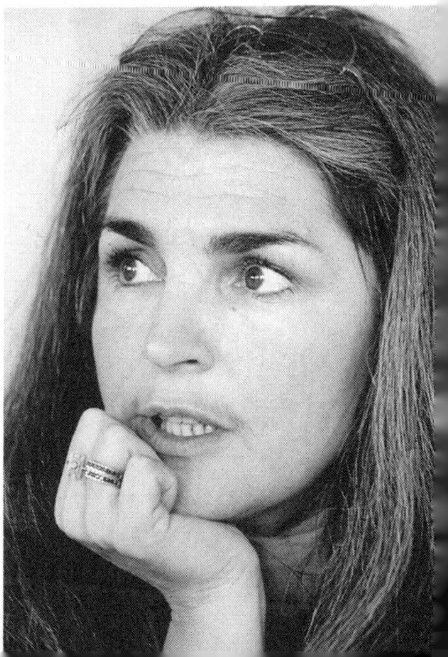

Foto: Ullstein

geb. 30. Juli 1818 in Thornton
gest. 19. Dezember 1848 in Haworth
englische Schriftstellerin
Lit. 162, 194, 293, 301, 632

Ermutigt von ihrem verwitweten Vater, der ihnen zu lesen gab, was sie wollten, angeregt von der Lektüre von Byron und Scott, von Geschichts- und Geographiebüchern, betraten die »4 unheimlich begabten, spitzfindigen: spinnfitzigen, merkwürdigen« Brontë-Kinder (Arno Schmidt) in einer Juninacht 1826 ihre Traumwelt: Angria und Gondal. Und sie begannen, ihre Geschichten aufzuschreiben. Viele Jahre lang, Abend für Abend. Für die drei Schwestern wurde dieses Spiel zur literarischen Schreibwerkstatt. Der Bruder konnte die in ihn gesetzten Ansprüche nicht einlösen, er starb im September 1848 31jährig, alkohol- und drogensüchtig. Emily war Vaters Liebling. Bereits als Sechsjährige soll sie die Druckfahnen einer Predigt des Vaters korrigiert haben. Die Schule allerdings hat sie nicht lange besucht. Ein dreiviertel Jahr verbrachte sie in einem Pensionat für Pfarrerstöchter, wo ihre beiden älteren Schwestern an Schwindsucht sterben sollten. Eine Schule in Lawhill verließ sie rasch wieder, sie hatte Heimweh. 1837 wird sie hier für kurze Zeit unterrichten, und 1842 besucht sie, zusammen mit der Schwester Charlotte, ein Pensionat in Brüssel, wo ihr der Leiter »einen logischen Kopf und eine Fähigkeit zur Argumentation, ungewöhnlich selbst für einen Mann« attestiert. Den Rest ihres kurzen Lebens, sie stirbt 30jährig an Schwindsucht, verbrachte sie im Haus des Vaters. Sie führte den Haushalt und schrieb, sofern sie Zeit dafür fand. 1846 publizierte sie mit ihren Schwestern Anne und Charlotte einen Gedichtband – zwei Exemplare werden verkauft. Und als 1848 ihr Roman »Wuthering Heights« erscheint, erhält sie vernichtende Kritiken. Heute ist »Die Sturmhöhe« der beliebteste Roman aus dem Werk der Schwestern Brontë und Emily Brontë eine der bedeutendsten SchriftstellerInnen der englischen Romantik. S.G.

# Romaine Brooks

geb. 1. Mai 1874 in Rom
gest. 7. Dezember 1970 in Nizza
amerikanische Malerin
Lit. 80, 389, 844, 909, 1090

Als die 36jährige Romaine Brooks 1910 zum ersten Mal in der bekannten Pariser Galerie Durand-Ruel ausstellte, hatte sie gleich großen Erfolg. Ihre ganz in blaugrauen oder beigebraunen Tönen gehaltenen Bilder schmaler, traurig aussehender junger Frauen gefielen dem mondänen Publikum, das sich fortan danach drängte, von ihr porträtiert zu werden. Sie malte viele Berühmtheiten – besonders bemerkenswert die Darstellungen von Natalie Barney, Una Troubridge, Elisabeth de Gramont, Renata Borgatti u.a. – und ihre Selbstporträts. Damit hinterließ sie uns eine in der Kunstgeschichte einmalige Serie von Bildern lesbischer Frauen. Sie scheute sich dabei auch nicht, androgyne Profile, strenge Kurzhaarschnitte, Zylinder, steife Kragen und Herrenanzüge wiederzugeben und somit die lesbische Selbstinszenierung der 20er Jahre mit einer gewissen ironischen Distanz darzustellen (von der sie sich selbst nicht ausnahm).

Als Tochter einer US-amerikanischen Millionärin hatte Brooks eine unglückliche Jugend in ständig wechselnden europäischen Hotels, Internaten und Klosterschulen verbracht; erst nach dem Tod der völlig überdrehten Mutter und des geisteskranken Bruders konnte sie sich mit 28 Jahren das ersehnte Leben leisten – eine Villa auf ihrer Trauminsel Capri, eine elegante, ganz nach ihrem eigenwilligen modernen Geschmack eingerichtete Wohnung in Paris. Weitere Lebensstationen waren London, Florenz, New York.

Romaine Brooks und Natalie Barney waren beide etwa 40, als sie sich in Paris kennenlernten. Sie waren »wie Feuer und Wasser«, die introvertierte und schwierige Malerin und die Schriftstellerin, die als »Amazone von Paris« nicht nur für ihre Eroberung zahlreicher Frauenherzen, sondern vor allem für intensive Kontakte in intellektuellen und künstlerischen Kreisen berühmt war. Trotz vieler Erschütterungen hielt die Beziehung fast 60 Jahre – allerdings lebten sie meist getrennt, mit Ausnahme der Kriegsjahre, die sie, bedingt durch Brooks' enge Freundschaft mit dem italienischen Nationaldichter Gabriele d'Annunzio, in ihrem Florentiner Exil in relativer Sicherheit verbrachten.

Nach dem Krieg kehrte Barney nach Paris zurück, reaktivierte ihren berühmten Freitagssalon, während Brooks sich nach Nizza zurückzog, wo sie allein lebte, umgeben lediglich von ihren Bildern: »Allein bin ich niemals einsam.« Sie starb mit 96 Jahren, nachdem sie die Vorbereitungen für eine große Retrospektivausstellung ihrer Arbeiten (Washington 1971) abgeschlossen hatte. Natalie Barney starb zwei Jahre später, 95jährig, in Paris.

A.S.

# Bryher

geb. 2. September 1894 in London oder Margate, Kent
gest. 28. Januar 1983 in Vevey, Schweiz
englische Schriftstellerin
Lit. 80, 131, 132, 363, 652

Als Kind träumte Winifred Ellerman davon, ein Junge zu sein und zur See zu fahren, später wollte sie gern die Geschäfte ihres Vaters übernehmen. John Reeves Ellerman, Reeder und einer der reichsten Männer Englands, fand diesen Gedanken auch nicht abwegig, schreckte aber vor der Reaktion der ausschließlich männlich besetzten Finanzwelt zurück. So kam es, daß sie ihr Talent, ihre Bildung und ihr Geld in den Dienst der Literatur stellte – dazu wählte sie den Namen Bryher als androgynes Pseudonym. Zuerst schrieb sie Gedichte, Übersetzungen, Literaturkommentare, einen autobiographisch geprägten Roman, sehr kompetente Texte zum Film der 20er Jahre. Erst relativ spät fand sie ihre eigentliche literarische Form – zwischen 1940 und 1970 entstanden zehn historische Romane, in denen sie ihre auf vielen Reisen gewonnenen geographischen und geschichtlichen Kenntnisse verarbeitete. Kritiker empfahlen ihr, den Erzählungen Sex beizumischen, um sie »erwachsener« zu machen, was sie aber ablehnte. Und so blieben sie, gegen die Absicht der Autorin, Abenteuerlektüre für Jugendliche, die – ähnlich wie einst Bryher selbst – von fernen Zeiten und fremden Ländern fasziniert waren.

Mit 24 lernte Bryher ihre große Liebe kennen, die acht Jahre ältere amerikanische Schriftstellerin Hilda Doolittle (H.D.), Star der von Ezra Pound begründeten »Imagismus«-Bewegung, eine auffällige Schönheit, hochbegabt und zum Zeitpunkt ihrer Begegnung schwanger und schwer lungenkrank. Bryher rettete sie, kümmerte sich um die Tochter, die sie später adoptierte, sicherte H.D.s Lebensunterhalt und unterstützte sie auch, wenn sie in realitätsferne Bewußtseinszustände eintauchte, aus denen sie die Inspiration für ihre Dichtung bezog. In den 43 Jahren ihrer Beziehung (H.D. starb 1961) reisten sie viel. Feste Wohnsitze hatten sie in London, Paris und in der Schweiz. Aus Rücksichtnahme auf ihre Familie und ihre Freundin ging Bryher zweimal Scheinehen ein. Beiden Ehemännern finanzierte sie bedeutende Projekte – Robert McAlmons »contact«-Verlag (er publizierte u.a. Stein, Hemingway und Barnes) und Kenneth MacPhersons Filme und Filmzeitschrift, die sie zusammen produzierten. Für die Avantgarde der 20er und 30er Jahre war Bryher eine bedeutende Mäzenin. Sie gründete einen Fonds für Frauen, die sich selbständig machen wollten, vergab Reisestipendien, unterstützte deutsche EmigrantInnen während des Krieges und half Schriftstellern und Schriftstellerinnen wie James Joyce und Djuna Barnes. A.S.

geb. 26. Juni 1892 in Hilsboro, West Virginia
gest. 6. März 1973 in Danby, Vermont
amerikanische Schriftstellerin
Lit. 134, 212, 225, 391, 983

Pearl S. Buck wuchs als Tochter eines amerikanischen Missionarsehepaars in China auf. Der Gegensatz zwischen den beiden Kulturen und der Wunsch, ihn zu überbrücken, bestimmten ihr Leben und ihr Werk. Nach einem Literaturstudium in den USA heiratete Pearl 1917 den Agrarwissenschaftler John Buck: »18 Jahre gab ich alles, was ich geben konnte, ... und 18 Jahre bekam ich nichts zurück.«
Das einzige Kind aus dieser Ehe ist geistig behindert. Die Krankheit der Tochter und die politischen Unruhen in China veranlassen die Bucks Ende der 20er Jahre zur Rückkehr in die USA. 1930 veröffentlicht Buck ihren ersten Roman, *Ostwind – Westwind*, zwei Jahre später *Die gute Erde* – bis heute ihr bekanntestes Werk, in 30 Sprachen übersetzt.
1935 läßt Buck sich scheiden und heiratet ihren Verleger Walsh. Die beiden adoptieren im Laufe der Jahre acht Kinder.
1938 bekommt Pearl S. Buck den Nobelpreis. Nach den »China-Romanen« greift sie amerikanische Themen auf, besonders die Rassenfrage. Insgesamt veröffentlicht sie über 70 Bücher.
Nach Walsh' Tod 1960 engagiert Buck sich auf vielen neuen Gebieten: Bildhauerei, Filmregie, Landwirtschaft. Sie gründet Hilfsorganisationen für behinderte Kinder und für Kinder amerikanischer Soldaten und asiatischer Frauen. Mit 70 belegt sie einen Tanzkurs; der 40 Jahre jüngere Tanzlehrer, T. F. Harris, wird ihr Freund und Biograph.
Ein Leben »mit allen Höhen und Tiefen«, bewundernswert gemeistert. »Ich war ein willkommenes Kind«, schreibt Pearl S. Buck, »ein Umstand, der, wie ich glaube, eine natürliche Gutmütigkeit und eine Neigung zum Optimismus zur Folge hat.« L.F.P.

## Charlotte Bühler

geb. 20. Dezember 1893 in Berlin
gest. 5. Februar 1974 in Stuttgart
deutsch-amerikanische Psychologin
Lit. 136-138, 317, 747

»Mein Interesse für die Psychologie datiert aus dem 13. bis 15. Lebensjahr. Es hatte zwei Anknüpfungspunkte. Der eine waren die Aufsätze, die ich für die Schule zu schreiben hatte. Die Gestalten aus den Dramen, die wir ... zu analysieren hatten, interessierten mich vor allem hinsichtlich ihrer Entwicklung und ihrer Beweggründe ... Der zweite Ansatzpunkt war die Frage nach der Existenz Gottes und nach der Rolle und dem Zweck des Menschen im Universum ...« Daraus entwickelten sich die für Charlotte Bühlers psychologische Forschung grundlegenden Fragen.

Charlotte Malachowski stammte aus einer intellektuellen Berliner Architektenfamilie. Sie heiratete 1916, mitten im Krieg, ihren Universitätslehrer, den vierzehn Jahre älteren Sprachpsychologen Karl Bühler. 1917 wurde Ingeborg und 1919 Rolf geboren, die von einer Gouvernante versorgt wurden, während die Eltern sich der Forschung widmeten. Bühler habilitierte sich 1922 in Dresden, ging mit ihrem Mann nach Wien und erhielt 1930 eine Professur.

Waren im »Jahrhundert des Kindes« (Ellen Key) die ersten umfassenden Kinderpsychologien erschienen, so gab es noch keine Jugendpsychologie aus entwicklungspsychologischer Sicht. Charlotte Bühler schloß diese Lücke mit ihrem 1921 erschienenen Buch *Das Seelenleben des Jugendlichen*. Sie beschritt methodisch und inhaltlich Neuland, als sie anhand von Tagebüchern typische Entwicklungs- und Reifungsphasen von jugendlichen Mädchen und Jungen feststellte. Ihre aus Feldforschung und systematischer Beobachtung hervorgegangenen Kleinkindertests waren Meilensteine in der Kinderpsychologie. Später wandte sie sich dem Erwachsenenalter zu und fand, auf der Suche nach dem Sinn des Lebens, vier Grundtendenzen in allen menschlichen Strebungen. Mit dieser Theorie hatte sie ein Modell zum Verständnis menschlichen Lebens gefunden.

1938 mußten die berühmten Bühlers – jetzt, wegen Charlottes jüdischer Abstammung, eine Flüchtlingsfamilie wie so viele andere – über Oslo und London in die USA emigrieren, wo Charlotte, Impulse und Strömungen der amerikanischen Psychologie aufnehmend, weiterhin wissenschaftlich und auch therapeutisch arbeitete. In ihrem letzten Lebensjahrzehnt (ihr Mann starb 1963) entwickelte Bühler mit Psychologen wie Abraham Maslow, Carl Rogers und Victor Frankl die Humanistische Psychologie. 1972 wurde sie kränklich und kehrte zu ihren Kindern nach Stuttgart zurück, wo sie 1974 starb.

Charlotte Bühler ist eine der bedeutendsten PsychologInnen unseres Jahrhunderts. Ihre Werke wurden in zwölf Sprachen übersetzt. S.D.

geb. 2. Dezember 1923 in New York
gest. 16. September 1977 in Paris
griechisch-amerikanische Sängerin
Lit. 34, 507, 956

»Einfach lächerlich, daß solch ein Mädchen Sängerin werden will«, befindet die Gesangslehrerin Elvira de Hidalgo, als ihr die pummelige und brillentragende Maria Callas in Athen zum ersten Mal gegenübersteht. Aber 1940 findet in Athen die erste von vielen hundert Premieren statt, es ist eine Operette. Sie ist 17 Jahre alt. Ihre Karriere wird sie nicht in Amerika, wohin sie 1945 reist, sondern im »Land der Oper«, in Italien, fortsetzen. In Verona ist sie 1947 Ponchiellis Gioconda. Dort trifft sie auch Battista Meneghini, ihren späteren Mann. Er wird sich sehr für ihre Karriere einsetzen. Sie sei sein »chef-d'œuvre«, hat er einmal gesagt. Mit ihm wird sie zu »La Callas«. Es gibt kaum eine Rolle, in der sie nicht brilliert: Sie ist Tosca, Medea, La Traviata, Lady Macbeth, Madame Butterfly, Norma, Lucia. Sie reist rund um die Welt, erobert die Metropolen und die Menschen, die ihren Aufführungen entgegenfiebern und ergriffen sind. »Die Scala im Delirium« heißt es in einer Schlagzeile 1954 in Mailand. Sie hat den Höhepunkt ihrer Karriere erreicht. Jetzt läßt ihre Energie nach, sie muß Aufführungen und gar Premieren absagen oder abbrechen. Als sie 1959 Aristoteles Onassis kennenlernt, ein Freund der Liebe, aber kein Freund der Oper, tritt sie immer seltener auf. »Sie haben ja kein einziges Mal geübt«, wundert sich Fürstin Gracia Patricia nach einer dreiwöchigen Kreuzfahrt auf Onassis' »Christina«. Die Beziehung zu Onassis war nicht glücklich. Aber »nur ein glücklicher Vogel kann singen«, sagte sie einmal. 1969 versucht sie sich als Schauspielerin, in Pasolinis *Medea*. Der Film ist kommerziell ein Reinfall. Sie arbeitet 1970 als Musikpädagogin in New York und plant mit ihrem früheren Partner Giuseppe di Stefano ein Comeback. Ihre Tournee wird zum Desaster.

Am 16. September 1977 stirbt sie in Paris an Herzversagen. »Bravo, Callas. Bravo, Maria«, klingt es aus der Menge, als der Sarg aus der Kirche in der Rue Georges Bizet getragen wird. S.G.

# Julia Margaret Cameron

geb. 11. Juni 1815 in Kalkutta
gest. 26. Januar 1879 in Ceylon (Sri Lanka)
englische Fotografin
Lit. 321, 322, 449, 1078, 1106

Julia Margaret Cameron war fast 49 Jahre alt, als sie von ihrer Tochter das neueste Londoner Spielzeug, eine Foto-Ausrüstung, geschenkt bekam: »Vielleicht, Mutter, macht es dir während deines Alleinseins ... Spaß, die Fotografie auszuprobieren ...«
Dieses Geschenk sollte ihr Leben verändern. Julia Margaret Cameron, die Großmutter von Virginia Woolf, hatte jung geheiratet, ihre fünf Söhne waren fast erwachsen oder im Internat, und ihre geliebte einzige Tochter hatte eben geheiratet; jetzt fühlte sie sich oft einsam.
Cameron benutzte ihre Kamera aber nicht als Spielzeug, sondern machte sich mit viel Energie und Begeisterung an die Arbeit. In den 60er Jahren des vorigen Jahrhunderts steckte die Fotografie noch in den Kinderschuhen. Die Fotoplatten aus Glas mußten eigenhändig beschichtet und sensibilisiert werden, und deshalb war das Ergebnis oft überraschend. Cameron verwandelte das Gewächshaus in ein Atelier und den Kohleschuppen in eine Dunkelkammer. Auch die FreundInnen und NachbarInnen wurden in den Dienst der neuen Kunst gestellt. Ihre Geduld wurde dabei aufs äußerste strapaziert, denn es waren durchschnittliche Belichtungszeiten von fünf Minuten nötig, während deren das »Opfer« vollkommen bewegungslos verharren mußte. Cameron muß unglaublich viel Energie und die ganze Kraft ihrer Persönlichkeit eingesetzt haben, um die Leute, vor allem die Kinder, bei der Stange zu halten.
Schon nach knapp einem Monat hatte sie ein vorzeigbares Ergebnis, ihr erstes Bild, das sie *»Annie, my first success«* nannte. Andere Fotografen versuchten, mit möglichst viel Licht von allen Seiten die Belichtungszeiten so kurz wie möglich zu halten. Julia schränkte das Licht durch Vorhänge ein und modellierte so mit Licht und Schatten die Gesichtszüge. Die Leiden ihrer Opfer (beim Stillsitzen) nahm sie in Kauf, weil es ihr darauf ankam, deren Persönlichkeit einzufangen. Schönheit war für sie Inkarnation des Göttlichen. Sie weigerte sich auch, ihre Bilder zu retuschieren. Auf dem Gebiet der Porträtfotografie ging sie ganz eigene Wege, wurde zur Pionierin. Während ihrer 15jährigen Schaffenszeit hatte sie oft Gelegenheit, bedeutende ZeitgenossInnen zu porträtieren. Ihre Bilder sind ausdrucksstarke Dokumente, weil sie von einer Persönlichkeit geschaffen wurden, die ihre ganze Kraft und Liebe in ihre Arbeit legte.

Bis heute haben die Bilder nichts von ihrer Überzeugungskraft und ihrem Zauber eingebüßt. Die Porträts sind aber nur ein Bruchteil des Gesamtwerks, das rund 3000 Fotoplatten umfaßt. R.K.

# Rachel Carson

geb. 27. Mai 1907 in Springdale, Pennsylvania
gest. 14. April 1964 in Silver Spring, Maryland
amerikanische Schriftstellerin, Meeresbiologin und Ökologin
Lit. 126, 299, 314, 462, 965

»Die Macht ihres Wissens und die Schönheit ihrer Sprache machten sie zu einer der einflußreichsten Frauen unserer Zeit«, schrieb die *New York Times*, als Rachel Carson 1964, anderthalb Jahre nach Erscheinen ihres aufsehenerregenden Buches *Der stumme Frühling (Silent Spring)*, mit 56 Jahren an Krebs starb.
Rachel Carson wuchs auf einer Farm in Pennsylvania auf. Schon als Zehnjährige wollte sie Schriftstellerin werden, studierte später aber doch Biologie. Mitten in der Depression starben im Laufe eines Jahres ihr Vater und ihre Schwester. Carson gab ihre weitere Berufsausbildung auf, um Geld für sich, ihre Mutter und ihre beiden mutterlosen Nichten zu verdienen. 14 Jahre lang arbeitete sie für die Regierungsbehörde »Fish and Wildlife Service«, zuletzt als Chefredakteurin des Publikationsprogramms.
1951 veröffentlichte Carson *The Sea Around Us*, ein Buch, das fast zwei Jahre lang ohne Unterbrechung auf der Bestsellerliste der *New York Times* stand und in über 30 Sprachen übersetzt wurde. Nun konnte sie sich ganz dem Schreiben widmen. Eine ihrer Nichten starb, und Rachel adoptierte deren kleinen Sohn. Carsons Mutter lag im Sterben, sie selber war auch ständig krank – aber trotz der Verantwortung für andere und eigene schwerste Belastungen unternahm sie es, sich im Alleingang gegen die chemische Industrie der Vereinigten Staaten, letztlich der ganzen Welt zu stellen. Rückhaltlose Unterstützung bekam sie dabei von ihrem Verlag und vor allem von ihrer Freundin Dorothy Freeman, mit der sie während der letzten zehn Jahre ihres Lebens eine tiefe Liebe verband. In den 50er Jahren wurden in den USA Unmengen von DDT und noch weit gefährlicheren Pestiziden über Agrarflächen gesprüht, weil man glaubte, damit die Insektenplagen, die häufig die Ernten vernichteten, endgültig ausrotten zu können. Daß damit das ökologische Gleichgewicht zerstört wurde, wollte man nicht wahrhaben, auch an höchster Stelle nicht. Die chemische Industrie war übermächtig. Carson wurde nun zur Sammelstelle für alle Informationen, die belegten, daß die Pestizide nicht nur die Insekten töteten, sondern auch die Vögel, die von ihnen lebten, das ökologische Gleichgewicht und damit letztlich unsere Lebensgrundlagen. Heute alles gängiges Gedankengut, aber damals revolutionär.
Carson wußte, daß ihre Anklageschrift völlig hieb- und stichfest sein mußte, deshalb arbeitete sie daran, schon von schwerer Krankheit gezeichnet, bis zur völligen Erschöpfung.
Das Buch erschien 1962 – es war eine Sensation. Es veränderte grundlegend die Agrar- und Umweltpolitik der amerikanischen Regierung und unser aller Denken bis heute. L.F.P.

# Mary Cassatt

geb. 22. Mai 1844 in Allegheny City, Pennsylvania
gest. 14. Juni 1926 in Château de Beaufresne bei Oise, Frankreich
amerikanische Malerin
Lit. 155, 374, 647, 746, 787

Diese »Tochter aus gutem Hause« entschloß sich früh und gegen den Wunsch ihres Vaters, Malerin zu werden, und wurde zur bedeutendsten Künstlerin ihrer Zeit. Während eines vierjährigen Aufenthalts der amerikanischen Bankiersfamilie in Europa lernte Cassatt als Kind die Gemälde der europäischen Museen kennen und setzte später eine künstlerische Ausbildung in Philadelphia und Paris durch. Sehr bald schon allerdings arbeitete sie selbständig: »Der Unterricht der Museen genügt.« Mit großer Selbstdisziplin studierte sie in Paris, Italien und Spanien die Werke von Meistern wie Correggio, Velázquez und Rubens. Ihre Bilder wurden vom Pariser Salon angenommen und ausgestellt, aber als Degas versuchte, die junge Malerin für die neue Bewegung der *Indépendents* (später ImpressionistInnen) zu gewinnen, zögerte sie nicht: »Ich habe mit Freude angenommen … Ich lehnte die konventionelle Kunst ab. Ich fing an zu leben.« Damit begann auch eine jahrelange, beiderseits produktive Freundschaft mit Degas. Sie stellte jetzt mit den ImpressionstInnen aus und trug dazu bei, daß diese auch in Amerika langsam bekannt wurden. Cassatt malte und zeichnete mit Vorliebe Mädchen und Frauen – beim Lesen, beim Tee, in der Oper, mit Kindern. Unter dem Einfluß japanischer Druckkunst, die sie 1890 in Paris gesehen hatte, wandte sie sich auch der Graphik zu und stellte eine Serie von 10 Farbdrucken fertig – eine künstlerische und technische *tour de force*.

Ihre Eltern und ihre Schwester zogen 1877 auch nach Paris, und 18 Jahre lang hatte Cassatt neben ihrer künstlerischen Arbeit noch die Verantwortung eines größeren Haushalts. Als Amerikanerin in Paris wurde Cassatt sowohl in der US-amerikanischen als auch in der europäischen Kunstgeschichte etwas marginalisiert. Für junge Kunststudentinnen aber war Cassatt die meistbewunderte Frau von Paris, großzügig und hilfreich, und eine Inspiration durch ihre absolute Hingabe an ihre Kunst. J.H.

## Willa Cather

geb. 7. Dezember 1873 in Back Creek Valley bei Winchester, Virginia
gest. 24. April 1947 in New York City
amerikanische Schriftstellerin
Lit. 212, 393, 578, 579, 838

Willa Cather führte ein für ihre Zeit ungewöhnlich unabhängiges Leben – das in ihren weiblichen Romanfiguren allerdings wenig Niederschlag fand. Sie verfolgte ihre Karriere mit einer Konsequenz, die ihr höchste Anerkennung, finanziellen Erfolg und eine bemerkenswerte Anzahl öffentlicher Ehrungen und Preise einbrachte. Willa wuchs behütet als Älteste von sieben Kindern auf einer Farm in Virginia auf. Mit zehn Jahren wurde sie abrupt an die »Frontier« verpflanzt: Ihre Eltern zogen nach Nebraska, wo EinwanderInnen aller Länder versuchten, die Prärie urbar zu machen.

Nach dem Studium arbeitete Cather zehn Jahre als Kulturkritikerin für Zeitungen und als Lehrerin für Englisch und Latein in Pittsburgh. 1906 ging sie nach New York und arbeitete für das Nachrichten-Magazin *McClure's*; 1908 wurde sie Chefredakteurin. Sie bezog eine Wohnung im selben Haus wie Edith Lewis, mit der sie bis ans Ende ihres Lebens zusammenblieb. 1911 ließ sie sich von der Zeitung beurlauben, um das Manuskript ihres ersten Romans, *Alexander's Bridge* (1912), fertigzustellen. Ein Jahr später erschien *O Pioneers!*, ein Roman über die Frontier, der, zusammen mit ihrem zweiten Frontier-Roman, *My Antonia* (1918) ihren Ruhm begründete.

Als Sinclair Lewis 1930 den Nobelpreis für Literatur bekam, erklärte er, der Preis hätte eigentlich an Cather gehen müssen. Sie hatte in 18 Jahren ein Werk geschaffen – zehn Romane, Essays, bedeutende Short Storys und Literaturkritiken –, das nach Meinung vieler unerreicht war.

1935 bekam sie Schmerzen im Handgelenk – sie schrieb alles mit der Hand. Diese verschleppte Entzündung machte sie fast berufsunfähig; sie konnte zwar ihre Briefe diktieren, aber nicht ihre literarischen Werke, bei denen sie sehen wollte, wie sie auf dem Papier Gestalt annahmen. In den zwölf Jahren, die ihr noch blieben, bis sie 1947 an einer Gehirnblutung starb, veröffentlichte sie nur noch einen Roman und kürzere Prosatexte.

Das zentrale Motiv ihres Lebens und ihrer Kunst sei das »Ausweichen« (*escape*), resümierte sie am Ende ihres Lebens. Sie sei immer bestrebt gewesen, Unangenehmes mit Angenehmem zu vertauschen – für die Kunst Opfer zu bringen läge ihr fern! Allein mit Musikhören habe sie soviel Zeit verbracht wie manche mit ihrem Beruf. L.F.P.

# Coco Chanel

geb. 19. August 1883 in Saumur
gest. 10. Januar 1971 in Paris
französische Modeschöpferin
Lit. 158, 585, 624, 1033, 1070

Sieben Jahre verbringt Gabrielle Chasnel, Tochter eines Straßenhändlers, nach dem Tod der Mutter im Waisenhaus. Dort, in der klösterlichen Nähstube, hat sie ihr Handwerk gelernt. Zwanzigjährig verkauft sie Aussteuer- und Babyartikel, in ihrer Freizeit nimmt sie erste Schneideraufträge an. 1910 zieht sie nach Paris und eröffnet in der Wohnung eines Liebhabers einen Hutsalon. 1914 gehören ihr Modesalons in Paris und Biarritz. Ihre Mode ist revolutionär: sie schafft das Korsett ab, kürzt die Röcke, kreiert das klassische Chanel-Kostüm und das – bald millionenfach kopierte – kleine Schwarze. Ihre Kundschaft ist reich und international. 1920 komponiert sie einen Duft, er wird zum weltweit meistverkauften Parfum: Chanel No 5. Sie ist die Freundin von Cocteau und Diaghilew, denen sie Theater- bzw. Ballettroben entwirft, von Picasso, Max Jacob und Misia Sert. Sie hat 4000 Angestellte, als 1936 mit Beginn der Volksfrontregierung ihr Betrieb bestreikt und sie selbst von ihrem Personal ausgesperrt wird. 1939 wird sie sich rächen: sie schließt den Salon und entläßt ihre Näherinnen. Sie gibt ihr fürstliches Anwesen auf und zieht ins Hotel Ritz.

Liebhaber hatte sie viele, darunter Pierre Reverdy, der Großfürst Dimitri, der Herzog von Windsor. Im Ritz sollte sie einen weiteren kennenlernen: den Sonderbeauftragten des Reichspropaganda-Ministeriums. Ist es Liebe, Koketterie, Ehrgeiz oder grenzenlose Naivität, wenn Chanel, Inbegriff der Französin, sich nun von den Nazis (Kennwort »Modellhut«) einspannen läßt? Sie soll Winston Churchill zu Gesprächen mit den Deutschen überreden. Nach Kriegsende wird sie als Kollaborateurin verhaftet, sie flüchtet in die Schweiz. Erst 1954 kehrt sie zurück, eröffnet ihren Salon. Bis zu ihrem Tod arbeitet sie mit großem Erfolg weiter. Der ereilt die 88jährige an einem Sonntagnachmittag auf ihrem Bett im Hotel Ritz.
S.G.

Foto: Ullstein

# Agatha Christie

geb. 15. September 1890 in Torquay
gest. 12. Januar 1976 in Wallingford, Oxfordshire
englische Schriftstellerin
Lit. 164, 493, 708, 836, 840

»Ich bin eine ganz normale, erfolgreiche, schwer arbeitende Schriftstellerin ...« – 85 Romane, viele Kurzgeschichten und Hörspiele, 17 Theaterstücke hat sie geschrieben. Berühmt machten sie zwei Figuren: ein eitler, pedantischer, eierköpfiger Herr mit großem Schnurrbart, dessen »kleine grauen Zellen« ihn zu messerscharfer Logik befähigen, und eine weißhaarige alte Dame von enormer Beobachtungsgabe, deren neugierigen Augen und Ohren so leicht nichts verborgen bleibt – Hercule Poirot und Miss Jane Marple.
»Ich schreibe Bücher, die sich verkaufen lassen, und ich hoffe, daß die Leute sie gerne lesen ...« – als 1930 der erste Roman mit der Amateurdetektivin Miss Marple erschien, war ihre Schöpferin längst nicht mehr die Amateurin, die ihren ersten Krimi so nebenbei zur eigenen Entspannung geschrieben hatte, als sie im Ersten Weltkrieg als Krankenschwester und Apothekenhelferin arbeitete. Dieser erste Roman, schon mit Hercule Poirot als Helden, erschien erst 1920, denn sechs Verleger hatten ihn abgelehnt. Diese Entscheidung werden die Herren bitter bereut haben, denn erfolgreicher als Agatha Christie hat keine mehr gemordet: Ihre Weltauflage wird auf 500 Millionen Exemplare geschätzt; ihr Theaterstück *Die Mausefalle* wurde über 20 Jahre lang Abend für Abend auf einer Londoner Bühne gespielt, und viele ihrer Bücher wurden verfilmt.
»Du brauchtest dir keine Sorgen zu machen, was du sein oder tun solltest ... Man wartete auf *den* Mann, und wenn dieser Mann kam, würde er das ganze Leben verändern« – 1914 heiratete sie den Offizier Archibald Christie, ihre Tochter wird geboren, bald hat sie ihre ersten großen Erfolge als Kriminalschriftstellerin. Die Ehe wird geschieden; 1930 heiratet Christie den Archäologen Sir Max Mallowan. Über lange Jahre begleitete sie ihn als Mitarbeiterin zu allen Ausgrabungen in Syrien und im Irak. Viele ihrer Romane plante und schrieb sie mitten im geschäftigen Treiben der Ausgrabungsstätten.
»Ich kann nicht aufhören zu töten« – produktiv war Agatha Christie bis ins hohe Alter; mit 82 schrieb sie ihren letzten Kriminalroman. B.W.

geb. 8. Dezember 1626 in Stockholm
gest. 19. April 1689 in Rom
schwedische Königin
Lit. 646, 969, 1092, 1097

Die einzige Tochter Gustaf Adolfs von Schweden ist sechs Jahre alt, als ihr Vater 1632 auf einem Schlachtfeld des Dreißigjährigen Kriegs stirbt. Ihre Erziehung übernimmt der schwedische Reichskanzler, da die Mutter schwermütig geworden ist. Christina lernt Reiten und Jagen; auf ihre Kleidung legt sie keinen Wert, Essen und Trinken sind ihr gleichgültig, die Nächte verbringt sie mit viel Studien und wenig Schlaf. Mit 18 Jahren übernimmt Christina die Regierung und erweist sich als energische und zielbewußte Herrscherin. Sie schließt drei Friedensverträge ab, auch denjenigen, der den grauenhaften Dreißigjährigen Krieg beendet. Christina macht den schwedischen Thron zum Anziehungspunkt für Gelehrte und Künstler aus aller Welt. Sie kauft Bibliotheken, unterhält wertvolle Gemäldesammlungen und unterstützt berühmte Gelehrte mit Pensionen. Die Universität Uppsala wird von ihr großzügig ausgestattet; mittellosen Gelehrten ist sie eine großmütige Beschützerin. Weder vor noch nach ihrer Regentschaft hat Schweden eine solche Blüte der Kultur erlebt.

Umstritten ist die Frage, warum sie 1654 nach zehnjähriger Regierungszeit zugunsten ihres Vetters abdankte. Innenpolitische Schwierigkeiten mögen ihren Entschluß beeinflußt haben, den sie offiziell damit begründet, daß sie nicht heiraten wolle, die Untertanen aber einen Thronerben wünschten. Christinas zweiter unerwarteter Entschluß war der Übertritt zum Katholizismus. Dieser Schritt der Freundin der Gelehrsamkeit, der Tochter eines »Märtyrers« der protestantischen Religion, hat der Nachwelt noch mehr Rätsel aufgegeben und zeugt von Christinas Widersprüchlichkeit und Unruhe. Sie verläßt Schweden, läßt sich in Rom nieder und wird mit großen Ehren vom Papst empfangen.

Christinas Persönlichkeit inspirierte zahlreiche Maler und DichterInnen; weltberühmt wurde der Film mit Greta Garbo. H.SCH.

# Fanny Churberg

geb. 12. Dezember 1845 in Vaasa
gest. 10. Mai 1892 in Helsinki
finnische Malerin
Lit. 756, 912, 925, 1034

Mit glühenden Worten schreibt Churberg ihrer Freundin über eine ihrer vielen einsamen Wanderungen durch die finnische Landschaft. Es interessiert sie das Wilde, das Elementare: Gewitterstimmung, Sturm, Dämmerung, Wintertage. Mit schwungvollen, langgezogenen Pinselstrichen und starken Farbkontrasten fängt sie die Atmosphäre ein. So läßt sie auf einem ihrer Gemälde vor einem zarten Winterhimmel dunkle Wolkenmassen dahinjagen. Dieser expressive Stil, mit dem sie ihrer Zeit weit voraus war (das Bild entstand 1878!), verschreckte ihre ZeitgenossInnen, die Churbergs Bilder zu hart und nicht naturalistisch-idyllisch genug fanden. Auch der erste Preis des Finnischen Kunstvereins 1879 änderte daran nichts, erst rund 40 Jahre später konnten die BesucherInnen bei einer Gedächtnisausstellung die ganze aufregende Tragweite ihrer Malweise begreifen.

Der Tochter eines Arztes, schon mit 20 Jahren Vollwaise, ermöglicht ein kleines ererbtes Vermögen, sich gründlich und nach ihrem Gutdünken auszubilden. Künstlerinnen hatten es in Finnland leichter als anderswo: ihnen standen Kunstschulen und der Finnische Kunstverein offen. Churberg nimmt zuerst in Helsinki bei verschiedenen LehrerInnen Privatunterricht und geht 1867 zum ersten Mal nach Düsseldorf. Die dortige berühmte Kunstakademie zog gerade aus den nordischen Ländern viele MalerInnen an, wenngleich keine Frauen zum Studium zugelassen waren. Einen akademischen Stil merkt man allerdings ihren frühen Gemälden nicht an, dazu ist sie viel zu eigenwillig, besonders in der Wahl ihrer Motive und ihrer Farbgebung. Bei einem Parisaufenthalt 1876 entdeckt sie Chardins Stilleben. Von ihnen inspiriert, wendet sie sich selber neben ihren Landschaftsbildern auch Stilleben zu, die mit ihren klaren Formen und den Lichtreflexen ganz anders geschaffen sind als die gleichzeitigen expressiven Landschaften. Ihre 300 Werke entstanden alle in einem Jahrzehnt, 1880 hörte sie plötzlich ohne einen für uns ersichtlichen Grund auf zu malen. Fortan widmete sie sich mit zahlreichen Aktivitäten dem Aufbau eines eigenständigen finnischen Kunsthandwerks, wobei sie sich besonders für die Anerkennung der Arbeiten der Frauen einsetzte. A.V.H.

# Camille Claudel

geb. 8. Dezember 1864 in Fère-en-Tardenois
gest. 19. Oktober 1943 in der Irrenanstalt von Montdevergues
französische Bildhauerin
Lit. 200, 556, 573, 835, 900

Camille Claudel wußte bereits mit zwölf Jahren, daß sie Bildhauerin werden wollte. Ihre zielstrebig betriebenen Modellierversuche überzeugen den Vater. Obwohl selber nicht künstlerisch begabt (er war Hypothekenverwalter), ermöglicht er ihr eine Ausbildung in Paris. Sie besucht Kurse in der Académie Colarossi und nimmt Privatunterricht. Mit 18 Jahren stellt sie erstmals im Salon aus. Im folgenden Jahr wird sie Schülerin und bald darauf Mitarbeiterin und Geliebte des 23 Jahre älteren Auguste Rodin. In ihrer zehn Jahre dauernden Gemeinschaft entstehen Werke enger wechselseitiger Inspiration (gegenseitige Porträts; Arbeiten zu verwandten Themen), vor allem aber leistete Claudel einen bis heute kaum identifizierten Beitrag zum Werk Rodins.

1892 trennt sie sich in einem schmerzhaften Prozeß der Selbstbehauptung von Rodin. Ihr Hauptwerk *Das reife Alter* verarbeitet diese Trennung – eine junge, auf den Knien liegende Frau streckt die Arme nach einem älteren Mann aus, der sich von ihr abgewendet hat und von einer alten Frau fortziehen läßt (Symbol für Rodins Lebensgefährtin Rose Beuret).

Ganz neue Wege geht sie in den folgenden Jahren, besonders mit den originellen kleinformatigen Darstellungen von Alltagssituationen (*Die Schwätzerinnen*). Trotz Anerkennung durch bekannte Kunstkritiker und Galeristen bleiben die KäuferInnen und vor allem die lebensnotwendigen öffentlichen Aufträge aus. Es folgen Jahre materiellen Elends und zunehmender Verwahrlosung. Die letzten erhaltenen Arbeiten stammen von 1905 und 1906.

Claudel ist 49 Jahre alt, als sie 1913 drei Tage nach dem Tod des Vaters auf Betreiben der Mutter und des Bruders Paul (der bekannte katholische Dichter und Diplomat) in eine Irrenanstalt eingeliefert wird. Dort stirbt sie, verbittert und vereinsamt, 30 Jahre später, ohne je wieder gezeichnet oder modelliert zu haben. A.S.

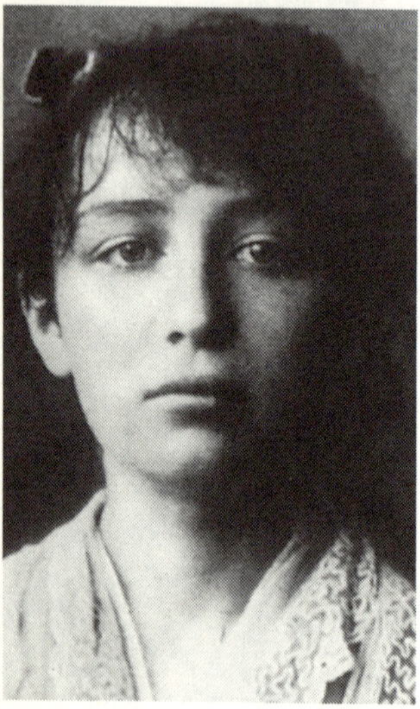

## Sidonie Gabrielle Colette

geb. 28. Januar 1873 in Saint-Sauveur, Burgund
gest. 3. August 1954 in Paris
französische Schriftstellerin
Lit. 212, 613, 694, 827, 879

Sie waren schockiert. Das war sicherlich nicht die Schwiegertochter, die sich eine standesbewußte Familie gewünscht hatte: Frauen wie sie – über deren erste Ehe ganz Paris getuschelt hatte – hielt man(n) sich als Geliebte, aber machte sie nicht zur Baronne de Jouvenel! Gegen die Schriftstellerin (ihr Roman *La Vagabonde* war 1910 für den angesehenen Prix Goncourt vorgeschlagen worden), gegen die Journalistin (seit 1909 schrieb sie regelmäßig kleine Erzählungen, Anekdoten und Stellungnahmen zu aktuellen Ereignissen für die Zeitschrift *Le Matin*, deren Mitherausgeber der Ehemann Henri de Jouvenel war) war ja schwerlich etwas einzuwenden. Eine Schriftstellerin war als Baronin durchaus respektabel, schockierend war die Tänzerin, die leichtgeschürzt in erotisch-exotischen Pantomimen aufgetreten war. Schockierend war ihre Liebesbeziehung mit einer Frau, der Marquise de Belbeuf – Colette nahm sich die Freiheit, aus dem für Frauen ihrer Zeit geltenden Gefängnis auszubrechen. Aus einem burgundischen Provinznest war sie als 20jährige in das brausende Paris der Belle Epoque gekommen, ein halbes Schulmädchen noch, als Ehefrau eines berüchtigten Lebemannes, des Schriftstellers und Musikkritikers Gauthier-Villars. Ungeniert lebte »Monsieur Willy« seine Affären vor ihren Augen, ungeniert sperrte er sie in die Wohnung ein, damit sie für ihn ihre Kindheits- und Schulerinnerungen aufschrieb, und ungeniert veröffentlichte er dann unter seinem Namen die *Claudine*-Romane. Lange spielte sie als gefügige Ehefrau brav ihren Part: Sie schrieb, er kassierte. Erst als sie schon über Dreißig war, gelang ihr mit der Trennung der Ausbruch aus dieser »Arbeitsgemeinschaft«. »Monsieur Willy« ist vergessen, aber Colette ist heute noch eine der bekanntesten und meistgelesenen französischen Schriftstellerinnen – und eine der höchstdekorierten dazu: Die Autorin von *Chérie, Mitsou, Erwachende Herzen* war Präsidentin der Académie Goncourt, Mitglied der Ehrenlegion und erhielt als erste Frau ein Staatsbegräbnis.

B.W.

# Vittoria Colonna

geb. um 1492 in Marino
gest. 25. Februar 1547 in Rom
italienische Dichterin und Reformatorin
Lit. 713, 820, 927, 1071, 1112

Vittoria wuchs am kunstsinnigen Hofe von Urbino auf; ihre Ehe mit Pescara ist sicher keine Liebesheirat, sondern die übliche Geschäftsangelegenheit, die die opportunistischen römischen Colonna durch die Verbindung mit den Aragon-treuen Spaniern d'Avalos an das Königreich Neapel binden soll. Sie bleibt kinderlos, und Pescara ist als Berufssoldat selten in Neapel, wo Vittoria als eine der ersten Damen des spanischen Hofes der ob ihrer Schönheit, Klugheit und Frömmigkeit von Dichtern und Gelehrten vielbesungene Mittelpunkt ihres »Musenhofes« war. Andererseits steht sie durch verwandtschaftliche Bande mitten in den politischen Wirren der Zeit und versucht je länger, je mehr zwischen den unberechenbar schwankenden Fronten und Allianzen zu vermitteln. Diese Bemühungen um Frieden mit Hilfe einer die widerstreitenden Begehrlichkeiten und Machtansprüche – auch der Kirche – überwindenden Einheit im katholischen Glauben sind einem zweiten Anliegen eng verbunden: Seit ihrer Lebenskrise in den ersten 20er Jahren (Tod des Vaters, der Mutter und des Gatten) und in wachsender Verbundenheit mit den führenden Reformatoren strebt sie nach Gerechtigkeit und Nächstenliebe auf der Grundlage allein der göttlichen Gnade – und nicht als Mittel zu deren Erwerb. Klarheit über diese »ketzerischen« Ziele gewinnt sie in ihren religiösen Sonetten, die ihr zugleich Mittel sind, die Mißstände anzuprangern und Menschen zur Umkehr zu bewegen. 1542 setzt sie dem von diesen Zielen ablenkenden Gedichtwechsel mit Michelangelo ein Ende (1541 noch schickte sie ihm 103 Sonette). Aber 1542 zerstört auch die Inquisition brutal alle Hoffnungen. Vittoria, der eine Lösung von Rom undenkbar war, kann sich nur unterwerfen, ihre aufrührerischen Gedichte nicht mehr zur Veröffentlichung freigeben. Seelisch gebrochen siecht sie dahin. Anders als ihre Freundin Renata d'Este hat der Tod sie vielleicht dem Zugriff der Inquisition entzogen. S.K.-K.

## Gerty Cori

geb. 15. August 1896 in Prag
gest. 26. Oktober 1957 in St. Louis, Missouri
amerikanische Biochemikerin
Lit. 210, 288, 504, 747, 753

1947 bekam Gerty Cori zusammen mit ihrem Mann Carl für ihre Arbeiten zum Zucker-Stoffwechsel den Nobelpreis für Medizin und Physiologie. Sie war die dritte Frau und erste US-Amerikanerin, der diese Ehrung zuteil wurde. Geboren wurde Gerty Cori in Prag als älteste von drei Töchtern wohlhabender Eltern. An der deutschen Universität in Prag begann sie 1914 mit dem Medizinstudium, das sie 1920 abschloß. Beim Studium freundete sie sich mit Carl Cori an, der wie sie das Wandern und Bergsteigen ebenso liebte wie die Arbeit im Labor und den sie 1920 heiratete. Das spätere Nobelpreis-Team interessierte sich von Anfang an mehr für die Forschung als für die ärztliche Praxis.
1922 wanderten die Coris in die USA aus; 1928 wurden sie amerikanische StaatsbürgerInnen.
Obwohl Gerty und Carl immer gemeinsam forschten, machte nur er Karriere. Einmal bekam er eine Professur angeboten unter der Bedingung, die Zusammenarbeit mit seiner Frau zu beenden. Ihr teilte man mit, sie behindere die Karriere ihres Mannes.
Ab 1931 leitete Carl das Pharmakologie-Department der Washington-Universität in St. Louis, und Gerty bekam dort eine Forschungsstelle mit einem nur symbolischen Gehalt, denn es war verboten, daß zwei Mitglieder einer Familie an derselben Uni arbeiteten. Die Coris wechselten bald zur Biochemie-Abteilung. Eine Professur bekam Gerty Cori dort jedoch erst 1947 – in dem Jahr, in dem sie auch den Nobelpreis erhielt!
Von 1947 an litt sie an Myelofibrose, einer seltenen Knochenmarkserkrankung. Wie schon während ihrer Schwangerschaft (sie gebar 1936 ihren Sohn Thomas) arbeitete sie unbeirrt weiter bis zum letzten Moment. Sie starb, hochgeehrt, im Alter von 61 Jahren.
Gerty Cori formulierte ihre Lebensphilosophie folgendermaßen: »Ich glaube, daß die Wunder des menschlichen Geistes in Kunst und Wissenschaft zum Ausdruck kommen, und ich sehe zwischen beiden keinen Gegensatz. Ehrlichkeit, vor allem intellektuelle Integrität, Mut und Freundlichkeit sind noch immer die Tugenden, die ich bewundere … Die Liebe zu meiner Arbeit und die Hingabe an sie sind für mich die Grundlage des Glücks.« L.F.P.

## Marie Curie

geb. 7. November 1867 in Warschau
gest. 4. Juli 1934 in Valence, Schweiz
polnisch-französische Physikerin und Chemikerin
Lit. 180, 287, 551, 753, 816

Marie Skłodowska wuchs als fünftes und letztes Kind unter bedrückenden familiären, wirtschaftlichen und politischen Bedingungen heran. Polen wurde rücksichtslos russifiziert, der Vater verlor seine Stellung, die Mutter litt an Tuberkulose, fürchtete, ihre Kinder anzustecken, und mied daher jeden körperlichen Kontakt zu der Sechsjährigen. Zeitlebens blieb Marie scheu und zurückhaltend. Die mütterliche Distanziertheit kompensierte sie mit großem Fleiß beim Lernen. Als beste Schülerin verläßt sie die Schule und erlebt nur einmal eine kurze unbeschwerte Zeit bei Verwandten auf dem Land. 1885 wird sie Gouvernante in einer Gutsbesitzerfamilie. Mit dem Lohn finanziert sie das Medizinstudium ihrer älteren Schwester Bronia und folgt ihr 1891 nach Paris, um – unterstützt nunmehr von Bronia – ihr Studium zu beginnen. Sie führt ein isoliertes, karges und äußerst diszipliniertes Leben, das sich kaum ändert, als sie 1895 den Naturwissenschaftler Pierre Curie heiratet. Obgleich sie zwei Töchter zur Welt bringt, spielt sich das eigentliche Leben des Ehepaares im Labor ab. Sie entdecken unter mühevollen Bedingungen die Radioaktivität von Uran und geben den Strahlenelementen die Namen »Radium« und – in Erinnerung an Maries polnische Heimat – »Polonium«.

Nach nur elfjähriger Ehe verunglückt Pierre Curie tödlich. Marie konnte lange Zeit über den Verlust nicht sprechen. Sie tritt die Nachfolge ihres Mannes als Professorin an der Sorbonne an und forscht weiter im Labor. 1903 hatte sie gemeinsam mit ihm den Nobelpreis für Physik erhalten, 1911 einen zweiten für Chemie. Während des Ersten Weltkrieges organisiert sie einen fahrbaren Röntgendienst. Nach dem Krieg stellt sie ihr hohes Ansehen in den Dienst friedens- und wissenschaftspolitischer Aktivitäten.

Marie Curie nahm auf ihre Gesundheit keine Rücksicht und schützte sich nicht genügend vor den radioaktiven Strahlen. Sie starb in einem Schweizer Sanatorium am 4. Juli 1934 an perniziöser Anämie, der Zerstörung des Knochenmarks. H.SCH.

# Alexandra David-Neel

geb. 24. Oktober 1868 in Saint Mande, Belgien
gest. 8. September 1969 in Digne
französische Reiseschriftstellerin
Lit. 50, 156, 192, 193, 865

Alexandra David-Neel war Orientalistin, Philosophin, Religionswissenschaftlerin, Buddhistin, Pantheistin, Journalistin, Schriftstellerin, Opernsängerin, Forschungsreisende, Abenteurerin, Nonkonformistin und Feministin. Fast die Hälfte ihres langen Lebens (sie wurde beinahe 101 Jahre alt) verbrachte sie auf Reisen.

Schon als Kind lief Alexandra oft von zu Hause weg. Mit 17 Jahren reiste sie ohne Wissen der Eltern in die Schweiz und bewältigte zu Fuß den St. Gotthard.

Mit 20 begegnete sie dem asiatischen Schrifttum und studierte daraufhin Sprachen (u.a. Sanskrit und Chinesisch) und vergleichende Religionswissenschaft. Nebenher nahm sie Gesangsunterricht.

1891 erbte sie etwas Geld und bereiste anderthalb Jahre Ceylon und Indien. Wieder in Paris, studierte sie Gesang und schrieb anarchistische und feministische Artikel. Als ausgebildete Sopranistin erhielt sie ein Engagement nach Indochina. Sie bekam phantastische Kritiken als Traviata und wurde der »Star von Hanoi«. Zur Jahrhundertwende ging sie als Sängerin und Theaterleiterin nach Tunis. Dort lernte sie Philippe Neel kennen und heiratete ihn 1904.

1903 nahm sie Abschied von der Bühne, hielt Vorträge und studierte weiter.

1911 konnte sie endlich ihre zweite, 14 Jahre dauernde Asienreise antreten. Während dieser Zeit lebte sie u.a. ein Jahr lang im Himalaya in 4000 m Höhe als Einsiedlerin. Sie überlebte Krankheiten, Seuchen, Überfälle von Räubern und Soldaten, Abstürze und Unwetterkatastrophen. Unterwegs übersetzte sie buddhistische Texte und verfaßte ein französisch-tibetisches Wörterbuch. Mit 57 Jahren betrat sie, verkleidet als Bettelnonne, als erste Europäerin die verbotene Stadt Lhasa.

Wenn sie gerade nicht reiste, schrieb sie: über 25 Bücher und unzählige Fachartikel, u.a. den Beitrag über Tibet für das Schweizer *Lexikon der Frau* (1953). U.R.

Foto: Ullstein

## Grazia Deledda

geb. 27. September 1871 in Nuoro, Sardinien
gest. 15. August 1936 in Rom
italienische Schriftstellerin
Lit. 201, 202, 504, 715, 1052

»Sie verpackte das Manuskript sorgfältig in Leinen und Papier und umwickelte es mit einem Netz von Bindfaden, damit es die lange Reise über Land und Meer gut überstehe; auch ließ sie es einschreiben. All diese Ausgaben konnte Cosima freilich nicht von ihren persönlichen mageren Einkünften bestreiten (...) Aber da es nun einmal notwendig war, um jeden Preis voranzukommen, ließ sich die Schriftstellerin, die Dichterin ... dazu herab, in den Keller hinunterzugehen und einen Liter Öl zu entwenden.« Mit diesen Worten schildert Grazia Deledda, Italiens einzige Nobelpreisträgerin für Literatur (1926), in ihrem autobiographischen Roman *Cosima* (1937) die schwierigen Anfänge einer beispiellosen schriftstellerischen Karriere.

Mit zwölf Jahren schrieb sie ihre ersten Verse, was ihre Lehrerin zu dem Ausruf veranlaßte: »Dichterin, Dichterin! Ach, was soll nur aus diesem Kinde werden!« Mit 17 Jahren veröffentlichte sie die erste Erzählung und schrieb und schrieb und schrieb – bis zu ihrem Tod 350 Novellen, 30 Erzählungen, 8 Fabeln, 15 Skizzen und 35 Romane. Ihr Schreiben war ihr Leben; ihre Heimat die Sprache.

Die Kritik bescheinigte der Schreibbesessenen Monotonie in der Wahl ihrer Themen und den Niedergang der künstlerischen Kreativität, aber Deledda ließ sich nicht beirren.

Den Tod – oder vielmehr *die* Tod (la morte) – setzte sie immer wieder als dunkle Schicksalsgöttin, als letzte unbezwingbare und weibliche Kraft ein. Die größte Lebensenergie, die Sexualität, ist im Werk Grazia Deleddas oft eine tödliche Kraft, der Männer wie Frauen gleichermaßen ausgeliefert sind. Im Unterschied zu den Männern bejahen allerdings Deleddas Frauengestalten das Ausmaß ihrer Leidenschaft und sind unbedingter.

Einzig ihrer Familie und dem Schreiben verpflichtet, lebte Grazia Deledda seit 1900 in Rom mit ihrem Mann, einem Finanzbeamten, und ihren beiden Söhnen.

Sie starb mit 64 Jahren an Krebs. Es sei ein heiliger Tod gewesen, den Grazia mit Ruhe erwartet habe, berichtet ihre Schwester. R.W.

geb. 31. Dezember 1820 in St. Wendel, Saarland
gest. 4. November 1890 in London
Haushälterin der Familie Marx
Lit. 185, 223, 1124

Helene Demuth kommt im Jahre 1837 17jährig als Hausangestellte in die Familie des Regierungsrats Johann Ludwig von Westphalen in Trier. Als Jenny von Westphalen sechs Jahre später ihren langjährigen Verlobten Dr. Karl Marx heiratet, zieht Helene mit ihnen, um dann ein Leben lang als Haushälterin, Stütze in der Not und Mitstreiterin im politischen Kampf auszuharren.

Am 23. Juni 1851 schenkt Helene Demuth einem Knaben das Leben, der Name des Vaters ist im Geburtsregister nicht eingetragen. Jenny Marx schreibt in ihren Erinnerungen: »In den Frühsommer des Jahres 1851 fällt ein Ereignis, das ich nicht näher berühren will, das aber sehr zur Vermehrung unserer äußeren und inneren Sorge beitrug.« Frederick Demuth wächst in einer Londoner Arbeiterfamilie auf. Später erkennt Friedrich Engels die Vaterschaft an und hilft damit Marx aus einer Verlegenheit. »Daß Freddy Demuth Marx' Sohn ist, weiß ich vom General (Engels, S.G.) selbst … Für Marx stand die Scheidung von seiner Frau, die furchtbar eifersüchtig war, immer vor Augen; er liebte den Buben nicht, der Skandal wäre zu groß gewesen«, schreibt Engels' Sekretärin kurz nach dessen Tod. Spekulationen über Marx' Vaterschaft hat es in seinem Freundeskreis immer schon gegeben. Aber alle haben geschwiegen. Und geschwiegen hat vor allem Helene Demuth. Warum? »Sie war stets heiter, stets hilfsbereit, stets lächelnd«, sagt Wilhelm Liebknecht. Aber wie war ihr wirklich zumute im Marxschen Haushalt? Wir wissen es nicht, ihre Biographie muß erst noch geschrieben werden.

1883, nach dem Tod von Marx, zieht Helene Demuth zu Engels, führt ihm den Haushalt und ordnet Marx' literarischen Nachlaß. Im Oktober 1890 erkrankt, stirbt sie am 4. November, vermutlich an Gebärmutterkrebs. Begraben ist sie im Marxschen Familiengrab, auf Wunsch von Jenny Marx.

S.G.

## Helene Deutsch



geb. 9. Oktober 1884 in Przemysl, Polen, österr. Monarchie
gest. 29. März 1982 in Cambridge, Mass.
österreichisch-amerikanische Psychoanalytikerin
Lit. 206, 207, 837, 883, 961

Nach einem Medizin- und Psychiatriestudium in Wien und München wendet sich Helene Deutsch der Psychoanalyse zu, wird Freuds Schülerin, Assistentin, Mitarbeiterin und Kollegin und befaßt sich als eine der ersten Frauen mit der »Psychologie der Frau«. Waren für Freud Frauen ein »dunkler Kontinent« oder kommentierte er die berechtigten Forderungen der Frauen und der Frauenbewegung mit der ratlos ärgerlichen Frage: »Was will das Weib?«, so hat er gleichwohl eine sexistische Theorie der Weiblichkeit verfaßt, die bis heute zum Paradigmenbestand der Psychoanalyse gehört. Helene Deutschs Pionierarbeit bestand darin, etwas Licht in den »dunklen Kontinent« zu bringen, indem sie in zahlreichen Veröffentlichungen auf psychische Probleme von Frauen aufmerksam gemacht hat. Wenn sie auch nie Freuds Theorien über die Frau ernstlich in Zweifel zog, hat sie sie doch immerhin in Nuancen abgemildert.

Für Freud gehörte Helene Deutsch zu der Gruppe von Frauen, die er wohlwollend Feministinnen nannte. Aus heutiger Sicht würden wir sie als emanzipiert, nicht aber als Feministin bezeichnen. Sie begab sich in eine Männerdomäne, verstand es, sich Respekt zu verschaffen, und war finanziell unabhängig. 1912 heiratete sie den Wiener Internisten Felix Deutsch. Der Status der Ehefrau und Mutter hinderte sie nicht, Mann und Sohn für ein Jahr zu verlassen, um ihre Ausbildung als Analytikerin in Berlin fortzusetzen. Waren ihr menschliche Beziehungen wichtig, so galt doch ihr größtes Interesse der analytischen Arbeit. Sie verarbeitete ihr konfliktreiches Leben in ihrem Werk. Als Frau und Jüdin war sie schon früh mit dem Problem der Unterdrückung konfrontiert. 1935 mußte Deutsch mit ihrer Familie in die USA emigrieren, wo sie bis zu ihrem Tode als anerkannte Psychoanalytikerin tätig war. S.D.

# Diana von Poitiers

geb. 3. September 1499 im Schloß Saint-Vallier (Poitiers)
gest. 22. April 1566 im Schloß Anet (bei Paris)
Mätresse König Heinrichs II. von Frankreich
Lit. 252, 413, 415, 628

Unter den zahlreichen berühmten Mätressen der damaligen Zeit nimmt Diana eine Sonderstellung ein. Als Witwe des Groß-Seneschalls der Normandie, Louis de Brezé, steht ihr am Hof von König Franz I. von Frankreich ein hoher Rang zu, den sie durch ihre Schönheit, Klugheit und ihren Kunstsinn noch verstärkt. Mit 37 Jahren gewinnt sie die Gunst seines Sohnes Heinrich, der fast 20 Jahre jünger ist als sie, und bleibt dessen Favoritin bis zu seinem Tod 1559.
Heinrich, seelisch verstört und geschädigt durch eine entwürdigende, harte Geiselhaft in Spanien, wird aus politischem Kalkül 14jährig mit der gleichaltrigen Katharina von Medici verheiratet. Die Ehe bleibt zehn Jahre lang kinderlos.
Nach dem Tod seines Vaters besteigt Heinrich 1547 den Thron. Damit nimmt der Einfluß der Diana von Poitiers zu. Die strenge Katholikin bestärkt Heinrich in der Verfolgung der Hugenotten. Geschickt spielt sie einflußreiche Kreise gegeneinander aus. Sie bestimmt die verfeinerten Lebensformen am Hofe und teilt Heinrichs Jagdleidenschaft und Baulust. Für sie wird Schloß Chenonceaux umgebaut, das mit der Brücke über den Cher seine heutige Form erhält. Die kunstvoll verschlungenen Initialen H und D schmücken alle Räume.
Zwischen Diana und Katharina entwickelt sich eine Art Zweckbündnis. In der Öffentlichkeit treten sie gemeinsam auf. Daß Heinrich seinen ehelichen und dynastischen Pflichten nachkommt, geschieht auf Dianas Rat hin. Katharina bringt zwischen 1544 und 1556 zehn Kinder zur Welt, von denen sieben überleben. Das erste Kind, zur Freude aller ein Sohn, wird später Maria Stuart heiraten und als Franz II. den Thron besteigen. Diana ist bei den Geburten anwesend, beaufsichtigt die Kinderfrauen, wechselt Ammen aus und kümmert sich in Krankheitsfällen selbst um die Kinder. Während der Hochzeitsfeierlichkeiten von Heinrichs und Katharinas Tochter, Elisabeth von Valois, mit Philipp II. von Spanien wurde der König bei einem Turnier, bei dem er in den Farben der Diana ritt, von einer gesplitterten Lanze durch das Visier am Kopf tödlich verletzt.

Damit war der Stern der Diana von Poitiers erloschen. Katharina ließ Diana wissen, sie sei am Hof nicht mehr erwünscht, sie müsse die Kronjuwelen und das Schloß Chenonceaux zurückgeben, könne sich aber sonst in Frieden ihres Besitztums erfreuen. Die restlichen Jahre ihres Lebens nutzte Diana zur Verwaltung und Erhaltung ihres Reichtums, den sie durch die Gunst des Königs in 20 Jahren angehäuft hatte. A.ST.

# Amalie Dietrich

geb. 26. Mai 1821 in Siebenlehn, Sachsen
gest. 9. März 1891 in Rendsburg
deutsche Botanikerin und Zoologin
Lit. 91, 92, 268

Amalie Dietrich stammte aus einer armen sächsischen Heimarbeiterfamilie. Sie war die nach Maria Sibylla Merian bedeutendste Naturforscherin und Forschungsreisende Deutschlands. Ihr Mann, der Apotheker und Privatgelehrte Wilhelm Dietrich, machte sie mit den Grundbegriffen der Botanik vertraut, lehrte sie die Kunst des Pflanzensammelns, das Bestimmen und Präparieren, das Anlegen von Herbarien. Amalie ist begeistert; sie hat ihre Berufung gefunden, der sie alles andere in ihrem Leben unterordnen wird.

1848 gebiert sie ihre Tochter Charitas, die später die Biographie ihrer Mutter schreiben wird. Die Mutter gerät bald in tiefe Konflikte, weil das Kind sie von der geliebten Arbeit abhält. Sie trennt sich von ihrem Mann, der ihrer Arbeitsbesessenheit immer verständnisloser gegenübersteht, und gibt das Kind in Pflege. Amalie geht nun allein auf ihre Sammeltouren. Sie kauft sich einen Handwagen, spannt einen Hund davor und wandert so elf Wochen in die Salzburger Alpen. Oft übernachtet sie im Freien. Später geht sie zu Fuß von Sachsen nach Bremen, von dort nach Holland. Eine »pflanzensammelnde Egozentrikerin und Wissenschaftsfanatikerin« (Feyl).

Die große Wende in ihrem Leben tritt ein, als der Hamburger Reeder Cesar Godeffroy, der ein Museum für Natur- und Völkerkunde der Südsee plant, sie mit einem Forschungsauftrag für zehn Jahre nach Australien schickt. Anfang August 1863 erreicht die 42jährige Brisbane an der Ostküste Australiens. Der Tochter kann sie nun die beste Ausbildung finanzieren: Im Institut von Hedwig Breymann in der Nähe von Wolfenbüttel. Bereits im dritten Jahr ihres Australienaufenthalts, 1866, gibt das Museum einen Katalog heraus, in dem die Pflanzen des Brisbane River verzeichnet sind. Jahr um Jahr schickt Dietrich Kisten über Kisten mit Präparaten nach Deutschland. Unter den Insekten allein etwa hundert Arten von Rüssel- und Blattkäfern. Viele Arten werden nach ihrer Entdeckerin benannt, so die Algenart *Sargassum Amaliae* und die Wespenart *Odynerus Dietrichianus*.

1873 kehrt Amalie mit zwei selbstgezähmten Adlern in die Heimat zurück: »Ein pergamentartiges, verwittertes Gesicht, von tausend Falten … durchfurcht. Ein dürftiges Röckchen und eine Kattunjacke umschließen die alternde Gestalt«, schreibt Tochter Charitas. Dietrich bekommt eine Wohnung im Haus der Godeffroys und betreut und verwaltet nun ihre Sammlungen, ab 1879 als Kustodin am Hamburger Botanischen Museum. Die Tochter ist mit dem Pastor Bischoff in Rendsburg verheiratet; in ihrer Obhut stirbt Amalie, knapp 70jährig – im selben Alter wie ihrerzeit Maria Sibylla Merian. L.F.P.

# Marlene Dietrich

geb. 27. Dezember 1901 in Berlin
gest. 6. Mai 1992 in Paris
deutsch-amerikanische Schauspielerin und Sängerin
Lit. 216, 217, 302, 748, 834, 985

»Bach, Bach, Bach, immer wieder Bach. Acht Stunden am Tag üben. Meine Mutter und ich verloren darüber beinahe den Verstand. Ich gab als erste auf.« Eine Sehnenentzündung am linken Ringfinger führte zu einem jähen Ende von Maria Magdalena Dietrichs Ausbildung zur Konzertgeigerin. Da wandte sich die Tochter eines preußischen Polizeioffiziers der Schauspielerei zu. Sie absolvierte das Max-Reinhardt-Seminar, spielte in Berlin Theater, bis sie schließlich 1930 mit dem »Blauen Engel« den Grundstein zu ihrer einmaligen Karriere legte. Auf einer Tonne sitzend, die Beine übereinandergeschlagen, sang sie davon, daß sie von Kopf bis Fuß auf Liebe eingestellt sei. Am Tag der Filmpremiere reist sie in die USA. Zunächst arbeitet sie dort ausschließlich mit dem Regisseur Josef von Sternberg, dem sie 1931 ein Foto widmete: »Meinem Schöpfer von seinem Geschöpf«. Nicht nur durch ihr schauspielerisches Talent nahm Marlene Dietrich ihr Publikum für sich ein, vor allem ihre Erscheinung faszinierte. Ob, damals revolutionär, in Frack und Zylinder oder im durchsichtigen Glitzerkleid, ihre androgyne Ausstrahlung sprach Frauen wie Männer an. »She has sex, but no particular gender«, sagte Kenneth Tynan. Sie wurde zum Idol der sich emanzipierenden Frauen zwischen den Weltkriegen. Auch politisch war die Dietrich emanzipiert: »Aus Anstand« sei sie zur Antifaschistin geworden, sagte sie einmal. Sie unterstützte FluchthelferInnen, half jüdischen EmigrantInnen, sang und tanzte als Betreuerin der amerikanischen Truppen. 1953 begann sie eine neue Karriere als Showstar und Chansonsängerin, die erst 1957 nach einem Schenkelhalsbruch während eines Auftritts in Sidney endete. »Angels don't die« – 91jährig starb die Unsterbliche, die zuletzt an Muskelschwund erkrankt war, abgeschieden in ihrer Pariser Wohnung. S.G.

# Ding Ling

geb. 12. Oktober 1904/1907 (?) in Liling, Provinz Hunan, China
gest. 25. Februar 1986 in Peking, China
chinesische Schriftstellerin
Lit. 59, 220, 267, 456, 924

Über Ding Lings Leben existieren widersprüchliche Versionen. Geboren als Gutsbesitzertochter Jiang Bingzhi, die – anders als die meisten Frauen ihrer Generation – die höhere Schule und Universität besuchen konnte, besaß sie aus der Sicht der Partei den falschen Klassenhintergrund. Im Jahrzehnt nach der StudentInnenrevolte von 1919 schließt sie sich der Liga linker SchriftstellerInnen an und lebt in freier Ehe mit dem Dichter Hu Yepin. Bekannt (und heute weltberühmt) wird sie mit der Erzählung *Tagebuch des Fräulein Sophie* (1928), worin sie, wie in anderen Arbeiten dieser Zeit, die Frustration einer leidenschaftlichen jungen Frau unter den Zwängen einer konfuzianisch orientierten Männergesellschaft schildert.

Angesichts der seit 1927 zunehmenden Repressionen durch das nationalistische Regime (Hu Yepin wird hingerichtet), tritt Ding 1931 der Kommunistischen Partei bei. Ihre Texte stellen nun das Individuelle zugunsten des Klassentypischen in den Hintergrund. 1933 wird sie verhaftet und eingekerkert, vermutlich gefoltert. Ihr gelingt die Flucht. Auf Umwegen erreicht sie die Enklave der Kommunisten in Yen'an. Doch auch hier wird sie kritisiert, teils (von gewissen männlichen »Genossen«) aus höchst persönlichen Gründen. Zwar steigt sie nach Gründung der Volksrepublik (1949) zu hohen Staatsämtern auf, doch schon bald beginnen ihre parteiinternen (männlichen) Neider gegen sie zu intrigieren. Sie weigert sich, die damals obligatorische Selbstkritik zu üben. Seit 1958 ist sie »verschwunden«. Erst 1978, nach dem Ende der Kulturrevolution, darf sie wieder in Peking leben. Wie sie die dazwischenliegenden 20 Jahre durchlebte, ist Gegenstand wilder Gerüchte: Schweinehirtin in der Mandschurei, Gefängnisinsassin, Verbannte in entlegenen Bergdörfern ... Nach dem Ende des Terrors rehabilitiert, wird sie 1980 zur Stellvertretenden Vorsitzenden des Allchinesischen Schriftstellerverbandes ernannt. In den folgenden Jahren kommen zahlreiche weitere (Ehren-)Ämter hinzu. Doch Ding schweigt über ihr Schicksal und nutzt ihre späte Macht lediglich zu Intrigen gegen ihre einstigen »Feinde«. U.B.

# Hedwig Dohm

geb. 20. September 1831 in Berlin
gest. 1. oder 4. Juni 1919
deutsche Schriftstellerin
Lit. 113, 122, 210, 221, 672

Hedwig Dohm ist eine der klügsten und witzigsten Frauenrechtlerinnen der letzten 100 Jahre. Ihre Forderungen zur Frauenemanzipation sind zum Teil noch heute nicht verwirklicht. Verblüffend hellsichtig und humorvoll sind ihre ideologiekritischen Analysen von Werken zeitgenössischer patriarchalischer Denker, wundervoll respektlos entlarvt sie deren dümmliche Machtansprüche und Unterdrückungstheorien.

Dohm war eine sehr moderne Denkerin. Sie sah, daß der sogenannte weibliche Sozialcharakter auf historische und erziehungsbedingte Einflüsse zurückzuführen und nicht biologischen Ursprungs ist. Sie forderte gleiche Bildung und Ausbildung für beide Geschlechter und kämpfte für Frauenstudium und Frauenstimmrecht. Hausarbeit und Kindererziehung könnten von Institutionen übernommen werden, um auch der Frau die Möglichkeit zu geben, ihrem Beruf nachzugehen. Ökonomische Selbständigkeit der Frauen würde die Ehe »ethisieren«, da keine Frau mehr aus Versorgungsgründen zur Heirat gezwungen sei. Die Mutterliebe ist laut Dohm kein Naturtrieb. »Der Mütterlichkeit muß die Speckschicht der Idealität, die man ihr angeredet hat, genommen werden.«

Als 15jährige mußte Dohm die Schule verlassen und sich in das Schicksal der »höheren Tochter« fügen, Tätigkeiten im Haus ausführen und auf einen Ehemann warten. Sie besuchte ein Lehrerinnenseminar; das niedrige intellektuelle Niveau befriedigte sie nicht. 1853 heiratete sie Ernst Dohm, den Chefredakteur des satirischen Wochenblattes *Kladderadatsch*. Ihr Haus wurde zum Treffpunkt der Berliner KünstlerInnen und Intellektuellen. Sie schrieb Romane, Lustspiele, Novellen und feministische Streitschriften. Nach dem Tod ihres Mannes 1883 begann sie sich erst richtig zu entfalten.

Dohm beteiligte sich – aus Scheu vor der Öffentlichkeit – nicht an der organisierten Frauenbewegung, arbeitete aber in mehreren Frauenvereinen mit. Sie hatte fünf Kinder; ihre vier Töchter erhielten alle eine Berufsausbildung, was damals keine Selbstverständlichkeit war. Sie sollten ein »selbstbestimmtes Leben« führen. S.D.

# Annette von Droste-Hülshoff

geb. 10. Januar 1797 auf Schloß Hülshoff bei Münster
gest. 24. Mai 1848 in Meersburg
deutsche Dichterin und Komponistin
Lit. 227, 421, 574, 648, 923

Annette von Droste-Hülshoff, die einzige Schriftstellerin, die in keiner deutschen Literaturgeschichte fehlt, und eine der wenigen Frauen, deren Porträt einen deutschen Geldschein ziert, kämpfte ein Leben lang gegen die Erwartungen ihres Standes und ihrer Familie, die literarische Leistungen, gar von einer Frau, nicht ernst nahmen und öffentliches Auftreten grundsätzlich ablehnten. Drostes eigene Ambivalenz ihrer weiblich-ständischen und ihrer dichterischen Rolle gegenüber prägt fast alle ihre Arbeiten und trägt sehr zu ihrer heutigen Wirkung bei.

Die mikroskopisch genau beobachteten Bilder ihrer Naturlyrik und Balladen vermitteln in ihren oft geheimnisvollen, schauerlichen Stimmungen, mit ihren Spiegelbildern und DoppelgängerInnen psychologische Einsicht in die Gespaltenheit des modernen Menschen. Die geniale Kriminalerzählung *Die Judenbuche* verweist auf die Unsicherheit aller Erkenntnis. Der Gedichtzyklus *Das geistliche Jahr* gilt als wichtigstes Werk der religiösen Dichtung im 19. Jahrhundert. Aber auch diese Gedichte sind geprägt von Zweifeln, die höchst modern anmuten: »Mein Wissen mußte meinen Glauben töten!«

Das ländliche Leben auf Schloß Hülshoff und im Rüschhaus war trotz Gesellschaften, Vorlesen und Musizieren oft einsam und langweilig; ständig war jemand krank und mußte gepflegt werden. Annette war zeitlebens selbst oft krank. Literarische Anregung und Ermutigung bekam sie von FreundInnen in Münster, Köln und Bonn, darunter von Frauen wie Johanna und Adele Schopenhauer. Die Freundschaft mit dem fast 18 Jahre jüngeren Levin Schücking war entscheidend für ihre schöpferische Entwicklung. In den Monaten, die sie 1841–1842 bei ihrer Schwester Jenny in Meersburg am Bodensee verbrachte, spornte er die Dichterin an, *Die Judenbuche* abzuschließen und mehr als 50 Gedichte (darunter über ein Dutzend Balladen) zu schreiben. Droste war zutiefst enttäuscht, als er Meersburg verließ und ein Jahr darauf heiratete. Sie starb 1848 mit 51 Jahren. Ihr Ruhm stand noch ganz am Anfang. J.H.

# Madame Dubarry

geb. 19. August 1743 in Vaucouleurs, Lothringen
hingerichtet am 8. Dezember 1793 in Paris
französische Mätresse
Lit. 305, 571, 968

Marie-Jeanne Bécu, uneheliche Tochter einer Näherin aus Lothringen und eines Franziskanermönchs, war 18 Jahre alt und eine reizende Schönheit mit blonden Ringellocken, als sie eine Stelle in einem eleganten Pariser Modehaus antrat. Zu ihrer Kundschaft gehörte auch ein gewisser Graf du Barry, der große Pläne mit ihr hatte: Er wollte sie dem König von Frankreich als Mätresse vermitteln. Eine eilig arrangierte Eheschließung mit seinem eigenen Bruder und eine neue Geburtsurkunde machten sie hoffähig. In kürzester Zeit eroberte die frischgebackene Gräfin den 57jährigen König durch ihren Charme, ihre Schönheit und erfrischende Direktheit. Sie bezog Wohnräume genau über dem Schlafzimmer des Königs, bekam ein eigenes kleines Schloß in der Nähe von Versailles, mehrere Pariser Wohnsitze, direkte Einnahmen aus Renten und Abgaben – und einen der schönsten und wertvollsten Juwelenschätze ihrer Zeit.

Als Ludwig XV. 1770 seinen Enkel mit der Österreicherin Marie-Antoinette verheiratete, feierte Madame Dubarry ihren größten Triumph: Gegen den Widerstand des Hofes nahm sie an der Seite des Königs an den Hochzeitsfestlichkeiten teil. Im Gegensatz zu ihrer berühmten Vorgängerin Madame Pompadour hatte sie über persönliche Intrigen hinaus wenig politischen Einfluß gewonnen. So ging 1774 mit dem Tod des Königs auch ihr Stern unter. Auf seinem Sterbebett ordnete Ludwig an, sie in ein Kloster zu verbannen. Erst zwei Jahre später durfte sie wieder in ihr Schloß zurückkehren.

Bei Ausbruch der Revolution wurde sie sofort öffentlich angegriffen. Nachdem Unbekannte ihren gesamten Schmuck gestohlen hatten, ließ sie, in Verkennung der Zeitumstände, eine lange Liste der vermißten Stücke im In- und Ausland verbreiten und reiste im Zuge der Suchaktion mehrere Male nach England. Dort erreichte sie die Nachricht von der Hinrichtung Ludwigs XVI. Ganz in Schwarz gehüllt, nahm sie gemeinsam mit anderen adligen Emigrierten an einer Trauermesse teil. In der Hoffnung, ihren Besitz wiederzuerlangen, kehrte sie wenig später nach Frankreich zurück, wurde im September 1793 verhaftet, vor ein Revolutionstribunal gestellt und im Dezember hingerichtet.

Ihr sagenhafter Aufstieg vom Landmädchen zur königlichen Geliebten – später vielfach verarbeiteter Stoff für Film und Operette – machte sie in den Augen der Revolutionäre zu einer der meistgehaßten RepräsentantInnen des alten Regimes. Die Anklage warf ihr vor: Unterstützung der Konterrevolution, Kontakte zu den Emigrierten und Verschwendung öffentlichen Eigentums. A.S.

geb. 13. Mai 1907 in London
gest. 19. April 1989 in Par, Cornwall
englische Schriftstellerin
Lit. 228, 290, 1017

Mit 19 Jahren war sich Daphne du Maurier darüber im klaren, daß es für sie nichts Wichtigeres gab, als finanziell von ihrer Familie unabhängig zu sein und so ein Leben nach ihren Vorstellungen führen zu können. Im Hause ihrer Eltern in London – ihr Vater war der Schauspieler und Theatermanager Sir Gerald du Maurier, ihr Großvater der *Punch*-Illustrator und Schriftsteller George du Maurier – sah sich Daphne einem zwar sorgenfreien und behüteten, aber geselligen Lebensstil voller gesellschaftlicher Verpflichtungen ausgesetzt, der ihrem schüchternen Wesen, ihrem Freiheitsdrang und ihrer Vorliebe für Einsamkeit zuwiderlief. Der Besuch eines Pensionats in Paris und die Freundschaft mit einer ihrer dortigen Erzieherinnen, Fernande Yvons, waren für sie die ersten Schritte in die Freiheit. Für die 18jährige Daphne stand nach einem Besuch in der Bretagne fest, daß sie irgendwo am Meer leben mußte, »wo es hohe Klippen zu ersteigen … und einsame Buchten gab, in denen ich ungehindert nackt baden konnte.«

Die Familie kauft 1926 ein Ferienhaus in Bodinnick/Cornwall. Daphne spürt sofort, daß hier im Gegensatz zu London/Hampstead, wo »der alle schöpferischen Ansätze erstickende Alltag« sie bedrückt, Freiheit ist: »Die Freiheit, zu schreiben, … über die Hügelkämme zu wandern, mit einem Boot hinauszurudern, allein zu sein.«

Cornwall liefert ihr Stoff für ihre Bücher, dort schreibt sie ihren ersten und gleich erfolgreichen Roman *The Loving Spirit* (Der Geist von Plyn, 1931), der ihr die so lang ersehnte finanzielle Unabhängigkeit bringt. Neben 18 Romanen (darunter ihr wohl berühmtester, *Rebecca*), vielen Kurzgeschichten – u.a. *Die Vögel*, verfilmt von Hitchcock, und *Don't look now*, die Vorlage für den Film *Wenn die Gondeln Trauer tragen* – schrieb sie Theaterstücke, Kinderbücher, Studien über ihre Familie, und sie setzte ihrem geliebten Cornwall in *Vanishing Cornwall* ein Denkmal. B.RA.

# Isadora Duncan

geb. 27. Mai 1878 in San Francisco
gest. 14. September 1927 in Nizza
amerikanische Tänzerin
Lit. 183, 235, 236, 746, 966

»Meine Kunst besteht bekanntlich in dem Bestreben, meine innersten Empfindungen in Gebärden und Bewegungen auszudrücken«, schreibt Isadora Duncan in ihren Memoiren. Ihre Inspiration gewinnt sie aus dem Einklang mit der Natur; wie sie schon in ihrer frühesten Kindheit am Meer versuchte, den Rhythmus und das Spiel der Wellen in ihrem Körper einzufangen, nimmt sie auch später in ihrem Tanz die musikalischen Wellen auf. In der Reduktion auf natürliche Bewegungen findet sie zu den im alten Griechenland liegenden Wurzeln des Tanzes zurück. Ihr großes Interesse für die Antike zeigt sich auch in ihren von der griechischen Kunst inspirierten Gewändern. Ihr Publikum schockte Duncan nicht nur mit ihrer kaum verhüllten Gestalt, sondern ebenso mit der Auswahl von »untanzbarer Musik«: Chopin, Brahms, Gluck, Wagner oder Beethovens 7. Symphonie. Sie provozierte die Gesellschaft jedoch vor allem durch ihre freie Lebensweise außerhalb der gewohnten Konventionen. Das Tragen der bequemen Bühnenkleidung im Privatleben (in der Zeit einschnürender Korsetts und anderer Marterinstrumente), die freie Liebe und besonders ihre Auffassung, Kinder bekäme man am besten von verschiedenen Vätern und ohne Trauschein, erregten Anstoß. Letzteres entfremdet sie der Mutter, obwohl gerade deren unorthodoxe Erziehung den Grundstein für Duncans Lebensweise legte: Trotz Scheidung und Armut schuf sie eine von Liebe und Schönheit geprägte, musische Atmosphäre, in der sich ihre vier Kinder frei entfalten konnten. Auch später bleiben die Geschwister, allesamt KünstlerInnen, in engem Kontakt und arbeiten bei verschiedenen Projekten zusammen. So gründen die beiden Schwestern 1904 ihre erste Schule in Grunewald bei Berlin, in der sich Körper, Seele und Geist der Schülerinnen gleichermaßen entwickeln sollten.

Anfang unseres Jahrhunderts auf dem Höhepunkt ihres Erfolgs tanzt Isadora durch ganz Europa und ist mit den berühmtesten Frauen und Männern befreundet. In dieser vielleicht glücklichsten Zeit ereilt sie die Tragödie: 1913 ertrinken ihre beiden geliebten Kinder bei einem Autounfall in der Seine. Auch wenn sie äußerlich ihr Leben weiterführt und nach einer Pause zu ihrer Tanzkunst zurückkehrt, hat sie sich nie von diesem Schlag erholt. Ebenso tragisch wie ihre Kinder kommt sie ums Leben: ihr Schal verfängt sich in den Rädern des Bugattis ihres neuen Verehrers – jede Hilfe kommt zu spät. A.v.H.

geb. 4. April 1914 in Gia Dinh/Südvietnam
gest. 3. März 1996 in Paris
französische Schriftstellerin und Filmemacherin
Lit. 238, 239, 577, 1049

So wird die Nachwelt sie in Erinnerung behalten: Mit dem rosenholzfarbenen Männerhut, einem Kleid aus verblichener Rohseide, hochhackigen Goldlamé-Schuhen an den Füßen und den Mund tiefrot geschminkt, steht das 15jährige Schulmädchen auf der Fähre, die den Mekong überquert, und sieht zum ersten Mal den eleganten Chinesen, der ihr Liebhaber wird.

Die Kindheit einer armen Weißen im kolonialen Indochina, die Überlebenskämpfe ihrer Mutter, einer verwitweten Grundschullehrerin, der Haß auf den älteren, drogensüchtigen Bruder und die inzestuöse Liebe zu dem jüngeren Bruder, ihre Bewunderung für die schöne Frau des Generalgouverneurs (Anne-Marie Stretter) – all diese Erinnerungen durchziehen das Werk Marguerite Duras' wie ein Leitmotiv. Aber erst die Geschichte des chinesischen Liebhabers, die sie als 70jährige aufschrieb, machte die avantgardistische Schriftstellerin mit der merkwürdig schwebenden Schreibweise zur weltberühmten Bestsellerautorin.

Als 18jährige kam Duras 1932 nach Paris, studierte Mathematik, Jura und Politik, heiratete zwei Jahre später einen Kommilitonen, Robert Antelme, erlitt eine Totgeburt, nahm an der Résistance im Kreis um François Mitterand teil. 1944 wurde Robert Antelme von den Deutschen verhaftet und deportiert. Nach dem Krieg trat Duras kurzfristig der Kommunistischen Partei bei, bekam von Dionys Mascolo den langersehnten Sohn und schrieb wie eine Besessene – Romane, Theaterstücke, Drehbücher (u.a. für Alain Resnais' Film *Hiroshima mon amour*).

1966 begann sie, eigene Filme zu drehen, die mit ihrer reduzierten Bildsprache und dem dominierenden, aus dem »Off« gesprochenen Text ebenso neuartig waren wie ihre Bücher.

In den 70er Jahren näherte sie sich der feministischen Bewegung und verbannte die Männer fast völlig aus ihrem Leben. Ihre langjährige Alkoholsucht führte immer wieder zu Zusammenbrüchen, im Oktober 1988 fiel sie in ein Koma, fünf Monate später erwachte sie und begann fast sofort wieder zu schreiben.

Der 66jährigen begegnete noch einmal die Liebe – Yann Andrea, ein 27jähriger Homosexueller, Bewunderer ihrer Literatur, kam und blieb, stritt mit ihr, ertrug ihre Wutausbrüche über die Unmöglichkeit dieser Liebe, begleitete ihr Schreiben, ihre Alkoholexzesse, ihren späten Ruhm, schließlich ihr Sterben. Ihr letzter Text trägt den Titel *C'est tout* – Das ist alles. A.S.

# Amelia Earhart

geb. 24. Juli 1897 in Atchinsons, Kansas
gest. 2. Juli 1937 im Stillen Ozean
amerikanische Fliegerin
Lit. 615, 799, 800, 826, 1075

»Sportlich, lässig, kompetent, emanzipiert« (Pfister), eine große, schlanke Frau mit blondem Kurzhaarschnitt, im ledernen Fliegeranzug ebenso beeindruckend wie im eleganten Abendkleid (worauf sie auch Wert legte), war Amelia Earhart Vorbild einer ganzen Frauengeneration. Mit ihren wagemutigen Alleinflügen und sensationellen Rekorden verfolgte sie nicht nur sportliche und wissenschaftliche Ziele, sondern wollte auch beweisen, daß Frauen zu technischen Höchstleistungen in der Lage waren (wenn sie nicht durch eine verfehlte Erziehung und die Vorurteile der Männer daran gehindert würden). In Artikeln, Vorträgen, mehreren Büchern und als Vorsitzende der berühmten Fliegerinnenorganisation »Die 99er« trat sie unermüdlich für ihre feministischen Ziele ein.

Nach zwei kurzen Abstechern »ins Soziale« – 1917 versorgte sie als Schwesternhelferin verletzte Militärpiloten, einige Jahre später arbeitete sie als Sozialarbeiterin in einem armen Stadtteil von Boston – widmete sich die junge Amerikanerin ganz ihrem Traum vom Fliegen. Sie suchte sich eine Fluglehrerin, Neta Snook, und kaufte mit Hilfe ihrer Mutter ein gebrauchtes Flugzeug.

1928 wurde sie auf einen Schlag berühmt – als erste Frau überquerte sie in einem Flugzeug den Atlantik, allerdings, zu ihrem Ärger, nur als Passagierin, wurde aber bei der Landung in Wales und der Rückkehr nach New York begeistert gefeiert, erhielt ein Arbeitsangebot als Luftfahrtredakteurin für das *Cosmopolitan Magazine* und wurde zur »Frau des Jahres« gewählt. 1929 nahm sie am ersten Überlandluftwettbewerb für Pilotinnen teil, von den Journalisten ironisch »Puderquastenrennen« genannt. In den folgenden Jahren reihte sie einen Rekord an den anderen. Ihr größtes Abenteuer wagte sie 1932 – fünf Jahre nach Lindberghs Transatlantikflug überquerte sie als erste Frau im Alleinflug den Ozean.

Wenige Monate vor ihrem 40. Geburtstag nahm sie sich dann etwas vor, das noch niemand geschafft hatte: sie wollte die Erde in Äquatorhöhe umrunden. Am 21. Mai 1937 startete sie mit einem Navigator von Oakland in Richtung Osten. Am 2. Juli hatte sie drei Viertel der Strecke zurückgelegt, vor ihnen lag das gefährlichste Stück – der Pazifische Ozean. Zwanzig Stunden nach dem Start erhielt ein Küstenwachboot die letzten Funksignale von der »Elektra« – dann nichts mehr. Seitdem gilt Earhart als verschollen. Es gab viele Gerüchte. – War sie eine Spionin? Wurde sie von den Japanern aufgefischt und gefangengehalten? – aber ihr Schicksal konnte nie aufgeklärt werden. A.S.

geb. 17. November 1877 in Genf
gest. 21. Oktober 1904 in der Sahara
russische Weltreisende und Schriftstellerin
Lit. 240-242, 253, 523

Die Tochter anarchistischer russischer Emigranten erkämpfte sich von Anfang an eine Außenseiterrolle. Schon als Kind weigerte sich Isabelle, Mädchenkleider zu tragen, später wird sie in arabischer Männerkleidung die Sahara durchstreifen. Nordafrika war das Land ihrer Sehnsucht. Mit zwölf Jahren lernt das sprachbegabte Kind Arabisch, mit vierzehn ist sie fest entschlossen, zum Islam überzutreten. An ihren Bruder schreibt sie 1895 aus Genf: »Mein Körper ist im Okzident, aber meine Seele ist im Orient«, und »ohne Schreiben gibt es keine Hoffnung für mich in diesem verfluchten Leben in ewiger Finsternis«. Ausbrechen will sie, schreiben will sie. Ab 1897 lebt sie mit ihrer Mutter in Bône, dem heutigen Annaba, beide Frauen treten zum Islam über.

Als die Mutter im November 1897 stirbt, beginnt Isabelle Eberhardt ihr Nomadenleben. Sie nennt sich jetzt Si Mahmoud und streift als Araber verkleidet durch Bars und Bordelle, besucht die heiligen Stätten des Islam, nächtigt in den Zelten der Beduinen. Erste Prosaskizzen entstehen. Von ihrem Honorar kauft sie sich einen Araberhengst und reitet allein durch die Wüste, ins Innere der Sahara. Dort, in den Sandmeeren, findet sie ihre zweite Heimat. Immer wieder wird sie dorthin zurückkehren, auch wenn sie 1901 Slimene Ehnni, einen Leutnant der einheimischen Hilfstruppen Algeriens, heiratet. Denn »einsam und Nomade und nur den Islam als Heimat betrachtend, ohne Familie und ohne Freunde, allein, allein für immer werde ich meinen Weg durchs Leben gehen, bis die Stunde des großen ewigen Schlafes schlägt«.

Oft wurde die ungewöhnliche Frau, die Kif rauchte und wie ein Mann trinken konnte, in Burnus und Reitstiefeln auftrat, angegriffen, ihre Lebensweise provozierte. Sieben Jahre lang reiste sie durch Algerien, Tunesien und Marokko. Sie schrieb mehrere Romane, Erzählungen und Reiseberichte, verdichtete Stimmungsbilder, erfüllt von Farbigkeit und Sinnlichkeit, bis die »Stunde des großen Schlafes« die 26jährige mitten in der Wüste überraschte. Nach einem Wolkenbruch wurde sie mitsamt ihrer Lehmhütte von den Fluten mitgerissen. Sie ertrank in den Sandmeeren. S.G.

# George Eliot

geb. 22. November 1819 in Arbury, Warwickshire
gest. 22. Dezember 1880 in London
englische Schriftstellerin
Lit. 373, 633, 847, 1031, 1099

Die große Realistin George Eliot, eine der bedeutendsten SchriftstellerInnen des 19. Jahrhunderts, begann ihre literarische Produktion mit 36 Jahren relativ spät. Dann aber »verlor sie keine Zeit« und produzierte in drei Jahren (1859 bis 1861) drei Romane der Weltliteratur, *Adam Bede*, *The Mill on the Floss* und *Silas Marner*. Das Publikum liebte ihre Mischung aus Humor, Weisheit und Mitgefühl; die Bücher verkauften sich glänzend, genau wie ihre späteren Romane *Felix Holt*, *Romola*, *Middlemarch* und *Daniel Deronda*. Die ungeheure Arbeitsleistung wurde auch dadurch möglich, daß George Eliot wegen ihrer »wilden Ehe« geächtet war (daher auch das männliche Pseudonym) und so wenig Zeit mit gesellschaftlichen Verpflichtungen verlor.

Geboren als Mary Ann Evans, bekam Eliot eine relativ gute Ausbildung, mußte aber nach dem Tod ihrer Mutter von ihrem 17. bis zum 30. Lebensjahr ihrem Vater den Haushalt führen und ihn später pflegen. Die Haushalts- und Pflegejahre nutzte sie zu intensivem Sprachenstudium und umfassender Lektüre. Zweieinhalb Jahre lang arbeitete sie unentgeltlich an der Übersetzung von D.F. Strauß' *Das Leben Jesu*. Ihr Verleger Chapman wußte ihre Tüchtigkeit und Anspruchslosigkeit weiter zu nutzen: In den 50er Jahren machte sie seine *Westminster Review* praktisch im Alleingang und gratis zu einer der wichtigsten literarischen Zeitschriften der Insel. Sie kam in Kontakt mit den führenden Geistern der Zeit, so auch mit G.H. Lewes, mit dem sie 1835 einen Hausstand gründete, obwohl sie nicht heiraten konnten – was im viktorianischen England ein Skandal ohnegleichen war. Die Beziehung der beiden war äußerst glücklich und währte 25 Jahre, bis zu Lewes' Tod 1878.

1880 heiratete Eliot ihren Finanzberater, den 20 Jahre jüngeren J. W. Cross. Auch dies eine sehr kühne Tat, ähnlich wie ihr früher Bruch mit dem Christentum und ihr »Leben in Sünde« mit Lewes. Das Zusammenleben mit kirchlichem Segen währte nicht lange. Sieben Monate nach der Hochzeit starb George Eliot an Herzversagen. L.F.P.

geb. 24. Dezember 1837 in München
gest. 10. September 1898 in Genf
österreichische Kaiserin
Lit. 174, 376, 379, 1006, 1051

Elisabeth Amalia Eugenia, genannt Sissi, Herzogin von Bayern, der »Wildfang von Possenhofen«, heiratete 1854 ihren Vetter, den jungen Kaiser Franz Joseph von Österreich. Die noch nicht 17jährige, unbeschwert aufgewachsen auf dem Landsitz in Possenhofen, litt sehr unter dem spanischen Protokoll und den zeremoniellen Zwängen am Wiener Hof, und da der Kaiser ständig wegen Regierungsgeschäften unabkömmlich war, fühlte sie sich auch bald vereinsamt.
Sophie, ihre Schwiegermutter, übernahm die Erziehung der jungen Kaiserin. Die Hörigkeit des Kaisers seiner Mutter gegenüber, seine lange Abwesenheit während des Italienfeldzuges 1859 und schließlich seine Untreue belasten die Ehe schwer. Elisabeth revoltiert auf ihre Weise gegen die Zwänge und Zumutungen ihrer Rolle: Sie zieht sich in Krankheiten zurück, die ihr als Alibi für ausgedehnte Reisen dienen. Fortan wird sie sich nie mehr lange in Wien aufhalten, den Pflichten als Kaiserin und Landesmutter entzieht sie sich mehr und mehr. Allerdings engagiert sie sich einmal als Vermittlerin in der Frage des österreichisch-ungarischen »Ausgleichs«, sie unterstützt erfolgreich die seit dem ungarischen Aufstand 1848 aufgekommene Forderung Ungarns nach weitgehender Selbständigkeit gegenüber den übrigen Ländern der Monarchie. Das Ergebnis ihrer Bemühungen war die Krönung des Kaiserpaares 1867 mit der ungarischen Königskrone. Neben ihren rastlosen Reisen und ihren waghalsigen Reitunternehmungen widmete sich Elisabeth der intensiven Pflege ihrer auffallenden Schönheit. Sie unterwarf sich Fastenkuren von anorektischem Ausmaß, verordnete sich strenge Diäten (kein Gemüse, rohe Eier, eiskalte Milch, Fleischsaft von rohem Ochsenfleisch), trieb ihre Hofdamen mit stundenlangen Gewaltmärschen zur Verzweiflung, aber ebenso passioniert entwickelte sie neue geistige Interessen. Sie engagierte ungarische und griechische Sprachlehrer, erweiterte ihre Literaturkenntnisse und wurde zu einer abgöttischen Verehrerin Heinrich Heines, in dessen stilistischer Nachfolge sie ihre biographischen Erfahrungen in dichterische Form brachte. Es entstand ihr »Poetisches Tagebuch«. Nach dem Selbstmord ihres Sohnes, des Thronfolgers Rudolf (1889), nahm ihre Reisetätigkeit zu, Schwermut und Weltverachtung steigerten sich, immer ängstlicher verbarg sie ihre Schönheit hinter Fächern und Schirmen, denn nichts war ihr schrecklicher, als angestarrt zu werden. Ein tragisches Ereignis beendete ihr Leben. Bei einem Aufenthalt in Genf, kurz bevor sie einen Dampfer besteigen wollte, wurde sie von einem italienischen Anarchisten ermordet. S.D.

geb. 20. März 1791 in Konstanz
gest. 5. Juni 1863 in Konstanz
deutsche Malerin
Lit. 189, 277, 278, 430, 912

Eine Frau in der Münchner Akademie der Künste im Jahre 1813? Undenkbar! Trotzdem verschafft sich Marie Ellenrieder als erste Frau den Zutritt, wenn auch mit Hilfe des Konstanzer Generalvikars. Sie bleibt bis 1816 in München.

Die Energie und das Talent, die ihr trotz früher Taubheit zu Erfolg und Ruhm verhelfen, zeigen sich deutlich in hervorragenden Porträts, die ihre eigentliche Stärke sind.

1822 reist sie nach Rom und wird zu einer überzeugten Nazarenerin. Damit ändert sich ihre Auffassung von der Aufgabe der Malerei grundlegend: Fortan möchte sie nur noch das Ideale im Menschen darstellen. Sie beschließt, »... keine Portraits mehr zu malen, göttliche Bilder soll der Mensch sich wählen, um ihnen nachzueifern.«

Sie kehrt nach vier bienenfleißigen Jahren aus Rom zurück und wird 1829 zur Hofmalerin der Badischen Großherzöge ernannt, ihr Einkommen ist gesichert. Trotzdem ist Marie nicht glücklich, ihre Taubheit und Weltflüchtigkeit lassen sie melancholisch werden. Ihr geliebter Vater stirbt 1834. Im Jahr darauf fährt sie zum zweitenmal nach Rom, aber ihre Bilder verlieren nun allen Elan und wirken schematisch. 1840 kehrt sie wieder zurück und erkrankt schwer. Zwar kann sie wieder genesen, aber innerlich scheint sie unbeteiligt zu bleiben, ihre Schaffenskraft erlahmt, und erst 1845 gelingt ihr wieder ein großer Wurf.

Die Jahre nach der Revolution von 1848, die auch Konstanz heftig rüttelt, bringen einen Auftragsrückgang bei den Heiligenbildern mit sich, und Marie muß sich einschränken. Sie malt wieder Porträts, die genauso lebendig sind wie die Bilder ihrer frühen Periode. Ihre Werke sind nun weithin bekannt, und als sie stirbt, erscheint ein ehrender Nachruf in der Konstanzer Zeitung: »Von dem Grundsatze ausgehend, ›daß man Gott auch öffentlich bekennen müsse, da er diejenigen, die ihn verleugnen, am Tage des Gerichts auch wieder verleugnen werde‹, war sie durch keine Vorstellungen zu bewegen, ihre Gänge zur Kirche jeden Morgen früh, selbst im furchtbarsten Winterwetter, auszusetzen, obwohl sie schon lange an Gicht litt. Diese raffte sie denn auch nach einem solchen Gange rasch dahin. Sie ward recht eigentlich ein Opfer ihrer Frömmigkeit.« C.S.

## Dorothea Christiane Erxleben

geb. 13. November 1715 in Quedlinburg
gest. 13. Juli 1762 in Quedlinburg
deutsche Ärztin
Lit. 268, 301, 537, 592

Im Mai 1754 verabschiedet sich in Quedlinburg die 39jährige Dorothea Erxleben von ihrem Ehemann und ihren Kindern. Sie ist auf dem Weg nach Halle zur Universität, um die Doktorwürde der medizinischen Fakultät zu erlangen. Mit diesem akademischen Examen will sie ihren guten Ruf als Ärztin verteidigen, den ihr Kollegen in der Heimatstadt streitig gemacht hatten. Sie war der Kurpfuscherei bezichtigt worden. Von Kindheit an war sie von ihrem Vater, dem Arzt Christian Leporin, in die Heilkunde eingewiesen worden. Wie ihre Brüder hatte er sie unterrichtet, zu den Kranken mitgenommen; wegen ihres außerordentlichen Geschicks ließ er sich sogar von ihr in seiner Praxis vertreten. Um aber approbierte Ärztin zu sein, mußte Dorothea studiert haben. Die Universitäten ließen aber damals Frauen zum Studium nicht zu. Dorothea Erxleben wehrte sich zunächst mit der Schrift »Gründliche Untersuchung der Ursachen, die das weibliche Geschlecht vom Studiren abhalten« (erschienen 1742) gegen die Vorurteile ihrer Zeit. Sie begnügte sich aber nicht mit theoretischen Überlegungen, sondern setzte beim preußischen König Friedrich (dem Großen) durch, daß auf seine Anweisung 1741 die Universität Dorothea Leporin zur Promotion zuließ. Die königliche Sondergenehmigung nimmt sie erst Jahre später in Anspruch, denn in der Zwischenzeit heiratet sie den Diakon Johann Christian Erxleben in Quedlinburg, einen Witwer mit fünf Kindern, mit dem sie noch vier gemeinsame Kinder hat. Trotz des großen Haushalts erweitert sie durch Fachstudien und praktische Tätigkeit ihr medizinisches Wissen. Ihre Heilerfolge erregen den Neid der Kollegen. Um den Anfeindungen zu begegnen, entschließt sich Dorothea kurz nach der Geburt ihres vierten Kindes zur Promotion und legt 1754 mit großem Erfolg die Prüfung ab. Ihr Leben verändert sich dadurch nicht: Sie erzieht weiter die Kinder, führt den Haushalt, behandelt die Kranken, ist eine angesehene Ärztin und bis zum Tod ihres Mannes: die beliebte Frau Pastorin.
H.SCH.

# Marga von Etzdorf

geb. 1. August 1907 in Berlin-Spandau
gest. 28. Mai 1933 in Aleppo, Syrien
deutsche Fliegerin
Lit. 78, 255, 779

»Berlin–Tokio mit dem kleinen Junkers-Junior war glattgegangen. Das politische Durcheinander in China hielt mich auf, und schließlich war ich in dem einfach märchenhaften Siam«, berichtet Marga von Etzdorf in ihrer Autobiographie. In nur elf Tagen legte sie im Alleinflug eine Strecke von 10 000 Kilometern zurück. Wie die meisten PilotInnen ihrer Zeit hatte sie das Langstreckenfieber gepackt. Ein Jahr zuvor, 1930, war sie mit ihrer knallgelben Junkers-Junior, die sie »Kiek in die Welt« taufte, zu den Kanarischen Inseln geflogen. Bei beiden Rückflügen hatte sie wenig Glück, sie stürzte bei den Starts ab und verstauchte sich beim zweiten Flug die Wirbelsäule. Nach ihrer Rückkehr nach Berlin arbeitete die ehrgeizige Marga von Etzdorf dennoch mit großem Optimismus an ihrem nächsten Plan: Am 27. Mai 1933 startete sie nach Australien. Bereits einen Tag später beschädigte die 26jährige Pilotin ihre Maschine bei der Landung. Was dann geschah, bleibt bis heute ein Rätsel: Sie begab sich in das Flugplatzgebäude und erschoß sich. Nichts hatte auf ihren Selbstmord hingedeutet. Marga von Etzdorf wuchs nach dem frühen Tod ihrer Eltern bei den Großeltern auf. Weder ein Studium noch die einjährige Frauenschule interessierten sie. Statt dessen entschied sie sich mit 19 Jahren für eine Ausbildung zur Pilotin. Die Faszination des Fliegens hatte sie nach einem Vergnügungs-Rundflug ergriffen. 1927 bestand Marga von Etzdorf die A-Schein-Prüfung und war damit nach dem Krieg die zweite Pilotin in Deutschland. Bald folgte der B-Schein, den sie unter erschwerten Bedingungen erwarb, denn Frauen waren an der Deutschen Verkehrsfliegerschule nicht zugelassen. Ihre Berufschancen sahen äußerst schlecht aus – Fliegen war eine reine Männerdomäne. Um so bemerkenswerter, daß es ihr im darauf folgenden Jahr gelang, eine Stelle als Kopilotin bei der Lufthansa zu bekommen. Mit finanzieller Hilfe ihrer Großeltern kaufte sie sich 1930 ein eigenes Flugzeug, mit dem sie zunächst Reklame-, Passagier- und Kunstflüge durchführte. Schon bald flog sie abenteuerliche Langstrecken und wurde von der Presse als Heldin der Nation gefeiert. Heute ist Marga von Etzdorf wie viele andere Flugpionierinnen vergessen. S.DÖ.

# Alexandra Exter

geb. 6. Januar 1882 in Belostok (bei Kiew)
gest. 17. März 1949 in Fontenay-aux-Roses (bei Paris)
russische Malerin, Designerin und Bühnenbildnerin
Lit. 189, 468, 736, 862, 1041

Wie viele der russischen Avantgarde-KünstlerInnen vom Beginn dieses Jahrhunderts, die alle althergebrachten Kunsttraditionen hinwegfegten, kam Alexandra Exter nicht aus den Kulturzentren Moskau oder St. Petersburg, sondern aus der Nähe von Kiew, wo sie an der Kunstakademie studierte. Bis zum Ausbruch des Ersten Weltkriegs pendelt sie zwischen Moskau, St. Petersburg, Kiew, Paris, Mailand, Rom, verkehrt in allen wichtigen Kunstzirkeln und übermittelt dabei die neuesten Strömungen zwischen Osten und Westen. In Paris lernt sie unter anderen Picasso, Léger, Apollinaire kennen, teilt ein Atelier mit einem futuristischen italienischen Künstler und nimmt an allen großen Ausstellungen in Rußland, Frankreich und Italien teil. Elemente der »Ismen« (Kubismus, Futurismus, später in Rußland Suprematismus und Konstruktivismus) fließen in ihren Malstil mit ein und werden von ihr zu etwas gänzlich Neuem umgeformt. Exter liebt lichtgesättigte Farben und experimentiert mit der Dynamik, dem Rhythmus, den Wesensmerkmalen von Farbtönen. Ihre Bilder leben durch das beziehungsreiche Verhältnis geometrischer Formen, Linien und Farbflächen.

1916 beginnt sie eine fruchtbare Zusammenarbeit mit dem Leiter des Moskauer Kammertheaters, Alexander Tairow, und setzt seine neue Konzeption einer Synthese von Bühnenbild, Kostümen und SchauspielerInnen in Szene. Dabei verwandelt sie die bisher zweidimensional zu begreifenden Bühnenräume mit Hilfe von farbigen Lichtstrahlen in dreidimensionale abstrakte Gebilde mit mehreren Spielflächen auf unterschiedlichen Ebenen, die sich durch das Aufziehen bzw. Herablassen bunter Vorhänge blitzschnell ändern lassen. Exter beteiligt sich auch begeistert an der revolutionären Idee, die Kunst in das alltägliche Leben der Menschen zu integrieren. 1924, sie hatte die Produktion von Kostümen und Dekor für den phantastischen Science-fiction-Film »Aelita« (nach Tolstoi) gerade abgeschlossen, ist die Zeit der freien Experimente vorbei, und die KünstlerInnen werden von den Machthabern an die Kandare genommen. Exter verläßt mit ihrem zweiten Ehemann Rußland und läßt sich endgültig in Paris nieder. Sie spielt auch nach der Emigration eine bedeutende Rolle bei der Weiterentwicklung des Theaters, experimentiert besonders mit neuen Formen von Lichteffekten und unterrichtet Theaterdesign an Légers *Académie d'Art Moderne*. Den Zweiten Weltkrieg überlebt sie noch trotz großer Armut und einer immer schlimmer werdenden Angina-Pectoris-Erkrankung. Der Engel, den sie in dieser Zeit skulptierte, ziert heute ihr Grab. A.V.H.

geb. 14. September 1914 in Seattle
gest. 1. August 1970 in Indianapolis
amerikanische Schauspielerin
Lit. 259, 995, 1047, 1091

»Am 1. August 1970 starb Frances Farmer an Krebs. Doch die wahre Frances war schon früher gestorben – 22 Jahre zuvor, als man ihr Gehirn öffnete, um die Rebellin zu zähmen« (van Steen).

Frances Farmer, geboren und aufgewachsen in Seattle, war in den 30er Jahren eine der bekanntesten Schauspielerinnen Hollywoods. Rebellisch war sie schon immer gewesen, und dieser Zug der »Tochter des Zorns«, wie der Hollywood-Chronist Kenneth Anger sie nach ihrem Lieblingsfilm *Son of Fury* nannte, diese Unangepaßtheit wurde ihr schließlich zum Verhängnis. Schon die High-School-Schülerin hatte mit einem »Gott ist tot« betitelten Aufsatz die Gemüter schockiert; noch mehr befremdet etwas später, 1935, eine Reise in die Sowjetunion, die sie von einer kommunistischen Zeitschrift als Preis für ihren Einsatz für streikende ArbeiterInnen zur Zeit der Depression erhält. Aber da Frances Farmer jung, schön, hochbegabt und gefragt ist, werden ihr »Verirrungen« wie diese von den Filmbossen zunächst nachgesehen. Schon bald jedoch widert sie der schale Hollywood-Glamour an. Sie wechselt nach New York, zum avantgardistischen *Group Theater*. Nach großen Erfolgen scheitert sie dort jedoch am Neid der KollegInnen und kehrt in das verhaßte Hollywood zurück. Frances ertränkt ihre ambivalenten Gefühle in Alkohol; wegen eines kleinen Verkehrsdelikts wird sie – ohne Anwalt – zu sechs Monaten Haft verurteilt, anschließend kommt sie in ein Privatsanatorium und wird mit Insulinschocks mißhandelt. Als sie danach mit Hollywood Schluß machen will, läßt ihre Mutter sie entmündigen; Frances wird in die verrufene Heilanstalt Sheilacoon gebracht. Als auch Elektroschocks und Psychodrogen ihren Widerstand nicht brechen, unterzieht man sie im sechsten Jahr ihres Martyriums einer Lobotomie – dieser Eingriff am Gehirn wird heute wegen der hohen Risiken nicht mehr durchgeführt. Die Operation glückt: die Patientin ist tot (siehe oben), lebt allerdings noch 22 Jahre weiter, arbeitet zunächst als Wäscherin, um schließlich bei einer TV-Station in Indianapolis »mit steinernem Gesicht« (van Steen) alte Hollywood-Filme zu präsentieren. L.F.P.

# Forugh Farrochsad

geb. 5. Januar 1935 in Teheran
gest. 14. Februar 1967 in Teheran
persische Lyrikerin, Dokumentarfilmerin, Schauspielerin
Lit. 260, 261, 432, 951

Die persische Lyrikerin Farrochsad wurde in eine Zeit großer, von oben verordneter gesellschaftlicher Umbrüche hineingeboren. Nach ihrer Ausbildung zur Malerin und Modedesignerin flüchtete sie sich mit 16 Jahren aus ihrem sowohl von Fortschritt als auch unbedingtem Gehorsam geprägten Elternhaus in die Ehe mit einem viel älteren, beamteten Cousin. Selber literarisch tätig, ermutigt er sie zwar, ihre Gedichte zu publizieren, erwartet aber auch, daß sie die traditionelle Frauenrolle ausfüllt und ihn keinesfalls intellektuell überflügelt. Forugh fühlt sich bald wie im Käfig und läßt sich scheiden, obwohl sie dadurch ihren Sohn verliert. Schon während ihrer Ehe erscheint ihr erster Gedichtband mit dem bezeichnenden Titel *Gefangen*, der die persische Öffentlichkeit schockiert und begeistert. Noch nie zuvor wurden Empfindungen, Sehnsüchte und Wünsche, auch sexueller Natur, mit solcher Freizügigkeit ausgedrückt – und dies aus weiblicher Sicht. Mit dem vierten Gedichtband *Wiedergeburt* und der posthum veröffentlichten Sammlung *Glauben wir nur an den Beginn der kalten Jahreszeit* schafft Farrochsad in Form und Inhalt etwas Einmaliges in der persischen Literatur. Waren die früheren Gedichte eine Verarbeitung eigener Erlebnisse und oft wütender Auseinandersetzungen mit ihrer Stellung als Frau in einer patriarchalischen Männerwelt, gewinnt die späte Lyrik mit der Einbeziehung der Gesellschaft universellen Charakter. Das persönliche Leben Farrochsads spiegeln die unterschiedlichen Gedichtstimmungen wider. 1958 lernte sie den verheirateten Filmemacher Ebrahim Golestand kennen, eine bis zu ihrem Tod dauernde Liebe mit Höhen und Tiefen. Farrochsad ist äußerst produktiv: schreibt Drehbücher, steht selbst hinter der Kamera (ihr Dokumentarfilm *Das Haus ist schwarz* über eine Leprakolonie wird auf den Kurzfilmtagen in Oberhausen preisgekrönt), schauspielert und übersetzt westliche Lyrik ins Persische. Ein Autounfall beendet jah ihr Leben. A.v.H.

# Millicent Garrett Fawcett

geb. 11. Juni 1847 in Aldeburgh, Suffolk
gest. 5. August 1929 in London
englische Frauenrechtlerin
Lit. 54, 262, 263, 945, 973

Die Frauen Englands, so die Feministin Ann Oakley, verdanken das Wahlrecht der »Liebenswürdigkeit und Vernunft« Millicent Fawcetts und den spektakulären Aktionen militanter Suffragetten wie der Pankhursts.
Millicent stammte aus einer begüterten, kinderreichen, politisch aktiven Familie. Ihre berühmte Schwester Elizabeth (Garrett Anderson) hatte schon mit ihrem Kampf um das Medizinstudium begonnen, als Millicent erst zwölf war. Mit 20 Jahren heiratete Millicent den vierzehn Jahre älteren blinden Abgeordneten Henry Fawcett, Professor für politische Ökonomie in Cambridge, der sich aktiv für das Frauenstimmrecht einsetzte und Millicent bei ihrer politischen und publizistischen Arbeit genauso unterstützte wie sie ihn. Ein Jahr nach der Hochzeit gebar Fawcett ihr einziges Kind, Philippa, die mathematisch hochbegabt war und sich später auf ihrem Führungsposten in der Londoner Schulverwaltung erfolgreich für Frauen einsetzte. Fawcett wurde schon mit 37 Jahren Witwe; ihr Mann starb 1884 mit 51 Jahren.
Millicent war – obwohl öffentliche Auftritte sie extrem ängstigten, was man ihr aber nicht anmerkte – schon in den 70er Jahren eine führende Figur der Frauenstimmrechtsbewegung geworden. 1890 übernahm sie die Leitung der *National Union of Women's Suffrage Societies* (NUWSS) und behielt sie bis 1919; im Jahr zuvor war der lange, zermürbende Kampf gewonnen worden. Fawcett begrüßte dies vor allem deshalb, weil sie nun keine Reden mehr halten mußte.
Dem radikalen Flügel der Frauenstimmrechtsbewegung, der WSPU (*Women's Social and Political Union*), die von den Pankhursts geleitet wurde, stand Fawcett kritisch gegenüber – sie grenzte die NUWSS ihnen gegenüber als die »gesetzestreuen Stimmrechtlerinnen« ab. Sie bestand auf Gewaltlosigkeit, weil sie meinte, zwischen Frauen und Männern gäbe es nicht notwendigerweise einen Interessenkonflikt, vielmehr könnten *beide* Geschlechter durch das Frauenstimmrecht nur gewinnen. Eine Pazifistin war sie allerdings keineswegs; im Ersten Weltkrieg stimmte sie sogar dafür, den Kampf für das Stimmrecht eine Weile auszusetzen – die Nation habe jetzt Vorrang.

Nach 1919 zog sich Fawcett von der Öffentlichkeit zurück, arbeitete aber weiter für die Gleichberechtigung, besonders im juristischen Beruf. Sie unternahm viele und weite Reisen und schrieb Bücher über die lange Geschichte des Kampfes für das Frauenstimmrecht. Ihr letztes Buch war eine Biographie der großen englischen Sozialreformerin Josephine Butler (1828–1906). L.F.P.

# Elisabeth Félix, genannt Rachel

geb. 28. Februar 1820 (oder 1821) in Mumpf, Schweiz
gest. 3. Januar 1858 in Cannet, Südfrankreich
französische Theaterschauspielerin
Lit. 10, 709, 833, 1113

Als die berühmte Sarah Bernhardt 1863 in der Comédie Française debütierte, wurde sie an einer Vorgängerin gemessen, die das Publikum ähnlich begeistert hatte: Elisabeth Félix, genannt Rachel, die größte Tragödin der ersten Hälfte des 19. Jahrhunderts. Während der gut 20 Jahre ihrer beispiellosen Bühnenkarriere erweckte Rachel das klassische französische Schauspiel des 17. und 18. Jahrhunderts zu ganz neuem Leben. Die längst in steifer Deklamationstradition erstarrten Verse von Racine, Corneille und Voltaire sprach sie mit solcher »Kraft, Wahrheit und Natürlichkeit«, daß sie wie die Worte wirklicher Menschen klangen. Die »Retterin der französischen Sprache« galt als Naturtalent, verfügte sie wegen ihrer kurzen, frühzeitig abgebrochenen Schulbildung doch nur über rudimentäre Orthographie- und Grammatikkenntnisse. Sie war klein und schmächtig, was die Zeitgenossen nicht gerade für schön hielten, und fesselte vor allem durch ihre reine Diktion und virtuose Wandlungsfähigkeit.

Geboren als eins von sechs Kindern des jüdischen HausiererInnenehepaars Félix, das durch Deutschland, die Schweiz und Frankreich zog, mußte sie schon als Kind in Cafés und Bars auftreten, zum Geldverdienen singen und Verse aufsagen. Mit dreizahn stand sie zum ersten Mal auf einer Theaterbühne, mit 16 verdiente sie genug, um ihre große Familie zu ernähren, mit 17 war sie der gefeierte Jungstar der *Comédie Française*. Wenn sie sich mit dem Theaterdirektor wegen ihres »skandalösen« Lebenswandels oder ihrer Gage stritt, ging sie auf Tournee – zunächst in die Provinz, dann ins Ausland, wo sie das Publikum zu ebensolchen Begeisterungsschreien hinriß wie in ihrer Heimat. Von einer großen Tournee durch Amerika kam sie völlig erschöpft und tuberkulosekrank zurück und starb kurze Zeit später mit 37 Jahren.

Sie hinterließ zwei Söhne (aber keinen Ehemann), ungezählte Liebhaber und ein Millionenvermögen. A.S.

# Vera Figner

geb. 7. Juli 1852 in Kasan
gest. 15. Juni 1942 in Moskau
russische Revolutionärin und Schriftstellerin
Lit. 272, 927, 1102

Zwanzig Jahre verbrachte die russische Revolutionärin Vera Figner in Einzelhaft – eine Zeit, weit länger und furchtbarer als das, was wir heute als »lebenslänglich« kennen. Ihr heroisches Leben begann 1852 unter zaristischem Terror und endete 90 Jahre später unter dem Terror Stalins mitten im Zweiten Weltkrieg.

Figners Familie gehört zum kleinen Landadel. Terror übte auch der Vater aus: »... wir fürchteten ihn mehr als das Feuer; sein kalter, durchdringender Blick genügte, um uns das Blut in den Adern gerinnen zu lassen.« Nach einem Medizinstudium in der Schweiz schloß Vera sich 1876 mit ihren Schwestern der revolutionären Organisation »Land und Freiheit« an, die gegen die Gewaltherrschaft des Zaren und für die Aufteilung des Landes und die Demokratie kämpfte. »Sie betrachtete sich als im Kriege mit einer Regierung, die sie als ungesetzlich, ungerecht und unmenschlich ansah ... Es ist im Grunde dieselbe Haltung ... wie die Gandhis gegenüber der englischen Regierung ... Der Unterschied ... liegt darin, daß die Zarenregierung ihren Gegnern jede andere Äußerungsmöglichkeit nahm als den Terror.« (Anna Siemsen)

Am 1. März 1881 gelingt das Attentat auf den Zaren; aber die meisten RevolutionärInnen werden gefaßt und nach kurzem Prozeß hingerichtet. Figner bemüht sich noch drei Jahre lang, die Organisation wieder zu sammeln, wird aber 1884 von einem Genossen verraten, wenig später zum Tode verurteilt und gegen ihren Willen zu lebenslanger Haft in der berüchtigten Schlüsselburg »begnadigt«, in der schon andere RevolutionärInnen lebendig begraben sind: »Nicht nur die Menschen, sondern auch die Natur, die Farben, Töne, alles war für uns verschwunden. An Stelle dessen blieb ein düsteres Grabgewölbe, ... wo eine unheilverkündende Stille und eine Atmosphäre von Gewalt, Wahnsinn und Tod herrschte.«

1906 darf Figner in die Schweiz emigrieren und engagiert sich von dort aus für politische Gefangene: »Auf viel Erfolg hoffte ich in jener Epoche zaristischer Reaktion nicht, aber es war mir unmöglich, um diese Not [in sibirischen Gefängnissen] zu wissen und abseits zu stehen.« Diese Äußerung ist typisch für Figners moralische Sensibilität und Konsequenz.

1916 kehrt sie nach St. Petersburg zurück und erlebt 1917 den Beginn der Revolution mit. Sie wird Vorsitzende des Komitees zur Hilfeleistung für politische Sträflinge und Verbannte, denn: »Der grundlegende Faktor meines Lebens war Schlüsselburg.« Mit dieser Feststellung enden ihre Erinnerungen. L.F.P.

# Zelda Fitzgerald

geb. 24. Juli 1900 in Montgomery, Alabama
gest. 10. März 1948 in Asheville, North Carolina
amerikanische Schriftstellerin und Tänzerin
Lit. 281, 282, 356, 689, 960, 979

1918 lernt Zelda Sayre, Tochter aus einer angesehenen Südstaatenfamilie, den Schriftsteller F. Scott Fitzgerald kennen, den sie 1920 in New York heiratet. Sie verbinden sich zum legendären Traumpaar, werden zum Idol des neuen, hektischen Lebensgefühls der »Lost Generation«. Aber hinter der glatten, harmonischen Fassade, dem Partyleben, das auch dann nicht unterbrochen wird, als 1921 die Tochter Scottie auf die Welt kommt, gärt es. Das aufwendige Leben, die vielen Reisen sind nicht mehr zu finanzieren. Zelda will nicht länger die schöne Muse sein, die Stichwortgeberin für Scotts Romane. Längst wirft sie ihm vor, daß er sie ausbeutet, indem er aus ihren Tagebüchern und Briefen abschreibt. Sie beginnt, selbst zu schreiben, kurze Erzählungen für Zeitschriften, aber diese Texte erscheinen unter beider, oft nur unter seinem Namen. Beide trinken, beide leiden unter Depressionen.

»Und da war der Irrsinn des sich Drehens, Drehens, Drehens im exakten Liszt-Rhythmus«, erinnert sich Zelda in ihrem autobiographischen Roman *Schenk mir den Walzer* an ihre Ballettstunden in Paris, wo das Paar seit 1928 lebte. Die 28jährige versucht an die Erfolge anzuknüpfen, die sie als 16jährige in spektakulären Solo-Auftritten erlebt hatte. Für eine Solokarriere war es natürlich längst zu spät. Aber mit dem Tanzen wollte sie »etwas ganz für mich haben und eigenständig sein«. Sie arbeitet wie besessen, tanzt täglich mindestens acht Stunden. 1930 bricht sie zusammen und wird in die Psychiatrie eingeliefert. Nachdem der berühmte Nervenarzt Dr. Forel in Prangins bei ihr eine Schizophrenie diagnostiziert, schreibt sie an Scott: »Zu Hause, so schien es mir, wurde unaufhörlich geplappert, und Du hast entweder getrunken oder darüber gejammert, daß Du getrunken hattest.« Sie flieht aus ihrer Ehe. Bis zu ihrem Tod wird sie sich in immer kürzeren Abständen in psychiatrischen Einrichtungen aufhalten, oft freiwillig. In ihrem »Asyl« in der Phipps-Klinik in Baltimore verfaßt sie im Frühjahr 1932 ihren Roman *Schenk mir den Walzer* und schickt das Manuskript ohne Scotts Wissen an ihren Verleger nach New York. Scott ist außer sich. Der Schriftsteller ist er. Das Schreiben will er ihr verbieten, Malen und Zeichnen darf sie noch. 1934 gibt es in New York eine Ausstellung ihrer Bilder. Viele Tänzer und Tänzerinnen hat sie gemalt, alle mit Klumpfüßen. 1940 stirbt Scott, der inzwischen in Hollywood lebt, an einem Herzinfarkt. Am 10. März 1948 bricht im Highland-Krankenhaus in Asheville ein Feuer aus. Für Zelda kommt jede Hilfe zu spät, denn ihre Zimmertür ist verschlossen, die Fenster sind mit Ketten gesichert. S.G.

# Kirsten Flagstad

geb. 12. Juli 1895 in Hamar
gest. 7. Dezember 1962 in Oslo
norwegische Sängerin
Lit. 167, 214, 283, 653, 1053

Die ersten prägenden musikalischen Eindrücke erhielt Kirsten Flagstad in ihrem musikbegeisterten Elternhaus. Im Alter von 16 Jahren entschied sie sich für das Gesangsstudium und debütierte bereits zwei Jahre später, 1913, als Nuri in der Oper *Tiefland* von Eugen d'Albert am Nationaltheater in Oslo. Während der nächsten 18 Jahre trat sie ausschließlich in Skandinavien auf. Von der Soubrette sang sie sich in diesen Jahren zur Hochdramatischen empor, immer mit dem Anspruch, möglichst vollkommen zu sein.

Als Wagner-Interpretin erregte sie zum ersten Mal 1932 mit ihrer Isolde in Oslo Aufmerksamkeit; prompt folgte ein Engagement zu den Bayreuther Festspielen. Hier verkörperte sie 1934 Sieglinde und Gutrune.

Ihre mittlerweile machtvolle und ausdrucksstarke Stimme war für Wagner-Opern ebenso geeignet wie für den schlichten Liedgesang. Das erkannten die Musikagenten, die sie 1934 an die Met verpflichteten, wo sie 1935 als Sieglinde debütierte. Hier sang Kirsten Flagstad bis 1941 die meisten der großen Wagner-Partien. Von 1941 bis 1947 lebte sie in Norwegen, durch die Kriegsereignisse zur Passivität gezwungen.

Als Gastsängerin sang sie an allen renommierten Opernhäusern der Welt. Noch mit 55 Jahren vermochte sie anspruchsvolle, technisch schwere Partien mit überzeugendem Ausdruck und intensiver Gestaltung zu geben, wie bei ihrer Abschiedsvorstellung mit *Tristan und Isolde* vom 30. Juni 1951.

Flagstad konzentrierte sich in den 50er Jahren immer stärker auf den Liedgesang. So gab sie in der Royal Albert Hall eine erste Aufführung von Richard Strauss' *Vier letzte Lieder* unter Furtwängler. Aus diesen Jahren stammen auch einige ihrer besten Schallplatten mit Liedern von Grieg und Sibelius. Aufgrund ihrer Disziplin und der ihr eigenen Mischung aus Fleiß, Energie und Phantasie und durch ihre wohlberechnete, dramatisch großangelegte und stilsichere Interpretation wurde sie eine der besten dramatischen Sängerinnen ihrer Zeit. B.HI.

geb. 13. März 1892 in Indianapolis
gest. 7. November 1978 in New York
amerikanische Journalistin und Schriftstellerin
Lit. 80, 212, 284, 285, 1103

»Wir alle hatten das Ziel, so schnell wie möglich berühmte SchriftstellerInnen zu werden«, schrieb Janet Flanner (Pseudonym Génet) im Rückblick auf die 20er Jahre in Paris.
Paris bedeutete für sie Freiheit und die Freundschaft mit gleichgesinnten SchriftstellerInnen wie Nancy Cunard, Djuna Barnes, Hemingway. Sie genoß die französische Küche, die Cafés, die Salons von Natalie Barney und Gertrude Stein, die Diskussionen über Literatur und moderne Kunst. Ihre geistreichen Briefe brachten ihr 1925 das Angebot, eine Kolumne über das Pariser Leben für die neugegründete Zeitschrift *The New Yorker* zu schreiben.
In den ersten Jahren schrieb sie vor allem über kulturelle Ereignisse, Mode und Pariser Persönlichkeiten. Diese Arbeiten (1972 als *Paris was yesterday* in Buchform veröffentlicht) sind eine wunderbare Chronik des aufregenden kulturellen Lebens dieser Zeit. Erst mit dem Aufkommen des Faschismus in den 30er Jahren entwickelte sie sich zu einer gut informierten politischen Journalistin. Nach der Landung der Alliierten 1944 war sie offizielle Kriegsberichterstatterin in Uniform, die in wackeligen Flugzeugen im zerstörten Europa herumflog und über Buchenwald und die Nürnberger Prozesse vor Ort berichtete. Viele ihrer »Briefe aus Paris« wurden später zusammen mit ihren Porträts von Isadora Duncan, Picasso, Hitler u.a. in Buchform veröffentlicht und brachten ihr weite Anerkennung. So erhielt sie 1966 für ihr *Pariser Tagebuch 1945–1965* den prestigeträchtigen National Book Award. Fast 50 Jahre lang, bis zum Alter von 83 Jahren, arbeitete Flanner unter dem Pseudonym Génet für den *New Yorker* in Paris. In all diesen Jahren wohnte sie im Hotel, was sie von der ungeliebten Hausarbeit befreite. Ihr Leben war vor allem vom Schreiben, aber auch von ihren Freundschaften geprägt. Neben Solita Solano, die ihre Arbeit ein Leben lang als »Amateursekretärin und Hüterin ihres Wortschatzes« unterstützte, gab es noch zwei weitere

große Lieben in ihrem Leben: die amerikanische Schauspielerin Noel Murphy, in deren idyllischem Landhaus in Orgeval bei Paris sie ab 1932 einen Teil der Woche verbrachte, und die italienisch-amerikanische Journalistin und Verlegerin Natalia Danesi Murray, mit der sie während der Kriegsjahre in New York zusammenlebte. Die von Murray herausgegebenen und kommentierten Flanner-Briefe sind ein eindrucksvolles Dokument ihrer Zeit sowie einer intensiven, lebendigen Beziehung, die langen Phasen schmerzlicher Trennung standhielt. G.K.

# Marieluise Fleißer

geb. 23. November 1901 in Ingolstadt
gest. 2. Februar 1974 in Ingolstadt
deutsche Schriftstellerin
Lit. 76, 657, 864, 880, 997

Marieluise Fleißer lebte das zermürbende Leben einer doppelten Außenseiterin: als Künstlerin der Avantgarde ihrer kleinbürgerlichen Familie und katholischen bayrischen Heimat entfremdet, aber im männlich dominierten Literaturbetrieb auch nur eine Randfigur. Hinzu kamen die Repressionen des Dritten Reichs. Fleißers Träume von Freiheit und einem schöpferischen Leben verkehrten sich in ihrer Prosa ins Negative: Ihr »Röntgenblick« legt die Kräfte bloß, die am häufigsten zur Ausbeutung der Frauen führen.

1919 beginnt Fleißer – »Ich wurde erzogen, um zu gehorchen« – in München mit dem Studium. Feuchtwanger und Brecht werden die Mentoren wie auch Diktatoren ihrer beginnenden Karriere. Brecht hilft ihr im Literaturgeschäft, aber er beutet auch ihr Werk und ihre Liebe aus. Auf sein Drängen schreibt sie das Stück *Pioniere in Ingolstadt*. Seine Berliner Inszenierung verursacht 1929 einen Skandal, der Fleißer in Ingolstadt zu einer Ausgestoßenen macht. Nach dem Bruch mit Brecht sucht Fleißer Sicherheit in der Beziehung mit dem konservativen Draws-Tychsen, die sie weiter isoliert und schließlich ihr Selbstvertrauen als Schriftstellerin zerstört. Nach einem Selbstmordversuch kehrt sie 1932 nach Ingolstadt zurück.

Die Nazis gestatten ihr an Publikationen nur sechs Feuilletons pro Jahr. Die IngolstädterInnen hassen sie, und so heiratet Fleißer schließlich den Tabakhändler Haindl. Entgegen seinem Versprechen zwingt Haindl sie zur Arbeit in seinem Laden; das Schreiben wird unmöglich. 1938 leidet sie an Halluzinationen. Aus der Anstalt kehrt sie nach kurzer Zeit heim, entschlossen zum Schreiben und Überleben. Die ständige Not während des Krieges und danach macht allerdings das Schreiben sehr schwierig. Nach Haindls Tod 1958 beginnt Fleißer allmählich mit dem Wiederaufbau ihrer schriftstellerischen Karriere. Schließlich – wieder durch Unterstützung besser bekannter Männer (Fassbinder, Kroetz) – erlebt sie eine Art Renaissance in den frühen 70er Jahren. Heute gilt Marieluise Fleißer als eine der bedeutendsten deutschsprachigen Schriftstellerinnen dieses Jahrhunderts. J.H.

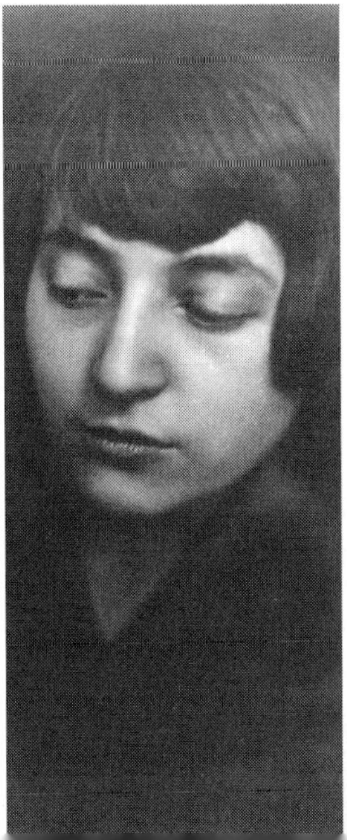

geb. 18. Mai 1919 in Reigate/Surrey
gest. 21. Februar 1991 in Panama-City
englische Tänzerin
Lit. 97, 289, 700, 701

Kaum eine andere Tänzerin kann auf eine so außergewöhnlich lange und erfolgreiche Karriere zurückblicken wie Margot Fonteyn, die als *Primaballerina Assoluta* des britischen Nationalballetts dessen Stil entscheidend mitprägte.Geboren als Margaret »Peggy« Hookham ist sie, wie sie später in ihren Memoiren feststellt, eine glückliche Mischung ihrer impulsiven irisch-brasilianischen Mutter und ihres tüftlerischen englischen Vaters, dessen Beruf Fonteyn in ihrer Kindheit ein ausgedehntes Reiseleben beschert – Amerika, Singapur, Shanghai und immer wieder England. Ihre große Tanzbegabung zeigt sich früh, und mit 14 wird sie in die Ballettschule des Sadler's Wells Theatre aufgenommen.

Sie kann bald erste Bühnenerfahrung sammeln und wird zunehmend mit den Hauptpartien des großen klassischen Balletts betraut. Fonteyn gehört zu den lyrischen Tänzerinnen, hochmusikalisch, mit vollendeter Harmonie ihrer Bewegungen – elegant, leicht und schwerelos, ganz gleich welche artistische Pose sie auf Spitze meistert. Sie besitzt eine sympathische Ausstrahlung, natürlichen Charme, Humor und für eine Primaballerina erstaunliche Bescheidenheit. In den 60er und 70er Jahren werden sie und der junge russische Tänzer Nurejew zum Traumpaar: der wilde, temperamentvolle Tatar und die kühle, lyrische, englische Ballerina bestechen mit einer fast schlafwandlerischen Übereinstimmung ihrer Bewegungen und Bühnenpräsenz. Nurejew kam gerade zur rechten Zeit, denn in den 50er Jahren hatte Fonteyn verletzungs- und krankheitsbedingt einige Krisen zu meistern und dachte zum ersten Mal an ein Ende ihrer Karriere. Beide beeinflußten sich gegenseitig: Fonteyns Tanz gewann an Aggressivität und Brillanz, Nurejew profitierte von ihrer enormen Erfahrung und Bühnensicherheit.

1955 heiratete Fonteyn ihre Jugendliebe: den aus einer alten panamaischen Politikerfamilie stammenden Juristen Roberto Arias. Vier Jahre später geraten beide in die Schlagzeilen, als Arias versucht, die seiner Meinung nach korrupte panamaische Regierung zu stürzen. Der Versuch mißlingt, und die eher zufällig anwesende Fonteyn verbringt eine Nacht im Gefängnis, ehe man sie nach Amerika abschiebt. Die Politik wird Arias 1964 zum Verhängnis: nach einem Attentat bleibt er für den Rest seines Lebens gelähmt. Auch aus finanziellen Gründen übt Fonteyn weiterhin ihren Beruf aus und lebt erst nach ihrem Rücktritt mit 60 Jahren (!) sehr zurückgezogen bei ihrem Mann in Panama, wo sie 1991 an Krebs stirbt. A.v.H.

Foto: Ullstein

geb. 16. Januar 1932 in San Francisco
gest. 27. Dezember 1985 im Karisoke Research Centre, Ruanda
amerikanische Gorillaforscherin
Lit. 291, 399, 712

Dian Fossey war eine mutige und ungewöhnliche Frau. Als die Beschäftigungstherapeutin erkannte, daß sie für ihr Leben neue Inhalte finden mußte, reiste sie mit geliehenem Geld allein nach Ostafrika. Dort sah sie zum ersten Mal Gorillas und war fasziniert. 1966 traf sie in Amerika Louis Leakey, den berühmten Paläontologen. Mit seiner Unterstützung ging sie nach Ruanda, um die Gorillas zu studieren, ihre genaue Population zu erfassen und sie an Menschen zu gewöhnen. Sie durchstreifte Tage, Wochen und Monate die nebeligen Berge, überwand täglich ihre starke Höhenangst und ignorierte ihre labile Gesundheit. Durch ihre schier unerschöpfliche Geduld und Ausdauer (sie mußte stundenlang in nasser Kleidung ausharren) schaffte sie es, allmählich von den Gorillas akzeptiert zu werden. Bewegende Bilder, wie ein Gorilla Kontakt mit ihr aufnahm und sie berührte, gingen um die Welt. Inmitten der Gorillas gelangen ihr völlig neue Einblicke in deren Familien- und Verhaltensstrukturen.
Sie veröffentlichte Artikel im *National Geographic* und war bald in Fachkreisen bekannt. 1976 schloß sie ihre Doktorarbeit ab. Beruflich war sie sehr erfolgreich, aber ihr Privatleben blieb überschattet. Sie sehnte sich nach einem festen Partner und litt sehr darunter, daß ihre Liebesbeziehungen immer seitens der Männer beendet wurden. So kehrte einer zu seiner Ehefrau zurück und hinterließ Dian, die an einer Abtreibung fast verblutet war, in völliger Verzweiflung. Oft litt sie unter der Einsamkeit und Depressionen, die sie mit Alkohol und Beruhigungsmitteln zu bekämpfen versuchte. Ihr Jähzorn und ihre Unnachgiebigkeit verhinderten harmonische Arbeitsverhältnisse mit ihren ForscherkollegInnen und StudentInnen. Sie verlangte hundertprozentigen Einsatz für die Sache der Gorillas. Erbittert kämpfte sie gegen Wilderer und für die Erhaltung des Nationalparks und mobilisierte alle Kräfte, um die Weltöffentlichkeit von der Notwendigkeit des Gorillaschutzes zu überzeugen. Wegen ihres exzentrischen Wesens und ihrer gnadenlosen Verfolgung aller wahren und eingebildeten Feinde hatte sie nicht viele FreundInnen. 1985 wurde sie mit eingeschlagenem Schädel in ihrer Hütte aufgefunden. Der Mord ist bis heute nicht aufgeklärt. H.S.

geb. 3. Dezember 1895 in Wien
gest. 8. Oktober 1982 in London
österreichisch-englische Psychoanalytikerin
Lit. 142, 870, 883, 961, 1114

Anna ist die jüngste in der sechsköpfigen Kinderschar der Familie Freud. Vom Nesthäkchen entwickelt sie sich zur Mitarbeiterin und Vertrauten des berühmten Vaters. Sie wird Volksschullehrerin, doch ihr Hauptinteresse gilt der Psychoanalyse. Anna Freud absolviert eine Lehranalyse bei ihrem Vater und ist dann selbst als Psychoanalytikerin tätig. In ihren psychoanalytischen Arbeiten konzentriert sie sich vor allem auf Kinder. Sie wird die Begründerin der Kinderanalyse, verfaßt die heute als Klassiker geltenden Bücher *Einführung in die Technik der Kinderanalyse* (1927) und *Einführung in die Psychoanalyse für Pädagogen* (1930). Manche bezeichnen *Das Ich und die Abwehrmechanismen* (1936) als ihr eigentliches Hauptwerk. Auch Erwachsene hat sie analysiert, z.B. Marilyn Monroe, die bei Dreharbeiten mit dem unhöflichen Sir Laurence Olivier in eine tiefe Depression verfiel.

Die Pionierin der Kinderanalyse war auch eine treusorgende Tochter: Sie war Sigmund Freuds Sekretärin, Mitarbeiterin, Organisatorin, sie war die Krankenpflegerin des krebskranken Vaters und vertrat ihn auf Kongressen. Über die Besorgnis ihres Vaters, daß ihr Interesse an Männern eher schwach ausgeprägt sei, setzt sie sich hinweg – und liebt seit ihrem 30. Lebensjahr eine Frau, Dorothy Burlingham-Tiffany, Millionenerbin aus New York und Mutter von vier Kindern. Anna und Dorothy werden ein unzertrennliches Paar, sie leben und arbeiten gemeinsam bis zu Dorothys Tod, wehren aber jede Vermutung auf eine lesbische Liebe ab. Freuds Kommentar zu dieser Verbindung: »Gottlob, Anna ist versorgt!« 1938 geht Anna mit ihrer Familie ins Exil nach London, dort gründet sie gemeinsam mit Dorothy die *Hampstead Nurseries*, eine Institution für Kriegskinder und -waisen. Nach dem Krieg wird daraus die bedeutende *Hampstead-Klinik* für Kinder und das Lehrinstitut für Kindertherapie.

Als Sigmund Freud 1939 in London stirbt, wird Anna die Doyenne der Psychoanalyse. Kongresse, Vortragsreisen, Verleihungen von Doktorwürden sind Höhepunkte ihrer späten Jahre. S.D.

# Margaret Fuller

geb. 23. Mai 1810 in Cambridgeport, Massachusetts
gest. 19. Juli 1850 nahe der Küste von Fire Island, New York
amerikanische Schriftstellerin und Journalistin
Lit. 36, 161, 301, 746, 944

Margaret Fuller, die einmal »die bemerkenswerteste und in gewisser Hinsicht größte Frau, die Amerika bis jetzt gesehen hat«, genannt worden ist, war eine eigenwillige und herausragende Persönlichkeit in der religiösen, sozialen und literarischen Geschichte der USA. Das älteste von neun Kindern bekam eine strenge, »männliche« Erziehung von ihrem Vater, einem Juristen und Politiker. Nach kurzem Besuch einer Mädchenschule setzte sie ihre Ausbildung auf eigene Faust fort und wurde als eine Art Allround-Genie und brillante Unterhalterin bekannt. Nach dem Tod ihres Vaters 1835 begann Margaret Fuller zu unterrichten, studierte gleichzeitig die deutsche Philosophie und übersetzte u.a. Eckermanns *Gespräche mit Goethe*. Gemeinsam mit Emerson und anderen entwickelte Fuller die Ideen des Transzendentalismus; sie arbeitete als Herausgeberin und Autorin für *Dial*, die Zeitschrift der Bewegung. Von 1839 bis 1844 verdiente Fuller ihren Lebensunterhalt mit »Konversation für Frauen« über eine breite Palette von Themen, einschließlich der Frauenrechte. Ihre fortschrittlichen Ideen, die sie 1845 unter dem Titel *Woman in the Nineteenth Century* veröffentlichte, beeinflußten direkt die Konferenz über Frauenrechte in Seneca Falls (1848). Das Werk ist eine Klassikerin des amerikanischen Feminismus. Ab 1844 arbeitete Margaret Fuller als Literaturkritikerin und Kommentatorin für die *New York Tribune* und begründete mit ihren Essays in den USA einen hohen Standard praktischer Gesellschaftskritik. Bald konnte sie als Auslandskorrespondentin für die *Tribune* nach Europa reisen und traf sich mit Persönlichkeiten wie Wordsworth, Mazzini, George Sand und Chopin. Immer mehr interessierte sich Fuller für die Politik im vorrevolutionären Europa. In Italien verliebte sie sich in den zehn Jahre jüngeren Giovanni Angelo, Marchese d'Ossoli, der für die Sache der Freiheit eintrat. Sie heirateten, und 1848 gebar Fuller einen Sohn. Immer intensiver engagierte sie sich im italienischen Freiheitskampf, und als 1849 die römische Republik ausgerufen wurde, übernahm sie die Leitung eines Notfall-Krankenhauses.

Nach dem Sturz der Republik lebte die Familie in Florenz, bevor sie nach Amerika aufbrach, wo Margaret, die Ernährerin der Familie, ein Buch über die europäischen Revolutionen veröffentlichen wollte. Nur noch zwei Stunden von New York entfernt, starben Margaret Fuller, ihr Mann und ihr Sohn bei einem Schiffbruch in der Nähe von Fire Island, etwa 100 Meter vom Strand entfernt.

J.H.

geb. 19. November 1917 in Allahabad, Indien
ermordet 31. Oktober 1984 in Neu-Delhi
indische Politikerin
Lit. 312, 599, 634, 707, 1072

Indira Gandhis Lebensweg ist der einer typischen Vatertochter. Als einziges Kind Jawaharlal Nehrus, des Ministerpräsidenten Indiens von 1947 bis 1964, wächst Indira in einem politisch geprägten Haushalt auf. Wie der Vater besucht sie Schulen und Universitäten in Indien und Europa. 1938 wird die erst 21jährige Abgeordnete des Indischen National-Kongresses.

1942 heiratet sie Shri Geroze Gandhi. Er ist mit dem berühmten Mahatma nicht verwandt, doch fördert die Namensgleichheit Indiras Karriere. Vorerst macht sie »Babypause« und zieht ihre zwei Söhne Rajiv und Sanjay groß. Kaum sind sie Teenager, geht die Mutter wieder in die Politik. 1959 wird sie Präsidentin des Indischen National-Kongresses. Die Herrschaft über diese wichtigste indische Partei ist die Voraussetzung für die Herrschaft über Indien. 1960 stirbt ihr Mann, 1964 ihr Vater – Startschuß für ihre Eroberung der Macht im Staat. 1966, nach dem Tod von Nehrus Nachfolger Shastri, wird die Presse- und Informationsministerin Gandhi Ministerpräsidentin Indiens. Mit Hilfe wechselnder Koalitionen gelingt es ihr, bis 1977 im Amt zu bleiben. Ihr Nachfolger Desai wird mit den wirtschaftlichen Problemen des Landes noch weniger fertig als sie. 1980, nach gründlicher Umorganisation der Kongreßpartei, erzielt sie einen triumphalen Wahlerfolg. Politisch folgt sie weitgehend ihrem Vater, der innenpolitisch auf eine Art Staatssozialismus und außenpolitisch auf Blockfreiheit gesetzt hatte.

1984 holen die innenpolitischen Probleme des Landes sie ein. Im Oktober wird sie von ihren Leibwächtern ermordet. Diese gehören den fundamentalistischen Sikhs an, deren Heiligtum, der Goldene Tempel von Amritsar, zum Zentrum schwerer Unruhen im indischen Bundesstaat Punjab geworden und wenige Monate zuvor auf Anordnung Indira Gandhis gestürmt worden war. M.G.

# Greta Garbo

geb. 18. September 1905 (1903, 1906?) in Stockholm
gest. 15. April 1990 in New York
schwedisch-amerikanische Filmschauspielerin
Lit. 472, 546, 767, 1047, 1066

Wie aus Greta Gustafsson, dem Arbeiterkind mit dem ununterdrückbaren Hang zum Theater, Greta Garbo und schließlich »die Garbo«, »die Göttliche« wurde, ist die Geschichte einer großen Karriere, einer Selbst-Zerstörung und einer mythischen Fiktion. – Mauritz Stiller entdeckte sie; er wird ihr Mentor, ihr Dompteur, »der alles aus ihr herauslockte, was er in ihr vermutete«: »Ich bin gnadenlos mit ihr. Und wenn sie ihre größte Kleinheit erreicht hat, dann ist ihre schauspielerische Leistung am größten.«
Zwei Jahre darauf debütiert Garbo in Hollywood. Sie konnte, selbst wenn sie nachweislich geistesabwesend, erschöpft und gelangweilt war, im Publikum die unterschiedlichsten und intensivsten Gefühlsregungen hervorrufen. Dieses faszinierend sparsame und ganz unamerikanisch langsame Spiel der Garbo und die Stilisierung zum Idol gingen einher mit der wachsenden Menschenscheu und Egozentrik der Schauspielerin, die sich jeglichem Eindringen in ihre Privatsphäre mehr und mehr verweigerte. Das blieb auch so, als die Filme der Göttin im Laufe der Zeit menschlichere Züge bekamen: der Tonfilm gab dem Idol eine warme Altstimme, die Komödie *Ninotschka* gar ironisiert den unnahbaren Star.
Schließlich existierte die Person Greta Garbo nur noch als ein von der immer gleichen sterilen Scheinwelt der Studios bestimmtes Wesen. Außerhalb ihrer insgesamt 28 Kinoproduktionen wollte sie nicht mehr wahrgenommen werden. Auf die Auflösung des Vertrages mit MGM (1941) folgen 49 fast stumme Jahre einer ruhelosen alternden Frau, die sich ihrem selbstgeschaffenen Bild einer Göttin in ewiger Jugend nicht stellen wollte und konnte. Beredt bleibt für uns allein im Film der unvergleichliche Zauber der Garbo. S.K.-K.

geb. 8. Juli 1593 in Rom
gest. 1652 (?) in Rom
italienische Malerin
Lit. 93, 313, 352, 370

Wie viele berühmte Malerinnen erlernte auch Artemisia Gentileschi das Handwerk bei ihrem Vater. Caravaggio ging im Haus der Gentileschis ein und aus, und sie holte sich entscheidende Anregungen aus seinem Werk. Sie zeigte zupackende Kraft und Aggressivität in der Darstellung und dazu den Mut, gängige Themen auf ganz eigene Art darzustellen.

Artemisia Gentileschi, die von einem Saufkumpan ihres Vaters vergewaltigt und im darauf folgenden spektakulären Prozeß durch den Schlamm übler Unterstellungen gezogen wurde, hat in einer Reihe von Gemälden außergewöhnlich blutrünstig Judiths Mord an Holofernes dargestellt. So unverblümt rachsüchtig sieht Judith aus, daß es dem Betrachter noch heute den Atem verschlägt.

Nach dem Prozeß mußte Gentileschi Rom verlassen, sie ging nach Florenz. Zeitlebens mußte sie gegen den Ruf kämpfen, eine Hure zu sein. Sie verkroch sich nicht, sondern malte angriffslustig und virtuos Bild auf Bild. Die überragende Meisterschaft ihrer Kunst fand die vorbehaltlose Anerkennung ihrer ZeitgenossInnen weit über die Grenzen Italiens hinaus. Sie verdiente sehr gut und konnte ihre zwei Töchter mit einer Mitgift ausstatten, obwohl sie sehr früh ihren Mann verlor.

Der caravaggeske Stil fand besonderen Anklang in Neapel, der süditalienische Hochadel erteilte ihr reichlich Aufträge. Doch schließlich lernte sie die Kehrseite des Ruhms kennen – nach und nach wandelte sich der Publikumsgeschmack; nicht kraftvolle Vitalität war mehr gefragt, sondern die verklärte Gefälligkeit eines Guido Reni. Der Stilwandel Mitte des 17. Jahrhunderts trug dazu bei, daß der Ruhm ihrer Werke ihren Tod nicht lange überdauerte.

Erst im 20. Jahrhundert, als auch der Caravaggismus wiederentdeckt wird, erinnert man sich der rabiaten Römerin, und sie wird zur Leitfigur im Reigen der von der feministischen Kunstgeschichte aus der Versenkung geholten Künstlerinnen. C.S.

geb. 24. Juli 1916 in Palermo
gest. 8./9. Oktober 1991 in Rom
italienische Schriftstellerin
Lit. 326-328, 439

»Die Dinge, die mein Vater schätzte und achtete, waren: der Sozialismus, England, die Romane von Zola, die Rockefeller-Stiftung und die Bergführer des Aostatals. Die Dinge, die meine Mutter liebte, waren: der Sozialismus, die Gedichte von Paul Verlaine, die Musik ...«, schrieb Natalia Ginzburg in ihrem autobiographischen »Familienlexikon«, in dem sie das Leben ihrer jüdischen und sozialistischen Familie und deren Isolation in den 30er und 40er Jahren schilderte. Inzwischen sind diese Erinnerungen Pflichtlektüre für jede italienische Schulklasse. Daß der Sozialismus das gleiche Recht für alle bedeute, habe sie schon als Siebenjährige gewußt, und zehnjährig beschloß Natalia Levi, Schriftstellerin zu werden. Jeden Morgen schrieb sie fortan ein Gedicht in ihr Heft. Als sie 17 war, erschien ihre erste Erzählung. Lanciert hatte dies Leone Ginzburg, Literaturwissenschaftler und aktiver Antifaschist, den sie 1938 heiratete und der 1944 im deutschen Gefängnis in Rom zu Tode kam. Da waren ihre Kinder vier und drei, und das jüngste acht Monate alt. In ihre Heimatstadt Turin zurückgekehrt, arbeitet sie als Lektorin bei Einaudi und gibt diese Arbeit auch nicht auf, als sie 1952 wieder nach Rom zieht. Zweimal stand sie der KPI als Parlamentsabgeordnete zur Verfügung, weil sie glaubte, »daß es mir gelingt, etwas Nützliches für die Menschen zu tun«, und mischte sich als Journalistin ins politische Tagesgeschehen ein. Sie war eine brillante Übersetzerin (u.a. Proust), und sie ist die bekannteste und erfolgreichste Schriftstellerin Italiens. Schreiben, »das schönste Handwerk der Welt«, war ihre Passion, es sei »wie die Erde bewohnen«, sagte sie einmal. Ihre Texte handeln von der Einsamkeit, von der Unfähigkeit der Menschen, miteinander zu kommunizieren – und immer auch von der Stärke der Frauen, denn »ich denke, daß die Frauen sich heute stärker fühlen und stärker sind ... sie treten der Realität mit einer größeren Lebenskraft gegenüber«, sagte sie in einem Interview 1984. Lebenskraft brauchte sie, die in zweiter Ehe zwei behinderte Kinder hatte, der 1959 geborene Sohn starb einjährig, aber Susanna, 1954 geboren, pflegte sie, bis sie 1991 selbst an Krebs starb. S.G.

geb. 14. Oktober 1896 in Springfield, Ohio
gest. 27. Februar 1993 in New York
amerikanische Schauspielerin
Lit. 329, 330, 851, 932, 1042

»Wale im August«, ein Film unter vielen des Jahres 1982. Es gibt keine langen Schlangen vor den Kinokassen, und es gibt sicher auch nur ganz wenige, für die beim Anblick der zierlichen alten Dame von über neunzig Jahren, die eine der Hauptrollen spielt, die Zeit sich zurückdreht bis hin zu den Tagen, als der Film noch jung war. Jung, kaum den Kinderschuhen entwachsen waren sie alle, die der Regisseur David W. Griffith engagierte, auch Lillian Gish ist gerade erst 16 Jahre, als sie ihren ersten Film mit ihm dreht. Perfekt verkörpert sie sein Ideal, eine fragile Kindfrau mit blondem Lockenhaar, das zarte Gesicht mit dem herzförmigen Mund beherrscht von den großen Augen. Lächeln, gar lachen durften diese Augen in allen seinen Filmen kaum einmal, immer ist sie das unschuldige gequälte Opfer, das Opfer männlicher Grausamkeit und Gier. Voll unterdrückter Gier wandern die Augen des Chinesen über ihr Gesicht und ihren Körper, seine Hände streicheln den Ärmel ihres Kimonos, während sie schläft. Zum Schutz vor dem prügelnden Vater hat er sie bei sich aufgenommen, aus Beschützen wird Begehren – in *Broken Blossoms* (1919) ist ein kleines Mädchen das Objekt der Begierde.
In *The Greatest Question* (1919) steckt der Regisseur sie wieder in Kinderkleider, läßt wieder ein Püppchen mit der Puppe im Arm das Opfer sein, auch in *Orphans of the Storm* (1922) ist es wieder ihre *jungfräuliche Schönheit*, so ein im Stummfilm üblicher Zwischentitel, die sie begehrenswert und verletzbar macht.

Zehn Jahre hat Lillian Gish die jungfräulichen Schönheiten Griffithscher Prägung ausdrucksstark und anrührend verkörpert, dann trennen sich ihre Wege. Aber ein Ausbruch aus dieser Rolle gelingt ihr auch mit Filmen wie *The Scarlet Letter* (1926) und *The Wind* (1928) unter der Regie des Schweden Viktor Sjöström nicht mehr. Die 20er Jahre lassen die Kindfrau von der Leinwand verschwinden, das selbstbewußte Jazz-Baby betritt die Szene.
B.W.

# Glückel von Hameln

geb. 1646 in Hamburg
gest. 17. September 1724 in Metz
deutsch-jüdische Kauffrau
Lit. 6, 196, 197, 336, 380

Glückel von Hameln ist die erste Frau, die in Deutschland eine Autobiographie schreibt, selbstbewußt genug, ihr eigenes Leben, ihre Erfahrungen und Gedanken für überliefernswert zu halten.

Der Anlaß ihres Schreibens ist allerdings ein trauriger. Sie beginnt kurz nach dem Tod ihres ersten Mannes zu schreiben, gleichsam als Selbsttherapie, »um mir in den langen Nächten die melancholischen Gedanken damit zu vertreiben«.

Geboren 1646 als Tochter eines erfolgreichen Hamburger Kaufmanns und einer Unternehmerin, wuchs sie im Wohlstand heran, in einer aufblühenden Handelsstadt, die die Verheerungen des Dreißigjährigen Krieges in Deutschland völlig unbeschadet überstanden hatte.

Stets war jedoch, in Hamburg wie in ganz Europa, die jüdische Gemeinde bedroht durch den latenten Judenhaß der christlichen Umwelt, die in den JüdInnen lästige wirtschaftliche Konkurrenten sah, überdies belastet durch die »ewige Schuld« am Tod Jesu Christi. Diese »Schuld« wurde gerade in Hamburg von einer eifernden Geistlichkeit immer wieder betont und zur Aufhetzung der Bürgerschaft gegen die JüdInnen benutzt.

Mit knapp fünfzehn Jahren wurde Glückel mit Chaijm Hameln verheiratet, Beginn einer glücklichen und wirtschaftlich erfolgreichen Partnerschaft und einer langen Folge von insgesamt vierzehn Schwangerschaften.

Chaijms Tod im Januar 1689 ließ Glückel verzweifelt zurück. Ganz auf sich allein gestellt, führte sie den ausgedehnten Gold- und Juwelenhandel ihres Mannes erfolgreich weiter. Auf zahllosen Reisen zu Messen in Deutschland und den Niederlanden gelang es ihr, den Familienwohlstand zu erhalten und die meisten ihrer Kinder gut zu verheiraten und geschäftlich zu etablieren. Mit den reichsten jüdischen Kaufleuten im Deutschen Reich verhandelte sie von gleich zu gleich. Glückel unterwarf sich in allen ihren Handlungen einer strikten Ethik: »Hat man Geld oder Waren von anderen Leuten in Händen, so muß man mehr Sorge dafür haben als für das Eigentum, damit man keinem ein Unrecht tut. Denn das ist die erste Frage in der künftigen Welt, ob man auch treu im Handel und Wandel war.« Für geschäftliche Mißerfolge ihrer Kinder stand sie mit ihrem eigenen Vermögen ein, wohl wissend, daß ihr guter Name ihr bestes Geschäftskapital bildete. Sie glaubte fest an einen gerechten Gott, nahm alles Unglück und Mißgeschick als Strafe ihrer Sünden und alles Glück als Belohnung für richtiges Handeln an.

Eine zweite Ehe mit einem reichen jüdischen Bankier in Metz, geschlossen 1700 in der Hoffnung auf ein behagliches Alter in Wohlstand und Ansehen, stürzte sie wegen des geschäftlichen Zusammenbruchs ihres Mannes jedoch bereits zwei Jahre später in bitterste Armut. Im Hause ihrer Tochter starb sie völlig mittellos im September 1724.

M.G.

Berta Pappenhheim in der Tracht der Glückel von Hameln

geb. 27. Juni 1869 in Kaunas/Litauen
gest. 14. Mai 1940 in Toronto
amerikanische Anarchistin und Publizistin
Lit. 36, 258, 339, 746, 1095

Anarchistin aus Überzeugung, Kosmopolitin aus Notwendigkeit. Aufgewachsen in einer kleinbürgerlichen Familie im zaristischen Rußland, setzt sie ihren Willen gegen die Familie durch und emigriert 1885, als 16jährige, mit ihrer Halbschwester Helena nach Amerika, wo sie schnell Kontakt zu anarchistischen und exilrussischen Kreisen findet.
Kompromißlos tritt sie für das Selbstbestimmungsrecht des Individuums ein und befürwortet anfänglich auch die Gewalt als Mittel des politischen Kampfes gegen Unterdrückung und Ausbeutung – eine Position, von der sie bald wieder abrücken wird.
Ihre Radikalität führt zu Konflikten mit der Staatsgewalt; 1893 wird sie für ein Jahr inhaftiert, nachdem sie Arbeitslose öffentlich darin bestätigt hatte, notfalls die Dinge des täglichen Bedarfs auch zu stehlen, wenn das Geld zum Kaufen fehle.
1895/96 läßt sie sich in Wien zur Hebamme ausbilden – besonders diese Ausbildung und die Ideen Margaret Sangers lassen sie für die sogenannte Frauenfrage hellhörig werden. Zurück in den USA, verficht sie weiterhin mutig das Recht auf freie Rede und vertritt das Ideal der »freien Liebe«, die auf gegenseitiger Achtung, nicht aber bürgerlichen Zwängen basieren sollte. Goldman gibt Zeitschriften heraus (*Mother Earth*), veröffentlicht ein Buch (*Anarchism and other Essays*, 1911). Sie kämpft für die Freigabe von Informationen über Geburtenkontrolle, opponiert gegen die Zwangsrekrutierung von Männern während des Ersten Weltkriegs und wird mit ihrem Freund und Genossen Alexander Berkman 1917 zu zwei Jahren Haft verurteilt. Nach Verbüßung dieser Strafe werden die beiden nach Rußland abgeschoben. Ihre Sympathie für die Bolschewiki währt nur kurz, da sie im revolutionären Rußland ihre politischen Ziele nicht verwirklicht sieht.
Er folgen Aufenthalte in Schweden, Deutschland, Frankreich, England und Kanada. Der spanische Bürgerkrieg wird nach dem Suizid ihres Freundes Berkman (1936) ihr neues Aktionsfeld: Sie fährt nach Katalonien und reist nach London, um dort für das republikanische Spanien zu werben.

In Kanada sammelt sie Geld. Während dieser Tour erleidet sie einen Schlaganfall und stirbt 70jährig in Toronto. Dieses bewegte Leben bestand aber nicht nur aus der Politik. Das Private ist nachzulesen in ihrer Autobiographie *Living my Life* (New York, 1931) und in der Biographie *Liebe und Anarchie und Emma Goldman*.
B.S.

# Olympe de Gouges

geb. 7. Mai 1748 in Montauban
hingerichtet am 3. November 1793 in Paris
französische Revolutionärin und Schriftstellerin
Lit. 96, 345, 505, 687, 769

Olympe de Gouges, Tochter einer Putzwarentrödlerin und eines Metzgers, flieht aus der Enge ihres Elternhauses in eine frühe Ehe, doch mit 18 Jahren ist sie bereits wieder geschieden und begibt sich nach Paris. Dort macht sie als Schriftstellerin von sich reden; sie diktiert ihre umfänglichen Werke (da sie Analphabetin ist) angeblich aus dem Stegreif. Es entstehen Essays, Manifeste und Theaterstücke. In einem 1784 geschriebenen Drama, das allerdings erst im Revolutionsjahr 1789 uraufgeführt wird, spricht sich Olympe entschieden gegen die Sklaverei aus. Eine leidenschaftliche Verfechterin der Menschenrechte sowie der Gleichstellung der Geschlechter, feiert sie 1789 den Ausbruch der Revolution, bevor sie Royalistin wird und 1791 schließlich zu den Republikanern überschwenkt. Im gleichen Jahr gründet sie mit der Holländerin van Palm-Aelder den »Cercle social«, einen Verein mit dem Ziel, die Gleichberechtigung der Frauen zu fördern. Im Salon ihrer Freundin Sophie de Condorcet, der Gattin eines girondistischen Politikers, äußert sie eines Tages: »Die Frauen haben das Recht auf Mitbestimmung, weil sie ja auch ein Recht auf die Guillotine haben.« Dieser berühmt gewordene Satz taucht in ähnlicher Form auch als Artikel 10 in ihrem Manifest *Déclaration des droits de la femme et de la citoyenne* auf. Mit diesem Werk entwirft Olympe das Bild einer Gesellschaft ohne Patriarchat und damit eine bahnbrechende Zielsetzung, an die spätere Feministinnen anknüpfen werden. Ihre Theaterstücke dagegen sind heute weitgehend vergessen.

Wo immer Olympe der Ungerechtigkeit begegnet, versucht sie – ohne Rücksicht auf Parteizugehörigkeiten – einzugreifen. Als Ludwig XVI. vor Gericht kommt, empfindet sie Mitleid mit dem Gestürzten und bietet an, ihn zu verteidigen, was jedoch abgelehnt wird. Die Gruppe um Lafayette stellt sie gar an die Spitze eines antirevolutionären Festes, was nicht nur der Historiker Michelet später mit gehässigen Worten kommentierte:

»Man ließ sie in mehr als einer Angelegenheit, die ihr schwacher Kopf nicht verstand, handeln und schreiben.«

Als Olympe erkennt, daß die Errungenschaften der Revolution schließlich doch nur einer bestimmten Gruppe – und den Frauen schon gar nicht – zugute kommen, werden ihre Schriften und Reden vehementer denn je. Robespierre ärgert sich über ihre Pamphlete, in denen sie ihn angreift. Als die Girondisten um Condorcet stürzen, schickt er mit diesen auch die unbequeme Literatin aufs Schafott. A.E.R.

geb. 6. Oktober 1565 in Paris
gest. 13. Juli 1645 in Paris
französische Schriftstellerin, Philosophin und Feministin
Lit. 40, 120, 465, 875, 879

Die französische Frühfeministin Marie Le (oder *de*) Jars de Gournay wuchs als ältestes von sechs Kindern einer verarmten Landadelsfamilie in der Picardie auf. Obwohl reine Autodidaktin, wurde sie eine der gelehrtesten Frauen ihrer Zeit. Schon das junge Mädchen war mit der antiken Literatur und speziell der Moralphilosophie so vertraut, daß sie sich 1584 »unsterblich« verliebte – und zwar in Montaignes *Essais*: »Die Bewunderung, die sie in mir auslösten, als sie mir am Ende meiner Kindheit zufällig in die Hände fielen, sollte mich in den Ruf einer Wahnsinnigen geraten lassen.« Die 22jährige schreibt dem 55jährigen Montaigne 1588, er besucht sie für mehrere Monate, es entwickelt sich eine tiefe Freundschaft; sie wird die Sachwalterin seines literarischen Nachlasses. Ab 1591 lebt Marie de Gournay in Paris, hat Zugang zum Hof Heinrichs IV. und bekommt eine kleine Pension vom König. Eine Heirat lehnt die »in ihre Katzen verliebte Feministin« (Schiff) zeitlebens ab. Ihre literarische Produktion umfaßt Übersetzungen von Tacitus, Ovid, Cicero und Vergil, übersetzungs-, literatur- und sprachtheoretische Schriften, Gelegenheitsgedichte, einen kleinen Roman (*Le Proumenoir de Monsieur de Montaigne*) und Abhandlungen zur Moral, Theologie und zur Situation der Frauen. Sie veröffentlicht ihre gesammelten Werke 1626 in dem Band *Ombre* und 1634 und 1641 noch einmal als *Les advis ou les presens de la demoiselle de Gournay*.

In ihren feministischen Schriften, besonders in den »Beschwerden der Damen« (*Grief des Dames*), hat sie das Los der Frau so unerschrocken benannt wie kaum eine Zeitgenossin (frau beachte: es ist der Höhepunkt der Hexenverbrennungen in Europa): Frauen seien das Geschlecht, »dem man alle Güter versagt … um ihm als einziges Glück und ausschließliche Tugend die Unwissenheit, den Anschein der Dummheit und das Dienen zu bestimmen.« Es ist immer wieder erschütternd zu erfahren, wie genau unsere Vormütter schon vor 400 Jahren Bescheid wußten bzw. wie wenig sich in 400 Jahren geändert hat … L.F.P.

# Martha Graham

geb. 11. Mai 1894 in Pittsburgh
gest. 1./2. April 1991 in New York City
amerikanische Tänzerin und Choreographin
Lit. 224, 347, 348, 576, 656

Ihre Autobiographie läßt die Leserin nur ahnen, welch bewegtes Leben sie geführt hat. Hinter der Schilderung von Professionalität und Disziplin taucht schemenhaft »die Frau« Martha Graham auf: willensstark, verletzlich, leidenschaftlich. »Besessen« vom Tanz, geleitet von der Idee, Spiritualität in Bewegung umzusetzen.

Ihr Tanz war geprägt von dem Willen, dem Körper ein Höchstmaß von Ausdruck zu verleihen. Er war zutiefst getragen von dem Wunsch, auch – oder gerade – extreme Situationen (und Lebensstationen einer Frau) mit klaren Bewegungen ihrem Publikum zu vermitteln. Dabei standen »berühmte Frauen« der Antike Patin. Mit Vorliebe tanzte Graham die Medea, Jokaste oder Klytämnestra.

Grahams Beitrag zur Tanz- und Kunstgeschichte besteht in der Loslösung vom klassischen Ballett: Zunächst in der Verkörperung exotischer Figuren, dann in zunehmendem Maße in der Kreation eigener Figuren: barfuß und minimalistisch.

Sie hat zeit ihres Lebens »als Amerikanerin« getanzt, was sich in ihren Figuren wie auch ihrer politischen Konsequenz widerspiegelt. Entschieden lehnte sie es ab, im faschistischen Deutschland aufzutreten.

Ihre Karriere als Tänzerin brachte ihr Weltruhm – aber auch als Lehrerin und Choreographin (eine Bezeichnung, die sie für sich nie reklamiert hat) hat sie unter schwierigen finanziellen Bedingungen ihrem Ensemble zu internationalen Erfolgen verholfen.

Auch in zunehmendem Alter hat sie mit jüngeren KünstlerInnen aus den verschiedensten Sparten gearbeitet: Nurejew, Baryschnikow, Fonteyn, Madonna, Minnelli.

»Ich glaube, die zeitlose Faszination des Tanzes für den Menschen erklärt sich daraus, daß er gleichsam als Symbol der Bewältigung unseres Lebens gelten kann.« Der körperliche Verfall nimmt zu. Aber bis zu ihrem Tode arbeitet sie an Choreographien.

Martha Graham stirbt, fast 97jährig, in New York City.
B.S.

# Catharina Regina von Greiffenberg

geb. 7. September 1633 auf Schloß Seisenegg bei Amstetten/Niederösterreich
gest. 8. April 1694 in Nürnberg
deutsche Dichterin
Lit. 74, 120, 154, 292, 355

Die bedeutendste deutsche Dichterin des Barock wurde mitten im Dreißigjährigen Krieg in Niederösterreich geboren. Ihre Familie gehörte dem protestantischen Landadel an, der zunehmend unter der Gegenreformation und dem Minderheitenstatus im katholischen Herrschaftsgebiet zu leiden hatte.

Catharinas Vater hinterließ den Besitz verschuldet, sein 30 Jahre jüngerer Halbbruder Hans Rudolph nahm sich der Hinterbliebenen an und übernahm auch den Unterricht seiner hochbegabten Nichte.

Als sie 18 war, starb ihre jüngere Schwester – »Mein ganzes Leben war ein Todesverlangen«, schreibt sie darüber. Bald darauf hatte sie eine religiöse Erleuchtung, die sie dazu bewog, ihr weiteres Leben der *Deoglori*, d.h. der Verherrlichung Gottes durch Wort und Tat, zu weihen. Dies war »die Geburtsstunde der geistlichen Dichterin Catharina Regina von Greiffenberg«.

1662 erschien ihre Sammlung *Geistliche Sonnette/Lieder und Gedichte*: 250 Sonette und 42 geistliche Lieder. Obwohl kein großer Erfolg, anders als ihre späteren umfangreichen Andachtsbücher, ist dies doch das Werk, das ihren Ruhm und Nachruhm begründete.

1664 heiratete Greiffenberg ihren Onkel Hans Rudolph, der sie unablässig bedrängt hatte. Als er bald darauf Opfer einer Intrige wegen Blutschande wurde und ins Gefängnis mußte, sah sie sich ganz allein der Verwaltung des Anwesens überlassen. Überhaupt – die Unannehmlichkeiten und Rechtsstreitigkeiten, die sich seit der Werbung des Onkels und seit der Trauung mit ihm für die Dichterin ergaben, verfolgten sie bis weit über seinen Tod hinaus.

Die letzten 14 Lebensjahre verbrachte Greiffenberg in Nürnberg – hier konnte sie endlich im Kreis gleichgesinnter FreundInnen ungestört ihren Glauben und ihre Dichtkunst leben. L.F.P.

geb. 26. August 1898 in New York
gest. 23. Dezember 1979 in Venedig
amerikanische Kunstsammlerin
Lit. 364, 365, 992

Peggy (Marguerite) Guggenheim, die Tochter von Florette Seligmann-Guggenheim und Benjamin Guggenheim, war von beiden Eltern her Multimillionärin. Als Kind war Peggy unglücklich und einsam. Der Vater, der 1912 beim Untergang der ›Titanic‹ ums Leben kam, vermittelte ihr die Liebe zur Malerei. Mit 21 Jahren erhielt Peggy die freie Verfügung über ihr Vermögen und besuchte Europa. Ein Besuch, der 21 Jahre dauern sollte. In Paris führte sie zunächst ein Boheme-Leben, heiratete, gebar zwei Kinder und wurde früh Witwe. Später, in England, begann sie sich mit moderner Kunst zu beschäftigen. Samuel Beckett, mit dem sie damals ein Verhältnis hatte, ermutigte sie, eine Galerie zu eröffnen (1938). Es folgten viele Ausstellungen von Kunstwerken der Avantgarde. Bei jeder Ausstellung erwarb sie ein Exponat für sich und legte damit den Grundstein für ihre eigene, heute weltberühmte Sammlung. 1941 heiratete Guggenheim Max Ernst, von dem sie sich nach fünf Jahren wieder trennte. 1942 eröffnete sie in New York das Galerie-Museum *Art of this Century*. Sie entdeckte Jackson Pollock, dessen Bilder bald horrende Summen erzielten. 1946 ging sie wieder nach Europa und ließ sich in Venedig nieder. Ihre Liebe zur Moderne ließ sie auch dort aktiv werden. Sie erwarb den Palazzo Vernier dei Leoni am Canale Grande und stellte dort ihre in Europa einmalige Sammlung moderner Kunst aus, die sie über 20 Jahre lang vervollständigte. Später kehrte sie nach New York zurück und war enttäuscht, daß sich das Kunstleben dort in ein riesiges Geschäft verwandelt hatte: Bilder, die sie kaufen wollte, wurden selbst für sie unerschwinglich. Die große Kunstmäzenin war eine schillernde Persönlichkeit, skandalumwittert und ein bißchen verrückt. Ihre Memoiren (*Out of this Century*, 1946, und *Confessions of an Art Addict*, 1960) sind wirklich köstlich zu lesen. L.F.P./U.R.

Foto: Ullstein

geb. 2. Juli 1873 in Saint-Mandé bei Paris
gest. 24. März 1968 in Washington
französische Drehbuchautorin und Regisseurin
Lit. 95, 366, 619, 806, 1091

1895 stellte Louis Lumière einem erschrocken-faszinierten Publikum in Paris seinen gerade entwickelten »Kinematographen« vor – mit Aufnahmen von heranrasenden Lokomotiven und Truppenparaden. Da war Alice Guy 22 Jahre alt und arbeitete als Sekretärin für Léon Gaumont im »Comptoir général de la photographie«, wo sie die Erprobung der verschiedenen neuen Filmapparate aus erster Hand erlebte. Sie fand, daß man mit dem neuen Medium noch etwas anderes machen könnte, als Pferde auf Rennbahnen und Prinzen auf Staatsbesuch zu dokumentieren – nämlich Geschichten erzählen. So schrieb sie ein Drehbuch und drehte in handgemalten Dekors und mit LaiendarstellerInnen aus ihrem Bekanntenkreis den ersten Spielfilm der Filmgeschichte. Elf Jahre lang leitete sie danach das Gaumont-Spielfilmstudio, drehte Hunderte von Slapstickkomödien, aber auch Kulturfilme von einer Reise nach Spanien, Aufnahmen von Tanz- und Opernszenen (mit parallelen Tonaufzeichnungen), filmte Stierkämpfe in der Camargue, Zigeunerlager, Pariser Elendsviertel und experimentierte mit Filmtricks wie Zeitlupe, Zeitraffer, Überblendungen u.ä. Für ihren größten Film *Das Leben Jesu* (1906) ließ sie 25 feste Bauten errichten und setzte 300 Komparsen ein – ein enormer Aufwand. 1907 heiratete sie den Kameramann Herbert Blaché und brach ihre überaus erfolgreiche Pariser Karriere ab. Mit Blaché ging sie im Auftrag von Gaumont in die USA. Gemeinsam gründeten sie eine eigene Filmgesellschaft, die »Solax«. Guy drehte Cowboyfilme, Militärszenen, Literaturverfilmungen (Poe, Balzac) und einen erfolgreichen Film über Mädchenhandel (*The Lure*) – und brachte zwei Kinder zur Welt. Doch ihr Mann »entflammte für seine Hauptdarstellerin«, machte Schulden und war schließlich bankrott, so daß er 1920 die gemeinsame Filmgesellschaft verkaufen mußte. 1922 folgte die Scheidung, und Alice Guy kehrte »völlig entmutigt« und weitgehend mittellos mit ihren Kindern nach Frankreich zurück. Jahrelang versuchte sie, wieder im Filmgeschäft Fuß zu fassen (ihr fehlte das Startkapital), verdiente mühsam ihren Lebensunterhalt mit Kurzgeschichten, Märchen und Filmbesprechungen.

Nachdem die Tochter 1940 eine Stelle im diplomatischen Dienst der USA bekommen hatte, begleitete sie sie rund um die Welt zu ihren verschiedenen Einsatzorten. Mit 90 erlitt sie einen Schlaganfall, kehrte zusammen mit ihrer Tochter in die USA zurück und starb dort vier Jahre später, in der Nähe ihrer Kinder, in einem Sanatorium. A.S.

geb. 12. August 1880 in Bournemouth
gest. 7. Oktober 1943 in Pimlico
englische Schriftstellerin
Lit. 20, 51, 375, 762, 1027

Radclyffe Hall veröffentlichte 1928 den Roman *The Well of Loneliness*, der die bereits bekannte und anerkannte 48jährige Autorin etlicher Gedichtbände und Romane sofort weithin berühmt und berüchtigt machte. Das Buch, heute eine Klassikerin der Lesbenliteratur, wurde nämlich wegen »Obszönität« beschlagnahmt. In dem darauffolgenden spektakulären Prozeß erklärten sich Virginia Woolf und andere angesehene AutorInnen bereit, zugunsten des »verdienstvollen, langweiligen« Buchs (Woolf) auszusagen. Der Prozeß war übrigens eine unschätzbare Propaganda. Hall wurde dadurch noch wohlhabender – eine kleine Entschädigung für herablassende oder feige Reaktionen der literarischen Elite und den gemeinen Psychoterror, dem sie ausgesetzt war. Wer war Radclyffe Hall? Eine reiche Erbin, aufgewachsen bei einer lieblosen Mutter, begabt, aber faul: Statt an sich oder an etwas zu arbeiten, gab sie sich lieber ihren Liebschaften und der Jagd hin – bis sie 1907 die 50jährige Mabel Batten kennen- und liebenlernte, die sie in die Welt der schönen Künste einführte. Mit »Ladye« lebte sie bis zu deren Tod 1916 zusammen, hatte aber schon ab 1915 eine intensive Liaison mit ihrer zweiten Lebensgefährtin Una Troubridge.

Nach Ladyes Tod widmete sich Radclyffe Hall, von Schuldgefühlen gepeinigt, jahrelang der Erforschung des Jenseits, um mit Ladye Kontakt zu halten. Una mußte all das mitmachen, wie auch nach 18 Jahren »Ehe« die viele Jahre währende Leidenschaft »Johns« (so wurde Hall von ihren FreundInnen genannt) für eine russische Krankenschwester.

Troubridges Biograph Ormrod glaubt, Radclyffe Hall sei transsexuell gewesen, körperlich eine Frau, aber psychisch ein Mann. Ihre bzw. seine Tragik habe darin bestanden, daß es diese Differenzierung zu jener Zeit noch nicht gab, geschweige denn die Möglichkeit einer Geschlechtsumwandlung. Eine These, die mit erklären mag, warum Radclyffe Hall Frauenbeziehungen nach dem Modell der patriarchalen Ehe gestaltete (und auch lebte). Viele Lesben haben deshalb mit *The Well of Loneliness* und seiner Autorin, trotz großem Respekt für ihre historischen Verdienste, bis heute ihre liebe Mühe.

L.F.P.

geb. 19. Mai 1930 in Chicago
gest. 12. Januar 1965 in New York
amerikanische Dramatikerin
Lit. 148, 160, 384, 747

Lorraine Hansberry, die aus einer kultivierten schwarzen Mittelschichtfamilie stammte, sich aber über die Armut und Ungerechtigkeit, der die meisten Schwarzen in den USA ausgesetzt sind, keinerlei Illusionen machte, kämpfte in ihren Werken und ihr Leben lang leidenschaftlich gegen den Rassismus. Sie war zornig über die Art und Weise, wie Schwarze in der Literatur von Weißen dargestellt werden, und wollte zeigen, »daß wir in unseren elenden und geschundenen Reihen Leute haben, die der Inbegriff menschlicher Größe und Würde sind«. Nach dem Besuch einer segregierten Schule studierte Hansberry zwei Jahre an der Universität von Wisconsin. 1950 ging sie nach New York, begann für Paul Robesons Monatszeitschrift *Freedom* zu schreiben und betätigte sich als Aktivistin für Frieden und soziale Gerechtigkeit. Bei einer Demonstration gegen Rassendiskriminierung traf sie Robert Nemiroff, den sie 1953 heiratete.

*A Raisin in the Sun*, Hansberrys erstes und erfolgreichstes Theaterstück, handelt von den verzweifelten Anstrengungen einer schwarzen Familie, in einer feindseligen Umgebung ihre Träume zu verwirklichen. Dieses erste Broadway-Stück einer schwarzen Frau bekam 1959 den New York Drama Critics Circle Award und übertrumpfte damit Stücke von Tennessee Williams und Eugene O'Neill. Hansberry galt fortan als das vielversprechendste dramatische Talent ihrer Generation. Aber sie war 1963 an Krebs erkrankt und starb kurz nach der Premiere ihres zweiten Stücks, *The Sign in Sidney Brustein's Window*.

Hansberry hinterließ drei weitere fertige Theaterstücke und zahllose andere Schriften. Nemiroff stellte daraus *To Be Young, Gifted and Black* (1969) zusammen, ursprünglich ein siebenstündiges Radioprogramm, basierend auf ihren Werken für das Theater, ihren Reden und Briefen. Es wurde zu einer Bühnenfassung umgearbeitet und an über 200 Colleges in 40 Staaten aufgeführt, wodurch das Vermächtnis dieser so tragisch frühverstorbenen Autorin über das ganze Land verbreitet wurde. J.H.

# Sylvia von Harden

geb. 28. März 1894 in Rotherbaum, jetzt Hamburg
gest. 4. Juni 1963 in Croxley Green, Rickmansworth, Hertfordshire
deutsche expressionistische Lyrikerin und Feuilletonistin
Lit. 135, 823, 1057, 1058

Legendäre Figur des Berliner Romanischen Cafés, Modell Otto Dix' und anderer, war sie eine Grenzgängerin und sich selbst lebenslang unerschrocken – sie rauchte, liebte und trank gern – auf der Spur. Seltsamerweise fand sie sich schrecklich häßlich. Aus Hamburger bürgerlicher Familie riß Sylvia von Harden 1915 »ohne einen Pfennig Geld von zu Hause« aus. Geriet in die Boheme und ins Café, das ihr zur Bühne wurde. 1919 erschien ihre erste Prosaarbeit *Die Maske* in der Zeitschrift *Die Bücherkiste*, ein Jahr später ihr Lyrikband *Verworrene Städte* (Auflage 100 Stück). Sylvia von Harden schrieb wunderbare kleine Feuilletons und Glossen – liebevoll und pointiert über Frauen –, verfaßte Film- und Literaturkritiken und unter Pseudonym vermutlich Groschenromane. Ihre wenigen Gedichte, einer pathetischen Aufbruchsidee hingegeben, verraten eine stete Traurigkeit. Befreundet war sie mit den Dichterinnen Paula Ludwig, Else Rüthel und Emmy Ball-Hennings. Ferdinand Hardekopf, den sie liebte, verließ sie nach wenigen Jahren; die Ehe mit Felix Lehr (1922) war nur kurz. 1927 erschien *Die italienische Gondel*, Gedichte (Auflage 105 Stück). Sie war reiselustig, in den europäischen Metropolen unterwegs. Ihre Spur verliert sich in den frühen 30er Jahren.
Um 1936 floh sie in die Schweiz, später nach Italien und England. Nahe London verbrachte Sylvia von Harden die letzten Jahre mit zwei Frauen, einer Miss Jones und einer Freundin namens Gert, einer Fotografin aus Dresden. Sie schrieb für die Frankfurter Rundschau Zeitungsgeschichten, pflegte eine umfangreiche Korrespondenz und arbeitete an ihren Memoiren *Meine platonischen Lieben*, die nie erschienen. 1958 publizierte sie noch *Das Leuchtturmmädchen von Longshine*. Was aus ihrem Nachlaß und jener Gert aus Dresden geworden ist, niemand weiß es.
Alt war sie schön wie als junge Frau: imposant, herb, immer mit einer Zigarette. Anerkennung als Dichterin fand sie nie; heute ist sie gänzlich vergessen. A.R.

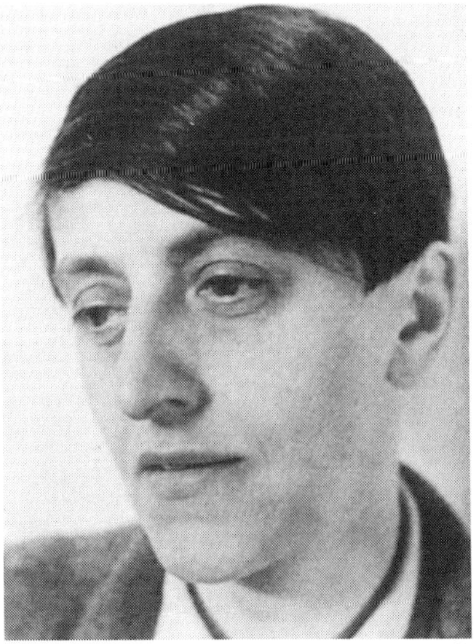

# Jean Harlow

geb. 3. März 1911 in Kansas City
gest. 7. Juni 1937 in Los Angeles
amerikanische Filmschauspielerin
Lit. 129, 746, 851, 1047

In den 30ger Jahren, den dunklen Tagen der Depression nach dem Börsenkrach, erobern in den USA die Blondinen die Kinoleinwand. Blond sind Mae West, Ginger Rogers, Carole Lombard, und 55 blonde Korkenzieherlocken wippen über Shirley Temples Kulleraugen.

Überstrahlt werden sie alle von Jean Harlow. Mit ihren silberhell gebleichten Haaren, kalt glänzend wie Neonlicht, ihrem Porzellanpuppen-Gesicht, mit ihren weißen Satin- und Seidenroben, tief dekolletiert und nichts verbergend, ist sie »die Superblondine, das Prachtstück zum Vorzeigen, das drei Klassegangster hinter sich bringt und dann ein paar Millionäre heiratet, für eine Million pro Kopf, und am Ende eine hellrosa Villa am Cap d'Antibes hat«. Das Pelzcape gleitet zu Boden, ein langer Blick über eine blendendweiße nackte Schulter und dann die Frage an ihren Besucher: »Macht es Ihnen etwas aus, wenn ich mir etwas Bequemeres anziehe?« – Schon ihre erste größere Rolle als Frau zwischen drei Männern (*Hell's Angels*, 1930) läßt ahnen, daß Hollywoods Studiobosse diese Blondine sicherlich *nicht* die nette Kleine von nebenan im adretten Baumwollkleidchen spielen lassen. Sie spielt die Frau, die einen Mann ohne Umschweife nach seiner Telefonnummer fragt (*Public Enemy*, 1931), die Frau, die ein Kleid deswegen kauft, weil es durchsichtig ist (*Read-Headed Woman*, 1932), oder die Frau, die sich, wenn es mit dem Millionär nicht klappt, eben seinen Sohn angelt (*The Girl from Missouri*, 1934).

Jean Harlow starb mit 26 Jahren an Nierenversagen. In vielen ihrer Filme spielte sie das »Golddigger Girl«, das energisch, vital, mit unverblümtem Sex-Appeal und nicht immer auf die vornehme Art den Aufstieg schaffen will. Und am Ende, zumindest in Hollywood-Filmen, besitzen Blondinen dann die hellrosa Villa.
B.W.

# Clara Haskil

geb. 7. Januar 1895 in Bukarest
gest. 7. Dezember 1960 in Brüssel
rumänische Pianistin
Lit. 31, 315, 547, 832, 949

Ist ihr Genie zu beschreiben? Vielleicht reicht es, ihre »Götter« zu nennen: Mozart, Schubert, Brahms, Schumann. »Nebengötter« gab es noch viel mehr. Unzweifelhaft gehört Clara Haskil zu den größten Mozart-InterpretInnen.

Schon mit zehn Jahren wurde sie Schülerin von Alfred Cortot in Paris. Das Pariser Konservatorium verließ sie, 15jährig, mit einem Ersten Preis. Eine schöne Karriere schien sich anzubahnen. Aber es gab Hindernisse.

Für jede Musikerin, insbesondere für eine so sensible Künstlerin, brennt ein Fegefeuer vom Auftritt bis zum Ende des Vortrags. Es ist kaum zu ermessen, wieviel innere Kraft gerade diese Pianistin benötigte: Sie wußte oft nicht, ob der Beifall ihrem Vortrag galt oder ob man ihr Mitleid entgegenbrachte. Sie war von kleiner Gestalt, verwachsen, mit langen Armen. Und sie erkrankte früh, war immer kränklich. Die junge Pianistin spielte viel Kammermusik, mit Georges Enesco, ihrem Landsmann, mit Pablo Casals, mit Eugene Ysaye. Und immer wieder Hindernisse.

Erst nach 1950 konnte Clara Haskil sich beim Publikum durchsetzen. Schallplattenaufnahmen dokumentieren diese späte Weltkarriere.

Was war das Besondere an ihrem Spiel? Wer ihr zuhörte, fühlte sich in eine andere Welt entrückt, in ein Reich jenseits von Raum und Zeit, von Leben und Tod. Diese Interpretin, einfühlsam und intelligent zugleich, versuchte nie, den Komponisten oder ihren PartnerInnen den Rang streitig zu machen, sie vermochte sich »unterzuordnen«. Dienerin der Musik, nicht Mittelpunkt des Geschehens. Doch niemals fehlte es ihrem Vortrag an Energie, Vitalität und Kraft. Ein wundervolles Beispiel dafür ist die Aufnahme sämtlicher Violinsonaten von Beethoven mit Arthur Grumiaux. Diesen Partner entführte sie in unbekannte Höhen – das unfaßbare Wunder der Inspiration!

Die materiellen Probleme waren Anfang der 50er Jahre vorbei, die gesundheitlichen nie. Das schreckliche Ende: Ein Sturz auf der Bahnhofstreppe in Brüssel, ihr Tod am 7. Dezember 1960. Sie wird die Größte bleiben, es ist *kein* Ende. J.S.

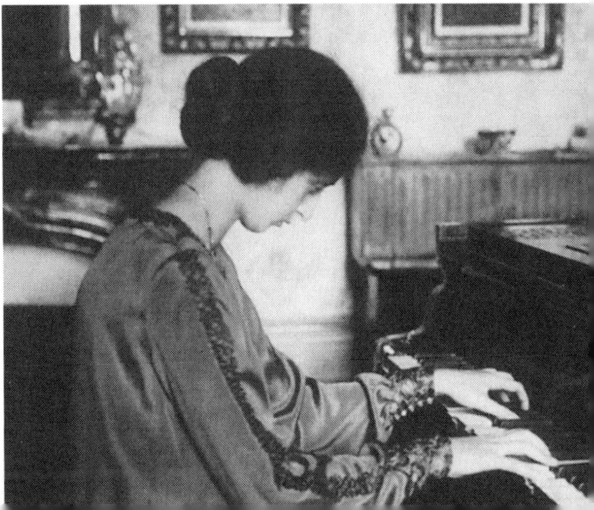

## Elisabeth Hauptmann

geb. 20. Juni 1897 in Peckelsheim, Westfalen
gest. 20. April 1973 in Berlin
deutsche Schriftstellerin
Lit. 306, 386, 387, 395, 452

Elisabeth Hauptmann beeindruckte Brecht auf einer Party in Berlin, indem sie sich viel von dem, was er sagte, notierte. Sein Verleger Kiepenheuer stellte die junge Lehrerin, Schriftstellerin und Sekretärin aus Westfalen 1925 als Brecht-Assistentin an.

Zwischen 1925 und 1933 war sie an allen Brecht-Stücken beteiligt: z.B. *Mann ist Mann* (1925), *Die heilige Johanna der Schlachthöfe* (1931). *Die Dreigroschenoper* (1928) kam nur zustande, weil Hauptmann von John Gays *The Beggar's Opera* begeistert war und ihre Übersetzung Brecht vorlegte. Ihre Komödie *Happy End* (1929), die sie unter dem Pseudonym Dorothy Lane mit Song-Texten von Brecht schrieb, wird meistens unter Brechts Namen aufgeführt.

1933 emigrierte Hauptmann nach St. Louis, wo ihre Schwester wohnte, und arbeitete als Hausgehilfin und Lehrerin. Brecht kam nach Kalifornien, und wie immer brauchte er Hilfe. Hauptmann dazu: »Zwei Stunden für Brecht? Wer für Brecht arbeitet, arbeitet nicht unter 24 Stunden am Tag!« Doch half sie ihm bei der Übersetzung seiner Stücke ins Englische, zog 1946 nach Kalifornien und 1949 nach Berlin. Nach Brechts Tod 1956 gab sie seine *Gesammelten Werke* heraus und half Helene Weigel bei der Gründung des Bertolt-Brecht-Archivs.

Es gibt wenige authentische Aussagen über ihre Beziehung, doch scheint sie von Anfang an persönlich wie auch beruflich sehr eng gewesen zu sein. Über die berufliche Beziehung erfahren wir mehr in dem Dokumentarfilm *Die Mitarbeiterin* (1971). Sie spricht dort auch von ihrer eigenen schriftstellerischen Tätigkeit: »In den 20er Jahren hatte ich ja Pläne, die habe ich eigentlich bis heute nicht vergessen ... Ich wäre sehr froh, wenn ich die Arbeit, die ich jetzt habe, die sich noch mit Brecht befaßt, wenn ich das endlich loshätte, so daß ich wirklich mal zurückschauen könnte, um ein paar Sachen rauszusuchen, und mal zu überlegen, was an denen dran war.« Dazu kam es aber nicht mehr. »Die große E.H.« (Manfred Wekwerth) ist auf dem Dorotheenstädtischen Friedhof begraben – nicht weit von Brecht. P.H.

# Marlen Haushofer

geb. 11. April 1920 in Frauenstein/Oberösterreich
gest. 21. März 1970 in Wien
österreichische Schriftstellerin
Lit. 233, 396, 397, 962, 984

Sie führte ein unscheinbares Leben als Ehefrau, Mutter von zwei Söhnen, Zahnarztgattin – und konnte nur leben, wenn sie schrieb. Sie hinterließ fünf Romane, zwei Novellen, drei Erzählbände und mehrere Kinderbücher, aber in Literaturgeschichten fehlt ihr Name weitgehend. Sie ordnete sich unter, stellte ihre Bedürfnisse zurück. Doch nicht einmal das gelang ihr. Sie konnte nicht aufs Schreiben verzichten. Sie führte ein Doppelleben wie die Frauen in ihren Prosatexten. Knapp 50jährig starb sie in einem Wiener Krankenhaus an Knochenkrebs.

Bei ihr zu Hause hatte man wenig Verständnis für ihre literarische Arbeit. Während der fast 30 Ehejahre mußte Schreiben nebenbei geschehen, durfte keine Rolle spielen im Bündnis zwischen ihr und ihm. Das Familienleben durfte nicht durch das, was ihr am wichtigsten war, belastet werden.

»Meine Bücher sind alle verstoßene Kinder.« Die Texte von Marlen Haushofer sind gezeichnet von Hoffnungslosigkeit, Trauer, Resignation, Verlassenheit, aber sie machen nicht stumm. Die Frauen in den Romanen sind gefangen in ihren Lebensbahnen, auch sie sind verstoßene Kinder, allein, verlassen, verloren.

Marlen Haushofer klagt an: die Männerwelt, die zerstörerische, und die Frauen, die nicht bereit sind, Widerstand zu leisten, weil sie die Konsequenzen fürchten. Sie sind erstarrt im Ehegefängnis. Unfähig, auszubrechen. Voller Ängste, von Schuldgefühlen geplagt, Versagerinnen, einsam. An Stelle der Gefühle tritt die tödliche Ordnung. »Mein Zorn ist längst verraucht, geblieben ist nur das Grauen, das mich ganz beherrscht und in dem ich wohne wie in einem verhaßten Raum. Es ist in mich eingedrungen, es hat mich ganz durchtränkt und begleitet mich überallhin. Es gibt keine Flucht. Mein schlimmster Gedanke ist, daß auch der Tod nicht tödlich genug sein könnte, um es endlich auszulöschen.« (*Wir töten Stella*) Es ist diese Hoffnungslosigkeit, die auch die andere Frage möglich macht: »Oder war da manchmal noch etwas anderes? Für Augenblicke?« L.S.

# Audrey Hepburn

geb. 4. Mai 1929 in Brüssel
gest. 20. Januar 1993 in Tolochenaz/Lausanne
amerikanische Schauspielerin
Lit. 404, 426, 977

»Keine Buttercremetorte, nein danke! Mitten in der wohlgeformte weibliche Formen liebenden Wirtschaftswunderwelt der 50er und frühen 60er Jahre wollte ich eine grazile Elfe sein ...«
Audrey Hepburn war damals die Verkörperung so vieler Teenagerträume, bestimmte ihr Mode- und Schönheitsideal: weite wippende Röcke, das Nickytuch werden nach ihrem Film *Ein Herz und eine Krone* (1953) modern, nach *Sabrina* (1953) und *Ein süßer Fratz* (1957) sind es die engen knöchellangen Hosen, die flachen Ballerinaschuhe.
Diese Kindfrau mit dem zarten Körper, den leuchtenden dunklen Augen im herzförmigen Gesicht hat Hollywood im Eiltempo erobert. Welche Schauspielerin mit so wenig Erfahrung – in England hat sie nach einer Ballettausbildung in Musicals getanzt, hat ein paar kleine Szenen in schnell vergessenen Filmen gespielt, auch ihr Broadway-Auftritt 1951 als Colettes »Gigi« zeigt wenig mehr als ihren Liebreiz – erhält denn schon für ihren ersten Film den heißbegehrten Oscar, hat als Partner so arrivierte Schauspieler wie Gregory Peck, Humphrey Bogart, Fred Astaire und Gary Cooper? »Dieses Mädchen wird den Busen noch völlig aus der Mode bringen«, hat der spitzzüngige Regisseur Billy Wilder von ihr, dem fragilen Gegenbild der kurvenreichen Sexgöttinnen Hollywoods, gesagt. Auch in seinem Film *Ariane – Liebe am Nachmittag* (1957) ist sie einmal mehr – da ist sie längst verheiratet mit dem Schauspieler Mel Ferrer, ihrem Partner in *Krieg und Frieden* (1956), kann bald ihren dreißigsten Geburtstag feiern – die Kindfrau.
Dieser Rolle wird sie nie ganz entwachsen, nicht als Ordensschwester in *Geschichte einer Nonne* (1959), nicht als Eliza in *My Fair Lady* (1964) und auch nicht als Playgirl Holly Golightly in ihrem wohl größten Erfolg *Frühstück bei Tiffany* (1961).

Immer seltener ist sie in den späten 60er Jahren auf der Leinwand zu sehen: grazile Elfen sind im Hollywood von *Easy Rider* aus der Mode gekommen. 1988 ernannte UNICEF, das Kinderhilfswerk der Vereinten Nationen, Audrey Hepburn zur Sonderbotschafterin: »Die Arbeit für UNICEF ist sehr anstrengend ... Aber nun habe ich endlich das Gefühl, daß ich über etwas rede, das wirklich der Mühe wert ist.« B.W.

# Barbara Hepworth

geb. 10. Januar 1903 in Wakefield, Yorkshire
gest. 20. Mai 1975 in St. Ives, Cornwall
englische Bildhauerin
Lit. 274, 381, 410, 414, 437

Schon als Kind, als sie mit ihrem Vater durch die einsame, hügelige Landschaft Yorkshires fährt, empfindet sie die Formen und Konturen ihrer Umgebung als plastische Gebilde. Hepworth wächst in einem für die Zeit sehr liberalen Elternhaus auf: Mädchen und Jungen werden in Erziehung und Ausbildung gleich behandelt. Ihr Studium absolviert sie zusammen mit Henry Moore in Leeds und am *Royal College of Art* in London, in das sie, obwohl erst 16 Jahre alt, aufgenommen wird. Während eines zweijährigen Italienaufenthalts entdeckte sie das mediterrane Licht und seine Wirkung auf Skulpturen. 1931 lernt Hepworth ihren zweiten Ehemann, den Maler Ben Nicholson, kennen. Als sie 1934 völlig überraschend Drillinge bekommt, können sie dies finanziell nur mit Hilfe von FreundInnen verkraften. Die Mutterschaft empfindet die Künstlerin Hepworth als Inspiration und Bereicherung. Ihr Atelier, ein Chaos aus Kindern, Steinen, Skulpturen, Holz, Wäsche, wird ein Treffpunkt für KünstlerInnen aus aller Welt, die die Grundlagen modernen Kunstdenkens diskutieren. 1937 erscheint als Gemeinschaftswerk das Buch *Circle*, in dem Hepworth über ihre Auffassung von Bildhauerei schreibt. Den Krieg verbringen Hepworth und ihre Familie in Cornwall. Mit dem Ankauf von Trewyn Studio in St. Ives kann sie endlich ihre Ideen von großen Skulpturen verwirklichen. In den 50er Jahren ereilen sie zwei Schicksalsschläge: 1951 erfolgt die Trennung von Nicholson, 1953 kommt ihr Sohn aus erster Ehe ums Leben. Sie gilt inzwischen neben Moore als wichtigste Vertreterin der Moderne und als Bindeglied zwischen der europäischen abstrakten Bewegung und England. Zahlreiche Ausstellungen im In- und Ausland sowie öffentliche Aufträge folgen. Ihre bekannteste Auftragsarbeit ist das 6,40 m hohe Bronzewerk »Single Form« vor den Vereinten Nationen in New York. 1959 gewinnt sie als erste britische KünstlerIn den Hauptpreis bei der Biennale in São Paulo. 1965 wird Hepworth *Dame of the British Empire*, sie erhält Ehrendoktorwürden mehrerer Universitäten und wird zur Bardin von Cornwall ernannt. Tragisch endet ihr Leben: sie stirbt bei einem Feuer in Trewyn Studio.
A.v.H.

# Henriette Herz

geb. 5. September 1764 in Berlin
gest. 22. Oktober 1847 in Berlin
deutsch-jüdische Salonière
Lit. 419, 420, 911, 1001, 1085

Berühmt wurde Henriette Herz als Begründerin des jüdischen Berliner Salonwesens. Ihr »ästhetischer Thee« galt als herausragendes gesellschaftliches Ereignis, zu dem sich im Preußen des späten 18. Jahrhunderts Juden und Christen, Frauen und Männer, Bürgertum und Adel, Künstler, Gelehrte und Diplomaten einfanden – quasi auf einer Insel der Egalität außerhalb der Konventionen der Ständegesellschaft.

Henriette de Lamos war die Tochter einer aufgeklärten jüdischen Arztfamilie in Berlin. Sie bekam eine vorzügliche Erziehung und wurde nach jüdischem Brauch schon als Zwölfjährige mit dem um fast zwei Jahrzehnte älteren, ihr unbekannten Arzt Marcus Herz verlobt, den sie drei Jahre später heiratete.

Die philosophischen und naturwissenschaftlichen Vorlesungen ihres Mannes, eines Lieblingsschülers von Immanuel Kant, und Henriettes Schönheit und Persönlichkeit zogen viele BesucherInnen in ihr Berliner Haus. Während man in Marcus' Räumen einen aufklärerisch-wissenschaftlichen Diskurs pflegte, versammelte sich die jüngere Generation der RomantikerInnen um Henriette. »Man unterhält sich besser in Gesellschaft jüdischer Frauenzimmer als auf dem Schlosse der Väter«, urteilte Alexander von Humboldt. Zu den Gästen zählten neben seinem Bruder Wilhelm weitere bedeutende Persönlichkeiten wie die Literaten Schlegel, Schiller, Börne, der Theologe Schleiermacher, Graf Mirabeau, Madame de Staël, dazu Henriettes Freundinnen Dorothea Mendelssohn (Veit-Schlegel) und Rahel Levin (Varnhagen), ihre intellektuellere Rivalin als Berliner Salonière.

Nach dem Tod von Marcus Herz im Jahre 1803 schlug die umschwärmte Madame Herz weitere Heiratsangebote aus. Geldnöte infolge der Napoleonischen Kriege bewältigte sie, indem sie sich als Sprachlehrerin, Erzieherin und Übersetzerin verdingte.

Der Nachwelt, der sie nur fragmentarische *Erinnerungen* hinterließ, gilt Henriette Herz als große Dame der Berliner Salontradition, als gefeierte Schönheit und Wegbereiterin der Teilnahme von Frauen an der literarisch-kulturellen Öffentlichkeit. K.v.H.

# Eva Hesse

geb. 11. Januar 1936 in Hamburg
gest. 25. September 1970 in New York
amerikanische Malerin und Bildhauerin
Lit. 190, 422, 602, 747, 963

Das Leben der viel zu jung gestorbenen Malerin Eva Hesse erscheint wie eine Kette traumatischer Erfahrungen. Kurz nach dem Judenpogrom 1938 in Deutschland wurde sie zusammen mit ihrer sechsjährigen, älteren Schwester in einen Zug nach Holland gesetzt; ihre Eltern konnten wenig später ebenfalls entkommen. Gemeinsam gelangte die Familie dann kurz vor Kriegsausbruch über England in die USA. Fast alle Verwandten wurden in deutschen KZs umgebracht. Die Eltern trennten sich, und ihre Mutter nahm sich das Leben, als sie zehn Jahre alt war. Sie war sehr viel allein und stand, besonders nachts, unglaubliche Ängste aus. Ihr Vater heiratete wieder, eine Frau, von der sie sagte, »ich habe sie gehaßt, und sie war scheußlich zu mir«.

Schon früh entschied sich Eva Hesse für eine künstlerische Ausbildung und studierte Zeichnen und Malerei. Sie wollte »hinter die Dinge sehen«, denn »Künstlerin sein heißt, zu sehen, zu beobachten und zu erforschen«. Sie sollte nur zehn Jahre Zeit dazu haben. In kurzer Zeit machte sie eine rasante Entwicklung durch. Bis Mitte der 60er Jahre arbeitete sie zeichnerisch und malerisch in den verschiedensten Techniken, experimentierte mit Formen, immer auf der Suche und in der Auseinandersetzung mit den Gegenpolen Chaos und Ordnung, Zerstörung und Harmonie.

Entscheidend wurde ein Studienaufenthalt in Deutschland. Zusammen mit ihrem Ehemann, dem Bildhauer Tom Doyle, kam sie auf Einladung eines Textilfabrikanten nach Kettwig. Zunächst entstanden absurde Konstruktionszeichnungen, eine Mischung aus Technischem und Organischem, die Hesse dann in Reliefs und räumliche Gebilde umsetzte, unter Verwendung neuartiger Materialien wie Fiberglas und Latex. Die abschließende Ausstellung dieser Arbeiten im Kunstverein Düsseldorf war der erste Schritt zur internationalen Anerkennung.

Der US-amerikanischen Kunstwelt der späten 60er Jahre galt Eva Hesse als stärkste Begabung, als sie im Alter von nur 34 Jahren an einem Gehirntumor starb. Große Ausstellungen – z.B. Documenta 5 und 6 – erinnern immer wieder an sie und ihr Werk.

R.R.

# Lida Gustava Heymann



geb. 15. März 1868 in Hamburg
gest. 31. Juli 1943 in Zürich
deutsche Frauenrechtlerin
Lit. 166, 215, 297, 425, 1055

»Besitz und Vermögen hatte man uns stehlen können, nicht aber geleistete Arbeit im Kampf um Freiheit, Recht und Frieden«, schrieb Lida Gustava Heymann in ihren 1941 im Züricher Exil verfaßten Memoiren. Als erklärte und engagierte Gegnerin des Naziregimes und überzeugte Pazifistin entzog sie sich dem politischen Terror, indem sie 1933 gemeinsam mit Anita Augspurg von einer Auslandsreise nicht mehr nach Deutschland zurückkehrte. Mit Augspurg verband sie eine 40 Jahre dauernde Arbeits- und Lebensgemeinschaft. Die beiden waren die prominentesten Vertreterinnen des radikalen Flügels der bürgerlichen Frauenbewegung, der kompromißlos das Wahlrecht für Frauen forderte.

Lida G. Heymann nutzte ihr ansehnliches Erbe für soziale Arbeit, mit der sie Frauen helfen wollte, sich von männlicher Herrschaft zu befreien. Nach heutigem Verständnis richtete sie eine Art feministisches Frauenzentrum ein. Es bot einen billigen Mittagstisch für berufstätige Frauen und Veranstaltungen an; es gab Kinderhorte und eine Beratungsstelle. Sie gründete ein koedukatives Reformgymnasium für Mädchen und Jungen und Berufsvertretungen für weibliche kaufmännische Angestellte und für junge Bühnenkünstlerinnen. Aufsehen erregte ihre Auseinandersetzung mit der Hamburger Sittenpolizei: Sie protestierte gegen die entwürdigende Behandlung der Prostituierten und verlangte die Abschaffung der staatlichen Reglementierung der Prostitution, was ihr die Bezeichnung »verrücktes Frauenzimmer« eintrug.

Lida G. Heymann war Mitbegründerin des Vereins für Frauenstimmrecht und gab gemeinsam mit Anita Augspurg von 1919 bis 1933 die Zeitschrift *Die Frau im Staat* heraus. Wie die autonome Frauenbewegung heute hielten beide eine skeptische Distanz zu den etablierten, von Männern dominierten Parteien. Ihren Optimismus, daß gleiche politische Rechte den Frauen auch eine gleichberechtigte Stellung einräumen würden, teilen wir heute nicht mehr. H.SCH.

# Ichiyô Higuchi

geb. 2. März 1872 in Tokio
gest. 23. November 1896 in Tokio
japanische Schriftstellerin
Lit. 188, 428, 429, 496, 511

Higuchi Ichiyô ist der Stolz ihres Vaters, der sie von klein auf fördert. Schon als Kind liest sie viel, gilt als Musterschülerin und darf mit 14 eine DichterInnenschule besuchen, wo sie die Klassiker der Heian-Zeit (794–1185) kennenlernt.
Literatur ist das einzige Gebiet, auf dem sie es mit den Töchtern aus gutem Hause aufnehmen kann. Mit ihrer Familie geht es stetig bergab. Die Ehe der ältesten Schwester scheitert, der älteste Bruder stirbt jung, der zweitälteste ist ein Tunichtgut. 1887 wird der Vater arbeitslos, eine Fehlspekulation bringt die Familie schließlich um all ihre Ersparnisse. Mit dem Tod des Vaters 1889 verliert die 17jährige Ichiyô ihren einzigen Mäzen.
Arbeitsreiche Jahre folgen. Mit 19 begegnet Ichiyô Nakarai Tôui. Literarisch gesehen ist er ein kleines Licht, doch ist er jung, charmant und gutaussehend, und die verliebte Ichiyô kürt ihn zu ihrem Mentor. Durch ihn lernt sie die frivolere, urbanere Literatur der Edo-Zeit (1600–1868) kennen. Doch als Gerüchte über ihre Beziehung die Runde machen, bricht Ichiyô den Kontakt ab.
Die wirtschaftliche Situation läßt nicht zu, daß Ichiyô sich nun ganz der Literatur widmet. 1893 verkaufen oder verpfänden die drei Frauen der Familie Higuchi ihre gesamte Habe und eröffnen mit dem Erlös am Rand des Vergnügungsviertels Yoshiwara einen winzigen Laden. Nur neun Monate halten sie durch. Die Erfahrungen dieser Zeit bilden den Grundstock für Higuchis Erzählung *Takekurabe*, unumstritten ihr MeisterInnenwerk, das die 24jährige mit einem Schlag berühmt macht.
Nun werben berühmte Schriftsteller um Ichiyô, wollen ihre literarischen Zirkel mit ihr schmücken. Keiner scheint zu bemerken, daß die junge Frau todkrank ist. Am 23. November 1896 stirbt Higuchi Ichiyô an Tuberkulose. R.B.

# Hedwig Hintze

geb. 6. Februar 1884 in München
gest. 19. Juli 1942 in Holland
deutsche Historikerin
Lit. 435, 884, 892, 960

Ihr Lebensweg zeigt sie als Opfer dreifacher Diskriminierung. Als Wissenschaftlerin stößt sie in der Männergesellschaft der deutschen Universitäten auf allergrößten Widerstand. Als liberale Republikanerin gehört sie zu einer kleinen Minderheit in einer Republik, die eben dabei ist, sich selbst den faschistischen Banden Hitlers auszuliefern und damit die liberalen Traditionen Deutschlands zu verraten. Als Jüdin ist sie Angehörige einer Gruppe, deren integraler Anteil an der Entstehung der bürgerlichen Kultur Deutschlands von den meisten Deutschen nicht anerkannt wird, deren soziale Assimilierung, wie Auschwitz endgültig belegt, letztlich fehlschlägt. Geboren wird Hedwig Guggenheimer 1884 in München als Tochter einer Bankiersfamilie. Sie wird evangelisch getauft und unterhält niemals gefühlsmäßige Bindungen an das Judentum – bis sie von außen auf ihre jüdische Abstammung gestoßen wird. Anfang des Jahrhunderts öffnen sich die ersten deutschen Universitäten den Frauen. Hedwig Guggenheimer nutzt diese Entwicklung sofort und beginnt in Berlin Geschichte zu studieren. Dort begegnet sie dem Professor für Wirtschafts- und Verwaltungsgeschichte Otto Hintze, einem renommierten Historiker seiner Zeit. Sie heiraten 1912 nach zweijähriger Bekanntschaft, trotz des Altersunterschieds von 23 Jahren.

Hedwig Hintze zieht sich die Abneigung des Kreises um Otto Hintze zu, sobald sichtbar wird, daß sie weiter wissenschaftlich arbeiten will und keineswegs daran denkt, als – ungenannt bleibende – wissenschaftliche Zuarbeiterin ihres Mannes zu dienen.

Hintze selbst äußert privat seine Enttäuschung, kritisiert sie aber öffentlich niemals. Zwar promovierte sie 1923 und habilitiert sich 1928. Aber gelungen ist ihr das nur als Frau des geachteten Kollegen Hintze. Dabei sind ihre Arbeiten, wie selbst ihre wissenschaftlichen Gegner anmerken, von höchstem wissenschaftlichen Niveau.

Nach dem Machtantritt der Nazis ist Hedwig Hintze als Jüdin akut gefährdet. Bis 1939 pendelt sie beruflich zwischen Frankreich und Deutschland hin und her, ständig in Sorge um ihren inzwischen schwerkranken Mann. 1939 gelingt ihr im letzten Moment die Flucht nach Holland. Dort lebt sie, nach dem Tod Hintzes im April 1940 völlig mittellos, zunächst als Haushaltshilfe. Am 19. Juli 1942 nimmt sie sich das Leben. M.G.

# Dorothy Crowfoot Hodgkin

geb. 12. Mai 1910 in Kairo
gest. 30. Juli 1994 in Shipston-on-Stour, England
englische Biochemikerin
Lit. 288, 504, 753

Mit 54 Jahren bekam Dorothy Crowfoot Hodgkin 1964 den Nobelpreis für Chemie für ihre Analyse der Struktur des Vitamins B12. Nach Marie Curie (1911) und deren Tochter Irène Joliot-Curie (1935) war sie die dritte Frau, der diese Ehrung zuteil wurde. Mitglied der exklusiven Royal Society war sie schon 1947 geworden – wieder als dritte Frau. Ein Jahr später verlieh Queen Elizabeth ihr mit dem *order of merit* den höchsten britischen Zivilorden. Nach Florence Nightingale war sie die zweite Frau, die ihn bekommen hatte.
Dorothy Crowfoot wurde 1910 als älteste von vier Töchtern einer englischen Kolonialbeamtenfamilie in Kairo geboren. Da die Eltern aus beruflichen Gründen häufig den Wohnort wechselten und die Kinder während des Ersten Weltkriegs in Sicherheit wissen wollten, ließen sie sie bei Verwandten in England zurück.
Dorothy lernte schon in der Grundschule das Züchten von Kristallen – und hatte damit ihre Berufung fürs Leben gefunden. Mit 16 studierte Dorothy Parsons' »Grundlagen der Chemie«, und danach stand ihr Entschluß fest, Chemie zu studieren, insbesondere die Chemie biologisch relevanter Moleküle.
Von 1928 bis 1932 belegte sie – als eine der ganz wenigen Studentinnen damals – in Oxford Chemie. Für ihre *postgraduate studies* ging sie nach Cambridge zu dem jungen Chemiker Bernal, der mit Hilfe der Röntgenstrukturanalyse Sterole untersuchte. Sie war von der Eleganz dieser neuen Methode hingerissen.
1934 ging Dorothy Crowfoot nach Oxford zurück, um am Somerville College Chemie zu unterrichten. Bis zu ihrer Pensionierung im Jahre 1977 blieb sie – in wechselnden Positionen – der Universität Oxford treu. Ebenfalls in diesem Jahr begann sie mit der chemischen Analyse des Insulins – es sollte 35 Jahre lang dauern, bis sie und ihr Team dessen Struktur ganz aufgeklärt hatten. Mit 28 Jahren, kurz nach der Geburt ihres ersten Sohnes Luke, erkrankte Hodgkin schwer an entzündlichem Gelenkrheuma, aber sie trotzte dieser schweren, äußerst schmerzhaften und entstellenden Krankheit zeitlebens mit größter Tapferkeit. »Trotz ihrer schrecklich verkrüppelten Finger und Handgelenke«, schreibt einer ihrer Labormitarbeiter, »war sie so gut wie jeder im Labor und besser als die meisten.«

Seit 1962 war Hodgkin aktives Mitglied der Pugwash-Konferenz, die sich für die Verständigung zwischen WissenschaftlerInnen in Ost und West einsetzte. Hodgkin hat auf ihrem Forschungsgebiet alle Ehrungen eingeheimst, die ein Mensch überhaupt bekommen kann. Was aber alle, die sie kennenlernten, an ihr am meisten rühmen, waren ihre menschlichen Qualitäten. L.F.P.

geb. 1. November 1889 in Gotha
gest. 31. Mai 1978 in Berlin-Heiligensee
deutsche Malerin, Grafikerin und Fotografin
Lit. 199, 438, 754

Hannah Höch kam aus gutbürgerlicher Familie, die sich ihrem 1912 begonnenen Studium der Malerei energisch widersetzte. Nach dem Ende des Ersten Weltkriegs studierte Höch an der Berliner Akademie bei Emil Orlik. In diesen Zeitraum fällt auch die Beziehung zu Raoul Hausmann und mithin frühe Begegnungen mit der Berliner DADA-Gruppe um Grosz, Baader, Mehring und Hartfield. Neben Zeichnungen und Aquarellen entstehen erste Materialbilder und Collagen; gemeinsam mit Hausmann entwickelt Höch das Prinzip der Fotomontage, eine künstlerische Darstellungsweise, die ihr ganzes Werk durchziehen wird. Fest integriert in die Berliner DADA-Kreise, nimmt Höch an allen Veranstaltungen, Messen und Ausstellungen der Gruppe teil. Den Lebensunterhalt verdient sie sich als Entwurfszeichnerin beim Ullstein-Verlag. Mit den wichtigsten KünstlerInnen der damaligen Avantgarde verbanden sie intensive Kontakte, vor allem mit Kurt Schwitters, dessen »Merzbau« in Hannover sie mitgestaltete.
1922 trennte sich Höch von Hausmann, um mit der holländischen Schriftstellerin Til Brugman zusammenzuleben. Beide LebenspartnerInnen, so Höch rückblickend, hatten entschieden Anteil an ihrer Entwicklung, nahmen ihr aber durch ihre Dominanz zu viel an »Spannkraft«.
1937 von den Nazis als »Kulturbolschewistin« diffamiert, verbrachte Höch die Kriegs- und Nachkriegsjahre zurückgezogen arbeitend in Berlin-Heiligensee. Als in den 60er Jahren das Interesse an DADA neu erwachte, brachte dies auch Hannah Höch einen großen nachträglichen Erfolg, wenngleich sie dadurch zur »Collage-Künstlerin des DADA« reduziert wurde. Das umfangreiche malerische Werk blieb im Hintergrund. Bis heute steht die kunsthistorische Aufarbeitung ihres Œuvres aus. 1965 erhielt Höch einen Ruf an die Berliner Akademie. Bis zu ihrem Tode 1978 lebte und arbeitete sie in Berlin-Heiligensee. D.K.

Foto: Ullstein

# Billie Holiday

geb. 7. April 1915 in Baltimore
gest. 17. Juli 1959 in New York City
amerikanische Jazzsängerin
Lit. 33, 443, 747, 782, 887

Die Mutter war 13 und der Vater 15 Jahre alt, als Billie Holiday (Eleanora Fagan) zur Welt kam. Ihre Jugend verbrachte sie in Ermangelung anderer Arbeitsmöglichkeiten mit den für arme schwarze Frauen typischen Tätigkeiten des Putzens und der Prostitution. Sie wurde als Zehnjährige vergewaltigt und später oft unschuldig in Haft genommen; so lernte sie früh, daß eine schwarze Frau in den USA sozial den tiefsten Rang einnimmt. Billie Holiday begann ihre Karriere Anfang der 30er Jahre als Sängerin in Nachtclubs von Harlem. 1938 lud Artie Shaw sie ein, an einer Tournee seines Orchesters teilzunehmen. Sie erlebte oft entwürdigende Situationen, hervorgerufen durch die damalige Rassentrennung; z.B. mußte sie die Hotels durch den Hintereingang betreten. 1941 heiratete sie Jimmy Monroe, der sie mit Opium bekanntmachte. In den 40er Jahren begann sie, Heroin zu nehmen, und mußte eine neunmonatige Gefängnisstrafe absitzen. In den 50er Jahren begann ihr körperlicher Verfall, der zu ihrem frühen Tod führte.

Billie Holiday benutzte ihre Stimme wie ein Instrument. Ihre Atemtechnik, die Brüche in der Stimme, ihre Fähigkeit zum Improvisieren – das alles machte den nicht allzu großen Umfang der Stimme wett. Sie setzte Diktion und Rhythmus bewußt ein, um den Ausdruck zu steigern. Ihre Phrasierung ist meisterinnenhaft, und es ist faszinierend zu hören, wie sie Phrasen über Gebühr ausdehnt, um sich immer wieder in den natürlichen Rhythmus des Songs einzupendeln. Ihr selbstvertonter Song *Strange Fruit*, der die grausamen Praktiken des Ku-Klux-Klan anprangert, wurde weltberühmt.

E.R.

# Ricarda Huch



geb. 18. Juli 1864 in Braunschweig
gest. 17. November 1947 in Schönberg/Taunus
deutsche Schriftstellerin
Lit. 67, 122, 135, 458, 1045

Ricarda Huch promovierte 1892 als eine der ersten deutschen Frauen an der Universität Zürich im Fach Geschichte. Danach arbeitete sie als Bibliothekarin und als Lehrerin in Zürich und Bremen, aber: »Ich wollte vor allen Dingen leben und erleben, und darin schien mich die Schule zu hemmen. Es war mir zumute, als sei ich in eine Meeresstille geraten. Da war nichts mehr zu begehren, zu erkämpfen, zu wagen ...« Sie wagt den Sprung in ein materiell nicht abgesichertes Leben. 1893 erscheint ihr erster großer Roman *Erinnerungen von Ludolf Ursleu dem Jüngeren*, in dem sie ihre unglückselige Liebesbeziehung zu ihrem mit ihrer Schwester verheirateten Vetter Richard Huch verarbeitet. Nach ihrer Scheidung von dem italienischen Zahnarzt Ermanno Ceconi – aus dieser Ehe stammt ihre Tochter, mit deren Familie Huch bis zu ihrem Tode zusammenlebt – heiratet sie Richard, aber diese über Jahrzehnte so ersehnte Ehe scheitert schon nach drei Jahren. In der Zeit großer persönlicher Krisen erobert sich Ricarda Huch eine Domäne der Männer, die Geschichtsschreibung. Nach ihrer Arbeit über die Romantik wendet sie sich dem zu, was sie schon in ihrer Jugend begeistert hatte, den Revolutionen und Rebellionen. Sie schreibt über Garibaldi, Bakunin, Freiherr vom Stein, Luther und Lassalle; es erscheinen die großen Werke über die Revolutionen von 1848 und den Dreißigjährigen Krieg. Als erste Frau wird Huch 1930 in die Preußische Akademie der Künste aufgenommen, aber schon 1933 erklärt sie ihren Austritt wegen des Ausschlusses jüdischer oder politisch unliebsamer Mitglieder. Die ersten zwei Bände ihrer *Deutschen Geschichte* können noch in Deutschland erscheinen, der dritte Band wird nicht mehr veröffentlicht. Ricarda Huchs letztes Werk ist unvollendet geblieben – auch das ein Buch über Freiheit und Rebellion: Porträts von WiderstandskämpferInnen. B.W.

# Zora Neale Hurston

geb. 7. Januar 1901 (?) in Eatonville, Florida
gest. 28. Januar 1960 in Fort Pierce, Florida
amerikanische Schriftstellerin und Anthropologin
Lit. 412, 445, 747, 1009, 1068

Zora Neale Hurston war zwischen 1920 und 1950 die produktivste schwarze Schriftstellerin in den USA: In ihren Romanen, Erzählungen und Essays hat die Vormutter einer ganzen Generation von schwarzen Autorinnen die Atmosphäre und Kultur des ländlichen schwarzen Amerika festgehalten und gefeiert.

Hurston wurde in einer traditionsbewußten und -reichen, rein schwarzen Gemeinschaft geboren. Nach dem Tod der Mutter – Zora war neun – wußte sie, daß ihre Kindheit vorüber war. Mit 14 verließ sie ihr Zuhause und begann ihr eigenes Leben, arbeitend, reisend, studierend und schreibend.

1925 kam Zora Neale Hurston nach New York, knüpfte Kontakte mit schwarzen Schriftstellern der Harlem Renaissance und veröffentlichte Essays und Kurzprosa. Sie bekam ein Stipendium, um bei Franz Boas am Barnard College Anthropologie zu studieren, und widmete danach vier Jahre ihren ethnographischen Studien. Sie bereiste Florida, Alabama, Louisiana und die Bahamas und sammelte Geschichten, Lieder, Spiele, Gebete und Predigten, die sie in *Mules and Men* (1935) veröffentlichte. Später bekam sie Guggenheim-Stipendien für Feldstudien in der Karibik, die in *Tell My Horse* (1938) verarbeitet sind.

Sie wählte schließlich das Schreiben als Beruf anstelle der Forschung und wurde die vielleicht bedeutendste Gestalt der afroamerikanischen Literatur der 30er Jahre. Ihre besten Werke leben von ihren frühen Erfahrungen des ländlichen Lebens der Schwarzen, wie der Roman *Their Eyes Were Watching God* (1937), der eine Frau auf dem Weg zur Selbstverwirklichung beschreibt, ihre Autobiographie, *Dust Tracks on a Road* (1942), oder die Kurzgeschichte *Sweat* (1926). Zora Neale Hurston bestand darauf, die Schönheit und Vollkommenheit der afroamerikanischen Kultur zu feiern, und lehnte es ab, sich als »tragically colored« zu sehen, was zu einem Konflikt mit schwarzen Schriftstellern führte, die mehr die Unterdrückung der Schwarzen betonten.

In den 50er Jahren war sie nicht mehr gefragt und verbrachte ihre letzten Lebensjahre in Krankheit und Armut. Nachdem sie im Fürsorgeheim an einem Herzleiden gestorben war, mußte für ihr Begräbnis gesammelt werden. Sie wurde in einem anonymen Grab auf dem »Neger-Friedhof« von Ft. Pierce, Florida, beerdigt: eine letzte Ruhestätte, die symbolisch ist für das Schicksal schwarzer SchriftstellerInnen in Amerika. J.H.

geb. 9. Dezember 1895 in Gallarta, Baskenland
gest. 12. November 1989 in Madrid
spanische Politikerin, Revolutionärin
Lit. 464, 723

Dolores Ibárruri, achtes von elf Kindern einer Bergarbeiterfamilie, hochintelligent und willensstark, sah sich zunächst nur Hindernissen gegenüber: Sie war weiblich, katholisch, ein Proletarierkind, sie lebte in einem der damals rückständigsten Länder Europas, sie kränkelte.

Sie wurde Näherin, dann Dienstmädchen; mit 20 heiratete sie einen Bergarbeiter. Sie gebar sechs Kinder, von denen vier starben – Folge der elenden Lebensbedingungen.

»Allmählich begann ich zu begreifen ... Ursache und Ursprung unseres Elends lagen nicht im Himmel, sondern hier auf der Erde. Sie waren im Gesellschaftssystem begründet ...«

In der ArbeiterInnenbewegung fand sie ihre Lebensaufgabe. Als Mitbegründerin der ersten KP-Zellen in Asturien machte sie rasch Karriere: Abgeordnete, Vizepräsidentin, schließlich Präsidentin des spanischen Parlaments.

Im spanischen Bürgerkrieg wurde Dolores Ibárruri zur Symbolfigur, ihr Kampfruf »No pasarán!« (Sie werden nicht durchkommen) zum Motto aller VerteidigerInnen der Republik. In täglichen Radioansprachen, durch Besuche an den Fronten, durch unermüdliche Hilfsbereitschaft trug sie wesentlich zur Stärkung der republikanischen Kampfmoral bei. Am erbarmungslosen inneren Machtkampf der KommunistInnen gegen die SozialistInnen und AnarchistInnen nahm sie nicht teil, billigte aber, was sie die »Disziplin« der Partei nannte. Nicht wenige sahen in ihr eine unbeugsame Stalinistin.

Kurz vor dem Zusammenbruch der letzten republikanischen Fronten verließ sie mit ihren Kindern Spanien. In den folgenden Jahrzehnten lebte sie in Moskau und repräsentierte die spanische Exil-KP. In den 60er Jahren näherte sie sich dem Eurokommunismus und meinte, nur ein Aktionsbündnis aller demokratischen Gruppen und Parteien könne den Weg zu einer gerechten Gesellschaft bahnen. Konsequent verurteilte sie den Einmarsch der Warschauer-Pakt-Staaten 1968 in Prag. Zwei Jahre nach Francos Tod kehrte sie 1977 nach Madrid zurück. 1989 starb sie an einer Lungenentzündung. M.G.

geb. 21. Juni 1870 in Polkendorf, Schlesien
gest. 2. Mai 1915 in Berlin
deutsche Chemikerin und Pazifistin
Lit. 210, 584, 886

Clara Immerwahr, Tochter aus großbürgerlichem jüdischen Hause, promovierte 1900 als erste Frau an der Universität Breslau in physikalischer Chemie. 1901 heiratet sie den Chemiker (und späteren Nobelpreisträger) Fritz Haber. Ihre Hoffnungen, sich auch als Ehefrau und Mutter weiter der Forschung widmen zu können, erfüllen sich nicht. Fritz macht eine steile Karriere, sie muß die undankbare Rolle der repräsentierenden, umsorgenden und allenfalls zuarbeitenden Professorengattin übernehmen. Anfang Mai 1915, mitten im Ersten Weltkrieg und kurz vor ihrem 45. Geburtstag, erschießt sich Clara Haber aus Protest gegen die von ihrem Mann geleitete erste chemische Massenvernichtung und deren unabsehbare Folgen. Zwei Wochen vor ihrem Freitod waren bei Ypern auf französischer Seite über 18000 Mann elend durch Chlorgas verreckt.
Vor ihrem letzten, wohlüberlegten Schritt – den man später mit einem angeblich in ihrer Familie grassierenden Hang zum Selbstmord verharmlosen sollte – hatte Clara wieder und wieder vergeblich gegen die Gaskriegs-Vorbereitungen ihres Mannes protestiert. Er war als Jude vielfältigen beruflichen Diskriminierungen ausgesetzt und von der Offizierslaufbahn ausgeschlossen und hatte stets getrachtet, seinen »Makel« durch erhöhte »Leistung« zu kompensieren. Nun warf er ihr vor, mit ihrer Kritik ihm und dem heldenhaft kämpfenden Vaterland in den Rücken zu fallen. Ihre Biographin Gerit von Leitner schreibt: »Eine klare und deutliche Stellungnahme von ihrer Seite während des Krieges ist nicht erwünscht. Es gibt nur noch eine Möglichkeit, nicht Mittäterin zu sein. Als das Haus leer ist (nach der Feier des Sieges in Ypern, L.F.P) und Fritz sich mit Schlafmitteln der Verantwortung entzieht, schreibt Clara über Stunden in Abschiedsbriefen auf, was sie der Nachwelt übermitteln will ... Das Hauspersonal hat die Abschiedsbriefe gesehen. Wer hat sie vernichtet?« L.F.P.

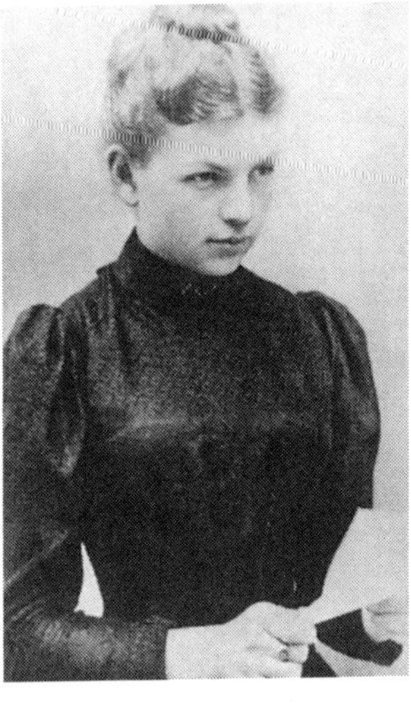

# Mahalia Jackson



geb. 26. Oktober 1911 in New Orleans
gest. 27. Januar 1972 in Chicago
amerikanische Gospelsängerin
Lit. 102, 434, 469, 747, 908

Durch die Macht ihrer Stimme und die Beseeltheit ihres Vortrags machte Mahalia Jackson den Gospelsong weltbekannt und wurde selbst zur weltbekannten Sängerin. Trotz allen Erfolgs hielt sie stets an ihrer religiösen Sendung fest und weigerte sich, weltliche Bluesliede r zu singen oder mit ihrer Gospelmusik in Nachtlokalen aufzutreten.

Die Enkelin eines Sklaven liebte die Musik von früh auf – nicht nur die Hymnen in der Kirche, sondern die ganze Fülle schwarzer Musik, von den Blechkapellen in den Straßen, dem Jazz eines Jelly Roll Morton oder dem Blues einer Bessie Smith bis zu den besessenen Gesängen der kleinen ekstatischen Sekten. Diese unterschiedlichen musikalischen Strömungen sollte Jackson später in ihren Gospelsongs zu einer neuen Form schwarzer Musik verschmelzen.

Jackson mußte früh von der Schule abgehen, um als Wäscherin für Weiße und als Zimmermädchen Geld zu verdienen. Sie sang aber auch als Solistin und im Kirchenchor, und bald ging sie mit vier anderen SängerInnen auf Tournee. Mitte der 30er Jahre war Jackson schon so bekannt, daß sie landesweit eingeladen wurde, in Kirchen der Schwarzen zu singen. Zuerst waren es meist die kleineren ekstatischen Kirchen, die ihre entfesselte Vortragsweise schätzten: Jackson sang mit dem ganzen Körper und schrie auch. Die größeren Kirchen der schwarzen Bourgeoisie fanden ihren gefühlvollen Stil zuerst »würdelos«, aber sie verwies auf die Bibel: »Jauchzet dem Herrn alle Welt mit der Stimme der Trompete!«

Jacksons Ruhm wuchs in den 50er Jahren mit Auftritten in der Carnegie Hall, im Radio und Fernsehen, mit Tourneen in Europa und Asien. Obwohl sie jetzt auch bei Weißen ankam, war Jackson weiterhin Diskriminierungen ausgesetzt – ihr Haus in einem weißen Viertel Chicagos wurde beschossen –, und sie engagierte sich in der schwarzen Bürgerrechtsbewegung.

Jackson war zweimal verheiratet. Während ihrer letzten Jahre war sie oft krank. Sie starb an einem Herzleiden und wurde in New Orleans beigesetzt. J.H.

# Alice James

geb. 7. August 1848 in New York City
gest. 6. März 1892 in London
amerikanische Tagebuchschreiberin
Lit. 99, 471, 597, 746, 981

Alice James war eine hochbegabte Frau, die allerdings ihre Begabung nie entfalten durfte. Ihr Vater, der ihre Brüder auf die besten Schulen und Universitäten schickte, war der Überzeugung, daß Bildung der natürlichen Würde und Aufgabe der Frau nur schaden könne. Alice' ältesten Brüder (sie war die jüngste von fünf Geschwistern und das einzige Mädchen) wuchsen heran zu zwei der bedeutendsten Intellektuellen im Amerika der Jahrhundertwende: William James, weltberühmter Psychologe und Philosoph, und Henry James, weltberühmter Romancier. Mit 23 Jahren erkrankte Alice James an Hysterie und sollte sich zeit ihres kurzen Lebens nicht mehr davon erholen; ab ihrem dreißigsten Lebensjahr war sie Vollinvalidin. Sie litt darunter, daß sie keine »richtige Krankheit« vorzuweisen hatte, und frohlockte geradezu, als sie 1891 mit 43 Jahren unheilbar an Krebs erkrankte: »Seit ich krank bin, habe ich mich nach irgendeiner handgreiflichen Krankheit gesehnt, egal was für einen fürchterlichen Namen sie haben mochte.«
William James, der älteste Bruder von Alice, war seiner kleinen Schwester innigst zugetan.
Mit 36 Jahren heiratete William – und Alice erlitt die schlimmste Nervenkrise ihres Lebens. Aber dieses Ereignis brachte auch in ihrem Leben die Wende – ihre Freundin Katharine P. Loring begann, sich mehr um die Kranke zu kümmern, und es entwickelte sich eine innige Beziehung zwischen den beiden. Sie hatten sich kennengelernt bei der ehrenamtlichen Arbeit für eine Frauenbildungsorganisation, der »Society to encourage studies at home«. Alice über Katharine: »Sie ist ein wundervolles Wesen. Sie besitzt die körperliche Überlegenheit, die den Mann von der Frau unterscheidet, und gleichzeitig doch alle ausgesprochenen Tugenden. Es gibt nichts, was sie nicht kann, vom Holzhacken, Wasserziehen und Pferdezähmen bis zur Erziehung aller Frauen Nordamerikas.« Gemeinsam ließen sie sich in London nieder, wo auch Bruder Henry James ein Junggesellenleben führte und sich bisweilen von dem Glück der beiden Frauen, die einander völlig zu genügen schienen, ausgeschlossen fühlte. Alice nahm leidenschaftlich Anteil am politischen und geistigen Leben ihrer Zeit und füllte in den letzten Jahren ihres Lebens ein Tagebuch mit persönlichen Reflexionen und scharfsinnigen Kommentaren zum Zeitgeschehen. Als William es zwei Jahre nach ihrem Tod von Katharine zugeschickt bekam, schrieb er an seinen Bruder: »Das Tagebuch hinterläßt einen einmaligen und tragischen Eindruck von persönlicher Stärke, die sich an nichts auslassen konnte.« Womit er im wesentlichen das übliche Schicksal weiblichen geistigen Strebens im 19. Jahrhundert genau erfaßt hat. L.F.P.

# Milena Jesenská

geb. 10. August 1896 in Prag
gest. 17. Mai 1944 im KZ Ravensbrück
tschechische Journalistin und Schriftstellerin
Lit. 133, 153, 475, 483, 1063

Milena, aus der reichen Prager Oberschicht stammend, heiratete nach einem abgebrochenen Medizinstudium den Kaffeehausliteraten, Lebemann und Bankangestellten Ernst Polak, mit dem sie nach Wien übersiedelte. Polak saß im Kaffeehaus; Milena schleppte Koffer am Bahnhof, verdingte sich als Haushälterin und gab Tschechischunterricht. In diese Zeit fällt ihre Freundschaft und Korrespondenz mit Franz Kafka, von dem sie einige Werke übersetzte. Kafkas berühmte *Briefe an Milena* sind erhalten, ihre Briefe sind verschollen. In Wien fing Milena an, Feuilletons und Reportagen zu schreiben, die sie in Prager Zeitungen veröffentlichte. Sie fanden großen Anklang. Nach der Trennung von Polak ging Milena nach Prag zurück, um als Journalistin zu arbeiten. Wegen der wachsenden Bedrohung durch den Nationalsozialismus schloß sich Milena, wie damals viele Intellektuelle, der kommunistischen Bewegung an. Doch der Kommunismus Stalinscher Prägung stieß sie später ab. Milena heiratete zum zweiten Mal, 1928 wird ihre Tochter Jana Cerná geboren. Während einer Krankenhausbehandlung bekommt Milena zur Schmerzlinderung Morphium, wird süchtig und leidet jahrelang darunter. Ihre Ehe zerbrach daran. Nach dem »Anschluß« Österreichs machte Milena eine Entziehungskur, wissend, daß sie ihre ganze Kraft für den Widerstand brauchen würde. Inzwischen strömten schon die vor den Nationalsozialisten fliehenden EmigrantInnen nach Prag. Viele von ihnen versteckte Milena in ihrer Wohnung, besorgte ihnen Papiere und verhalf ihnen zur Flucht. Bald wird Milena der Gestapo verdächtig, auch ihr subversiver politischer Journalismus ist ihnen ein Dorn im Auge. 1939 wird sie von der Gestapo verhaftet, monatelang verhört und zur »Umerziehung« nach Ravensbrück gebracht. Mit 48 Jahren stirbt Milena Jesenská im KZ an einem Nierenleiden. S.D.

geb. 22. Juni 1876 in Haverfordwest (Wales)
gest. 13. September 1939 in Dieppe (Frankreich)
englische Malerin
Lit. 163, 410, 564, 860, 996

Ausgerechnet Gwen Johns jüngerer und zunächst berühmterer Bruder Augustus hat immer behauptet, *sie* sei die viel bessere Malerin. Aber die öffentliche Anerkennung ihrer Arbeiten ließ lange auf sich warten – was sicher nicht an deren Qualität lag, sondern an der besonderen Arbeits- und Lebensweise von Gwen John.

Ihre künstlerisch begabte Mutter stirbt früh, und Gwen und Augustus streifen, nie ohne ihre Skizzenblöcke, frei umher. 1895 folgt Gwen dem Bruder für drei Jahre an die Londoner Slade School; vier Monate Malstudien bei Whistler in Paris entwickeln ihren von ihm gerühmten und lebenslang sich verfeinernden Sinn für Farbtönungen.

1904 steht Gwen dem alten Rodin in Paris Modell, und es entsteht eine Liebesbeziehung, deren Intensität Gwens ganzes Wesen ergreift. Bald aber wird Gwens Leidenschaft ihm lästig. Immer seltener darf sie ihn sehen; bis 1917 schreibt sie ihm über 2000 Briefe – als »your obedient little model«, Marie oder Maria, niemals als Gwen.

Ab 1927 entwickelt sie noch einmal eine enge, diesmal religiös getönte Bindung: Auch Véra Oumançoff soll sie, ein verletztes, liebebedürftiges kleines Tier, Marie nennen. Wieder wird ihre Zuneigung zu bedrängend, so daß sie schließlich Véra nur noch montags nach der Messe heimbegleiten darf; jedesmal schenkt sie ihr ein kleines Bild. Diese *dessins de lundi* werden unbeachtet in einen Schrank gestopft und erst nach 1960 zufällig gefunden.

Die letzten zehn Jahre ihres Lebens gleitet Gwen in immer tiefere Isolation. Immer konzentrierter wird ihr einsames Arbeiten; ihre Gouachen werden monochromer, die gleichen Sujets werden immer wieder, bis auf 5 × 5 cm, verkleinert. Sie vernachlässigt ihre Gesundheit noch mehr als früher und wohnt ab 1936 in einer verfallenden Gartenhütte. Das Bewußtsein ihres Wertes als Künstlerin bleibt dabei ungebrochen. Schließlich nehmen die Depressionen überhand; todkrank reist sie nach Dieppe, bricht dort auf der Straße zusammen. Ihr Grab ist unbekannt.
S.K.-K.

## Sor Juana Inés de la Cruz

geb. 1648 in San Miguel Nepantla
gest. 17. April 1695 in Mexico City
mexikanische Nonne und Dichterin
Lit. 677, 680, 768, 770, 1071

Juana, uneheliches Kind einer Kreolin, lernte mit drei Jahren lesen und studierte mit unersättlichem Wissensdurst gelehrte Werke der Philosophie, Astronomie und Medizin.

16jährig kam sie an den Hof der spanischen Vizekönigin, die das schöne, begabte Mädchen bewunderte und förderte. Juana schrieb unzählige Gedichte und Stücke, zumeist Auftragsarbeiten für Hof und Kirche. Mühelos flossen ihr die anmutigen, phantasievollen Verse aus der Feder.

Was hat nun Juana bewogen, das glanzvolle Leben am Hofe plötzlich aufzugeben, um Nonne zu werden? Da sie weder Geld noch Familie, auch keinerlei Neigung zum Heiraten hatte, suchte sie im Alter von 20 Jahren Versorgung und Geborgenheit im Kloster der Hieronymitinnen, um sich ganz ihren Studien widmen zu können. Ihre wichtigste und schwierigste, 1685 vollendete Dichtung *Der Traum* zeugt von ihrer enzyklopädischen Bildung. Das Leben im Kloster war sehr angenehm. Juana hatte eine geräumige Wohnung, eine umfangreiche Bibliothek und Geräte für wissenschaftliche Experimente. Sie hatte Dienstboten und konnte nach Belieben Gäste empfangen. Die innige Freundschaft mit der Vizekönigin, der sie leidenschaftliche Gedichte widmete, pflegte sie weiter. Solange das Vizekönigspaar sie protegierte, konnte Juana sich der Mahnung der Kirchenoberen, sie möge sich nur noch mit religiöser Literatur beschäftigen, widersetzen. In zwei Briefen an ihren Beichtvater und an den Bischof von Puebla verteidigte sie stürmisch das Recht der Frauen auf Wissen und Ausbildung. Schließlich gab sie aber zermürbt auf und unterzeichnete 1694 mit ihrem eigenen Blut ein Sündenbekenntnis und das Gelöbnis, nur noch für Gott zu leben.

Nachdem die »Zehnte Muse von Mexico« zum Schweigen verurteilt war, blieb ihr nur noch eine kurze Lebenszeit. Bei der Pflege ihrer pestkranken Schwestern im Kloster infizierte sie sich und fiel 1695 der tödlichen Seuche zum Opfer. U.S.

geb. 6. Juli 1907 in Coyoacán
gest. 13. Juli 1954 in Coyoacán
mexikanische Malerin
Lit. 88, 417, 418, 788, 1119

Im Grunde gab es nur zwei Körperteile, die Frida Kahlo nie im Stich ließen – ihr Kopf und ihre Hände. Der lebendigen, lebenslustigen, witzigen Frau stand zeitlebens ihr Körper im Weg, gegen dessen Verfall sie mit aller Kraft ankämpfte und sich mit ihren Gemälden zur Wehr setzte. Ein Busunglück veränderte schlagartig das Leben der 18jährigen. Die Folge der zahllosen Brüche und schwersten Unterleibsverletzungen sind 32 Operationen in 29 Jahren, einengende Gipskorsetts, immer wieder künstliche Streckungen der Wirbelsäule, zahlreiche Folgekrankheiten und dauernde Schmerzen, die Kahlo zum Teil nur mit Alkohol oder anderen Drogen erträgt. Um zu überleben, malt sich Kahlo in ihren detailgenauen, überwiegend kleinformatigen Selbstporträts die körperlichen und seelischen Verletzungen von der Seele. Tief verwurzelt in der indianischen Mythologie ihrer Heimat, benutzt sie eine symbolhafte, oft surreale Bildsprache. Die große Liebe und zentrale Figur ihres Lebens ist Diego Rivera. Zweimal sind sie miteinander verheiratet, die Beziehung verläuft stürmisch, voller Zärtlichkeit, Leidenschaft und Verrat. Kahlos sehnlichster Wunsch, ein Kind mit Rivera, geht nicht in Erfüllung. Um so mehr kränkte sie ein (offenbar fruchtbares) Verhältnis Diegos mit ihrer jüngeren Schwester. Nach einer Trennung versöhnt sie sich zwar mit beiden, ist jedoch unabhängiger von Rivera geworden und revanchiert sich mit eigenen LiebhaberInnen. Sie ist eine auffallende Erscheinung. Um sich mit der mexikanischen Revolution für alle sichtbar zu solidarisieren, aber auch für Diego, trägt Kahlo mit Vorliebe mexikanische Tracht, Haarfrisuren und indianischen Schmuck. Die starke Ausstrahlung ihrer Persönlichkeit zieht alle in ihren Bann; ihr Haus, die *Casa Azul*, wird zum Treffpunkt, besonders für die vielen von Faschismus und Krieg Vertriebenen aus Europa. Ab 1940 verschlechtert sich Kahlos gesundheitlicher Zustand. Sie ist oft monatelang ans Bett gefesselt und malt dort mit Hilfe von speziellen Vorrichtungen. Den ärztlichen Rat wie so oft in den Wind schlagend, nimmt sie, kaum von einer Lungenentzündung genesen, an einer Demonstration teil. Wenige Tage später stirbt sie.

A.v.H.

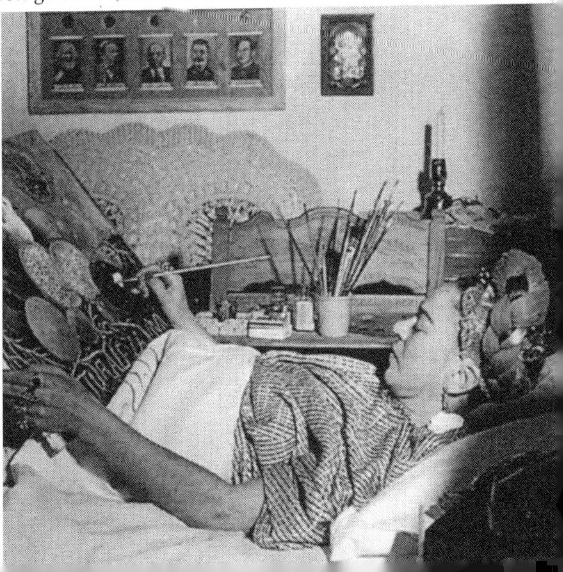

geb. 7. Juni 1907 in Chrzanów (Schidlow), Galizien
gest. 21. Januar 1975 in Zürich
deutsche Lyrikerin
Lit. 226, 484, 533, 1087, 1125

Nach ihren frühen Erfolgen mit Gedichten in der Tradition Heines und Tucholskys wurde Mascha Kaléko von den Nazis zur Aufgabe ihrer Heimat und ihrer Karriere gezwungen. Das Gefühl, Außenseiterin zu sein, kannte sie seit ihrer Kindheit, seit ihre Familie aus dem armen Galizien nach Deutschland gekommen war. Aber sie paßte sich schnell an, beherrschte den Berliner Dialekt bald perfekt – wie ihre ersten Gedichte zeigen. Nach der Schulzeit arbeitete sie ab dem 16. Lebensjahr als Sekretärin und verarbeitete ihre Erlebnisse in ihren reizvollen und originellen frühen Gedichten, die erst in Zeitungen erschienen und dann bei Rowohlt unter den Titeln *Das lyrische Stenogrammheft* (1933) und *Das kleine Lesebuch für Große* (1935). Kalékos Songs waren so erfolgreich wegen ihrer ungewohnten Verbindung von Berliner Schnoddrigkeit und der Wärme und Melancholie des Ostjudentums; sie wurden von ihr selbst und Chansonsängerinnen wie Claire Waldoff und Rosa Valetti im Radio und in Cabarets vorgetragen. Nach ihrem Verbot durch die Nazis wurden die Songs abgeschrieben und heimlich verbreitet.

1928 heiratete Mascha Saul Kaléko, einen Philologen, von dem sie sich nach zehn Jahren scheiden ließ, um den Musikwissenschaftler und Dirigenten Chemjo Vinaver zu heiraten, Vater ihres Sohnes Evjatar und Spezialist für chassidische Chormusik. 1938 emigrierte die Familie nach New York; es bereitete Mascha zwar große Freude, ihren Sohn heranwachsen zu sehen, aber sie kam nicht zum Schreiben, und Chemjo schaffte es nicht, in der Musikwelt Fuß zu fassen. Mascha verdiente Geld mit Werbetexten und machte die Öffentlichkeitsarbeit für den Chor ihres Mannes. In *Verse für Zeitgenossen* verarbeitet Kaléko ihre Exilerfahrungen in eindringlichen satirischen Gedichten. Ihr Comeback hatte 1956 mit dem Wiederabdruck des *Lyrischen Stenogrammhefts* eingesetzt; nach zwei Wochen stand es auf der Bestsellerliste, und Kaléko machte erfolgreiche Lesereisen durch Europa.

1960 zog Kaléko wegen der Arbeit ihres Mannes mit nach Jerusalem, aber sie wurde dort nie richtig heimisch. Obwohl sie in den 60er und frühen 70er Jahren weiter veröffentlichte, war das Comeback doch nur kurz gewesen; wieder geriet sie in Vergessenheit. Mascha und Chemjo waren beide nicht sehr gesund, und 1968 starb plötzlich ihr Sohn, der in den USA ein erfolgreicher Dramatiker und Regisseur geworden war. Nach Chemjos Tod 1973 wurde Maschas Isolation immer größer. Sie starb an Magenkrebs während einer Reise durch Europa. J.H.

# Marie Luise Kaschnitz

geb. 31. Januar 1901 in Karlsruhe
gest. 10. Oktober 1974 in Rom
deutsche Schriftstellerin
Lit. 323, 490, 796, 815, 902

Eine Grenzgängerin, immer auf der Suche nach der eigenen Ortsbestimmung, immer wieder hinüberschauend in den Abgrund des alltäglichen Schreckens, oft verzagt, aber nie ganz aufgebend. Der letzte Aufsatz erwägt noch »Die Rettung durch die Phantasie«. Drei besondere Orte, die in der Lyrik und Prosa einander durchdringen, bestimmen ihre Lebenslandschaft und ihren Lebensweg, der immer eine »Suche nach Heimat (Liebe)« war. Nach der Schulzeit in Berlin und Potsdam wird ihr das badische Dorf Bollschweil schon während des Ersten Weltkrieges zum Inbegriff der Heimat. Sie wird Buchhändlerin in Rom, wo sie 1925 den Archäologen Guido von Kaschnitz-Weinberg heiratet und 1928 die Tochter Iris Constanze zur Welt bringt. Sie erlebt über 30 produktive Jahre des Aufgehobenseins in ihrer Ehe. Wenn nicht Aufenthaltsort, bleibt die ewige Stadt Ort der Erinnerung und der Sehnsucht. Als Gegenpol die »häßliche Stadt«, Frankfurt am Main. Immer wieder sucht die in ihrem innersten Weltgefühl Unbeheimatete nach einem sicheren Standort: »Wohin sind wir gekommen?« und »Wohin denn ich?« Zwei Einschnitte im Lebensweg bringen Änderungen im Inhalt und in der Form der literarischen Versuche: die Erfahrungen des Zweiten Weltkriegs und der Tod des Ehemanns im September 1958. Zurück aus der Todessehnsucht, die durch die zweite, größere Existenzkrise ausgelöst wird, kann sie behaupten: »Das Alter ist für mich kein Kerker, sondern ein Balkon, von dem man zugleich weiter und genauer sieht.« Von dem Pathos der früheren Werke hat Kaschnitz ihre Sprache auf die nüchterne Benennung reduziert. Trotz der Ratlosigkeit bleibt sie bis zuletzt »immer noch offen«. Sie will immer noch sehen, hören, sich mitteilen. Wie der Fotograf hinter der Hecke in ihrem berühmten Gedicht *Hiroshima* will sie als Schriftstellerin »das Auge der Welt« sein, »nirgends mehr und überall zu Hause sein«. Am Ende ihres Lebens und Schreibens klingt aber die Resignation durch: »meine Füße hinterlassen keine Spur«, schreibt sie 1973 am Ende von *Orte*.

Marie Luise Kaschnitz starb am 10. Oktober 1974 in Rom und wurde in Bollschweil begraben. M.W.

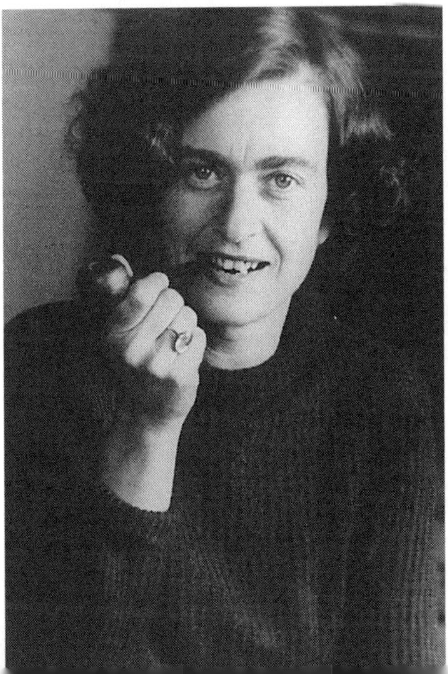

# Katharina die Große



geb. 2. Mai 1729 in Stettin
gest. 17. November 1796 in Zarskoje Selo
russische Zarin
Lit. 177, 358, 491, 741, 757

Die 16jährige deutsche Prinzessin Sophie Auguste Friederike von Anhalt-Zerbst wurde durch die Heirat mit dem Großfürsten Peter Fjodorowitsch 1745 russische Großfürstin. Geschickt nutzte sie ihren Einfluß am russischen Hof, um die Macht im geographisch größten der Weltreiche zu erlangen. Der russische Hof war geprägt von Ränkespielen und Bemühungen des Adels, seinen eigenen Einfluß zu sichern und der Petersburger Zentralmacht entgegenzuwirken. In diesem Dschungel der Machtkämpfe konnte sich Katharina durchsetzen und mit Hilfe befreundeter Offiziere ihren Ehemann Peter III. zur Abdankung zwingen, um selbst Zarin zu werden (1762). Kurze Zeit darauf wurde Peter III. ermordet. Katharinas Rolle hierbei ist ziemlich eindeutig, hat sie doch von dem Komplott gewußt.

Katharina ist aber nicht nur als machtbewußte Herrscherin in die Geschichte eingegangen. Die gebildete Frau pflegte den Kontakt zu Intellektuellen im westeuropäischen Ausland: u.a. gehörte Voltaire zu ihren BriefpartnerInnen. Erstaunlich ist der Widerspruch zwischen den von Katharina proklamierten Werten der Aufklärung und der Lage der Bevölkerungsmehrheit: Grundlegende Reformen, die das Los der größtenteils versklavten BäuerInnenschaft verbessern sollten, wurden von Katharina nie ernsthaft angegangen.

Sowohl in der Innen- als auch der Außenpolitik erwies sich Katharina als Frau, die mit Macht ihre eigenen Interessen vertrat: Politische Gegner wurden verfolgt, die Ausweitung des russischen Reiches vorangetrieben.

Katharina muß sich ihrer Sonderrolle als Frau auf einem mächtigen Thron bewußt gewesen sein – und nutzte ihre Möglichkeiten, um den Töchtern aus Adelsfamilien grundsätzlich den Zugang zu höherer Bildung zu sichern. Sie bleibt eine schillernde Figur, die den Widerspruch zwischen proklamierten Zielen aufgeklärter Herrschaft und reaktionärer Innenpolitik nie auflösen konnte. Gleichwohl hat sie bewiesen, daß eine mit Macht ausgestattete Frau sich in einem extrem patriarchalisch geprägten Umfeld als Herrscherin und intellektuell aktive und anspruchsvolle Frau durchsetzen konnte. B.S.

# Katharina von Medici

geb. 13. April 1519 in Florenz
gest. 5. Januar 1589 in Blois
französische Königin, Regentin (1560–63)
Lit. 415, 628, 988

*Bartholomäusnacht* (Pariser Bluthochzeit), *Hugenottenkriege* – diese Schlagworte verbinden sich mit dem Namen Katharina von Medici. Nach dem frühen Tod ihrer Eltern, Madeleine de la Tour d'Auvergne und Lorenzo de Medici, von ihrem Cousin, Papst Clemens VII., erzogen und als Vierzehnjährige mit Heinrich II. verheiratet, der 1547 den französischen Thron bestieg, hatte die florentinische Kaufmannstochter in Frankreich einen schweren Stand. Über 20 Jahre lang ertrug sie Heinrichs Leidenschaft für Diana de Poitiers, die eine zentrale Position bei Hofe einnahm.

Nach langjähriger Kinderlosigkeit, die man ihr zum Vorwurf machte, gebar sie innerhalb von zwölf Jahren zehn Kinder, von denen sieben überlebten. In den Augen ihrer GegnerInnen war Katharina eine »königliche Zuchtstute«. Nach dem Tod Heinrichs übernahm Katharina für ihre Söhne die Führung Frankreichs und hatte weit über ihre offizielle Regierungszeit hinaus einen bedeutenden Einfluß.

Katharina bemühte sich vor allem darum, den Streit zwischen Katholiken und Protestanten beizulegen. Das Religionsgespräch von Poissy 1561 und das Edikt von Saint-Germaine-en-Laye 1562, das den Hugenotten gewisse Rechte zusicherte, gingen auf ihre Initiative zurück. Als aber die antispanische Politik des Hugenottenführers Coligny überhandzunehmen drohte, ließ Katharina die Anführer des hugenottischen Adels, zusammen mit Tausenden von GlaubensgenossInnen, in der Bartholomäusnacht umbringen.

Das Bild Katharinas war und ist gespalten: Für die einen war sie eine grausame und machthungrige Intrigantin, die wegen der Umterstützung der Hugenotten Schuld trug an den verheerenden Bürgerkriegen. Für die andern war sie eine große Persönlichkeit, deren Politik das Ziel verfolgte, die Stellung der Krone und die Einheit des Staates durch eine Befriedung der Konfessionen und die Verständigung mit Spanien zu sichern. P.N.

## Katharina von Siena

geb. 25. März 1347 in Siena
gest. 29. April 1380 in Rom
italienische Mystikerin
Lit. 150, 222, 334, 492, 1071

Aus mystischen Versenkungen, Visionen und Ekstasen nährte sich die inbrünstige Gläubigkeit der Ordensfrau Katharina von Siena. Sie war aber auch fähig zu tatkräftigem Handeln. Gegen alle Konvention predigte sie öffentlich und mischte sich mit scharfer Kritik an Kirche und Papst in die Politik ein. Geboren 1347 als 24. Kind einer Färberfamilie, fühlte sie sich schon früh erwählt. Die von der Familie gewünschte Heirat lehnte sie ab und setzte ihre Aufnahme in den Dritten Orden der Dominikaner durch, einer Bewegung von LaiInnen, die ein Gott geweihtes Leben führten. Drei Jahre verbrachte sie zurückgezogen mit Gebet und Bußübungen und widmete sich dann karitativen Aufgaben in der Krankenpflege, Armen- und Gefangenenfürsorge. Angezogen von ihrem Charisma, scharte sich ein Kreis gleichgesinnter Frauen und Männer um sie. Bald war sie in ganz Europa bekannt, man erfuhr von ihrer Stigmatisation, sie wurde als Heilige verehrt, viele suchten ihren Rat – Fürsten, Mönche, Frauen, selbst der Papst. Die argwöhnisch gewordenen Oberen ihres Ordens bestellten sie zu einem Verhör nach Florenz, wo sie sich glänzend gegen gelehrte Theologen verteidigte, sie, die nicht lesen und schreiben konnte.

In den nun folgenden sechs Jahren setzte sie sich rastlos für Frieden und Versöhnung, für die Rückkehr des Papstes aus dem Avignoner Exil und für die Reform der Kirche ein. Sie unternahm beschwerliche Reisen und unterhielt einen umfangreichen Briefwechsel. 381 der Briefe, die sie ihren Sekretären diktierte, sind erhalten – ein bedeutendes literarisches Zeugnis der Zeit. Als Summa ihrer Glaubenserfahrungen und -lehren entstand ihr Hauptwerk *Der Dialog*, ein Gespräch zwischen Gott und der menschlichen Seele.

1377 hatten ihre Bitten und Beschwörungen endlich Erfolg: Papst Gregor XI. kehrte nach Rom zurück. Doch sonst waren ihrem Kampf fast nur Enttäuschungen und Mißerfolge beschieden. Als durch die Wahl eines Gegenpapstes in Avignon das Schisma der Kirche endgültig schien, sah sie ihr Lebenswerk gescheitert. Verzehrt von Kummer und Sorge, versagte ihr Körper, mühsam schleppte sie sich täglich zur Kirche, starb dann nach schwerem Todeskampf mit erst 33 Jahren in Rom, wo sie auch beigesetzt wurde. Das abgetrennte Haupt wurde im Triumphzug nach Siena gebracht, es wird seitdem in der Kirche San Domenico als Reliquie verehrt.

1461 wurde Katharina heiliggesprochen, 1939 neben Franz von Assisi zur Patronin Italiens ernannt und 1970 mit dem Titel »Kirchenlehrerin« ausgezeichnet. U.S.

# Angelika Kauffmann

geb. 30. Oktober 1741 in Chur
gest. 5. November 1807 in Rom
Schweizer Malerin
Lit. 352, 406, 649, 751, 937

Angelika Kauffmann ist eine der erfolgreichsten Künstlerinnen der Geschichte. Ihr Einfluß auf zeitgenössische und nachfolgende KünstlerInnen, ihr materieller Erfolg und nicht zuletzt ihre Werke waren außergewöhnlich. Als Kind geht sie mit ihrem Vater, einem Bregenzer Maler, auf Wanderschaft durch Italien und lernt von ihm die Basis des Handwerks. Sie wächst ihm künstlerisch im Nu über den Kopf und erhält schon sehr früh Porträtaufträge, denn das Porträtieren war die Domäne der Künstlerinnen.
In Rom trifft sie J.J. Winckelmann, unter dessen Einfluß sie den Klassizismus und damit eine ganz andere Themenwelt kennenlernt. Ihr Talent ist groß und wird bewundert, und mit 23 Jahren wird sie in die renommierte Accademia di San Luca aufgenommen.
1766 siedelt sie um nach London, wo ihre klassizistischen Themen den Nerv der Zeit und den Geschmack des Publikums treffen. Auch hier ist sie außerordentlich erfolgreich, »the whole world ist angelicamad«, sagt ein Zeitgenosse. Sie wird in die neugegründete Royal Academy of Art gewählt als eine von zwei Frauen für die nächsten 200 Jahre. Tatsächlich ist auch heute noch die Kauffmann-Rezeption in England am größten.
Aber 1781 verläßt sie London und geht mit ihrem Ehemann Antonio Zucchi wieder zurück nach Rom, wo sie bis zu ihrem Tod ein geselliges, der Kunst und den KünstlerInnen gewidmetes Leben führt. Zu ihrem engsten Freundeskreis zählt Goethe, durch den die Nachwelt Angelika als »lieb und gut« kennenlernt. Allerdings klingt in seinen Zeugnissen auch die Schattenseite ihres Lebens an: »Sie ist nicht glücklich wie sie es zu sein verdiente, bei dem wirklich großen Talent und bei dem Vermögen, das sich täglich mehrt. Sie ist müde, auf den Kauf zu malen, und doch findet ihr alter Gatte es gar zu schön, daß so schweres Geld für oft leichte Arbeit einkommt.« Sie stirbt 1807 als mehrfache Millionärin und wird mit großem Pomp in Rom begraben. C.S.

geb. 12. November 1929 in Philadelphia, USA
gest. 14. September 1982 in Monaco
amerikanische Schauspielerin
Lit. 109, 596, 802, 942, 1047

Grace Kellys Laufbahn als Schauspielerin begann kometenhaft. Nach Abschluß der Schauspielausbildung in New York 1949 arbeitet sie zunächst als Fotomodell, steht Reklame für Zahnpasta und Zigaretten, um sich von ihrem Vater, einem reichen Fabrikanten, finanziell unabhängig zu machen. Zwei Jahre später hat sie bereits in über 60 Fernsehfilmen mitgewirkt. Mit ihrem ersten großen Film »Zwölf Uhr mittags« legt sie 1954 den Grundstein zu einer großen Karriere. Filme mit Alfred Hitchcock folgen, darunter »Das Fenster zum Hof« und »Bei Anruf Mord«, und 1955 erhält sie für ihre Rolle in »Das Mädchen vom Lande« einen Oscar. Im selben Jahr lernt sie bei den Filmfestspielen in Cannes den Fürsten Rainier von Monaco kennen, *Paris Match* hatte das Treffen arrangiert. Rasch folgt im Januar 1956 die Verlobung und im April in Monaco die pompöse Hochzeit. Die Leinwandprinzessin bekommt auch im wirklichen Leben ihren Prinzen.

Grazia Patrizia, wie Grace nun heißt, wird zum Wirtschaftsfaktor, schon bald nach ihrer Hochzeit hat sich der TouristInnenstrom, Haupteinnahmequelle Monacos, verdoppelt. Grace geht es weniger gut. Die Fürstenfamilie verhält sich gegenüber dem »Starlet« reserviert, lange versteht und spricht sie die Sprache nur schlecht, bleibt stumm. Rainier ist der Ansicht, daß sich das Filmen mit den Aufgaben einer Landesmutter nicht verträgt und verbietet es ihr. Sie flüchtet sich in »standesgemäße« Aufgaben, übernimmt Wohltätigkeitspflichten, wird Präsidentin des Roten Kreuzes, gründet einen Gartenclub, fertigt Blumencollagen, entwirft Bettwäsche. Eine perfekte Mutter will sie sein, aber die drei Kinder sind widerspenstig, sie hat drei Fehlgeburten. Die Ehe mit Rainier ist schwierig, Grace wird zunehmend depressiver, ihr Alkoholkonsum steigt. Am 14. September 1982 stirbt sie nach einem Autounfall.
S.G.

Foto: Ullstein

geb. 29. November 1947 in Günzburg
gest. 1. Oktober 1992 in Bonn
deutsche Politikerin
Lit. 61, 75, 764, 899, 946

Im Jahr 1960 zieht die zwölfjährige Petra Karin Lehmann, die bis dahin behütet bei ihrer Großmutter aufwuchs, mit ihrer Mutter und dem Stiefvater John Kelly in die USA. Das (sprach)begabte Mädchen hat keine Probleme in der neuen Umgebung. »Geben Sie Petra die beste Ausbildung, die Sie ihr ermöglichen können. Was immer das Mädchen später einmal tun wird, es wird Hervorragendes leisten«, sagte der Rektor von Kellys Schule in Columbus, West Virginia, zu ihrer Mutter. Zwischen 1966 und 1970 absolviert sie in Washington ihr Politikstudium und lehrt dort im Anschluß als Dozentin. Mit einem Stipendium kommt sie nach Europa, wo sie ab 1971 als hochqualifizierte Beamtin bei der Europäischen Gemeinschaft in Brüssel arbeitet. Von dort aus mischt sie sich in die deutsche Politik ein: Sie ist u.a. Mitglied in der Deutschen Friedensgesellschaft und Vorstandsmitglied im Bundesverband Bürgerinitiativen Umweltschutz. 1979 aus der SPD ausgetreten, gehört sie zu den Gründungsmitgliedern der Grünen Partei. Sie war, wie Joschka Fischer sagte, »die herausragende Persönlichkeit bei der Gründung der Grünen Partei in Westdeutschland. Sie stand ganz allein als Person weltweit für die deutschen Grünen. Sie war gewiß kein bequemer Mensch, schon gar nicht leicht im Umgang und in der Zusammenarbeit, aber wer war das schon?« – »Nur wenn man auf die Wunde drückt oder schreit, wird sich etwas verändern«, lautete ihre Devise. Bei den Bundestagswahlen 1983 erreichten die Grünen 5,6 % der Stimmen und zogen in den Bundestag ein. Es war zum großen Teil der Verdienst der Symbolfigur Kelly. Ihr rückhaltloser Einsatz und ihre Aktionen für die Menschenrechte, für die Befreiung der Frau, für den Schutz von Minderheiten, für Gewaltlosigkeit, für die Friedensbewegung mobilisierten Massen. Ab 1984 begann ihr Stern innerhalb der Partei zu sinken. Da bildete sie, zusammen mit dem ehemaligen Bundeswehrgeneral Bastian, ein eigenes politisches Team. Wie fragil dieses geworden war, zeigte sich in der Nacht vom 1. Oktober 1992. Da erschoß Bastian zunächst die schlafende Petra Kelly und dann sich selbst. S.G.

Foto: Ullstein

geb. 6. Februar 1905 in Berlin
gest. 5. Mai 1982 in Köln
deutsche Schriftstellerin
Lit. 450, 451, 508, 541, 542

Ihre Biographie liest sich so spannend wie ihre sieben scharfsinnigen und ironischen Romane über die »Deutsche Wirklichkeit« (Klaus Mann) vom Ende des Ersten Weltkriegs bis zur zweiten Nachkriegszeit. Die Tochter wohlhabender, liberal gesinnter Eltern war zuerst Schauspielerin, bevor sie durch ihre Romane *Gilgi, eine von uns* (1931) und *Das kunstseidene Mädchen* (1932) schlagartig berühmt wurde. Beide Romane handeln von jungen Frauen, die sich aus kleinbürgerlicher Enge hinaussehnen und als »Neue Frau« unabhängig leben wollen.

Als die Nazis an die Macht kamen, wurden Keuns Bücher als dekadente »Asphaltliteratur« verboten. 1936 ging sie ins Exil. Ihr Mann, der 27 Jahre ältere Regisseur und Schriftsteller Johannes Tralow, blieb in Deutschland zurück, während ihr Geliebter, der jüdische Arzt Arnold Strauss, in den USA vergeblich auf sie wartete. Keun lebte jetzt mit dem österreichischen Schriftsteller Joseph Roth zusammen; sie reisten kreuz und quer durch Europa, unter ständigem Druck wegen Geld oder Visa. In dieser schweren Zeit verfaßte Keun immerhin vier Romane, in denen sie, wieder mit diesem scheinbar naiven Blick, nüchtern und satirisch ihre Beobachtungen über Nazi-Deutschland (*Nach Mitternacht*, 1937) oder das Exil (*Kind aller Länder*, 1938) wiedergab.

1940, beim Einmarsch der Deutschen, hielt Keun sich in Amsterdam auf. Sie konnte sich noch retten, indem sie mit falschen Papieren wieder nach Deutschland reiste, wo sie illegal und anonym das Ende des Krieges abwartete. In der konservativen Nachkriegsära gelang ihr das schriftstellerische Comeback nicht; sie verstummte und geriet in Vergessenheit. Erst Ende der 70er Jahre wurde sie wiederentdeckt. Ein Jahr vor ihrem Tod wurde sie die erste Preisträgerin des Marieluise-Fleißer-Preises der Stadt Ingolstadt. J.H.

# Johanna Kirchner

geb. 24. April 1889 in Frankfurt am Main
hingerichtet am 9. Juni 1944 in Berlin-Plötzensee
deutsche Widerstandskämpferin
Lit. 124, 203, 539, 761

Aufgewachsen in einer alten sozialdemokratischen Familie, schloß sich Johanna (Hanna) Stuntz als 14jährige der sozialistischen Arbeiterjugend an; mit 18 Jahren trat sie der SPD bei. Während des Ersten Weltkrieges und in den Jahren danach engagierte sich Kirchner, inzwischen verheiratet und Mutter zweier Töchter, zunächst sozialpolitisch: in der kommunalen Wohlfahrtspflege, in der Arbeiterwohlfahrt (die sie 1919 zusammen mit Marie Juchacz gründet) und in der SPD-Frauenpolitik.

Johanna Kirchner leistete von Anfang an aktiven Widerstand gegen die Nazis. Schon 1933 mußte sie emigrieren, denn ihre Mithilfe bei der geplanten Befreiung eines inhaftierten Nazi-Gegners lieferte den Anlaß für einen Haftbefehl.

Die Flucht vor der Gestapo führt Johanna Kirchner nach Saarbrücken, Forbach, Metz und Paris, Stationen, von denen aus sie – stark belastet durch die Trennung von ihrer Familie – den antifaschistischen Widerstand in Deutschland unterstützt. Sie übernimmt die Leitung des Saarflüchtlingskomitees, schreibt Berichte und Pläne für den SPD-Exilvorstand, beteiligt sich an der Produktion und Verbreitung illegaler Parteimaterialien und Flugblätter; sie betreut antifaschistische SpanienkämpferInnen und verhilft ihnen zur Flucht.

Johanna Kirchner wird verhaftet; 1942 liefert die Vichy-Regierung sie an die Gestapo aus. Auch ihre Tochter wird inhaftiert. Die Mutter wird wegen Hoch- und Landesverrats zu zehn Jahren Zuchthaus verurteilt. Anfang 1944 nimmt der Volksgerichtshof das Verfahren erneut auf. Johanna Kirchner stirbt, wie Lieselotte Herrmann, Liane Berkowitz und 2913 weitere Frauen und Männer in der Zeit von 1933 bis 45, in Berlin-Plötzensee unter dem Fallbeil der nationalsozialistischen Henker.
M.K.

geb. 25. Juni 1899 in Ingolstadt
gest. 24. Juli 1975 in Riehen bei Basel
deutsche Theologin
Lit. 127, 524, 555, 960

Als der geliebte Vater 1916 in Frankreich fiel, verließ Charlotte von Kirschbaum das Elternhaus und ließ sich in München zur Rotkreuzschwester ausbilden. Damals schon interessierte sie sich für theologische Fragestellungen, und durch einen Freund lernte sie die avantgardistische »dialektische Theologie« Karl Barths kennen. 1924 traf sie Karl Barth zum ersten Mal, und 1929 »nahm sie ihr Glück auf sich« und zog auf Wunsch Barths, der inzwischen eine Professur in Münster innehatte, zu dessen Familie. Barth war zu diesem Zeitpunkt bereits 16 Jahre mit Nelly Barth-Hoffmann verheiratet und Vater von fünf Kindern. Die »ménage à trois« entwickelte sich schwierig und spannungsreich – und sollte doch fast 40 Jahre dauern. Nelly versorgte Haushalt und Kinder, Charlotte teilte Barths intellektuelle Abenteuer. Sie erledigte seine Korrespondenz, als Zuarbeiterin für Vorlesungen und Vorträge lernte sie noch Latein, Griechisch und Hebräisch, und sie hatte keinen geringen Anteil an der Entstehung des imposantesten theologischen Werks des 20. Jahrhunderts, der 13bändigen *Kirchlichen Dogmatik*. Vermutlich 1930 machte ihr Heinrich Scholz, dessen Kant-Vorlesungen sie besuchte, um im Anschluß Barth zu berichten, einen Heiratsantrag. Aber die Arbeit mit Barth war ihr, so beschrieb es eine Freundin, »völliges Einssein im geistigen Austausch«, so daß sie ablehnte. 1935 erhielt Barth einen rettenden Ruf nach Basel, und dort schien sie sich schließlich aus ihrer »Schattenarbeit« zu lösen. Sie wird in die Landesleitung des Schweizer Nationalkomitees »Freies Deutschland« gewählt und engagiert sich in der Widerstandsbewegung. Sie verfaßt auch Eigenes: 1949 erscheint *Die wirkliche Frau*, eine Auseinandersetzung mit Simone de Beauvoirs »femme libre« und dem Bild der »marianischen Frau« in der katholischen Kirche. Mit ihren Thesen, die Frau sei »nachgeordnet« und »Hilfe« des Mannes, aber als »Gegenüber« gleichberechtigt, schien sie ihre eigene Position zu reflektieren. Anfang der 60er Jahre treten bei ihr Anzeichen einer zerebralen Störung auf, 1964 wird sie in ein Pflegeheim eingeliefert, wo sie noch zehn Jahre vor sich hin dämmert. Beigesetzt wird sie, auf Wunsch von Karl Barth, im Barthschen Familiengrab in Basel.
S.G.

geb. 16. Juli (?) 1194 in Assisi
gest. 11. August 1253 in San Damiano
italienische Ordensgründerin (Klarissen)
Lit. 350, 351, 559, 861, 1071

Papst Innozenz IV., der Klara kurz vor ihrem Tode besuchte, wollte sie schon bei ihrer Beerdigungsfeier heiligsprechen. So fasziniert war er – und mit ihm viele ZeitgenossInnen – von der starken Persönlichkeit Klaras, ihrer Gottesliebe und ihrer unbeirrbaren Treue zum franziskanischen Armutsideal.
Über 40 Jahre hatte Klara für dieses Ideal gekämpft. Zäh verteidigte sie es gegen jegliche Verwässerung durch die kirchliche Obrigkeit. Denn provozierend war er schon, dieser Anspruch auf Besitzlosigkeit.
So konnte Klara erst als Sterbende die ersehnte kirchliche Approbation ihrer Ordensregel entgegennehmen. Es war die erste Ordensregel in der Kirchengeschichte, die von einer Frau für Frauen geschrieben war. Sie weist erstaunlich demokratische Züge auf und betont die Eigenverantwortlichkeit jeder einzelnen Schwester.
Oft bezieht sich Klara in ihrer Regel auf Franz von Assisi. Dieser hatte sie als junge Frau für das Armutsideal gewinnen können, und seitdem waren beide einander in tiefer Verbundenheit zugetan.
Franz half Klara auch bei der abenteuerlichen Flucht aus ihrem reichen adeligen Elternhaus. Gemeinsam gründeten sie die Frauengemeinschaft von San Damiano vor den Toren von Assisi. Klara war damals knapp 18 Jahre alt. Bis zu ihrem Tode mit 59 Jahren blieb sie in strenger Klausur an diesem Ort.
Doch Klaras Ausstrahlung blieb trotzdem nicht auf die Klostergemeinschaft beschränkt: Viele Frauen in Europa hörten von ihrer Lebensweise und ließen sich von ihr zu derselben Lebensform inspirieren, so auch die Königstochter Agnes von Prag. Klaras Briefe an sie bezeugen ihre Warmherzigkeit und ihre leidenschaftliche Liebe zu Gott.
Beeindruckend war auch Klaras Mut und unbedingtes Gottvertrauen in schwierigen Situationen. Einem Sarazenenangriff auf das Kloster im Jahre 1240 setzte sie entschlossen das Gebet entgegen. Genauso handelte sie, als ein Jahr später das kaiserliche Heer Assisi belagerte. Beide Male zogen sich die Angreifer sofort zurück. U.SCH.

geb. 8. Juli 1867 in Königsberg
gest. 22. April 1945 in Moritzburg bei Dresden
deutsche Graphikerin und Bildhauerin
Lit. 103, 515, 529, 530, 538

Käthe Kollwitz ist eine der wenigen KünstlerInnen, die schon zu Lebzeiten anerkannt und berühmt waren. Doch auch sie mußte Vorurteile, Benachteiligungen und Konflikte ertragen, die Frauen noch heute behindern. Unter dem Einfluß der unkonventionell und sozial eingestellten Eltern bekam Käthe eine für die damalige Zeit sehr fortschrittliche Erziehung. Da Frauen an den meisten deutschen Kunstakademien noch nicht zugelassen waren, erhielt sie Privatunterricht im Zeichnen und besuchte die KünstlerInnenschulen in Bern und München.

Als sie 1891 den sozialdemokratischen Arzt Karl Kollwitz heiratete, war ihr Vater tief enttäuscht. Er glaubte, eine Frau könne nicht Beruf und Familie miteinander vereinen. Aber Kollwitz arbeitete weiter, obwohl sie in den nächsten Jahren zwei Söhne gebar. Ihr graphischer Zyklus »Ein Weberaufstand« brachte ihr auf der Großen Berliner Kunstausstellung 1898 den ersten durchschlagenden Erfolg. Trotzdem verweigerte Kaiser Wilhelm II. ihr die Goldmedaille, denn »Orden und Ehrenzeichen gehören auf die Brust verdienter Männer«. Erst 1919 wurde sie zum – ersten weiblichen – Mitglied der Preußischen Akademie der Künste ernannt.

Kollwitz' Schaffen zeichnet sich durch ein starkes, gefühlsbetontes Interesse vor allem an Frauen der ArbeiterInnenklasse aus; sie stellt ihre Stärke und Schönheit in einfacher, auf das Wesentliche reduzierter Form dar.

Nach dem Tod ihres Sohnes Peter im Ersten Weltkrieg wandelte sich Kollwitz von der Sozialrevolutionärin zur Pazifistin. Ihre späten graphischen und plastischen Arbeiten zeigen häufig Mütter, die ihre Kinder vor dem Krieg schützen wollen.

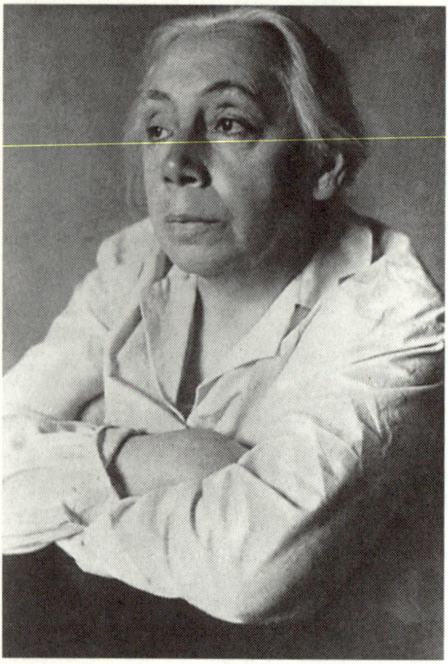

1936 erhielt sie von den Nazis indirektes Ausstellungsverbot.

Von ihrer Enkelin gepflegt, verbrachte Kollwitz ihre letzten Tage in ungeduldiger Erwartung des Todes, mit dem sie sich ihr Leben lang künstlerisch und geistig beschäftigt hatte. J.H.

# Gertrud Kolmar

geb. 1894 in Berlin
gest. 1943 vermutlich in Auschwitz
jüdisch-deutsche Schriftstellerin
Lit. 122, 531, 532, 939, 1109

Gertrud Kolmar schuf ein lyrisches Werk von großer Einprägsamkeit und visionärer Kraft. Zu ihren Lebzeiten wurde davon nur wenig veröffentlicht; sie blieb auch lange nach dem Krieg unbekannt. Ihre Gedichte kreisen um die vielfältigen Aspekte der weiblichen Identität, um Natur und Tiere als Gegenpol zur destruktiven Zivilisation und um das Leiden des jüdischen Volkes. Gertrud, die älteste Tochter einer wohlhabenden jüdischen Familie, war ein stilles, introvertiertes Kind. Nach dem Besuch der höheren Schule arbeitete sie als Erzieherin in Berlin und Hamburg. Ab 1928 lebte sie wieder im Elternhaus in einem Berliner Vorort.

Der 1931 verfaßte Roman *Eine Mutter* wurde erst 1965 gedruckt. Den Gedichtband *Die Frau und die Tiere* veröffentlichte Kolmar 1938 in einem jüdischen Verlag – bald darauf wurde das Buch von den Nazis eingestampft. Ein Kritiker erklärte sie zur »bedeutendsten jüdischen Lyrikerin seit … Lasker-Schüler«. Die innerlich zutiefst motivierte Dichterin brauchte solch »fremdes Lob« nicht: »heut weiß ich auch ohne Kritiker was ich als Dichterin wert bin, was ich kann und nicht kann.« In ihren Gedichtzyklen gestaltete sie Frauen, »die mit ungebärdigem, rebellischem Gestus ihren Lebensanspruch aussagen, sich gegen Unterwerfung und Verachtung zur Wehr setzen und auch im Erleiden ihr Selbstbewußtsein nicht aufgeben« (Schlenstedt).

Kolmar erwog die Emigration, blieb dann jedoch bei ihrem alten Vater. Nach dem Zwangsverkauf ihres Hauses zogen die beiden in eine Wohnung und wurden nach der »Kristallnacht« immer härteren Repressalien ausgesetzt. Ab Juli 1941 mußte Kolmar in einer Fabrik Zwangsarbeit verrichten. Im September 1942 wurde ihr Vater nach Theresienstadt, fünf Monate später sie selbst vermutlich nach Auschwitz deportiert. »So will ich auch unter mein Schicksal treten, mag es hoch wie ein Turm, mag es schwarz und lastend wie eine Wolke sein.« (Brief vom 15.12.1942)
J.H.

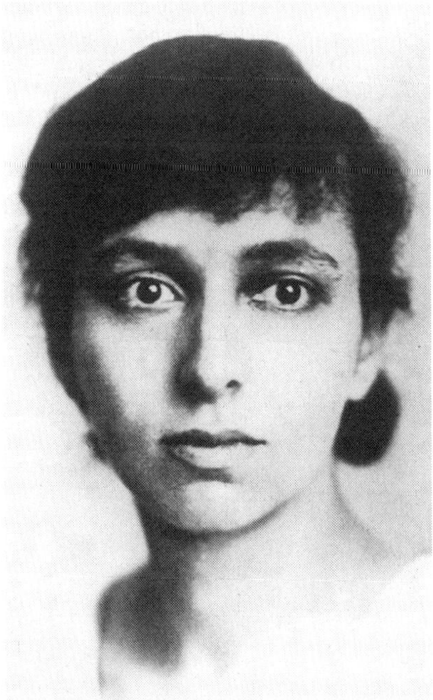

geb. 3. Januar 1850 in Moskau
gest. 29. Januar 1891 in Stockholm
russische Mathematikerin
Lit. 361, 534, 753, 982, 1081

Sie war Mathematikerin, Revolutionärin, Schriftstellerin, Ehefrau und Mutter. Sofia Kowalewskaja wurde 1850 in eine gebildete russische Landadelsfamilie geboren und zeigte sich schon als Kind von der Mathematik fasziniert. Sie selbst führte ihre Leidenschaft für dieses Fach in ihren *Jugenderinnerungen* auch auf einen glücklichen Zufall zurück: Die Niederschriften der mathematischen Vorlesungen des Vaters klebten als Tapetenersatz an den Wänden des Kinderzimmers im Landsitz, und die kleine Sofia brachte Stunden und Tage mit dem Versuch zu, den Sinn der mathematischen Formeln zu ergründen. 1868 heiratete sie zum Schein Wladimir Kowalewski, denn nur als verheiratete Frau bekam sie einen Paß, um im Ausland zu studieren. Solche Gefälligkeitsehen waren unter den russischen NihilistInnen üblich, zu denen auch Sofia gehörte und die jede Art von Unterdrückung bekämpften.

Während ihres Studiums in Deutschland vermochte sie die zeitgenössischen Gelehrten durch überragende mathematische Fähigkeiten so zu beeindrucken, daß diese ihre frauenfeindliche Einstellung zumindest gegenüber der schüchternen und bescheidenen Ausländerin Sofia Kowalewskaja überwanden. Obgleich ihr mathematisches Können unbestritten war, die Göttinger Universität sie 1884 *in absentia* promovierte und sie 1888 internationalen Ruhm mit der höchsten Auszeichnung, dem in Paris verliehenen Prix Bordin, errang, ermöglichte ihr nur die schwedische Universität in Stockholm kurz vor ihrem Tode eine Professur und damit ein Auskommen. In der Zwischenzeit gebar Kowalewskaja eine Tochter, aber ein Familienglück erlebte sie schon wegen der ständigen Geldsorgen nicht. Am Selbstmord ihres Mannes hat sie sich mitschuldig gefühlt und den Schmerz über den Tod ihrer geliebten Schwester durch schriftstellerische Tätigkeit zu überwinden versucht.

In Stockholm fühlte sie sich nicht heimisch. Ihr Wunsch, in ihrem Heimatland eine Professur zu bekommen, erfüllte sich nicht. Die vielen Reisen zwischen Rußland und dem Ausland (Stockholm und Paris, wo ihre Schwester wohnte) strapazierten ihre Gesundheit. An dem Hin- und Hergerissensein zwischen dem Wunsch nach einem glücklichen und geruhsamen Privatleben und den aufreibenden Anforderungen, wissenschaftliche Höchstleistungen zu vollbringen, verzehrten sich ihre seelischen und körperlichen Kräfte. Sie starb mit 41 Jahren an einem Lungenleiden. H.SCH.

# Hertha Kräftner

geb. 26. April 1928 in Wien
gest. 13. November 1951 in Wien
österreichische Schriftstellerin
Lit. 535, 536, 1083

Die österreichische Dichterin Hertha Kräftner starb mit 23 Jahren an einer Überdosis Veronal. Aus ihrer Lyrik und Prosa spricht eine Melancholie, die auch ihr Leben bestimmt hat. In dem Band »In Memoriam« nennt Hans Weigel sie eine »Selbstmörderin auf Urlaub«, deren Gemütszustand stark duch die Nichtanerkennung ihres Werkes beeinträchtigt war. Seine Bemühungen, Hertha Kräftner zu fördern, waren nur bedingt erfolgreich: Die »literarische Hoffnungslosigkeit« konnte letztlich nicht durch kleine Erfolge aufgewogen werden.

Geboren in Wien, später aufgewachsen im Burgenland, kehrte Hertha Kräftner 1946 nach Wien zurück, um dort Germanistik zu studieren. Sie war erfolgreich, ohne viel Aufwand zu betreiben. Sie verliebt sich und verarbeitet das Zusammenleben mit dem Geliebten in ihren »Notizen zu einem Roman in Ich-Form«:

... Ich aber muß an ihn denken. Er erfand uns ein Spiel, er nannte es »Umgeben«. Und manchmal empfand ich es tatsächlich, daß seine Haut sich öffne und mich einschließe wie ein Kleid. Er kam bisweilen von Sinnen, dann wollte er mir die Haut auftun und sich an meine Adern legen.
(*Das blaue Licht*)

Aber hier spricht sie nicht nur Leidenschaft an, sondern auch Gewalt – ein Thema, das sie schon früher in *Abend* behandelt hat:

Er schlug nach ihr. Da wurde ihr Gesicht
sehr schmal und farblos wie erstarrter Brei.
Er hätte gern ihr Hirn gesehn. – Das Licht
blieb grell. Ein Hund lief draußen vorbei.

Sie dachte nicht an Schuld und Schmerz und nicht
an die Verzeihung: Sie dachte keine Klage.
Sie fühlte nur den Schlag vom nächsten Tage
voraus. Und sie begriff auch diesen nicht

In ihrem Werk tritt der Tod immer stärker in den Vordergrund. Beinahe gelassen spielt sie die Fragen »der anderen« nach den Gründen für ihren Tod durch. Aber: »Die wirkliche Ursache, warum der Tod einen trifft, zu wissen, ist niemals möglich; wirklich ausschlaggebend ist nur, daß der Tod auch nach Teheran kommt.« B.S.

# Lee (Leonore) Krasner

geb. 27. Oktober 1908 in Brooklyn
gest. 19. Juni 1984 in New York
amerikanische Malerin
Lit. 155, 436, 561, 582, 846

Lena Krasner, die sich später Leonore oder Lee nennt, ist die Tochter eines aus Rußland eingewanderten jüdischen GemüsehändlerInnenpaars. Sie verbringt eine harte Jugend unter zahlreichen Geschwistern und entscheidet sich schon früh für eine Existenz als Künstlerin. Sie studiert ab 1926 an der Women's Art School of Cooper Union, dann an der National Academy of Design.

Schließlich wird Hans Hofmann, einer der einflußreichsten Kunstlehrer des 20. Jahrhunderts, ihr Mentor. Krasners Lebenswerk umfaßt über 600 Gemälde, Mosaiken und Collagen, die größtenteils dem Stil der New Yorker Schule des abstrakten Expressionismus zugerechnet werden. Eine kraftvolle Malweise und große Farbigkeit zeichnen ihre Werke ebenso aus wie das Wagnis, auch das Thema Gewalt nicht auszuklammern.

Zehn Jahre, bis 1939, lebt sie mit dem russischen Maler Igor Pantuhoff zusammen, doch die Beziehung scheitert. Mit Jackson Pollock, vier Jahre jünger als Lee, lernt sie 1936 einen Mann kennen, den sie für genial hält und in dessen Schatten sie fortan lebt und arbeitet. Obgleich selbst außerordentlich begabt, setzt sich Krasner nun hauptsächlich für Pollock und seine radikalen Spritz- und Retuschierbilder ein. Als es zu finanziellen Engpässen kommt, kratzt sie sogar die Farbe von ihren eigenen Gemälden, um Malflächen für den Partner zu schaffen. Die beiden heiraten im Oktober 1945, doch verläuft die Ehe nicht unproblematisch. Pollock leidet an Alkoholismus und muß immer wieder Entziehungskuren durchstehen. 1956 verliebt er sich in das junge Modell Ruth Kligman. Lee vereinbart mit ihm eine Trennungsphase, um zu einer Entscheidung über das weitere Zusammenleben zu finden. Doch ein Autounfall beendet sein Leben am 11. August 1956. In dieser Zeit privaten Unglücks erlebt Krasner jedoch den weltweiten Durchbruch. Ihre erste Soloausstellung findet 1955 in New York statt, danach erntet die Künstlerin immer größere Anerkennung, die 1965 in einer Retrospektive in der Londoner Whitechapel Art Gallery gipfelt. Ihre Arbeiten, zunächst von Matisse und Picasso beeinflußt, zeigen zunehmend auch Stilelemente des verstorbenen Ehemanns. Bis ins hohe Alter ist Lee Krasner künstlerisch tätig. Mit ihrem Vermögen als Grundstock wird die Pollock-Krasner-Stiftung ins Leben gerufen, die sich seit 1985 um bedürftige KünstlerInnen kümmert. A.E.R.

# Nadeschda Krupskaja

geb. 26. Februar 1869 in Petersburg
gest. 27. Februar 1939 in Moskau
russische Politikerin und Pädagogin
Lit. 52, 548, 549, 660, 1080

Nadeschda Konstantinowna Krupskaja, promovierte Pädagogin und Mitbegründerin des sowjetischen Erziehungssystems, war die Ehefrau und Kampfgefährtin Lenins. Rund 30 Jahre lebte sie an seiner Seite und für ihn und widmete im übrigen ihre ganze Kraft der ArbeiterInnenklasse. Sie erlebte die Anfänge der ArbeiterInnenbewegung, den Aufbau der Partei, deren Sieg bei der Oktoberrevolution.

Krupskajas Memoiren sind eine wichtige Quelle zur Biographie Lenins und zur Geschichte der Kommunistischen Partei. Leider sind Aussagen über sie selbst darin kaum zu finden.

1894 lernt die engagierte Lehrerin (sie unterrichtet in der Abend- und Sonntagsschule erwachsene Arbeiter) in einem marxistischen StudentInnenzirkel Lenin kennen. Sie führen »endlose« Gespräche miteinander. 1896 muß Krupskaja wegen Flugblattagitation für die verbotene Arbeiterpartei zwei Jahre ins Gefängnis und anschließend drei Jahre in die Verbannung nach Ufa. Sie heiratet dort den ebenfalls verbannten Lenin. Gemeinsam schreiben sie an der *Entwicklung des Kapitals in Rußland*. Krupskaja liest viel; mitunter beteiligt sie sich an Hasenjagden.

Unter dem Druck des zaristischen Regimes müssen beide emigrieren. Sie führen, u.a. in Paris, London, Genf und Finnland, ein Leben in der Illegalität unter verschiedenen Namen.

Krupskaja arbeitet als Sekretärin Lenins; sie geben die Zeitschrift *Iskra* heraus und kämpfen für die illegale Organisation der Partei. 1917, nach der Oktoberrevolution, schickt Lenin Krupskaja »an die Bildungsfront«. Sie sehen sich nur noch gelegentlich zu Spaziergängen. Ab 1921 unterrichtet Krupskaja an der Akademie für politische Bildung. Nach Lenins Tod (sie überlebt ihn um 15 Jahre) widmet sie sich der Partei, nimmt als Delegierte an Kongressen teil, hält Vorträge und nimmt Auszeichnungen entgegen. Ihr Grab befindet sich auf dem Roten Platz nahe der Kremlmauer. U.R.

# Agnes von Krusenstjerna

geb. 9. Oktober 1894 in Växsjö
gest. 10. März 1940 in Stockholm
schwedische Schriftstellerin
Lit. 405, 550, 558, 809

Agnes von Krusenstjerna gehörte einer bekannten schwedischen Adelsfamilie an. Ihr Leben war ein Protest gegen das Dasein in diesem Milieu. Sowohl ihre periodisch auftretende Geisteskrankheit als auch ihre Eheschließung mit dem nicht standesgemäßen und allseits unbeliebten David Sprengel sind als Formen dieses Protests verstanden worden. Am reflektiertesten zeigt sich die Auflehnung jedoch in ihrem literarischen Werk. Dessen Radikalität gipfelt in dem siebenbändigen Romanzyklus *Die Fräulein von Pahlen*, der die heftigste literarische Debatte – über Pornographie und literarische Freiheit – dieses Jahrhunderts in Schweden auslöste. Doch wird die Thematik ihrer Werke mit dem Hinweis auf weibliche Sexualität und die Auseinandersetzung mit dem Adel meist zu eng umrissen. Es handelt sich vielmehr um breit angelegte Kollektivromane, die weibliche Lebens(un)-möglichkeiten durchspielen und utopische Visionen einer weiblichen Welt entwerfen.

Wenn ihre Arbeiten, mit drei großen Romanzyklen im Zentrum, heute nicht zum offiziellen Kanon der schwedischen Literatur gehören, dann gibt es dafür viele schlechte Gründe. Die Autorin war – zumindest zeitweise – geisteskrank, ihr Werk ist, so heißt es, politisch uninteressant und literarhistorisch schwer zu plazieren. Sie ist von ihrem Mann so stark beeinflußt worden, daß zum Teil von Kollaboration gesprochen werden kann, und sie war – zu allem Überfluß – eine Frau, die sich hauptsächlich mit weiblichen Problemen auseinandergesetzt hat. Aus eben denselben Gründen kann frau ihr Leben und ihr Werk als faszinierend und herausfordernd empfinden: die Geisteskrankheit als Fluchtstrategie deuten, das Schreiben wiederum als Therapie; die Kollaboration von EhepartnerInnen unter weiblicher Federführung als Beitrag zu einer noch nicht abgeschlossenen Pornographie-Debatte; die literar-historische Eigentümlichkeit als Herausforderung an die Frauenliteraturgeschichtsschreibung, denn als Glied in einer weiblichen Traditionskette hat sich Krusenstjerna zumindest selbst gesehen. Politisch uninteressant erscheint ihr Werk ohnehin nur denen, die Frauenprobleme nicht als politisch begreifen. In diesem Sinne laden die Mythen und Legenden um das Leben der Krusenstjerna ein zur feministischen Dekonstruktion. Einen Versuch hat Mai Zetterling mit ihrem Film *Amorosa* gemacht. A.H.

# Umm Kulthum

geb. 30. Dezember 1898 (?) in Tamay az-Zuhaira (Dorf im Nildelta, Ägypten)
gest. 3. Februar 1975 in Kairo
ägyptische Sängerin
Lit. 116, 187, 266

Als sich der Vorhang zu ihrem letzten Konzert hob, empfing das Publikum sie mit einem 30minütigen Applaudieren und Rufen: »O Stern der Sterne!« Schon die Einleitung ihres Liedes »Liebe der Nacht« mußte sie zweimal wiederholen. Als sie nach 45 Minuten die erste Strophe beendet und bereits einmal wiederholt hatte, verlangte das Publikum noch eine Zugabe. Der Komponist und Orchesterchef meinte: »Bei Gott, etwas Schöneres gibt es nicht.« Als der Vortrag zu Ende war, raste die Menge.

Umm Kulthum, ein einfaches Mädchen vom Lande, machte eine einzigartige Karriere: sie wurde zur reichsten und bekanntesten Sängerin der arabischen Welt. Vor allem aber ist es ihr Verdienst, die anspruchsvolle klassische arabische Dichtung durch ihren Gesang ins Volk getragen zu haben, wofür sie von der ganzen arabischen Welt verehrt und geliebt wird.

Für die Tochter einer armen Familie war es nicht selbstverständlich, daß der Vater, ein Imam an der Dorfmoschee, ihr den Besuch einer Koranschule ermöglichte. Sein geringes Gehalt besserte er als Sänger religiöser Lieder bei festlichen Veranstaltungen auf. Er unterrichtete nicht nur Umm Kulthums Bruder, sondern auch sie selbst im Gesang. Im Alter von etwa neun Jahren begann ihre Laufbahn als Sängerin religiöser Lieder. Zunächst trat sie mit Vater und Bruder in Provinzorten auf. Dabei trug sie Jungenkleidung, da der Auftritt eines Mädchens bei religiösen Festen undenkbar gewesen wäre.

Zu ihrem kometenhaften Aufstieg in Kairo in den 20er Jahren trugen die neuen Medien bei. Als 1934 der ägyptische Rundfunk zu senden begann, war Umm Kulthum die erste arabische Künstlerin, die über Kurzwelle öffentlich auftrat. 30 Jahre lang hatte sie jeden Donnerstag ihren festen Programmplatz und wurde in allen arabischen Ländern gehört.

Ab 1952, unter Nasser, erhielten ihre Lieder und Rundfunksendungen eine neue Dimension. Mit ihrer Radiosendung gelang ihr, worum arabische Politiker sich vor und nach ihr vergeblich bemühten: die AraberInnen von Ost und West in ihrem Zusammengehörigkeitsgefühl zu stärken. Das einigende Element waren ihre Lieder, mit denen sie die Menschen verzauberte. »Der Stern des Orients« erhielt zahlreiche Auszeichnungen und Orden.

Als sie am 3. Februar 1975 starb, trauerte die gesamte arabische Welt. Ihr wurde ein Staatsbegräbnis zuteil, das sonst nur wenigen hohen Politikern vorbehalten ist. Noch heute werden ihre Lieder gern gehört und gespielt. I.B./G.Y.

# Marie-Madeleine de Lafayette



geb. (?)/getauft 18. März 1643 in Paris
gest. 25. Mai 1693 in Paris
französische Schriftstellerin
Lit. 557, 869, 918, 1101

Mme de Lafayette – sie schrieb ihren Namen stets in einem Wort – wurde berühmt durch ihren in der Weltliteratur wegweisenden Roman *La princesse de Clèves*. Bis heute blieb er lesbar, ja aktuell in seiner Forderung nach einer gleichberechtigten, aufrichtigen Liebesbeziehung zwischen den Geschlechtern. Erst die Frauen der Romantik stellten wieder solche Ansprüche. Der psychologische Roman des 19. Jahrhunderts variierte Lafayettes Thema einer Dreiecksbeziehung, zwischen Leidenschaft und Vernunft, dann unendlich oft (Balzac, Flaubert, Tolstoi …).

Die junge Marie-Madeleine erhielt eine sorgfältige Erziehung. Sie sprach Italienisch und sogar Latein. Nach drei Monaten verstand sie besser Latein als ihre beiden berühmten Lehrer.

Seit der Geburt ihrer beiden Söhne lebte Lafayette in Paris, meist getrennt von ihrem Mann, der in der Provinz blieb. Ihr Salon war ein Mittelpunkt des literarischen Lebens. Lafontaine, Racine, Molière trafen sich dort. Eine lebenslange Liebe verband sie mit La Rochefoucauld – er ist der M. de Nemours in *La princesse de Clèves* – und mit Mme de Sévigné, in deren Briefen sie fortlebt. Politischen Einfluß am Hof Ludwigs XIV. nahm Lafayette u.a. als enge Vertraute von Henriette d'Angleterre, der Gattin des Dauphin.

Lafayette schrieb zum eigenen Vergnügen – und unter Pseudonym. So gab es immer wieder Versuche, ihre Autorinnenschaft an *La princesse de Clèves* anzuzweifeln.

Als Mme de Lafayette nach langem Kränkeln starb, schrieb Mme de Sévigné über ihre 40 Jahre währende Freundschaft: »Nie hat auch nur die kleinste Wolke unsere Freundschaft getrübt, noch hat Gewohnheit vermocht, meine Bewunderung für ihre Gaben des Herzens und des Geistes abzustumpfen.« B.R.

geb. 20. November 1858 in Mårbacka (Värmland)
gest. 16. März 1940 in Mårbacka
schwedische Schriftstellerin
Lit. 82, 169, 482, 518, 903

Für ihr Erstlingswerk *Gösta Berling* (1891) bekam sie 1909 als erste Frau den Nobelpreis für Literatur der Schwedischen Akademie, deren erstes weibliches Mitglied sie 1914 wurde. Dieser Roman und das Kinderbuch *Wunderbare Reise des kleinen Nils Holgersson mit den Wildgänsen* (1906/1907) begründeten ihren Ruhm weit über Schweden hinaus, wurden doch ihre Werke in über 40 Sprachen übersetzt.

Selma Lagerlöf wuchs auf dem Gutshof ihrer Eltern in Värmland auf. Dort lebten noch Wölfe und Bären in den dichten Wäldern, das Land war schwach besiedelt, und die Winter waren dunkel und lang. In Lagerlöfs Familie wurde eine hohe Erzählkunst gepflegt. Besonders die Erzählkunst der Großmutter, die sie früh mit Märchen, Mythen, Legenden, historischen und literarischen Ereignissen vertraut machte, beeindruckte Selma tief.

Unterrichtet wurde Selma Lagerlöf und ihre Schwester Gerda von Gouvernanten. Als Kind war Selma fast immer krank; einmal, nach einem Bad in der kalten Quelle, zeigten sich Lähmungserscheinungen in den Beinen. Erst nach einem Jahr konnte sie wieder laufen, doch eine Hüfte blieb steif. Ihr Hinken verbarg sie, indem sie immer sehr langsam ging. »Diese Behinderung hat mich gezwungen, stillzusitzen und in mich hineinzuschauen, und das ist der Grund, warum ich Schriftstellerin wurde.« 1881 ging Selma Lagerlöf nach Stockholm, besuchte ein Lyzeum und ließ sich in einem Lehrerinnenseminar zur Lehrerin ausbilden. Diesen Beruf, den sie mit großem Engagement ausübte, gab sie 1897 auf und widmete sich nun ganz ihrer Arbeit als Schriftstellerin. Sie war inzwischen weltberühmt und in Schweden selbst schon fast zu einer Legende geworden, so beliebt und bewundert war ihr Werk. Mauritz Stiller verfilmte erfolgreich mit Greta Garbo den *Gösta Berling*, aber noch weitere zehn ihrer Bücher wurden verfilmt. Mit ihrer geliebten Freundin, Sophie Elkan, bereiste sie ungefähr fünfzehn Jahre lang fast alle europäischen Länder, Palästina und Ägypten.

Im Ersten Weltkrieg setzte sie sich für Flüchtlingskinder ein und rief zu karitativen Tätigkeiten auf. Aber sie war auch als Frauenrechtlerin aktiv und plädierte für das Frauenwahlrecht und für eine bessere Erziehung und bessere Arbeitsmöglichkeiten für Frauen. Zweimal lehnte sie es ab, in das schwedische Parlament als Abgeordnete gewählt zu werden. Sie lebte lieber als Schriftstellerin und Gutsherrin auf Mårbacka, das sie 1908 nach einer Versteigerung wieder zurückkaufen konnte. Durch Selma Lagerlöfs Intervention konnten Nelly Sachs und ihre Mutter noch in letzter Minute aus Nazi-Deutschland fliehen. S.D.

geb. 5. Juli 1877 in Warschau
gest. 16. August 1959 in Lakeville, Connecticut
polnische Cembalistin, Pianistin und Musikwissenschaftlerin
Lit. 210, 819

»Die Hohepriesterin des Cembalos«, »prima clavicembalista assoluta« oder »Bachantin«, wie der Dirigent Arthur Nikisch Wanda Landowska wegen ihrer intensiven Bachstudien nannte, wurde in Warschau als Tochter einer Sprachforscherin und eines Rechtsanwalts geboren. Mit vier Jahren begann sie Klavier zu spielen. Sie studierte in Warschau und Berlin.

1900 zog sie nach Paris, wo sie ihren Landsmann, den Schriftsteller Henri Lew, heiratete. Zusammen schrieben sie das Buch *Musique Ancienne*. 1903 stellte Landowska erstmals das von ihr wiederentdeckte Cembalo im Konzertsaal vor. Sie widmete sich bis an ihr Lebensende der Wiederbelebung der Musik des 17. und 18. Jahrhunderts und schrieb zahlreiche Werke zur Interpretation.

1913 zur Professorin einer eigens für sie eingerichteten Cembaloklasse an der Berliner Hochschule für Musik ernannt, durfte sie während des Ersten Weltkriegs als Ausländerin in Berlin zwar unterrichten, nicht jedoch veröffentlichen. Ab 1918 setzte sie ihre Lehrtätigkeit in Paris fort und unternahm von dort aus weite Konzertreisen.

1925 gründete sie bei Paris eine »Schule für Alte Musik«; außerdem ließ sie einen Konzertsaal in ihrem Garten bauen, der zum Treffpunkt von MusikliebhaberInnen aus aller Welt wurde.

1933 spielte sie dort zum ersten Mal die Goldberg-Variationen von Bach. Auf ihre Anregung hin schrieben zahlreiche Komponisten wie Poulenc oder de Falla Werke für das Cembalo.

Als sich 1940 die Nazitruppen näherten, verließ Landowska Paris. Ihre Schule, ihre wertvolle Bibliothek mit Originalhandschriften und ihre kostbare Sammlung alter Instrumente wurden von den Deutschen geplündert.

Landowska lebte bis zu ihrem Tod in Connecticut, USA, wo sie Platten aufnahm, unterrichtete, komponierte und mehrere Werke über alte Musik verfaßte.

E.R.

geb. 9. April 1848 in Oldenburg
gest. 13. Mai 1930 in Berlin
deutsche Frauenrechtlerin
Lit. 44, 357, 565, 566, 894

Helene Lange hat grundsätzlich nie einen Brief aufbewahrt – »Privates fand sie nicht so interessant« (Gertrud Bäumer). Über persönliche Erlebnisse und Gefühle hat sie in ihren Lebenserinnerungen (1921) kaum etwas geschrieben. Um so größeren Raum nehmen die Berichte über den Kampf um die Verbesserung der Mädchen- und Lehrerinnenausbildung in Preußen ein. Bekanntgeworden als Verfasserin der sog. »Gelben Broschüre« (1887), in der sie in scharfer Form die Mädchenbildung kritisiert, gründet sie 1890 den Allgemeinen Deutschen Lehrerinnenverein (ADLV). Aufgrund ihrer Initiativen machen 1896 erstmals sechs Frauen die Reifeprüfung in Berlin. Helene Lange hat entscheidend dazu beigetragen, Frauen bürgerlicher Schichten das Studium in Deutschland zu ermöglichen und ihnen Berufschancen zu eröffnen. Den Lebenserinnerungen läßt sich – trotz aller Verschlossenheit in »Gefühlsdingen« – entnehmen, wie sehr Helene Lange, geboren am 9. April 1848 in einem mittelständisch-kaufmännischen Elternhaus in Oldenburg, als sechsjähriges Mädchen die verstorbene Mutter vermißt hat. Diese Sehnsucht nach der Mutter mag sich in ihren Auffassungen über die Wesensverschiedenheit der Geschlechter niedergeschlagen haben: Mütterlichkeit ist für sie die Wesensbestimmung der Frau, auch der kinderlosen. Als Ziel schwebt ihr vor, die männlich geprägte Welt mit all ihren Fehlentwicklungen durch den weiblichen Kultureinfluß zu verbessern. Sie leistet allerdings damit der Gefahr Vorschub, Frauen auf Ehe und Familie oder auf die typisch weiblichen Lehr- und Sozialberufe zu beschränken.

Die Betonung der Mütterlichkeit ist denn auch von der zweiten Frauenbewegung vielfach kritisiert worden. Unbestritten gilt Helene Lange aber als die bedeutendste Repräsentantin des gemäßigten Flügels der deutschen Frauenbewegung. Von 1894 bis 1905 war sie Vorstandsmitglied des Bundes deutscher Frauenvereine und Vorsitzende des Allgemeinen deutschen Frauenvereins. Helene Lange litt an einer Augenkrankheit und hätte ohne die Hilfe Gertrud Bäumers (1873–1954) nicht weiterarbeiten können. Sie wurden Lebensgefährtinnen und gaben gemeinsam das fünfbändige Handbuch der Frauenbewegung, ein Standardwerk über die erste deutsche Frauenbewegung, und die Zeitschrift »Die Frau« (1893ff.) heraus. H.SCH.

geb. 23. Februar 1899 in Alzey (Rheinhessen)
gest. 25. Juli 1950 in Karlsruhe
deutsche Schriftstellerin
Lit. 244, 249, 423, 441, 567

Als Elisabeth Langgässers Roman *Das unauslöschliche Siegel* im Herbst 1946, nach zehn Jahren Arbeit, erschien, war die Dichterin unbekannt. Zehn Jahre vorher hatte man sie wegen ihrer jüdischen Herkunft von Vaterseite aus der Reichsschrifttumskammer ausgeschlossen; sie erhielt Publikationsverbot.
1946 änderte sich das schlagartig. Ihr neuer Roman um das Geschick des getauften Juden Lazarus Belfontaine brachte Elisabeth Langgässer in den Mittelpunkt der literarischen Diskussion. Ihr Roman galt neben Hermann Kasacks *Stadt hinter dem Strom* als Beispiel »großer, unter dem nationalsozialistischen Terror gestalteter Kunst«.
Elisabeth Langgässer kämpfte lange Zeit unter dreifacher Belastung um ihr Werk: Bereits 1930 gibt sie ihre feste Anstellung auf (ihre Arbeit als Lehrerin hatte sie ein Jahr vorher verloren aufgrund der vorehelichen Geburt der Tochter Cordelia) und geht das Risiko ein, als freie Schriftstellerin ihren Lebensunterhalt zu verdienen. Es kommt zu Konflikten zwischen ihrer Mutterrolle und ihrem schriftstellerischen Ehrgeiz, d.h. dem Freiraum, den sie für ihre Arbeit benötigte: »Eins steht fest: man hat ein Kind – dann ist das ein vollkommen ausgefüllter Tag. Oder einen Beruf – dann muß man das Kind in andere Hände geben.«
Weil die Tochter Cordelia einen jüdischen Vater hat, wird sie aus der Familie gerissen, zuerst nach Theresienstadt, dann nach Auschwitz deportiert. Sie überlebt. Erst 1946 erfährt Elisabeth Langgässer, daß die Tochter in Schweden lebt. Sie selbst lebt in einer »privilegierten Mischehe«, in der sie, die Halbjüdin, durch die Ehe mit dem »Arier« Wilhelm Hoffmann, geschützt ist. Lange Zeit war sie politisch blind gewesen: als Elisabeth André, eine Freundin, erfährt, daß am 5. März 1933 die gesamte Langgässer-Familie, also Mutter, Tochter Elisabeth und Bruder Heinrich, Hitler gewählt hat, sagt sie entsetzt: »Ja, seid ihr denn von Sinnen. Nur die allergrößten Kälber wählen ihren Metzger selber.«
Geholfen hat es ihr nicht: 1944 wird Langgässer zu Fabrikarbeit dienstverpflichtet.
Elisabeth Langgässer – deutsche Jüdin katholischen Glaubens – hat das Jüdisch-Sein bestenfalls als Mißverständnis, später dann als »Webfehler« verstanden. So schreibt sie 1948 an den Schriftststeller Kurt Heinrich Hansen: »Übrigens muß ich Ihnen noch etwas Kurioses sagen: Ich bin Halbjüdin (daher mein blutsmäßiges Wissen um die Antike und das ganz frühe Mittelalter) und war in der Nazizeit verboten. Ich, der die deutsche Sprache geheime Dinge in das Ohr sagt, wie ich glaube ...«
S.S.

Foto: Ullstein

geb. 11. Februar 1869 in Elberfeld, Westfalen
gest. 22. Januar 1945 in Jerusalem
deutsch-jüdische Schriftstellerin
Lit. 42, 68, 520, 569, 570

Else Lasker-Schüler ließ sich weder von ihrer Herkunft, ihrem Geschlecht noch von ihrer Zeit einschränken. Als Prinzessin Tino von Bagdad und Prinz Jussuf von Theben machte sie sich in den Jahren zwischen 1899, als ihre ersten Gedichte erschienen, und 1933, als sie ins Exil floh, zu einer der eigenwilligsten und ungewöhnlichsten Figuren der Berliner Boheme und zu einer Dichterin, die ihre Zeitgenossen ernst nehmen mußten. 1919 wurde ihr Drama *Die Wupper* im Deutschen Theater erfolgreich uraufgeführt, im selben Jahr begann der Verlag Paul Cassirer mit einer zehnbändigen Gesamtausgabe ihrer Gedichte und Prosatexte. 1932 erhielt sie den angesehenen Kleistpreis.

In ihren Werken schuf sie eine exotisch gefärbte, von intensiven Bildern und Gefühlen bestimmte Welt, in der das jüdisch-bürgerliche Elternhaus, die unbefriedigenden Beziehungen zu Männern und eine tiefe Sehnsucht nach Erlösung zu Legenden verwoben wurden. Eine Welt, die Schönheit, Sinn und Versöhnung stiften und das Ungenügen des Lebens in der Dichtung aufheben sollte. So exzentrisch ihre Erscheinung, so kindlich-naiv ihre Haltung wirken mochte, so konsequent suchte sich Lasker-Schüler nach zwei geschiedenen Ehen als unabhängige Dichterin und alleinerziehende Mutter ihres geliebten, früh verstorbenen Sohnes Paul mit Leseauftritten und Veröffentlichungen durchzubringen.

Das Exil in der Schweiz und in Jerusalem wurde für die mittellose alte Frau und vereinsamte Künstlerin zur letzten Konfrontation mit der Realität des Leidens und des Todes, der sie sich in ihrem vielleicht schönsten Gedichtzyklus *Mein blaues Klavier* (1943) nun offen stellte. Den Traum von einer Versöhnung zwischen Deutschen und Juden aber, den sie in ihren Werken gelebt und beschworen hatte, gab sie bis zu ihrem Ende nicht auf. Das Buch widmete sie »Meinen unvergeßlichen Freunden und Freundinnen in den Städten Deutschlands – und denen, die wie ich vertrieben und zerstreut. In Treue!« C.Z.R.

geb. 24. November 1848 in Würzburg
gest. 17. Mai 1929 in Berlin
deutsche Sängerin
Lit. 210, 279, 448, 581

»Um die allerletzte ideale Vollendung zu erlangen, dazu ist die Gesangskunst zu schwer und das Leben zu kurz.« (Lilli Lehmann)

Lilli Lehmann war dank ihrer in jahrelangen Studien erworbenen Technik eine unglaublich vielseitige Sängerin: »Kaum hatte sie in Berlin das Ännchen im ›Freischütz‹ gesungen, da trat sie in London als Isolde auf – die Singspiel-Soubrette und die hochdramatische Heroine in einer Person.« (Honolka)

1896 schrieb sie in einer ihrer gesangspädagogischen Abhandlungen: »Eine gute Sängerin muß unbedingt beides – kolorierten und dramatischen Gesang – können. Denn beides ist durch Fleiß, Streben und Nachdenken zu erreichen. (…) Der einzige Unterschied zwischen alter und neuer Gesangsausbildung besteht darin, daß früher die Leute sechs bis acht Jahre Unterricht hatten in Spiel und Gesang und daß man das jetzt in einem Jahr absolviert. In so kurzer Zeit läßt sich gar nichts erreichen.«

Anders als bei vielen ihrer Kolleginnen verlief Lehmanns Karriere »so bürgerlich, wie ihr Name klingt«. Ihr Vater war ein trunksüchtiger Heldentenor, von dem ihre Mutter, die Sängerin, Gesangspädagogin und Harfenistin Marie Lehmann-Löw, sich bald trennte. Die Mutter bildete ihre beiden Töchter Lilli und Marie (1851–1931) zu Sängerinnen aus: Beide traten später oft gemeinsam auf. Lilli widmete Marie ihre fast 600 Seiten starke Autobiographie *Mein Weg* (1913).

Lehmann begann ihre Laufbahn in Prag als »erster Knabe« in der »Zauberflöte«. (Mit der »Zauberflöte« beschloß sie auch ihre Bühnentätigkeit – diesmal als Regisseurin in Salzburg, 1910). 1869 ging sie an die Königliche Oper Berlin, der sie 15 Jahre angehörte. Als während eines Gastspiels in New York von Berlin keine Verlängerung bewilligt wurde, brach sie den Kontrakt und blieb fünf Jahre in den USA, im deutschen wie im italienischen Fach »Lorbeeren und Dollars in Hülle und Fülle einheimsend«.

»Der charakteristischste Zug an dieser gescheiten, selbstbewußten, energischen Frau ist der zur Universalität.(…) Sängerin, Regisseurin, Organisatorin von Festivals, Künderin lebensreformatorischer Bewegungen, Schriftstellerin und Lehrerin – das alles war diese universale Frau.« (Honolka)

Mit allen nur erdenklichen Aspekten der Gesangstechnik hat sich »die wissende Sängerin« (Honolka) beschäftigt wie keine andere Primadonna ihrer Zeit. Ihr Buch *Meine Gesangskunst* (1902) blieb bis weit ins 20. Jahrhundert die Bibel der Kunst des Singens.

L.F.P.

# Vivien Leigh

geb. 5. November 1913 in Darjeeling, Indien
gest. 7. Juli 1967 in London
englische Schauspielerin
Lit. 245, 1044, 1047, 1067

Millionen ist Vivien Leigh als Scarlett O'Hara und Anna Karenina bekannt; dieses waren wohl auch ihre berühmtesten Filme – doch Vivien Leigh machte sich nicht nur einen Namen als Film-, sondern auch als Bühnenschauspielerin.
Vivien Leigh wurde in Indien geboren, wurde aber nach England geschickt, um eine Klosterschule zu besuchen. Früh entdeckt sie ihre Neigung zur Literatur und zum Schauspiel. Mit 18 wird sie Schülerin der Londoner Royal Academy of Dramatic Art und heiratet mit knapp 19 Jahren den Rechtsanwalt Leigh Holman, der sie nach einigem Zögern bei ihrer Arbeit unterstützt.
1933 kommt ihre Tochter Suzanne zur Welt, was Vivien Leigh aber nicht daran hindert, nach kurzer Zeit ihre Arbeit fortzusetzen.
1935 lernt sie den Schauspieler Laurence Olivier kennen und verliebt sich in ihn. Nach einigem Zögern beschließen sie, sich von ihren jeweiligen Familien zu trennen und zu heiraten. Beide verbindet ihre Liebe zum Theater; zusammen treten sie in Bühnenstücken auf und arbeiten nicht nur in England, sondern auch in den USA und Australien. Mit ihrer Rolle als Scarlett O'Hara in dem Film »Vom Winde verweht« gelingt Vivien Leigh der internationale Durchbruch; dennoch fühlt sie sich Laurence Olivier als Schauspielerin nicht ebenbürtig. Dieses Gefühl soll sie ihr Leben lang nicht verlassen.
In dieser Konkurrenzsituation entwickelt sich eine manisch-depressive Krankheit, die sie zunehmend von Olivier entfremdet. Ihre nähere Umwelt lernt, schon die kleinsten Anzeichen solcher »Anfälle« zu erkennen und sich darauf einzustellen. Doch schließlich kommt Vivien Leigh nicht mehr ohne medizinisch/psychiatrische »Hilfe« aus: Zu den »Behandlungsmethoden« gehören Psychopharmaka und Elektroschocks. Eine Tbc verschlimmert ihren gesundheitlichen Zustand. Dennoch gönnt sich Vivien Leigh keine Ruhe – vielmehr erscheint die Arbeit als einziges Heilmittel, um sie über ihre manisch-depressiven Phasen hinwegzuretten.
Ihre Ehe mit Olivier (er ist inzwischen Sir Laurence Olivier, sie Lady Olivier) scheitert an diesen extremen Belastungen. Leigh stürzt sich in die Arbeit und findet in dem langjährigen Freund Jack Merivale eine neue Stütze. Aber auch er kann nur zusehen, wie sich ihr Zustand verschlimmert.
53jährig stirbt sie am 7. Juli 1967 in ihrem Haus in London. B.S.

# Tamara de Lempicka

geb. 16. Mai 1898 in Warschau
gest. 18. März 1980 in Cuernavaca bei Mexico-City
polnisch-französische Malerin
Lit. 586, 738, 824

Die »schöne Polin«, wie man sie in der Pariser Gesellschaft der 20er und 30er Jahre nannte, wurde 1898 als Tochter wohlhabender Eltern in Warschau geboren.
Als die Mutter ein zweites Mal heiratet, entscheidet sie sich aus Protest, bei ihrer Tante in Petersburg zu leben, wo sie das luxuriöse Leben kennenlernt, das sie fortan nicht mehr missen will. Dort begegnet sie im Alter von 16 Jahren dem gutaussehenden Anwalt Tadeusz de Lempicki, den sie zwei Jahre später heiratet. Zunächst können beide ihr luxuriöses Leben weiterführen, emigrieren jedoch aus den Wirren der russischen Oktoberrevolution 1918 nach Paris.
Tadeusz kann keine Arbeit finden, die Tochter Kizette kommt zur Welt, und Tamara ist somit gezwungen, ihrerseits für den Unterhalt der Familie zu sorgen. So erinnert sie sich an ihre Liebe zur Malerei und nimmt Malunterricht. Bewußt entscheidet sie sich gegen die Hungerleider-Perspektive der Avantgarde-KünstlerInnen und wählt einen Malstil, das Art déco, mit dem sie den Geschmack der Zeit trifft. Die Schrecken des Ersten Weltkrieges will die Generation der 20er Jahre vergessen. Tamara hilft ihr dabei, indem sie Porträts und Akte malt, die einen Typus von anerkannter und erfolgversprechender Schönheit darstellen.
Auch ihre Modelle wählt sie gezielt und porträtiert fortan Angehörige der Hautevolee. Jedes mit ihrem Namen signierte Bild erweist sich als Eintrittskarte in die Pariser Gesellschaft.
Später wendet sich Tamara Frauen zu, die ihre Modelle und Liebhaberinnen werden. Überhaupt fällt auf, daß sie wiederholt weibliche und männliche Rollenmuster in ihren Bildern vermischt: die Frau als Verführte und Verführende.
Die Ehe mit Lempicki, der keinen Platz mehr in ihrem Leben hat, geht in die Brüche. Auf dem Höhepunkt ihres Erfolges – man reißt sich darum, von ihr gemalt zu werden, und sie nimmt horrende Preise für ihre Porträts – lernt sie den ungarischen Baron Kuffner kennen, dessen Heiratsantrag sie annimmt. Mit ihm emigriert sie im Alter von 41 Jahren abermals, dieses Mal flieht sie vor den Nazis.
Ein weiterer Lebensabschnitt in den USA beginnt. Zwar ist sie weiterhin wirtschaftlich unabhängig und kann sich bald die beliebteste Malerin Hollywoods nennen, doch vermag sie künstlerisch nicht mehr zu überzeugen. C.H.

geb. 10. November 1620 in Paris
gest. 17. Oktober 1705 in Paris
französische Kurtisane und Salonière
Lit. 587, 588, 734

Ninon de Lenclos war eine – auch im heutigen Wortsinn – emanzipierte Frau: wirtschaftlich unabhängig, geistig überlegen, in Liebesdingen souverän.

Sie heiratete niemals, wohl wissend, daß sie nur so ihre Unabhängigkeit wahren konnte. Die Zahl ihrer Liebhaber war Legion; noch als über Achtzigjährige wurde sie von Männern heiß begehrt, sehr jungen darunter. Ihre Liebschaften bezeichnete sie als »Caprices«, immer wieder betonend, »daß die Liebe, um uns glücklich zu machen, nicht als eine ernsthafte Affäre, sondern als eine leichte und heitere Sache aufgefaßt werden muß«. Die Kinder, die ihren zahlreichen Verbindungen entstammten, überließ sie nach ihrer Geburt den jeweiligen Vätern. Mit Kinderpflege und -erziehung hat sie sich niemals belastet.

Freundschaften dagegen pflegte sie ihr Leben lang. Großzügig unterstützte sie in Not geratene FreundInnen mit Geld und Fürsprachen, wollte selbst jedoch niemals Geld annehmen. Vielmehr achtete sie penibel darauf, wirtschaftlich unabhängig zu bleiben. Sie war eine der Stärksten in diesem Jahrhundert starker Frauen. Mit einigen von ihnen war sie gut bekannt, wie Madame de Sévigné, mit einigen befreundet, wie Königin Christine von Schweden oder Madame de Maintenon, zweite – einflußreiche – Gattin Ludwigs XIV.

Sie ließ sich nicht auf die traditionelle Frauenrolle festlegen, obwohl ihre kirchenfromme Mutter dies viele Jahre versucht hat. »Man hat unser Geschlecht mit allem Leichtfertigen bedacht, und die Männer haben sich das Recht auf die wirklich wichtigen Eigenschaften vorbehalten; seit diesem Augenblick habe ich mich zum Mann gemacht.«

Unterstützung fand sie viel eher bei ihrem Vater, einem adeligen Haudegen, der noch durch den Geist der Hugenottenkriege geprägt war. Auf seinen Rat hin las sie Montaigne. Ihre Erkenntnis: »Die Religionen sind nichts als Einbildungen; es ist nichts Wahres daran.« Diese skeptische Haltung spiegelt die Konsequenz wider, die ein Teil des französischen Adels aus den Hugenottenkriegen gezogen hatte. Politisch entmachtet, erhielt die adelige Oberschicht nun im Hofstaat des Königs ein breites Feld gesellschaftlicher und kultureller Aktivitäten.

Ninon de Lenclos, gebildet, schriftstellerisch begabt, Meisterin des geistreichen Gesprächs, wurde zu einem der Sterne des Hof- und Salonlebens. In ihrem Salon zugelassen zu werden verlieh erst die wirklichen gesellschaftlichen Weihen. Ein Zeitgenosse: »Es ging fein, leicht und maßvoll zu, weil es die kluge Ninon vortrefflich verstand, die Unterhaltung zu leiten.« M.G.

# Lotte Lenya

geb. 18. Oktober 1898 in Wien
gest. 27. November 1981 in New York
österreichische Sängerin und Schauspielerin
Lit. 590, 947

Ist von den Arbeiten Bert Brechts und Kurt Weills die Rede, wird Lotte Lenya fast immer vergessen – dabei prägte *sie*, mit ihrem unverwechselbaren Timbre, jenen spezifischen Gesangsstil, der den Brecht/Weill-Songs entscheidend zur Popularität verhalf und bis heute unerreicht blieb.

Erste Theatererfahrungen sammelte Lenya in Zürich und Berlin. 1924 lernte sie den Komponisten Kurt Weill kennen; 1926 heirateten sie. 1927 arbeiteten Brecht und Weill am *Mahagonny*-Songspiel, das mit Lotte Lenya zum Kammermusikfest in Baden-Baden unter heftigen Publikumsreaktionen startete. Ihr legendäres Berlin-Debüt als Brecht/Weill-Interpretin gab sie 1928 in der Uraufführung der *Dreigroschenoper* als Spelunken-Jenny, von ihr auch 1930/31 in der G.W.-Pabst-Verfilmung gespielt. Brecht und Weill schrieben ihr nun mehrere Songs in *Happy End* und der *Mahagonny*-Oper sozusagen in die Kehle.

Vor den Nazis emigriert, arbeitete das Trio in Frankreich am Ballett *Die sieben Todsünden der Kleinbürger*. Die Hauptfigur ist – entsprechend der »normalen« Bewußtseinsspaltung des Menschen im Kapitalismus – szenisch zweigeteilt: in die nach Geld strebende Anna I und die das Leben genießen wollende Anna II. Anna I führt als Gesangspartie durch die Handlung. Das war 1933 zur Urauffühung Lotte Lenya. Weiter in die USA emigriert, gelang ihr – Jahre nach Kurt Weill – der künstlerische Durchbruch erst 1954, als sie wiederum die Spelunken-Jenny spielte: über sieben Jahre in 2707 Aufführungen. Gleichzeitig trug sie durch Funk- und Schallplattenaufnahmen zur Wiederverbreitung der Brecht/Weillschen Werke in Deutschland und Europa bei.

An der Anna I wird besonders deutlich, wie Lotte Lenya ihre tiefe Wirkung erzielt: Einerseits akzeptiert sie voll und ganz das oberste Gesetz des Kapitalismus, sich für Geld zu verkaufen, sei es durch Prostitution oder in der bürgerlichen Ehe – gleichzeitig aber konstatiert sie fassungslos den Verlust ihrer ureigensten Wünsche, ihrer Persönlichkeit, und leidet darunter. So werden Brechts »Verse von erhabener Banalität« (Klabund) zu Abbildern großer menschlicher Tragödien. Lotte Lenyas politisches wie kommerzielles Verhalten (z.B. ihre Rolle in einem James-Bond-Film) läßt vermuten, daß sie letztlich selber zutiefst in den Konflikt der Anna verstrickt war, ihn nicht durchschaute. Auch das Fräulein Schneider aus dem Musical-Erfolg *Cabaret*, von ihr am Broadway zuerst dargestellt, entspricht völlig einer solchen Lebenshaltung. K.B.

geb. 24. März 1811 in Königsberg
gest. 4. August 1889 in Dresden, begraben in Wiesbaden
deutsche Schriftstellerin
Lit. 210, 595, 822, 1039, 1040

»Na! Dein Kopf hätt auch besser auf nen Jungen gesessen.« Das »Lob« gilt der begabten neunjährigen Fanny Lewald. Wie alle deutschen Mädchen damals macht Fanny die bittere Erfahrung, daß ihre Schulzeit – ganz anders als bei den Brüdern – mit 13 Jahren beendet ist und daß nun die Zeit der Sinnlosigkeit (Warten und Handarbeiten) bis zu einer eventuellen Heirat beginnt. Fannys Vater, ein gebildeter jüdischer Kaufmann, regelt das Leben der zehnköpfigen Familie bis ins Detail; für Fanny erstellt er einen minutiösen Zeitplan. Aber diese Strukturierung des Alltags kann Fanny über die Sinnlosigkeit ihrer Aufgaben nicht hinwegtäuschen; sie bekommt Depressionen und beschreibt ihren Leidensprozeß ausführlich in ihrer mehrbändigen Autobiographie, die ein einzigartiges Dokument für die Beschränkung weiblicher Kindheit und Jugend zu Beginn des 19. Jahrhunderts ist. Vom Vater ist Fanny geistig sehr gefördert worden, zugleich ist ihm aber nichts »widerwärtiger ... als ein gelehrtes, unpraktisches Frauenzimmer«. Seinem Einfluß hat sie sich zeitlebens schwer entziehen können. Zweimal allerdings ist sie ungehorsam: Sie weigert sich, einen ungeliebten Mann zu heiraten, und setzt mit 32 Jahren ihren Wunsch durch, sich in Berlin als Schriftstellerin allein ihr Geld zu verdienen. Ihre Romane behandeln Probleme der Ehescheidung, der Ehe ohne gegenseitige Zuneigung und der Ehe zwischen Angehörigen des jüdischen und des christlichen Glaubens (Lewald selbst war zum christlichen Glauben übergetreten).

1845 lernt sie in Italien den Gymnasiallehrer Stahr kennen, der verheiratet ist und fünf Kinder hat. Nach fast zehnjährigem Kampf um die Scheidung heiraten die beiden und unternehmen zahlreiche Reisen, die Lewald in ihren Reiseberichten beschreibt. Ihr Mann stirbt 1876; Lewald bleibt weiterhin lebenszugewandt und reiselustig. Sie stirbt 1889 im Alter von 78 Jahren.
H.SCH.

# Edmonia Lewis

geb. 4. Juli 1845 in Greenbush bei Albany, New York
gest. nach 1909?
amerikanische Bildhauerin
Lit. 434, 746, 777, 964

Die amerikanische Bildhauerin Edmonia Lewis war berühmt in ihrer Zeit und ist dennoch »verschwunden« – ihr Todesdatum ist ungewiß, ihre Lebensumstände nach 1909 sind unbekannt. Lewis war im kulturellen Leben in der zweiten Hälfte des 19. Jahrhunderts zweifellos eine Ausnahme: Sie war die Tochter einer Indianerin und eines Schwarzen – in einem Amerika, das durch Rassismus geprägt war und in dem Frauen in ihrer freien Entfaltung kraft Gesetz behindert wurden.

Als Edmonia drei war, starb ihre Mutter; das Mädchen wuchs bei ihren Verwandten mütterlicherseits auf und erlernte so »indianisches« Leben. Mit Hilfe ihres Bruders schaffte sie es, sich am Oberlin College einzuschreiben. Ihr Aufenthalt war nur kurz, denn sie wurde von zwei weißen Mitstudentinnen beschuldigt, sie vergiften zu wollen – ohne Beweise. Edmonia selbst aber wurde vom Mob bedroht und verprügelt.

1862 siedelte sie nach Boston über, wo sie bei dem Bildhauer Edmund Brackett in die Lehre ging. Erste künstlerische und finanzielle Erfolge erzielte sie mit einer Skulptur von Robert Gould Shaw, der als erster Schwarzer ein Regiment im amerikanischen Bürgerkrieg führte. Sie konnte eine Menge Kopien verkaufen und legte so den Grundstein für ihre Reise nach Rom.

In Rom, wo sie von nun an lebte, entwickelte sie ihren Stil. Die vielleicht wichtigste Arbeit aus dieser Phase ist *Forever Free*, eine Skulptur, die eine Sklavin und einen Sklaven darstellt, die gerade die Nachricht über die Abschaffung der Sklaverei erhalten. Mit der Zeit bekam sie Aufträge von verschiedenen europäischen Adelshäusern, aber auch aus den USA, was sie finanziell absicherte – ohne sie allerdings von finanziellen Sorgen zu befreien.

Sporadisch kehrt sie zu Besuchen in die USA zurück – behielt aber ihren Wohnsitz immer in Rom, wo sie zum Katholizismus übertrat und sogar vom Papst in ihrem Studio besucht wurde. B.S.

geb. 2. September 1838 in Honolulu
gest. 11. November 1917 in Honolulu
letzte Königin von Hawaii
Lit. 14, 746, 970

Das Leben der letzten hawaiischen Herrscherin ist eng an die US-amerikanische Machtpolitik geknüpft. Während des spanisch-amerikanischen Krieges (1898) war Hawaii für die USA von strategischer Bedeutung, was zu der Annexion der Inselgruppe führte.

Liliuokalani wuchs – gemäß der Tradition – bei Adoptiveltern auf und wurde an der königlichen Schule erzogen, die von amerikanischen Missionaren geführt wurde. Hier lernte sie Englisch und wurde Mitglied der Kongregationalistischen Kirche. Sie lebte am Hofe des Königs Kamehameha IV. und der Königin Emma. Für kurze Zeit war sie mit dem Prinzen Lunalilo verlobt, heiratete aber 1862 John Owen Dominis, der in Honolulu lebte.

Da Liliuokalanis Bruder David Kalakaua (der Nachfolger von König Lunalilo war) keine Kinder hatte, wurde sie zur künftigen Nachfolgerin ernannt. Noch bevor sie Herrscherin wurde, gründete sie die Liliuokalani Educational Society, deren Aufgabe es war, jungen Hawaiianerinnen eine »ordentliche« Erziehung zukommen zu lassen. Gleichzeitig war sie bei dem Aufbau von gemischten Schulen beteiligt.

Im Jahre 1887 unternimmt sie mit ihrem Mann eine Reise nach Europa, wo sie mit Königin Victoria zusammentrifft, und nach Amerika, wo sie vom Präsidenten Cleveland empfangen wird.

Nach dem Tode ihres Bruders wird Liliuokalani 1891 Königin. Sie unternimmt den Versuch, der Krone mehr Macht zu verschaffen, scheitert aber an den Interessen der USA. Seit 1890 war Hawaiis Zollvorteil beim Export von Zucker in die USA aufgehoben, was zu einer schweren Wirtschaftskrise auf Hawaii führte. 1893 versucht sie noch einmal, eine neue Verfassung per Edikt durchzusetzen, wird daran jedoch erneut durch amerikanische Staatsbürger gehindert, die auf Hawaii ein Komitee für öffentliche Sicherheit gründen. Sie stürzen die Monarchie und setzen sich für die Annexion Hawaiis duch die USA ein. Es dauert noch fünf Jahre, bis sie ihr Ziel erreichen. Nach einer erfolglosen Revolte 1894 wird Liliuokalani für kurze Zeit festgenommen; ein Besuch in Washington bleibt ergebnislos. Schließlich wird Hawaii aufgrund seiner strategischen Lage von den USA annektiert (1898).

Liliuokalani erhält eine Pension und verbringt den Rest ihres Lebens in Honolulu, wo sie das Haus ihres Schwiegervaters bewohnt. Sie stirbt 1917 an einem Schlaganfall. B.S.

geb. 6. Oktober 1820 in Stockholm
gest. 2. November 1887 in Wynds Point, Herefordshire, England
schwedische Sängerin
Lit. 141, 444, 448

»Einfach, fromm und natürlich« – so beschreibt der Musikkritiker Honolka Jenny Lind und verrät damit unabsichtlich den Grund für einen großen Teil ihres Erfolges. Sängerinnen wurden im 19. Jahrhundert wegen ihrer Stimmen vergöttert, aber wegen ihres häufig unbürgerlichen Lebenswandels gehaßt. Man zahlte ihnen Spitzengehälter, verübelte ihnen aber, wenn sie ihr Leben nach eigenem Gutdünken gestalteten. Besonders argwöhnisch betrachtete man Frauen an der Oper, wo es angeblich drunter und drüber ging. Jenny Lind entsprach so gar nicht dem Typus. Sie ahmte das bürgerliche Idealbild nach und löste das Image-Problem elegant, indem sie bereits mit 29 Jahren der Bühne entsagte und nur noch als Konzert- und Oratoriensängerin auftrat.
Die Arie *Casta Diva* (keusche Göttin) aus Bellinis *Norma* machte sie berühmt. Lind wurde ihrem Ruf als Priesterin der Kunst gerecht, spendete mit vollen Händen den Armen, war uneitel, zutiefst fromm und legte auf Äußerliches wenig Wert.
Ausgebildet in Stockholm, ging sie wegen stimmlicher Ermüdungserscheinungen zu dem bekannten Lehrer Manuel García d. J. nach Paris, der ihre Technik stabilisierte. Sie sang in Stockholm, Wien und in ganz Deutschland. 1850 ging sie auf Amerika-Tournee: Man empfing sie mit einer Serenade, dargebracht von einer Kapelle aus 130 Musikern, gefolgt von 700 Feuerwehrmännern. 30000 Menschen waren auf den Beinen. Die Eintrittskarten wurden auf einer Auktion versteigert. Das höchste Gebot lag bei 225 Dollar – damals ein Vermögen.
1851 heiratete Jenny Lind ihren Manager und ließ sich in Dresden nieder, zog später aber endgültig nach England. Die Berichte über ihre Stimme sind merkwürdig unscharf – sie soll stimmliche »Süße« besessen haben, andererseits gingen ihr angeblich dramatisches Talent und sängerische Perfektion ab. Es war wohl diese Mischung aus innig-gemütvoller Ausstrahlung, persönlicher Integrität und Belcanto-Süße, die ihr Publikum verzauberte. E.R.

# Clarice Lispector

geb. 10. Dezember 1925 in Tschetschelnik/Ukraine
gest. 9. Dezember 1977 in Rio de Janeiro
brasilianische Schriftstellerin
Lit. 605-607, 814, 976

»Sie war allein. Sie war verlassen, glücklich, nahe dem wilden Herzen«, schreibt Clarice Lispector über Johanna, die Protagonistin ihres ersten Romanes, der 1944 in Brasilien erschien. Damit wurde Lispector, 19 Jahre alt und Vollwaise, auf Anhieb berühmt. Hochbegabt war die Tochter russischer Bauern jüdischen Glaubens, die im Alter von zwei Monaten mit ihrer Familie nach Brasilien kam. Während ihres Jurastudiums, das sie 1943 abschloß, arbeitete sie als eine der ersten Journalistinnen Brasiliens bei der staatlichen Presseagentur Agencia Nacional in Rio de Janeiro. Von ihrem ersten Gehalt kaufte sie sich ein Buch von Katherine Mansfield. 1943 heiratete sie ihren Kommilitonen Maury Gurgel Valente, der Diplomat wurde und mit dem sie zwischen 1945 und 1960 in Europa und den USA lebte. Zwei Söhne wurden in dieser Zeit geboren. Daneben schrieb – Romane, Erzählungen, Kinderbücher und Journalistisches –, malte, fotografierte und übersetzte sie. »Ich suche mir meine Themen nicht aus, sie zwingen sich mir auf«, sagte sie einmal, deren Texte um Einsamkeit, Angst, Freiheit, Liebe-nehmen und Liebe-geben kreisten. »Schreiben heißt Wunden aufreißen.« Wunden wurden ihr und hat sie sich selber zugefügt. 1964 ist sie fast den Tod der Ingeborg Bachmann gestorben. Zuviel Schlaftabletten, eine Zigarette. Ihre Söhne retteten sie vor dem Feuertod. Verkrüppelungen an den Händen bleiben zurück – Schreiben ist von da an mit Schmerzen verbunden. Dazu kommt der Druck von seiten der neu etablierten Militärdiktatur. Sie sei keine brasilianische Schriftstellerin, sondern Jüdin, wirft man ihr vor. Sie bekommt Publikationsverbot und ist doch, inzwischen geschieden, auf Einkünfte durchs Schreiben angewiesen. In ihrem letzten Buch »Die Stunde des Sterns« heißt es: »Wer mich liest, soll einen Schlag in den Magen bekommen, damit er erfährt, ob es guttut. Das Leben ist ein Schlag in den Magen.« Bald darauf stirbt Clarice Lispector 52jährig an Magenkrebs. S.G.

## Elfriede Lohse-Wächtler

geb. 4. Dezember 1899 in Dresden-Löbtau
ermordet am 31. Juli 1940 in der Heil- und Pflegeanstalt Sonnenschein in Pirna
deutsche Malerin
Lit. 100, 229, 516, 554, 817

Die Tragik des Lebens der großen Künstlerin ist kaum vorstellbar. Sie wird in ein beengtes bürgerliches Milieu geboren, die Eltern sind mit der Genialität und Exzentrik der Tochter schlichtweg überfordert, versuchen sie an einer Laufbahn als Malerin zu hindern, was ihnen aber nicht gelingt. Elfriede besucht die Kunstakademie in Dresden, zieht im Alter von 16 Jahren aus der elterlichen Wohnung aus und verdient sich ihren Lebensunterhalt mit Batikarbeiten. Sie verkehrt in der Dresdner Bohème, ist Anhängerin von Dada, besucht auch Veranstaltungen des Spartakusbundes und bildet sich politisch und sozial wie viele von den Greueln des Ersten Weltkrieges aufgeschreckte sensible junge Menschen.

Zum großen Erstaunen ihrer FreundInnen heiratet sie den rücksichtslosen und verschwenderischen Gelegenheitskünstler Kurt Lohse. Das Paar trennt sich bald, und Elfriede Wächtler hat Erbarmen mit ihm, will ihn pflegen und zieht zu ihm. Bald hat Lohse eine andere Frau. Elfriede Wächtler lebt und arbeitet nun in Hamburg unter jämmerlichen emotionalen und finanziellen Bedingungen, bis es zu einem Nervenzusammenbruch und der Einlieferung in eine Nervenheilanstalt kommt. In diesem mehrwöchigen Aufenthalt in der Anstalt entstehen die von der Kunstkritik enthusiastisch gepriesenen »Friedrichsberger Köpfe«, Porträts ihrer Mitpatientinnen. Es ist erstaunlich, welch großartiges Werk Elfriede Wächtler trotz brennender Alltagssorgen, emotionaler Vereinsamung und zeitweiliger Obdachlosigkeit geschaffen hat. Hauptthema ihrer Bilder sind Menschen, die am Rande der Gesellschaft leben, soziale Außenseiterinnen, Geächtete und Minderheiten. Die Kunstkritik stellt sie in eine Reihe mit Otto Dix, Oskar Kokoschka, Jeanne Mammen und Egon Schiele.

Nach den künstlerisch sehr fruchtbaren, doch menschlich fast vernichtenden Jahren in Hamburg flüchtet sie zu ihren Eltern zurück nach Dresden, die nun wieder aus ihrer bürgerlichen Ruhe aufgeschreckt werden. Der Vater läßt seine Tochter 1932 in die Landes-Heil- und Pflegeanstalt Arnsdorf bei Dresden einweisen. Überforderung, Ratlosigkeit und Gedankenlosigkeit, natürlich auch eigene finanzielle Not, lassen ihn einen »Aufbewahrungsort« für seine ihm so fremdartige Tochter finden. Jetzt ist das Schicksal Elfriede Wächtlers endgültig besiegelt. Sie bekommt das Etikett »Schizophrenie«, schließlich wird das nationalsozialistische »Erbgesundheitsgesetz« der Anlaß für eine 1935 durchgeführte Zwangssterilisation. Elfriede Wächtlers Schaffenskraft erlischt nach dieser unmenschlichen Demütigung nahezu vollständig. In ihrem 41. Lebensjahr wird Elfriede Wächtler schließlich Opfer der »Aktion T4«, dem nationalsozialistischen Massenvernichtungsprogramm »lebensunwerten Lebens«. S.D.

geb. 26. April 1888 in Sisson, Kalifornien
gest. 18. August 1981 in New York City
amerikanische Schriftstellerin
Lit. 145, 212, 224, 630, 1091

Anita macht einen Fehler: Sie wählt die falsche Garderobe. Eingeladen hat sie 1913 der Regisseur D. W. Griffith, dem sie seit ein paar Jahren Drehbuchentwürfe verkauft. Als Autorin präsentiert sich ihm eine winzige Person, ganze 1,48 m groß, verkleidet als Schulmädchen im Matrosenkleid, mit Taftschleife im Pferdeschwanz!
Griffith macht einen Fehler: Er will sie auf der Stelle in den Reigen seiner Schauspielerinnen, der elfenzarten Kindfrauen mit dem seelenvollen Blick, einreihen.
Mutter Loos will ihrer Tochter einen Fehler ersparen: Sie denkt an ihren Hallodri von Ehemann mit der bisweilen hautnahen Verehrung von Schauspielerinnen. Entrüstet verbietet sie Anita, für den Regisseur zu arbeiten. Anita gehorcht, aber entmutigen läßt sie sich nicht. Kurzentschlossen, um Mamas erdrückender Obhut zu entkommen, heiratet sie, kurzentschlossen verläßt sie Frankie (oder Freddie, so genau kann sie sich später nicht mehr an seinen Namen erinnern) wieder und unterschreibt 1914 den Vertrag als Drehbuchautorin. Sie wird die erste festangestellte und eine der produktivsten und erfolgreichsten Drehbuchautorinnen Hollywoods.
Erfolge sind ihre frechen kleinen Komödien (u.a. für Douglas Fairbanks, den ihre Drehbücher zum Publikumsliebling machen, später für Jean Harlow), aber ihr größter Erfolg ist kein Drehbuch, sondern der 1925 erschienene satirische Roman *Blondinen bevorzugt* (1953 verfilmt mit Marilyn Monroe).

Auch als Theaterautorin ist Anita Loos erfolgreich, als sie nach drei Jahrzehnten Hollywood verläßt. Sie schreibt Romane, Erinnerungen, und zum Entsetzen ihres Verlegers besteht sie darauf, eines ihrer letzten Bücher auf einer anstrengenden Tournee quer durch die Staaten selbst vorzustellen: 84 Jahre alt, eine winzige Person, ganze 1,48 m groß … B.W.

geb. 2. September 1864 in Arsy (Oise)
gest. 11. Dezember 1942 in Clermont-de-l'Oise
französische Malerin
Lit. 901, 1032, 1048

Es ist dem mäzenatischen Eifer eines Kunsthändlers zu verdanken, daß die Malerin Séraphine Louis entdeckt und bekannt wurde. Wilhelm Uhde bereiste 1912 Frankreich und verbrachte längere Zeit in dem kleinen Ort Senlis. Séraphine Louis war seine Zugehfrau. Daß sie auch malte, erfuhr Uhde durch andere DorfbewohnerInnen. Ein Stilleben mit Äpfeln erregte seine Aufmerksamkeit: »Cézanne wäre glücklich gewesen, sie zu sehen.« Ein großes Lob für die Autodidaktin Séraphine, denn das war und blieb sie zeit ihres Lebens. Nie hatte sie maltechnische Unterweisung oder gar akademische Schulung bekommen – und sie wollte auch keine.

Ihre Bilder – üppige pflanzliche Formen und Figurationen in leuchtenden Farben – sollen in einer Art Trancezustand entstanden sein. Niemand durfte ihr beim Malen zusehen; die Tür zu ihrem bescheidenen Atelier blieb immer verschlossen. Séraphine lehnte alle Angebote Uhdes ab, ihre Bilder auszustellen oder zu verkaufen. Auch als er sie nach Kriegsende (1924) nochmals besuchte, sie mit Leinwand und Farben versorgte, ihr Kontakte nach Paris anbot, weigerte sie sich, Senlis zu verlassen.

Séraphine Louis ist niemals aus ihrer ärmlichen Existenz herausgekommen. Als Kind hütete sie das Vieh ihres Dorfes und verdiente sich später ihren Lebensunterhalt als Aufwartefrau.

Einmal wurden ihre Bilder im Rathaus von Senlis ausgestellt; diese Öffentlichkeit reichte ihr. Als Séraphine Louis ihrem Dorf den Weltuntergang verkündete, brachte man sie in die Irrenanstalt von Clermont, wo sie 1942 starb.

Den ZeitgenossInnen blieb Séraphine Louis unverständlich und geheimnisvoll; nach ihrem Tode wurde sie vom Kunstpublikum gefeiert. Ihr Werk wurde erstmals umfassend als französischer Beitrag auf der zweiten Biennale in São Paulo (1951) gezeigt und einige Jahre später auf der ersten Documenta in Kassel (1955). D.K.

# Ada Byron Countess of Lovelace

geb. 10. Dezember 1815 in London
gest. 27. November 1852 in London
englische Mathematikerin
Lit. 361, 497, 706, 753

1975 ordnete das Pentagon die Entwicklung einer universell einsetzbaren Computersprache an – diese Sprache heißt ADA, zur Erinnerung an die Computerpionierin Ada Lovelace geb. Byron.

Lord Byron hatte mit drei Frauen drei Töchter; Ada, die zweite und sein einziges eheliches Kind, war gerade einen Monat alt, als Byron sie und die Mutter, eine hochintelligente, mathematisch begabte Frau, zu deren Eltern zurückschickte. Ada und Lady Byron sahen Lord Byron nie wieder.

Ada bekam eine streng naturwissenschaftliche Erziehung, quasi ein Gegengewicht zum »romantischen Erbe« des treulosen Vaters. Schon früh entwarf sie Konstruktionspläne für allerlei Maschinen und korrespondierte mit den berühmten MathematikerInnen Mary Somerville und Charles Babbage. Babbage wurde ihr bester Freund und Vertrauter; man verbindet beider Namen mit der Entwicklung der (Vorstufen der) ersten Computer. Mit 19 Jahren heiratete Ada William Lord King, den späteren Earl of Lovelace. In einem ihrer Briefe an Babbage hatte sie geschrieben: »Ich glaube nicht, daß mein Vater ein ebenso guter Dichter war … wie ich eine gute Mathematikerin sein werde.« Aber: Ada gebar in schneller Folge drei Kinder und war tief unglücklich, daß die Familienpflichten und die Schwangerschaften ihr so wenig Zeit für ihre mathematischen Studien ließen. Ihre Ehe und die häusliche Situation insgesamt waren sehr unbefriedigend, und so zog sich Ada mehr und mehr auf ihre beiden Lieblingsbeschäftigungen zurück: Mathematik und Musik. Oder sie warf sich verzweifelt ins Gesellschaftsleben, tanzte als vielbewunderte Schönheit und »Tochter des romantischsten aller romantischen englischen Dichter« die Nächte durch, hatte Liebesaffären, jagte zu Pferd durch die Wälder. Schließlich fing sie an, auf Pferde zu wetten, und verlor dabei Unsummen.

Die letzten fünf Jahre ihres Lebens widmete sie der Arbeit an einem mathematisch ausgefeilten Wettsystem. Ada Lovelace starb mit 36 Jahren, im selben Alter wie ihr Vater, an Krebs. L.F.P.

## Amy Lowell

geb. 9. Februar 1874 in Boston, Massachusetts
gest. 11. Mai 1925 in Boston, Massachusetts
amerikanische Lyrikerin
Lit. 186, 346, 354, 400, 695

Amy Lowell, bedeutende amerikanische Lyrikerin des »Imagismus« war nicht nur steinreich, sie war noch dazu sehr geschäftstüchtig in der Vermarktung ihrer Werke, die sie geschickt in wichtigen Literaturzeitschriften und Anthologien plazierte und vor Riesenauditorien ausdrucksvoll vorzutragen verstand. Sie war untersetzt und litt zeitlebens an Übergewicht, was einer Karriere als Schauspielerin im Wege stand. Amy Lowell war klug, belesen, witzig, selbstbewußt, leidenschaftlich und exzentrisch, ein rebellischer, unabhängiger Geist. Sie und ihre Lebensgefährtin Ada Russell, die Amy in über hundert erotischen Gedichten besang, lebten ihre Liebe offen und unangefochten mitten im puritanischen Neuengland. Bis zu ihrem 38. Lebensjahr hatte Amy sich ihrer Fortbildung, ihrem geliebten Garten, dem Ausbau ihrer erlesenen Sammlung wertvoller Bücher und Handschriften und der Verwaltung ihres Reichtums gewidmet. 1912 erschien ihr erster Gedichtband; die Reaktion war reserviert, was sie in eine tiefe Krise stürzte. Im selben Jahr lernte sie die elf Jahre ältere geschiedene Schauspielerin Ada Russell kennen, eine schöne, warmherzige, sanfte und humorvolle Frau. Amy lud sie bald in die Ferien ein, sie kümmerte sich um sie während einer schweren Operation, kurz, sie warb so intensiv um sie, daß Ada schließlich nachgab und in ihr großes Anwesen »Sevenels« in Brookline zog. Bis zu Amys frühem Tod, sie starb mit 51 Jahren an einem Schlaganfall, blieben sie unzertrennlich.

Die Zeit mit Ada Russell war Amy Lowells produktivste und erfolgreichste Zeit als Lyrikerin, Salonière und treibende Kraft des angloamerikanischen Literaturbetriebs. Sie hatte es sich in den Kopf gesetzt, die literarische Schule des Imagismus in den USA heimisch zu machen und darin selbst eine zentrale Rolle zu spielen.

Amy Lowell verfaßte auch eine 1100 Seiten starke Biographie ihres Lieblingsdichters John Keats, die 40 Jahre lang als maßgeblich galt. Trotz all ihrer Verdienste als Wegbereiterin der literarischen Moderne in den USA ist das, was dem breiten Publikum im Gedächtnis blieb, eher die Exzentrikerin Amy Lowell, die selten vor 13 Uhr aufstand, von einem Lager, das immer mit genau 16 Kissen ausgepolstert sein mußte, die öffentlich Zigarren rauchte und so dick war, daß sie ihren eigenen Anblick mied und – auch in ihren Hotelsuiten – sämtliche Spiegel verhängen ließ, die sieben SchäferhündInnen hielt, deren Junge sie als ihre »Kinder« zu bezeichnen pflegte.

L.F.P.

# Rosa Luxemburg

geb. 5. März 1871 in Zamosc, Polen
ermordet 15. Januar 1919 in Berlin
russisch-polnische Revolutionärin
Lit. 114, 254, 616, 617, 801

Als die promovierte Volkswirtin Rosa Luxemburg 1898 nach Berlin kommt, beginnt eine einzigartige Karriere in der deutschen und internationalen ArbeiterInnenbewegung. Ungewöhnlich, denn als Frau, Jüdin und leicht behindert, war sie dreifach stigmatisiert. Sie ist klug, gebildet, leidenschaftlich, eine glänzende Rednerin und brillante Journalistin. Sogleich wird ihr die Redaktion der *Sächsischen Zeitung* angetragen. »Was denn! Unterrockpolitik!« wird damals protestiert. Sie nimmt an den Parteitagen der SPD teil. Sie bestimmt die Politik der Sozialdemokratie in Polen, ist Delegierte bei den Kongressen der II. Internationalen und ab 1903 Mitglied des Internationalen Sozialistischen Büros. Sie lehrt an der Parteischule der SPD in Berlin. Sie unternimmt Redetourneen durch Deutschland und spricht nicht selten vor ein- bis zweitausend Menschen. »Genial« und »die Göttliche« wird sie genannt, und für Lenin ist sie der »Adler der Revolution«. Sie ist zur führenden Theoretikerin der jungen Generation geworden. In ihren Schriften setzt sie sich erbittert mit dem beginnenden Reformismus in der Sozialdemokratie auseinander. Mit ihrer bedingungslosen Haltung zum Krieg und zu den Kriegskrediten provoziert sie beim Kriegsausbruch, zusammen mit Liebknecht, Mehring, Zetkin u.a., die Spaltung der SPD. Ab 1914 wird sie die meiste Zeit im Gefängnis verbringen. 1918 ist sie beim Gründungsparteitag der KPD dabei, erlebt die Räterepublik in Deutschland. Glücklich schreibt sie am 14. Januar 1919 über die Revolution: »Ich war, ich bin, ich werde sein.« Einen Tag später ist sie tot, zusammen mit Karl Liebknecht von deutschen Soldaten ermordet. »Es stimmt, ich habe verdammte Lust, glücklich zu sein …«, schrieb sie einmal an Leo Jogiches. Die Beziehung zu ihm scheiterte, ebenso die zu dem 14 Jahre jüngeren Kostja Zetkin und zu Paul Levi. Privates Glück war ihr, die die Oper, Theater, Musik, Literatur, Natur, die Freunde mit der gleichen Leidenschaft liebte wie die Revolution, nicht vergönnt. S.G.

# Lu Märten

geb. 24. September 1879 in Berlin-Charlottenburg
gest. 12. August 1970 in Steglitz
deutsche Publizistin und sozialistische Theoretikerin
Lit. 122, 135, 318, 485, 625

Geboren als viertes Kind einer proletarisierten Beamtenfamilie, erlebte Lu Märten eine durch Armut und Krankheit geprägte Kindheit.
Universitäten waren den Frauen noch verschlossen; so erarbeitete sie sich zu Hause ein reiches Wissen in Geschichte, Philosophie, Volkswirtschaft, Ethnologie und Kunstgeschichte.
Als 19jährige trat sie der SPD bei, derjenigen Partei, die programmatisch am entschiedensten verkündete, was Lu anstrebte: vollständige Gleichberechtigung von Frauen und Männern.
Eine kurze Ehe bestätigte ihre Einsicht, daß die Befreiung der Frau nur möglich war, wenn sie sich vom bürgerlichen Ideal der treusorgenden Hausfrau und Mutter befreite. In ihren frühen journalistischen Arbeiten propagierte Lu darum die Auflösung des Einzelhaushalts zugunsten genossenschaftlicher Haushaltungsformen.
Die Erkenntnis, daß die ArbeiterInnenbewegung bisher keine eigenständige Kultur entwickelt hatte, vielmehr lediglich die Kultur des Bürgertums kopierte, veranlaßte sie 1924 zu ihrem wichtigsten Werk, *Wesen und Veränderung der Formen (Künste)*, in dem sie eine marxistische Ästhetik entwickelte.
Nach einer reichen publizistischen Tätigkeit während der Weimarer Republik mußte sie, die 1920 Mitglied der KPD geworden war, erleben, daß im Mai 1933 auch ihre Werke der Bücherverbrennung zum Opfer fielen. Sie konnte nicht mehr publizieren und geriet in Not, blieb aber ihrer sozialistischen Haltung treu. Im Widerstand verteilte sie Schriften und half der verfolgten Schriftstellerin Recha Rothschild bei ihrer Flucht durch Deutschland.

Nach 1945 nahm sie ihre publizistische Tätigkeit wieder auf, fand jedoch, wie so viele Weimarer AutorInnen, kaum noch Resonanz. Ihre Kunsttheorie geriet in Vergessenheit, denn im Westen war sie als Marxistin verpönt, im Osten als unorthodox.
So arbeitete sie als Lektorin und beim Aufbau der Volksbücherei Steglitz. Wirtschaftlich gesichert war sie durch eine Rente auf Lebenszeit, die ihr der Magistrat von Groß-Berlin für ihre publizistische Tätigkeit ausgesetzt hatte. M.G.

geb. 31. August 1879 in Wien
gest. 11. Dezember 1964 in New York City
österreichische Komponistin
Lit. 626, 627, 705, 855, 1093

Alma Schindler studierte ab 1897 bei Zemlinsky Komposition, sie hat Lieder, Instrumentalstücke, auch den Beginn einer Oper komponiert. 1902 heiratet sie den 20 Jahre älteren Komponisten Gustav Mahler: »Die Rolle des Komponisten ... fällt mir zu, – Deine ist die der liebenden Gefährtin ...!« Sie gehorcht, widerstrebend. Als Mahler sich nach einer Ehekrise plötzlich für ihre Kompositionen begeistert – fünf ihrer Lieder läßt er drucken –, hat sie längst resigniert: »Zehn Jahre verlorene Entwicklung sind nicht nachzuholen. Es war ein galvanisierter Leichnam, den er neu beleben wollte.«

Die Frau, die durch ihr eigenes Werk Ruhm erlangen wollte, schickt sich an, berühmte Männer, »Genies«, um sich zu scharen. Aber die vitale, ehrgeizige, oft sogar als machthungrig geschilderte Alma Mahler-Werfel ist nie die sanfte, nur hingebende Muse gewesen. Kokoschka, mit dem sie nach Mahlers Tod (1911) eine leidenschaftliche Beziehung eingeht, malt sie als »Windsbraut«; er umwirbt sie mit besitzergreifender Liebe, die sie genießt und zugleich fürchtet. 1915 trennt sie sich von ihm und flüchtet in eine Ehe mit dem Architekten Gropius, von der sie sich nun Ruhe und Frieden erhofft. Sie ist glücklich über die Geburt ihrer Tochter Manon – von Mahler hat sie schon eine Tochter, eine zweite starb als Kleinkind, und auch Manon stirbt mit 18 Jahren – aber die Sicherheit dieser Ehe gibt sie auf für den jungen Dichter Franz Werfel. Sie beeinflußt und inspiriert ihn, organisiert sein Leben und seinen Ruhm und emigriert 1940 – Werfel ist Jude – mit ihm in die USA. In ihren Erinnerungen schreibt sie: »Gott vergönnte mir, die genialen Werke unserer Zeit zu kennen, ehe sie die Hände ihrer Schöpfer verließen. Und wenn ich für eine Weile die Steigbügel dieser Ritter des Lichts halten durfte, so ist mein Dasein gerechtfertigt und gesegnet.« B.W.

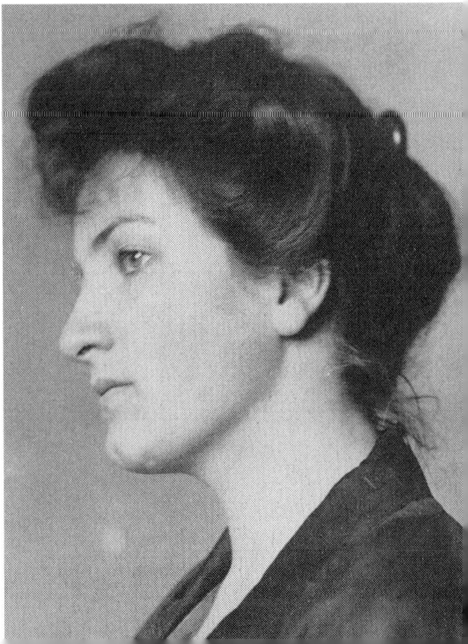

geb. 31. Oktober 1899 in Saratow (UdSSR)
gest. 29. Dezember 1980 in Moskau
russische Schriftstellerin
Lit. 128, 390, 636, 637, 895

Nadeschda Jakowlewna Chasin entstammt einer gebildeten Familie in Kiew, wo sie an der Kunstschule studierte. Am 1. Mai 1919 lernt sie den jungen jüdischen Dichter Ossip Mandelstam kennen. Beide verbindet eine tiefe Liebe – weit hinaus über die 18 Jahre der Zusammenarbeit und der Gemeinsamkeit: Durch alle Phasen der bitteren Trennung, der Armut, der Verzweiflung, Angst und Krankheit, der Unterdrückung, Verfolgung und Haft, der Arbeitslosigkeit, des Hungers und der Verleumdung, der langen Fluchten und des Getriebenwerdens kreuz und quer durch Rußland. Sie lebten in einer Zeit, in der echte Dichtung zumeist nur im Gedächtnis bewahrt und mündlich weitergegeben werden konnte.
1956 wird ihr Mann, der 1938 in einem sibirischen Lager zu Tode gekommen war, teilweise rehabilitiert (in dieser Zeit promoviert sie, 57jährig, noch in Anglistik), und Nadeschda erhält endlich eine kleine Witwenrente, darf aber weiterhin, als »politisch verdächtige Ehefrau«, nicht in Moskau wohnen, auch wenn sie 1957 (u. a. mit der berühmten Lyrikerin und treuen Freundin Anna Achmatowa) als Nachlaßverwalterin ihres Mannes eingesetzt wird. Sie arbeitet als schlecht bezahlte Dozentin für Englisch in der Provinz, veröffentlicht zwei Kurzgeschichten und kehrt 1964 endlich in die Hauptstadt zurück, wo sie einige Jahre vor ihrem Tod noch die erste Veröffentlichung einer Gedichtsammlung ihres Mannes erlebt.
Nadeschda Mandelstam – Ossip redet sie in seinen rührenden Briefen oft mit »Kindchen« oder »Vögelchen« an; sich selbst nannte er, so angewiesen er immer auf sie war, ihren Hüter (engl. *nanny*) – war die unerschütterlich treue Hüterin seines Andenkens und seiner Werke, die bis in die 50er Jahre in der Öffentlichkeit fast unbekannt waren. Sie bestand darauf, daß er seine Texte aufschrieb, sammelte seine Manuskripte, versteckte sie oder gab sie ihrem Bruder und Freunden in Verwahrung, rettete anderes vor der deutschen Wehrmacht und wagte es schließlich, alles Erinnerte aufzuschreiben und weiter vor dem Vergessen zu bewahren, bis es zum Druck ins Ausland gelangte. Doch noch die ersten New Yorker Herausgeber wußten nichts von der Existenz dieser Frau, die im literarischen Werk ihres Mannes nur zarte Spuren hinterlassen hatte. Spätestens aber seit dem Erscheinen ihrer zwei Erinnerungsbände wissen wir von einer Dichterin. Mit einem durch alle Zeiten des allgemeinen Ich-Verlustes bewahrten tiefen Glauben an die Kraft der Humanität und der Dichtung legt sie ein bewegendes persönliches Zeugnis ab von ihrem Leben in menschlicher Würde in einer Welt entwürdigender und unmenschlicher Zustände. S.K.-K.

# Katherine Mansfield

geb. 14. Oktober 1888 in Wellington, Neuseeland
gest. 9. Januar 1923 in Fontainebleau
englische (neuseeländische) Schriftstellerin
Lit. 307, 639, 684, 907, 1022

»Sie kann nicht schreiben«, notierte Virginia Woolf nach der Lektüre von Katherine Mansfields Erzählung *Bliss*, und als sie von ihrem Tod erfuhr: »Ich war eifersüchtig darauf, wie sie schreiben konnte. Die einzige Prosa, auf die ich je eifersüchtig war.«
Katherine Mansfield wuchs in Wellington, Neuseeland, in einem Frauenhaushalt auf, der von einem Patriarchen beherrscht wurde. Ab 1908 lebte sie in London. Sie wollte schreiben. Das erste Jahr ihrer Unabhängigkeit wurde zur Katastrophe. Sie scheint schwanger geworden zu sein. Dann heiratete sie – und verließ den Mann am Morgen nach der Hochzeit. Ihre Mutter reiste an, schickte die Tochter nach Bayern und enterbte sie wegen »Verdachts auf lesbische Neigungen«. Katherine scheint in Bayern eine Fehlgeburt gehabt zu haben, fand dort aber auch das Material für ihre erste Sammlung von Kurzgeschichten, *In a German Pension*, die 1911 erschien und sie als wichtige neue Autorin bekannt machte. Im selben Jahr erkrankte sie an Tuberkulose und lernte den Literaturkritiker John Middleton Murry kennen, den sie 1918 heiratete. Das letzte Jahrzehnt ihres Lebens bestand aus einer Kette von Schwierigkeiten und Leiden. Sie hatte ständig finanzielle Sorgen; die Beziehung zu Murry war problematisch, ihr geliebter einziger Bruder fiel, überhaupt kehrte *keiner* ihrer Freunde lebend aus dem Kriege zurück. 1917 wurde die Tuberkulose diagnostiziert, und den Rest ihres Lebens verbrachte Katherine auf der Suche nach Heilung – oft entsetzlich einsam – in Südfrankreich, Italien und der Schweiz. (»Ich wäre gern ein Krokodil. Nach Sir Thomas Browne ist es die einzige Kreatur, die nicht hustet.«) Nur selten konnte sie nach England zurück, um mit ihren FreundInnen in Kontakt zu bleiben und mit Murry, von dem sie sich mehr und mehr entfremdete.

Katherine Mansfield starb mit 34 Jahren. Sie gilt neben Tschechow als die Begründerin der modernen Kurzgeschichte. Ihr Werk, soweit es vom männlichen Kulturbetrieb als »Literatur« eingeordnet wird, liegt in deutscher Sprache vor, ist sogar im Taschenbuch greifbar, einiges davon zweisprachig (wegen ihrer »Kürze« ist sie als Schul-Autorin beliebt). Nur zum Teil übersetzt sind ihre Briefe an John Middleton Murry. Für mich sind es die schönsten, zartesten, lebendigsten und zugleich traurigsten Briefe der Weltliteratur. L.F.P.

# Margarete von Navarra

geb. 11. April 1492 in Angoulême
gest. 21. Dezember 1549 auf Schloß Odos bei Tarbes
französische Dichterin und Diplomatin
Lit. 195, 300, 640, 641, 927

Sie beherrschte sieben Sprachen und schrieb ihre Texte meist nebenbei, in ihrer Sänfte, wenn sie über Land getragen wurde. Margarete von Navarra, die Schwester König Franz I., war die glänzendste und, wie die Chronisten rühmen, liebenswürdigste Gestalt der französischen Renaissance. Sie förderte die Künste und Wissenschaften, unterstützte die kirchlichen Reformbewegungen, auch wenn sie selbst den alten Glauben beibehielt, und baute und unterhielt viele Spitäler, u.a. das erste Pariser Kinderspital.

Sie führte ein wechselvolles Leben mit vielen Reisen und diplomatischer Tätigkeit für den Bruder (Damenfrieden von Cambrai). Zweimal unglücklich verheiratet, von häufigen Schwangerschaften und Fehlgeburten belastet, fand sie Ausgleich und später Zuflucht im Schreiben.

Ihr berühmtestes Werk ist das *Heptameron*, eine Boccaccios *Decamerone* nachgestaltete, unvollendet gebliebene Sammlung von 72 Novellen (100 waren geplant), die erst neun Jahre nach ihrem Tod erschien, unter Pseudonym und von »anstößigen« Stellen gereinigt. Sie schildert das Leben ihrer Gesellschaftsschicht mit Witz und Charme – ein spannendes Zeitdokument von hoher literarischer Qualität. Außerdem schrieb sie Mysterienspiele, Komödien, geistliche Lieder, epische Gedichte (ihre späten großen Dichtungen sind *Les Prisons* und das *Navire*) – und Liebesgedichte, die erst 350 Jahre später wieder auftauchten.

Sie war die engste Vertraute und Freundin ihres Bruders und zeitweilig die einflußreichste Frau an seinem Hof. Es war die Zeit der Glaubenskämpfe und brennenden Scheiterhaufen, die ihre Hoffnung auf eine Welt ohne Haß und Gewalt zunichte machten. »Sans sentement et comme en apathie«, habe sie, so Rabelais, am Ende ihres Lebens den Ereignissen zugeschaut. Der Dichter Pierre Ronsard fand nach ihrem Tod alle Ehre, Grazie und Schönheit entschwunden. B.R.

# Maria Stuart

geb. 8. Dezember 1542 in Linlithgow
hingerichtet am 8. Februar 1587 in Fotheringhay
schottische Königin, Schriftstellerin und Komponistin
Lit. 194, 783, 980, 1127

Als Maria Stuart geboren wird, liegt ihr Vater, König James V. von Schottland, im Sterben, und sie ist sein einziges legitimes Kind. Nur eine sorgfältige Erziehung zur Politikerin hätte es Maria ermöglicht, sich auf Dauer in der männerbestimmten Welt der schottischen Clans zu behaupten. Statt dessen wird sie, sechsjährig, nach Frankreich gebracht und als zukünftige Frau des Thronfolgers Franz II. erzogen. Bildende Kunst, Poesie und Musik bestimmen den Unterricht. Maria soll repräsentieren; herrschen wird ihr Mann als König von Frankreich und Schottland.

Aber der frühe Tod Franz II. ändert diesen Lebensplan. 1561 kehrt die 19jährige Maria als regierende Königin nach Schottland zurück.

Anfangs hat sie durchaus eine glückliche Hand. Beraten und unterstützt von einflußreichen Clanchefs, gelingt ihr die Befriedung von Adelsrevolten und religiösen Aufständen. Als leidenschaftliche Reiterin und Jägerin genießt sie die Weite und Einsamkeit ihres Landes. Einige Jahre wirkt sie auf ZeitgenossInnen wie das Idealbild einer Königin. Jung, schön, erlesen gekleidet, mit sicherem künstlerischem Geschmack, dichtend und musizierend, ist sie strahlender Mittelpunkt ihres Hofes.

Anders als der englischen Königin Elisabeth gelingt es ihr aber nicht, die Frage einer Eheschließung politisch zu nutzen. Sie verliebt sich in ihren Vetter Henry Darnley, heiratet ihn und erhebt ihn zum Mitregenten. 1566 wird der Thronfolger James geboren. Doch Henry erweist sich schnell als intriganter Schwächling, der mit Marias Gegnern konspiriert und ihre Berater verdrängt, um mehr Einfluß zu gewinnen. Binnen kurzem hat sie außer dem Earl of Bothwell niemanden, dem sie vertrauen kann. Sie wird zur Mitwisserin, als Bothwell ihren Mann ermorden läßt. Nur drei Monate später heiratet sie Bothwell, was den gesamten Adel Schottlands gegen sie aufstehen läßt. Sie wird gefangengenommen und zur Abdankung, zugunsten ihres Sohnes, gezwungen. Zwar gelingt ihr die Flucht nach England, aber dort wird sie ebenfalls gefangengesetzt.

Fast 20 Jahre lang ist sie nun teils aktiv, teils passiv an Verschwörungen gegen die englische Königin beteiligt, immer in der Hoffnung auf französische oder spanische Unterstützung. Bis zuletzt wird sie aber von allen nur als Schachfigur betrachtet und benutzt.

1586 muß sie sich einem Hochverratsprozeß stellen; im Februar 1587 wird sie hingerichtet. Ihr Sohn erhebt gegen die Hinrichtung seiner Mutter keinen Einspruch, da Elisabeth ihm als Gegenleistung die englische Thronfolge zugesichert hat. M.G.

# Maria Theresia

geb. 13. Mai 1717 in Wien
gest. 29. November 1780 in Wien
österreichische Kaiserin
Lit. 175, 378, 583, 1030

Ein erstaunliches Leben! Maria Theresia vollbringt Leistungen, deren jede für sich ausgereicht hätte für eine Lebenszeit. Innerhalb von 20 Jahren bringt sie 16 Kinder zur Welt, ohne ihre Berufstätigkeit auch nur einen Tag zu unterbrechen.

Obwohl das politische Europa bei ihrem Herrschaftsantritt 1740 damit rechnet, daß das deutsche Erbe der Habsburger unter ihrer Regierung in kürzester Zeit zerfällt, gelingt es ihr, dieses Reich für die nächsten 100 Jahre zu konsolidieren.

Persönlich muß sie für diese Anstrengungen keinen Preis zahlen: Eine relativ glückliche Ehe, gute Gesundheit und eine ausgeglichene Stimmung bis ans Lebensende – in einem Alter, das für ihre Zeit normal ist. Kurz, Maria Theresia ist die vollendete weibliche Identifikationsfigur, Projektionsfläche für sehr unterschiedliche Bilder von »Frau«. Für unemanzipierte Männer ist sie das Ideal einer treusorgenden Mutter. Puritanisch gesinnte Seelen sehen in ihr das leuchtende Beispiel von Sittsamkeit in einer frivolen Zeit. Emanzipierten Frauen ist sie der unwiderlegbare Beweis für die weibliche Befähigung zu erfolgreichem politischen Handeln. Und fromm ist sie auch noch, eine treue Tochter der katholischen Kirche!

Was wiegt daneben die Kälte, mit der sie ihren Kindern die Lebenswege vorschreibt und vorteilhafte Heiraten arrangiert? Was die Berechnung, mit der sie den Siebenjährigen Krieg vorbereitet? Zwar tut ihr der Rivale Friedrich II. von Preußen den Gefallen, zuerst zu den Waffen zu greifen, aber Maria Theresias Armee ist sofort einsatzbereit, weil sie wenig später ihn hat angreifen wollen.

Sicher ist eins: Maria Theresia ist die erfolgreichste Politikerin der deutschen Geschichte. Und sie ist es aus Begabung, denn sie wird, obwohl Thronfolgerin, niemals auf ihre politische Aufgabe vorbereitet.

Modern im Sinne des aufklärerischen Menschenbildes ist sie nicht. Aus konservativer Grundhaltung heraus eine pragmatische Politik machen – dafür ist Maria Theresia ein klassisches Modell.

M.G.

# Mileva Marić-Einstein

geb. 19. Dezember 1875 in Titel, Serbien
gest. 4. August 1948 in Zürich
serbische Mathematikerin
Lit. 284, 810, 960, 1024, 1026

Die aus Serbien stammende Mileva Marić studierte als fünfte Frau und einzige ihres Jahrgangs wie Albert Einstein Mathematik und Physik in Zürich. Ihre leichte Auffassungsgabe, ihre Zielstrebigkeit, ihre Ausdauer und die Fähigkeit, für schwierige mathematische Probleme einfache Lösungen zu finden, imponieren ihm. Sie heiraten 1903. Von diesem Zeitpunkt an gibt Mileva Einstein alle eigenen wissenschaftlichen Ambitionen auf. Sie macht keine Diplomprüfung mehr, und auf die Frage, weshalb sie nicht eine noch von ihr mitentwickelte Maschine zur Messung elektronischer Schwingungen unter ihrem statt seinem Namen patentieren lassen wolle, antwortet sie: »Warum? Wir sind ja nun Ein-Stein!« Ein-Stein heißt: Nach der Geburt des ersten Kindes nächtelange Mitarbeit an der Relativitätstheorie, und das nach der Hausarbeit ohne Hilfe und nach der Versorgung von Logierstudenten (das Geld war knapp). Ihren genauen Anteil an der Relativitätstheorie werden wir nie erfahren; die Originale wurden vernichtet. Aber die mathematische Grundlage verdankt Einstein weitgehend ihr. »Ich brauche meine Frau«, hat er immer wieder betont, »sie löst mir alle mathematischen Probleme.« Den 1922 bei der Nobelpreisverleihung erhaltenen Geldbetrag schenkt er ihr. Die wenigen Jahre ihrer Ehe bis zur Entwicklung der Relativitätstheorie (1905) gelten allgemein als Einsteins produktivste Zeit. Mileva folgt seinen Berufungen auf die Lehrstühle in Prag, Zürich und Berlin. Mit dem wachsenden Ruhm Einsteins und nach der Geburt des zweiten Sohnes (1910) nimmt ihr Anteil an seiner Arbeit immer mehr ab; der Ehe wird wohl damit ihre Basis genommen. Neben dem berühmten Professor gilt Mileva, die durch ein angeborenes Hüftleiden gehbehindert ist, als zu wenig repräsentativ. Beim Ausbruch des Ersten Weltkriegs leben sie getrennt; die Ehe wird 1918 geschieden. Hatte Mileva zu Beginn ihrer Beziehung noch selbstbewußt behauptet, eine ebenso gute Physikerin werden zu können wie ihre männlichen Kollegen, bleiben ihr nun: Blumenzüchten, Geldsorgen, Stundengeben, Krankheiten und die zermürbende Pflege ihres geisteskranken zweiten Sohnes. Als dieser 1965 stirbt, wird er als »Sohn des verstorbenen Professors Einstein« gewürdigt, der Mutter wird nicht gedacht.

Sie ist im Alter von 72 Jahren unbekannt und verbittert in einem Züricher Krankenhaus gestorben. H.SCH.

geb. 23. September 1838 in Homer, Ohio
gest. 9. Juni 1927 in Tewkesbury, England
amerikanische Finanzmaklerin, Journalistin und Frauenrechtlerin
Lit. 309, 340, 662, 743, 746

Victoria Claflin Woodhull war eine der umstrittensten und bekanntesten amerikanischen Frauen der zweiten Hälfte des 19. Jahrhunderts: von den einen als »Mrs. Satan« verschrien, von den anderen als Frauenrechtlerin gefeiert.

Als eins von zehn Kindern recht exzentrischer, aber armer Eltern lernte sie schon früh, sich ihren Unterhalt als Spiritualistin und später als Hellseherin zu verdienen. Eine Tätigkeit, die sie nach ihrer Heirat 1853 (mit 15 Jahren!) zusammen mit ihrer Schwester Tennessee Celeste fortsetzte. Nach ihrer Scheidung (1864) von C. Woodhull folgte eine weitere Zeit des Reisens mit James H. Blood, den sie wahrscheinlich 1866 heiratete.

1868 zogen die beiden Schwestern nach New York, wo sie den reichen Cornelius Vanderbilt kennenlernten. Bald darauf eröffneten sie das erste von Frauen geführte Maklerbüro in der Wall Street und machten beträchtliche Gewinne. In diese Zeit fällt der Beginn der politischen Tätigkeit von Victoria Claflin Woodhull, die mit ihrer Schwester die »Woodhull and Claflin's Weekly« herausgab, worin sie sich zu Fragen der Gleichberechtigung von Frauen, Abtreibung, Prostitution, Doppelmoral und der sog. freien Liebe äußerten. Woodhull war aber nicht nur publizistisch tätig, sondern hielt auch öffentliche Vorträge und wurde 1872 von der Equal Rights Party zur Präsidentschaftskandidatin nominiert, was für die Öffentlichkeit eine Ungeheuerlichkeit gewesen sein muß, da zu der Zeit Frauen nicht einmal das Stimmrecht besaßen. Dieses Engagement mag dann auch der Grund für die Verleumdung als »Mrs. Satan« gewesen sein.

Nach ihrer Scheidung von Blood 1876 und dem Tode Vanderbilts 1877 siedelte Woodhull mit ihrer Schwester nach England über, wo sie ein drittes Mal heiratete – nachdem sich die Familie des Bankiers Martin sechs Jahre lang der Heirat widersetzt hatte. In England setzt Woodhull ihre publizistische Tätigkeit fort, gibt ab 1892 mit ihrer Tochter Zulu Maud Woodhull die Zeitschrift »Humanitarian« heraus und kämpft weiterhin für Frauenrechte. Nach dem Tod ihres Mannes (1879) lebte sie auf dessen Landgut, das sie zum Teil jungen Frauen zur Verfügung stellte, um deren landwirtschaftliche Kenntnisse zu erweitern. B.S.

# Maria Montoya Martinez

geb. 5. April 1887 in San Ildefonso, New Mexico
gest. 20. Juli 1980 in San Ildefonso
amerikanische Töpferin
Lit. 359, 642, 736

Die Indianerin Maria Montoya Martinez wuchs im Pueblo San Ildefonso auf. Bereits als Kind erlernte sie von ihrer Tante das Töpferhandwerk: die Familien mußten sich ihr Geschirr selber machen. Als aber eines Tages im Jahr 1908 ein Archäologe Maria bat, anhand einer ausgegrabenen, bemalten Tonscherbe ein prähistorisches Gefäß nachzubauen, wurde sie angeregt, neue Wege zu gehen.
Mit viel Gefühl für das Material gelang es ihr, einen Ton herzustellen, aus dem man wesentlich dünnwandigere und härtere Gefäße als bisher formen konnte. Die Bemalung überließ sie Julian, ihrem Mann, denn zeichnen konnte sie nicht. Marias und Julians Gefäße wurden bald berühmt, denn der Archäologe ermunterte sie, die Keramik im Museum von Santa Fé zu verkaufen.
Julian, der außer der Bemalung auch das Brennen der Gefäße im offenen Feuer übernommen hatte, entdeckte zufällig, daß die Keramik schwarz wurde, wenn man getrockneten Dung in die Flammen schüttete. Zwar schämten er und Maria sich zunächst dieses »Unfalls«, als aber ein Händler in Santa Fé sein Interesse an diesen schwarzen Töpfen bekundete, stellten sie sie bald in größeren Mengen her.
Einige Jahre später, Maria und Julian waren inzwischen schon recht berühmt und konnten mit dem Verkauf ihrer Keramik bereits mehrere Familien ernähren, entdeckte Julian wieder durch Zufall, daß sich die polierten, glänzend schwarzen Gefäße mit Tonschlicker mattschwarz dekorieren ließen. So entstand die berühmte Schwarz-in-Schwarz-Keramik, die bald schon in den Museen der Vereinigten Staaten ausgestellt werden sollte (ab 1920).
Als Vertreterin ihrer Volksgruppe nahm Maria mit ihrem Mann an Weltausstellungen teil, fuhr quer über den Kontinent und besuchte die großen Städte des Ostens. Obwohl sie dabei immer sehr unter Heimweh litt, fuhr sie doch wieder los, und sei es, um ihren Mann von seiner Trunksucht abzulenken. Es gelang ihr nicht, er erfror schließlich 1943 betrunken in einer eisigen Nacht. Maria überlebte ihn um 37 Jahre.
C.S.

geb. 16. Januar 1855 in London
gest. 31. März 1898 in London
englische Sozialistin
Lit. 335, 486, 668, 888, 1124

»Ich konnte«, schrieb Karl Marx am 17. Januar 1855 an Friedrich Engels, »nicht an die ›Tribune‹ schreiben, weil gestern zwischen 6 und 7 meine Frau von einer bona fide traveller – leider of the ›sex‹ par excellence – genesen ist. Wäre es ein männliches Wesen, so ginge die Sache schon eher.« Aber bald verwandelte sich Marx' Desinteresse in eine besondere Zuneigung, Eleanor wird seine Lieblingstochter. Ihr Held? – Garibaldi. Ihr Lieblingswahlspruch? – Vorwärts! Die da so antwortet, ist elf Jahre alt und von Marx bereits in die sozialen und sozialistischen Bewegungen in Europa eingewiesen. Später wird sie seine Sekretärin, bearbeitet seine Korrespondenz, ordnet Bücher und Manuskripte, übersetzt und dolmetscht und begleitet den oft kranken Mann zu seinen Kuren. Der eigene Berufswunsch, Schauspielerin, muß zurückgestellt werden. Und auch einen weiteren Befreiungsversuch vereitelt er: 1882 trennt sie sich nach zehnjähriger Verlobungszeit von dem französischen Journalisten Lissagaray. Der Vater wollte einer Heirat partout nicht zustimmen. Tapfer schreibt die inzwischen an Magersucht und Schlaflosigkeit leidende junge Frau daraufhin an ihre Schwester Jenny: »Ich habe vor, mit aller Kraft durch harte Arbeit zu versuchen, mehr und Besseres aus meinem Leben zu machen als bisher. Im Grunde ist Arbeit die Hauptsache.« Als Karl Marx am 14. März 1883 stirbt, tritt die politische Aktivistin und Agitatorin aus seinem Schatten. Sie spielt bei der Gründung der zweiten Internationale und in der englischen Gewerkschaftsbewegung eine hervorragende Rolle, nebenher kümmert sie sich um den Nachlaß des Vaters. 1895 eröffnet ihr der sterbende Friedrich Engels, daß nicht er, sondern Marx der Vater von Frederick, dem Sohn der Marxschen Haushälterin Helene Demuth, ist. Für Eleanor bricht eine Welt zusammen. Die Reinheit der marxistischen Lehre ist in ihrem Gründer beschmutzt.

»Lange unglückliche Jahre war das Verhältnis zwischen mir und meinem Vater überschattet, doch minderte das nicht unsere Liebe zueinander«, schrieb sie 1885 an eine Freundin. Ihre Liebe gehörte nach Marx' Tod dem verheirateten Dr. Edward Aveling, der sich als Heiratsschwindler und Erpresser entpuppt. »Ich stehe vor der fürchterlichsten Situation: äußerster Ruin – alles bis auf den letzten Pfennig, oder äußerste Schande vor aller Welt«, schreibt Eleanor am 2. September 1898 an ihren Stiefbruder Freddy. Handelt es sich um einen Erpressungsversuch des bankrotten Aveling? Am 31. März 1898 erfährt Eleanor, daß er soeben unter falschem Namen eine junge Schauspielerin geheiratet hat. Da schickt sie ihr Hausmädchen um Chloroform »und eine kleine Quantität Blausäure für einen Hund« zur Apotheke und bringt sich ums Leben.
S.G.

# Jenny Marx

geb. 12. Februar 1814 in Salzwedel
gest. 2. Dezember 1881 in London
deutsche Vorkämpferin des Sozialismus
Lit. 223, 609, 960, 1124

»Ach lieb lieb Liebchen, nun mengelierst Du Dich noch gar in die Politik. Das ist ja das Halsbrechendste. Karlchen, bedenk nur immer, daß Du daheim ein Liebchen hast, das da hofft und jammert und ganz abhängig von Deinem Schicksal ist.« (Jenny von Westphalen 1841 an Karl Marx). 1843, nach siebenjähriger Verlobungszeit, heiratet die »Ballkönigin von Trier« den vier Jahre jüngeren Dr. Karl Marx. Als begeisterte Demokratin »mengeliert« sie sich fortan mit ihm in die Politik, wird seine Sekretärin, führt für ihn die umfangreiche Korrespondenz mit Genossen und Verlegern, kopiert seine Texte, diskutiert sie mit ihm; auf ihr politisches Urteil hat Marx stets großen Wert gelegt. Ein Bericht in der *Deutschen-Brüssel-Zeitung* über das Neujahrsfest des Deutschen Arbeitervereins 1847/48 vermerkt, daß »Frau Marx ihr geniales Deklamationstalent« in einer »dramatischen Vorstellung« zeigte. Sie hat durchaus also eine eigenständige Rolle in der sozialistischen Bewegung gespielt. Und nicht nur dort: 1875 veröffentlicht die *Frankfurter Zeitung* ihre Artikel über das Londoner Theater und den Shakespeare-Darsteller Irving.

Aber die Abhängigkeit von Marx' Schicksal hat ihr auch genügend Jammer gebracht: ein Leben im Exil (Brüssel, Paris und London), durch Mietschulden bedingte ständige Umzüge; ein Leben in Armut, die gelegentliche Erbschaften und ständige Zuschüsse von Engels nicht beseitigten; der frühe Tod von vier ihrer sieben Kinder, bedingt durch die miserablen Lebensverhältnisse; zunehmende Depressionen. Erst 1867 erscheint, nach 17jähriger Arbeit, Marx' erster Band des »Kapital«, und der Alpdruck in der Familie läßt nach. 1876 erkrankt Jenny Marx, die Diagnose lautet Krebs. Am 2. Dezember 1881 stirbt sie. S.G.

geb. 21. März 1882 in Wien
gest. 30. Januar 1969 in Los Angeles
österreichische Sängerin und Schauspielerin
Lit. 65, 210, 763, 889

1932 werden in Berlin Stücke von Brecht und Hauptmann uraufgeführt, aber geradezu ins Schwärmen geraten die Kritiker nach der Premiere einer luftigen musikalischen Nichtigkeit im Metropol-Theater. *Eine Frau, die weiß, was sie will* – das ist nicht irgendeine Frau, das ist *die* Massary: »Sie hat eine Art, über die Takt-Stränge zu schlagen, die zu raffinierten Synkopen führt. Sie hat eine Art, von der Höhe der naiven Empfindung herabzusteigen zu den leicht lasziven Alt-Tönen, die Erfahrung verraucht hat. Und zwinkert dabei mit dem Auge, zuckt mit dem Mund, der sich dann plötzlich in ein großes Lächeln legt. Lächeln als Refrain ... Zuletzt, aus heiterm Himmel, ein Monolog: ›Warum soll eine Frau kein Verhältnis haben?‹ Da läßt sie alle Minen springen, alle Minen singen. Jedes Wort hat seinen Ton, seine Tönung, seine Geste. Jedes Wort schlägt ein.« (Premierenkritik aus der *BZ am Mittag*).

Am Metropol-Theater hat ihr Aufstieg zur gefeierten (und höchstbezahlten) Operetten-Königin der 20er Jahre begonnen. Aus der kleinen Sängerin, nur eine unter vielen in den temporeichen Revuen mit ihrer schnellen Szenenfolge, wird in wenigen Jahren der Star des Metropol-Theaters, der Star aller großen Berliner Bühnen. Von der Revue kehrt sie zurück zur Operette, aber nicht mehr das mollige blonde »Süße Mädel« steht da auf der Bühne, sondern eine schmale elegante Diva. Sie brilliert zwar auch in Operetten-Klassikern wie *Die Fledermaus*, *Die lustige Witwe* oder *Die Czardas-Fürstin*, aber die Glanzrollen werden Fritzi Massary auf den Leib komponiert (und geschneidert, manche Kritiken lesen sich wie Berichte von Modenschauen). Der sonst so gestrenge Tucholsky entzückt sich: »Auf der Bühne steht SIE: die Massary – und alles ist vergeben und vergessen.«

1932 feiert Fritzi Massary ihren 50. Geburtstag. Ein letztes Mal steht sie umjubelt auf der Bühne, aber in die Bravo-Rufe mischen sich immer lauter und bedrohlicher die »Juden raus«-Schreie organisierter Nazi-Trupps. Zusammen mit ihrem Mann, dem Schauspieler Max Pallenberg, muß Fritzi Massary Deutschland verlassen. B.W.

geb. 7. August 1876 in Leeuwarden
hingerichtet 15. Oktober 1917 in Vincennes
niederländische Tänzerin
Lit. 455, 690, 1060

Im Herbst 1917 wird die niederländische Tänzerin von einem französischen Militärgericht wegen Spionage für das Deutsche Reich zum Tode verurteilt und am 5.10. in Vincennes hingerichtet. War sie schuldig oder nicht?
Margaretha Zelle wurde in ein reiches, bürgerliches Elternhaus geboren, wo sie wohlbehütet mit ihren Geschwistern aufwuchs. Mit 18 heiratete sie den 20 Jahre älteren Offizier MacLeod und gebiert bald einen Sohn. Die Familie zieht nach Java. In dieser fremden Welt erlebt Margaretha nicht nur den Tod ihres Sohnes, die Geburt ihrer Tochter, die Brutalität ihres Ehemannes und die Zerrüttung ihrer Ehe, sondern lernt auch die exotischen Tänze kennen, die später ihre Arbeit als Tänzerin inspirieren sollten.
Es zieht Margaretha zurück nach Amsterdam, wo 1906 die Scheidung erfolgt. Ihre Tochter bleibt bei dem Vater, und Margaretha hat nun die Freiheit, selbst die Welt zu erkunden: Amsterdam, Berlin, Paris, Wien … Hier baut sie erfolgreich ihre indische Legende auf und kreiert die Figur »Mata Hari« – fortan *das* Markenzeichen für weibliche Verruchtheit. Sie feiert rauschende Erfolge (nicht zuletzt wegen ihrer Nacktdarbietungen) und ist Teil des offenbar rastlosen Vorkriegs-Jet-Sets. Schlagartig ändert sich die Situation mit dem Beginn des Weltkrieges. Scheinbar plan- und ruhelos reist Mata Hari durch Europa und gerät aufgrund ihrer Internationalität (und wohl auch wegen diverser Affären mit Militärs) in den Dunstkreis verschiedener verfeindeter Geheimdienste. Von nun an verliert sich ihr Schicksal in Mutmaßungen, Indizien und spärlichen Zeugnissen. B.S.

Foto: Ullstein

## Constance Mayer

geb. um 1775
gest. 26. Mai 1821 in Paris
französische Malerin
Lit. 352, 389, 912, 1007

Am 27. Mai 1821, morgens um 11 Uhr, verabschiedete sich die 46jährige Malerin Constance Mayer-La Martinière besonders herzlich von ihrer Schülerin Sophie Duprat. Dann nahm sie ein scharfes Messer und schnitt sich die Kehle durch, während einige Räume weiter ihr langjähriger Lebensgefährte, der berühmte Maler Pierre Paul Prud'hon, ahnungslos an einem Bild arbeitete. Mit diesem grauenvollen Selbstmord endete ein besonders erschütterndes Kapitel aus dem endlos erscheinenden Fortsetzungsroman »Die Frau an seiner Seite«.

Constance Mayer war eine vielversprechende junge Künstlerin gewesen. Mit 21 begann sie regelmäßig an den Pariser Salonausstellungen teilzunehmen, vor allem mit Porträts und Selbstporträts. Fünf Jahre später wechselte sie von ihrem bisherigen Lehrer, Jean-Baptiste Greuze, zu Prud'hon. Für den etwa 17 Jahre älteren Künstler war das sich entwickelnde Lebensarrangement ausgesprochen nützlich: Mayer kümmerte sich um seine fünf Kinder, deren Mutter wegen »skandalösen Verhaltens« in eine geschlossene Anstalt eingeliefert worden war. Sie stellte der Familie ihr nicht unerhebliches Vermögen zur Verfügung und schuf mit Charme, Taktgefühl und Hartnäckigkeit wichtige Kontakte zu zahlungskräftigen AuftraggeberInnen (u.a. Kaiserin Josephine). Vor allem aber stellte sie ihre eigene künstlerische Produktivität ganz in den Dienst seines Erfolgs. Sie arbeiteten im selben Stil und an denselben Themen – lyrische Porträts und gefühlvolle allegorische Darstellungen (Liebe verführt die Unschuld, Vergnügen und Reue folgen). Die Zuordnung ihrer Werke ist bis heute schwierig, denn Mayers Bilder wurden nicht selten als »echte Prud'hons« gehandelt, da sie dann mehr Geld brachten.

Bei all dem wahrten sie die Form – beide hatten in der Sorbonne ein Atelier mit Wohnung zur Verfügung, so konnten sie als »Lehrer« und »Schülerin« dicht beieinander leben, ohne ihren Ruf zu gefährden. Der Maler trauerte heftig um seine Gefährtin, stellte für den Salon von 1822 eine Retrospektive ihres Werks zusammen und starb, wie es heißt, an gebrochenem Herzen im folgenden Jahr. A.S.

geb. 21. Juni 1912 in Seattle, Washington
gest. 25. Oktober 1989 in New York, N.Y.
amerikanische Schriftstellerin
Lit. 118, 119, 212, 654, 695

Daß ihr das Schreiben leichter fiel als das Schauspielern, stellte Mary McCarthy 1930 auf dem Vassar College fest, wo sie mit Elizabeth Bishop und anderen Studentinnen aus Protest gegen die offizielle Vassar Review eine neue Zeitung gründete. Ihre Ausbildung zur Schauspielerin hatte sie kurz zuvor abgebrochen. 1933 geht sie nach New York, arbeitet als Kritikerin, Lektorin, lehrt an verschiedenen Colleges Literatur. Schnell avanciert sie zur meistgefürchteten Kritikerin der Literatur- und Theaterszene. Sie ist klug, sie ist elegant, sie hat eine große Ausstrahlung. Mit ihrer literarischen Meinung ist sie unerbittlich. Sie warte immer noch auf das zweite Stück von John Osborne, schrieb sie, nachdem er eben sein fünftes Stück publiziert hatte. Ihr Streit mit Lillian Hellman ist legendär. Alles, was sie schreibt, sei eine Lüge, sagte sie noch 1980 im Fernsehen. 2,25 Mio. Dollar Schadensersatz forderte die Kollegin. Nachdem Hellman den Prozeß in erster Instanz gewonnen hatte, starb sie jedoch. Unerbittlich war Mary McCarthy auch in ihrem politischen Engagement. Sie sympathisierte mit den Trotzkisten, war in den 60er Jahren aktiv in der Anti-Kriegs-Bewegung und wollte 1966 mit ihren Reportagen aus Südvietnam vor allem »den Interessen der USA schaden«. Als 1963 ihr Roman *Die Clique* erschien, reagierten die Kollegen wütend. Es handle sich um ein militantes feministisches Pamphlet, meinte der Kritiker John W. Aldridge. Für McCarthy war es nicht mehr als »die Geschichte des Verlustes des Glaubens an den Fortschritt, an die Idee des Fortschritts«. Eine erklärte Feministin war McCarthy nicht. In einem Interview 1962 sagte sie, sie kenne »keine Intellektuelle, die gleichzeitig Feministin« sei. Von Simone de Beauvoir beispielsweise hielt sie gar nichts, aber eine Frauenfreundschaft pflegte sie doch, die zu Hannah Ahrendt, deren Nachlaßverwalterin sie später wurde. Mary McCarthy war viermal verheiratet, mit ihrem zweiten Mann, dem Schriftsteller Edmund Wilson, hatte sie einen Sohn. Ab 1960 lebte sie abwechselnd in Maine und in Paris. S.G.

geb. 16. Juni 1902 in Hartford, Connecticut
gest. 2. September 1992 in Huntington, New York
amerikanische Genetikerin
Lit. 288, 498, 504, 655, 658

Als Barbara McClintock 1983 den Nobelpreis für Medizin bekam, lagen die Entdeckungen und Experimente, denen die Auszeichnung galt, schon 30 Jahre zurück. Damals (1951) hatte man sie noch als Exzentrikerin abgetan. Ihre Methoden schienen veraltet, und ihre Ergebnisse stellten Dogmen der Genetik in Frage. Während ihre Kollegen Molekularbiologie betrieben, züchtete McClintock eine Generation von Maispflanzen nach der anderen, um deren Variationen zu studieren. Während fast alle anderen glaubten, daß die Gene fest im Erbgut verankert liegen, bewies McClintock mit ihren Experimenten, daß es auch springende Gene gibt und daß das genetische Material von der Umgebung beeinflußt wird. Ihre Arbeit ist nicht nur für Maispflanzen wichtig, denn Transposons – springende Gene – werden jetzt als Bestandteile des genetischen Stoffes schlechthin verstanden. Die Tragweite ihrer Entdeckungen ist enorm: Transposons sind u.a. für die Antibiotika-Resistenz der Bakterien verantwortlich; sie ermöglichen unserem Immunsystem, Fremdsubstanzen zu erkennen, sogar die Evolution läßt sich auf sie zurückführen.
Ursprünglich wollte McClintock Pflanzenzucht studieren, da aber Frauen aus diesem Fach ausgeschlossen waren, mußte sie auf Botanik ausweichen. 1927 erhielt sie den Doktortitel. Von 1936 bis 1941 war sie an der Universität von Missouri als Dozentin und Forscherin tätig. Als sie merkte, daß sie keine feste Stellung bekommen würde und man sie nach der Versetzung ihres Projektleiters entlassen wollte, kündigte sie unverzüglich. Wenn man sie nicht an das Cold Spring Harbor-Labor berufen hätte, wäre sie vielleicht Wetter-Ansagerin geworden. Sie hatte damals keinerlei Berufschancen.

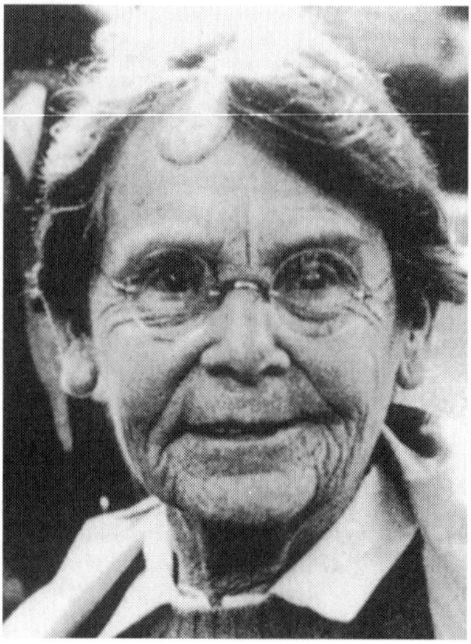

In jenem Forschungsinstitut auf Long Island, New York, wo sie bis zu ihrem Tode arbeitete, machte sie ihre (später) preisgekrönten Entdeckungen. Willensstark, unbeirrt, völlig im Alleingang »las« sie »ihre« Maispflanzen mit Empathie und Scharfsinn und leitete so eine Revolution in der Genetik ein. R.F.

geb. 19. Februar 1917 in Columbus, Georgia
gest. 29. September 1967 in Nyack, New York
amerikanische Schriftstellerin
Lit. 147, 212, 256, 369, 747

»Carson McCullers ist in meinen Augen die bedeutendste Autorin Amerikas, wenn nicht der Welt. Ich habe in ihrem Werk eine Dichte und einen Adel des Geistes gefunden, wie es sie seit Melville in unserer Prosa nicht mehr gegeben hat«, urteilt Tennessee Williams, einer ihrer treuesten Freunde. Die Kritik wollte es anfangs nicht glauben, daß ein Werk von der Tiefe und Reife ihres Erstlingsromans *The Heart is a Lonely Hunter* von einer 23jährigen stammen sollte. Trotz des frühen Ruhms ist McCullers' Werk schmal: vier Romane, zwei Novellen (*The Ballad of the Sad Café* und *The March*), Gedichte und eine Reihe Kurzgeschichten. Dafür gibt es zwei Gründe: ihr Arbeitsethos und ihre schwere Krankheit. Sie war eine skrupelhaft genaue Stilistin. An ihrem relativ kurzen letzten Roman *Clock Without Hands* (1961) arbeitete sie acht Jahre lang; manche Kapitel schrieb sie bis zu zwanzigmal um, denn »Prosa sollte wie Poesie sein«.

Carson McCullers wurde nur 50 Jahre alt. Ab ihrem 29. Lebensjahr war sie, nach drei Schlaganfällen, halbseitig gelähmt; ihre letzten Lebensjahre verbrachte sie im Rollstuhl.

Lula Carson Smith wuchs in einer Kleinstadt in Georgia auf. Die Eltern liebten ihre Älteste; die Mutter war von je fest überzeugt, daß ihre Tochter ein Genie sei. 1935 ging Carson nach New York, um an der Julliard School Klavier zu studieren, aber sie verlor ihr gesamtes Geld und mußte sich mit verschiedenen Jobs durchschlagen. Abends besuchte sie Kurse in *creative writing*.

1937 heiratet Carson den Kadetten Reeves McCullers. Die Ehe ist schwierig; Ende 1940 lassen sie sich scheiden, und Carson zieht in ein großes Haus in Brooklyn, das zum Treffpunkt der New Yorker Kunst- und Literaturszene wird. 1945, nach Reeves' Rückkehr aus dem Krieg, heiraten sie wieder, acht Jahre später bringt Reeves sich im Delirium um.

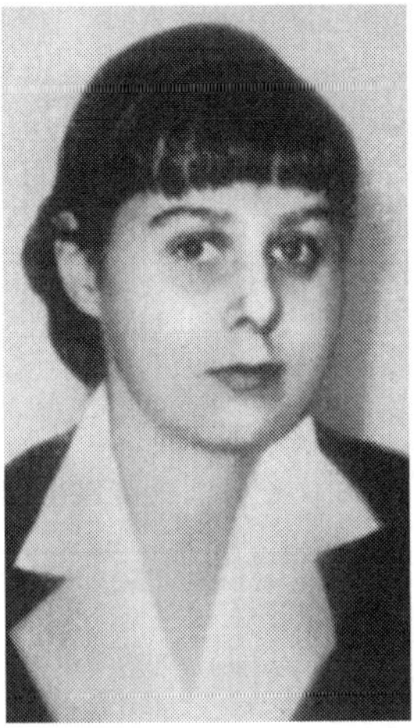

Ihr zweites Buch, *Reflections in a Golden Eye* (1941) widmet Carson ihrer großen Liebe Annemarie Schwarzenbach. Die Kritik reagiert mehrheitlich ablehnend – nicht einmal das Pferd sei normal in diesem Buch über lauter Perverse, heißt es.

Die Quintessenz ihres Lebens und Schreibens ist in folgenden Sätzen ausgedrückt: »Wie kann sich ein Mensch ohne Liebe und ohne die von der Liebe herrührende Intuition in die Lage eines andern Menschen versetzen? Wie kann man ohne Liebe und ohne den zur Liebe gehörenden Kampf einen Charakter erschaffen?« L.F.P.

# Margaret Mead

geb. 16. Dezember 1901 in Philadelphia, Pennsylvania
gest. 15. November 1978 in New York
amerikanische Anthropologin
Lit. 62, 298, 342, 454, 661

»Ich habe den größten Teil meines Lebens damit verbracht, die Lebensgewohnheiten anderer Völker zu studieren, Völker aus fernen Ländern, damit meine Landsleute sich selbst vielleicht besser verstehen«, schreibt Margaret Mead in ihrer Autobiographie. Aber nicht nur ihre Landsleute, sondern die gesamte westliche Sozialwissenschaft profitierte von ihren ethnologischen Erkenntnissen. Besonders durch ihre Forschungen im Jahre 1931 bei den Arapesh, Tchambuli und Mundugumor auf Neuguinea lenkte sie das Augenmerk auf die Bedeutung der Kultur bei der Ausdifferenzierung von weiblichen und männlichen Geschlechtsrollen. Diese drei Völker entsprachen in unterschiedlicher Weise überhaupt nicht den gängigen biologistischen Vorstellungen von typisch weiblichem und typisch männlichem Verhalten. Das war natürlich ein starker Denkimpuls für die Psychologie, die allerdings bis heute auf ihrem Gebiet weitestgehend damit beschäftigt ist, psychische Geschlechtsunterschiede zu postulieren, mit negativen Folgen für die Frau, und somit eine patriarchalische Ideologie »wissenschaftlich« zu legitimieren.

Margaret Mead ist schon zu Lebzeiten weltberühmt geworden. Als sie sich 1925 als junge Forscherin zum ersten Mal allein nach Samoa begab, konnte sie sich nicht nur auf die Unterstützung ihrer großen LehrerInnen Franz Boas und Ruth Benedict verlassen, sondern auch auf ihre persönliche Kraft, ihre vitale intellektuelle Neugier und auf einen selbstverständlichen Mut. Sie war in einer Familie aufgewachsen, in der Selbständigkeit, Phantasie und Dominanz nicht nur vom Vater, sondern auch von der Großmutter und ihrer Mutter, einer Feministin und promovierten Soziologin, repräsentiert wurden.

Margaret Mead erforschte sieben Südseekulturen. Sie war Universitätslehrerin und eine in aller Welt geschätzte Vortragsrednerin. Sie erhielt mehrere Ehrendoktorate und schrieb über 40 Bücher (18 davon zusammen mit anderen) sowie über 1000 wissenschaftliche Artikel. Etliche ihrer Werke wurden Bestseller und gehören bereits zu den Klassikerinnen dieses Jahrhunderts: *Coming of Age in Samoa* (1928), *Growing up in New Guinea* (1930), *Sex and Temperament in Three Primitive Societies* (1935) sowie *Male and Female* (1949). Sie war dreimal verheiratet und geschieden und hatte mit ihrem letzten Ehemann, dem bekannten Biologen und Anthropologen Gregory Bateson, eine Tochter, die 1984 eine Biographie ihrer Eltern verfaßte. S.D.

geb. 5. oder 15. August 1924 in Czernowitz, Bukowina
gest. 16. Dezember 1942 im KZ Michailowka, Ukraine
deutschsprachige Dichterin
Lit. 210, 665, 666, 921, 1069

Häufig wird Selma Meerbaum-Eisinger als zweite Anne Frank bezeichnet, teilte sie doch mit ihr das leidenschaftliche Schreiben sowie den grausamen Erfahrungsweg des Holocaust, an dessen Ende der Tod im Konzentrationslager stand. Während die eine jedoch mit 15 Jahren starb, fing die andere in diesem Alter gerade an zu dichten.

Selma stammte aus kleinen Verhältnissen. Nach dem frühen Tod ihres Vaters heiratete ihre Mutter Leo Eisinger und betrieb mit ihm einen Kurzwarenladen. Czernowitz war die lebendige Metropole des Vielvölkerlandes Bukowina, in der Schule wurde Rumänisch und Jiddisch gesprochen, während Selma zu Hause, mit FreundInnen und in der zionistischen Jugendbewegung »Haschomer-Hazair« primär Deutsch sprach. Außerdem las sie mit Begeisterung Heine, Rilke, Verlaine, Tagore und Klabunds Nachdichtungen chinesischer Gedichte. Diese Einflüsse sind in ihren eigenen Texten wie auch in ihren Nachdichtungen französischer, rumänischer und jiddischer Lyrik unverkennbar.

Und dennoch weisen die Tiefe und die Empfindsamkeit ihrer Poesie weit hinaus über die Dokumentation des Schicksals einer jungen Jüdin unter dem Nazi-Terror. Aus ihrem einzig erhaltenen Band mit 57 Gedichten, *Blütenlese*, den sie dem Freund Leiser Fichman aus der zionistischen Jugendgruppe widmete, spricht Selmas burschikose Lebendigkeit und spontane Lebenslust, ihr sanftes Träumen und Leiden mit großer Authentizität und poetischer Kraft. Ihre Gedichte atmen jedes Naturerlebnis und verliebtes erotisches Sehnen, jedes Einsamkeitsempfinden und resigniertes oder aufbegehrendes Gefühl in einer Klarheit und zarten Intensität, der man sich nicht entziehen kann. Für den flüchtigen Augenblick des Erlebens und Schreibens ist sie der Frühling und die Nacht, der Regen und Wind, das welke Blatt und der Fliederduft selbst, wiegt sie sich in ihren Schlafliedern.

Selma überlebte zwar das Czernowitzer Ghetto, aber nicht den Holocaust. Im KZ Michailowka stirbt sie mit 18 Jahren an Typhus – nur ihre Gedichte singen noch ihr Lied. I.L.

geb. 7. Oktober 1934 in Oldenburg
gest. 8. Mai 1976 in Stammheim
deutsche Journalistin und Politikerin
Lit. 540, 669, 670, 1023

Mit sechs Jahren verliert Ulrike Meinhof ihren Vater, neun Jahre später stirbt ihre Mutter, und sie wächst unter der Vormundschaft der Historikerin Renate Riemeck auf. Diese, nur 14 Jahre älter als Ulrike, setzt die christliche und antifaschistische Erziehung fort. Zunächst in der evangelischen Jugendarbeit aktiv, engagiert sich die Studentin ab 1958 im SDS, 1959 tritt sie der illegalen KPD bei. Sie kämpft gegen die atomare Aufrüstung, gegen Springer, gegen das militärische Engagement der USA in Vietnam. Ihre Kolumnen von 1959 bis 1969 in der *konkret*, deren Chefredakteurin sie seit 1960 ist, sind ein Beispiel von entschiedenem Journalismus und in der stickigen Luft von Adenauer und Großer Koalition meinungsbildend für Linke und Liberale.

Je radikaler sie wird, desto unerträglicher erscheint ihr der Widerspruch zwischen politischem Kampf und ihrem privaten Leben. Sie verläßt Klaus Rainer Röhl, den sie 1961 geheiratet hatte, und zieht mit ihren Zwillingen 1968 nach Berlin. 1970 ist sie an der Befreiung von Andreas Baader beteiligt. Einen Tag später ist sie die meistgesuchte Frau der Bundesrepublik. Sie geht in den Untergrund, wo sie den bewaffneten Kampf propagiert und die Rote Armee Fraktion gründet. Es gibt die ersten Sprengstoffanschläge. Verletzte und Tote sind zunächst nicht beabsichtigt, später kalkuliert. Die Solidarität der Linken, »der Schwätzer, für die sich der antiimperialistische Kampf beim Kaffeekränzchen abspielt« (U.M.), bröckelt. Im Juni 1972 sind alle Gründungsmitglieder verhaftet. Eine qualvolle Zeit im Gefängnis beginnt für Ulrike Meinhof. Den Kontakt zu ihren Kindern bricht sie plötzlich ab. Das Verhältnis zu den anderen Gruppenmitgliedern verschlechtert sich. Noch in der Isolationshaft ist sie isoliert. 1975 sagt sie vor dem Stammheimer Gericht: »Es gibt in der Isolation exakt zwei Möglichkeiten: Entweder Sie bringen einen Gefangenen zum Schweigen, das heißt, er stirbt daran, oder Sie bringen ihn zum Reden.« In der Nacht vom 7. auf den 8. Mai 1976 setzt sie ihrem Leben in ihrer Zelle in Stammheim ein Ende. S.G.

Foto: Ullstein

geb. 3. Mai 1898 in Kiew
gest. 8. Dezember 1978 in Jerusalem
israelische Politikerin
Lit. 1, 16, 464, 671

»Kompromiß« ist ein Begriff, der nicht zu ihrem politischen Wortschatz gehörte. Ihr Mentor und politischer Mitstreiter Ben Gurion pflegte das zu entschuldigen: »Sie müssen ihr verzeihen, sie hatte eine schwierige Kindheit.«
Sie selbst erzählt eindringlich von jenem Tag, als die damals Vierjährige ihren Vater, einen jüdischen Tischler, beobachtete, wie er die Eingangstür des kleinen Familienhauses in Kiew gegen ein drohendes Pogrom von Kosaken verbarrikadierte. In diesem Augenblick erlebte sie zum ersten Mal »die Angst, die Enttäuschung und die Gewißheit des Andersseins und zugleich die tiefinnere Überzeugung, daß man selbst eingreifen muß, um zu überleben«.
1906 wurde Golda zusammen mit ihrer Mutter und ihren beiden Schwestern vom Vater nach Milwaukee geholt, wohin er drei Jahre zuvor geflüchtet war. Schon als Jugendliche interessierte sie sich leidenschaftlich für Politik. Sie lief von zu Hause weg, um Lehrerin werden zu können. Bald nach der Eheschließung mit dem Schildermacher Morris Myerson überredete sie ihren Mann, mit ihr 1921 nach Palästina auszuwandern.
Nach zwei Jahren in einem Kibbuz, ihrer schönsten Zeit, wie sie rückblickend sagte, zog das Paar nach Tel Aviv, später Jerusalem, wo die beiden Kinder Menachem und Sarah geboren wurden.
Seit 1928 in der Gewerkschaft Histadrut aktiv, wurde sie 1940 deren politische Leiterin; zugleich gehörte sie zur Führungsgruppe der jüdischen Arbeiterpartei: Deren führender Kopf Ben Gurion schickte sie 1945 zum Spendensammeln in die USA. In Chicago erklärte sie: »*Ihr* könnt nicht entscheiden, *ob* wir Krieg führen oder nicht. Wir werden es tun. Ihr könnt nur eines entscheiden: ob wir siegen oder geschlagen werden.«
Golda Meir erlebte alle politischen Ereignisse in vorderster politischer Reihe mit, immer geleitet von der Überzeugung: »Die Araber wollen uns tot sehen. Wir wollen leben. Da gibt es keinen Kompromiß.«
Politik definierte sie lebenslang als Kampf ums Überleben. Den Konfrontationskurs Ben Gurions gegenüber den Arabern unterstützte sie in verschiedenen politischen Ämtern: als erste Botschafterin Israels in Moskau, als Arbeitsministerin, als Außenministerin, schließlich als Ministerpräsidentin Israels von 1969 bis 1974. Immer meinte sie: »Wir haben keine Alternative.« Die überraschenden Anfangserfolge der arabischen Staaten im Oktoberkrieg 1973 markierten das Ende dieser Politik. Meir erklärte 1974 ihren Rücktritt.
1978 starb sie an Leukämie. M.G.

geb. 7. November 1878 in Wien
gest. 28. Oktober 1968 in Cambridge, England
österreichisch-schwedische Atomphysikerin
Lit. 210, 288, 502, 753, 930

Werden heute noch Frauen in den Naturwissenschaften als Exotinnen betrachtet, so war das erst recht der Fall, als sich Lise Meitner um die Jahrhundertwende entschloß, Physik zu studieren. Als zweite Frau in der Geschichte der Wiener Universität promovierte sie im Hauptfach Physik und setzte sich somit deutlich von dem Frauen »nahegelegten« Weg ab: Nicht die drei Ks, sondern die experimentelle Physik wurde zum Zentrum ihres Lebens. 1922 erhielt sie das Recht, Vorlesungen an der Berliner Universität zu halten. Einigen Zeitungen zufolge hielt sie ihre Antrittsrede denn auch nicht über »Probleme der kosmischen Physik«, sondern »über Probleme der kosmetischen Physik«. Erst langsam war die Öffentlichkeit bereit zu akzeptieren, daß es eine Frau ist, die hervorragende wissenschaftliche Arbeit leistet.

1926 erfolgt die Ernennung der Professorin Lise Meitner zur Leiterin der physikalisch-radioaktiven Abteilung des Kaiser-Wilhelm-Instituts für Chemie (Berlin-Dahlem), dessen Leiter Meitners langjähriger Mitarbeiter Otto Hahn ist.

Durch die Annexion Österreichs 1938 wurde die Jüdin Lise Meitner deutsche Staatsbürgerin und mußte fliehen: zunächst, mit Hilfe von Freunden, nach Holland, dann nach Dänemark, um sich schließlich in Schweden niederzulassen. Nur langsam – es fehlen Geld und Geräte – kann Meitner mit ihrer Arbeit in Stockholm fortfahren. Noch im selben Jahr berichtet ihr Otto Hahn von einer Entdeckung, die er »Zerplatzen« nennt; er kann sich aber den Vorgang nicht richtig erklären – das gelingt kurz darauf Lise Meitner und ihrem Neffen Otto Robert Frisch: Es handelt sich um die Kernspaltung.

Meitner weigert sich aber, in den USA an Arbeiten teilzunehmen, die den Bau einer Atombombe möglich machen sollen, und bleibt in Stockholm.

Trotz aller Erfolge als Atomforscherin bleibt ihr die größte Anerkennung versagt: der Nobelpreis. Zur Flucht gezwungen, war es ihr unmöglich geworden, die Experimente zusammen mit Otto Hahn (der 1945 den Nobelpreis für Chemie erhielt) fortzusetzen. Sie starb 1968 im Alter von fast 90 Jahren in Cambridge. B.S.

geb. 18. Oktober 1925 in Athen
gest. 6. März 1994 in New York
griechische Schauspielerin, Sängerin und Politikerin
Lit. 250, 675, 1047

Als Jules Dassin im Mai 1960 in Cannes seinen Film »Sonntags ... nie« über die Sehnsucht einer jungen Prostituierten nach Freiheit und Unabhängigkeit vorstellte, wurde die Hauptdarstellerin Melina Mercouri zum Weltereignis. Und das Lied, das sie in diesem Film sang, folgte ihr von nun an wie ein Echo: »Ein Schiff wird kommen« (Ta pedia tou Pirea).

Aufgewachsen war Melina Mercouri nach der Trennung der Eltern bei ihrem Großvater, Arzt und 30 Jahre lang Bürgermeister von Athen. »Mein Großvater war für mich mein Leben, meine Leidenschaft. Er hat mich Gleichheit gelehrt, die Freiheit, die Gerechtigkeit, und er hat mir die unvergleichliche Liebe zu Griechenland eingegeben.« Schauspielerin sollte sie nach seinem Willen nicht werden. Da meldet sich die 16jährige heimlich zur Aufnahmeprüfung für die Schauspielschule des Nationaltheaters. Sie besteht mit Bravour. Ein Jahr später heiratet sie einen der reichsten Männer Griechenlands. »Er sagte mir: Du bist die Melina Mercouri, du willst zum Theater gehen, mach es, du wirst eine große Schauspielerin werden. In einer Zeit, in der Ehe noch Abhängigkeit bedeutete, hat er mir unerhört geholfen, meine Unabhängigkeit wiederzufinden.« Von 1944 bis 1980 stand sie in 39 Stücken auf der Bühne, von 1955 bis 1968 drehte sie 22 Filme.

Seit 1960 lebte sie mit dem Regisseur von »Sonntags ... nie« zusammen. 1967 stand sie in New York in der Musicalfassung dieses Films auf der Bühne, als sie vom Militärputsch in Griechenland hörte. »Das Licht in Griechenland ist erloschen, die Demokratie ist von der Militärdiktatur zertreten worden«, sagte sie vier Wochen nach dem Putsch. »Ich bin keine Sängerin. Ich bin ein Mitglied der Résistance«.

Im Juli 1974 kommt es zum Sturz der Militärjunta. 48 Stunden später ist die »Mercourage« wieder in Athen. Es beginnt eine beispiellose zweite Karriere: Gründungsmitglied der PASOK, der panhellenischen sozialistischen Bewegung von Andreas Papandreou, Abgeordnete der Partei für den Wahlkreis Piräus II, eines der ärmsten Viertel Athens, 1981 – an ihrem 56. Geburtstag – übernimmt sie das Ministerium für Kultur und Wissenschaft, 1985 wird sie in diesem Amt für weitere vier Jahre bestätigt. Kritikern hält sie entgegen: »In Amerika genügt es, ein drittklassiger Schauspieler gewesen zu sein, um Präsident zu werden. Warum also sollte in Griechenland eine gute Schauspielerin nicht Kulturministerin werden.« 1990 kandidiert Mercouri für das Amt der Bürgermeisterin in Athen, sie unterliegt knapp.

Zu dieser Zeit wußte sie bereits von ihrer Krankheit. Nach einer Operation starb sie, die mit elf Jahren ihre erste Zigarette geraucht hatte, in New York an Lungenkrebs. S.G.

geb. 27. März 1770 in Altenburg, Herzogtum Sachsen-Gotha
gest. 31. Oktober 1806 in Heidelberg
deutsche Schriftstellerin
Lit. 139, 286, 382, 676, 897

Sophie Friederike Schubart, geschiedene Mereau, verheiratete Brentano, eine der ersten deutschen Berufsschriftstellerinnen, wurde zu Lebzeiten als neuzeitliche Sappho und »Sängerin des Frühlings und der Liebe« gefeiert. Die Grundlage ihrer für eine Frau um 1800 erstaunlichen Karriere bildete eine außergewöhnlich gute Ausbildung im bürgerlichen Elternhaus. Trotz tiefsitzender Vorbehalte gegen die »unvermeidliche Ehestands-Kälte« reichte Sophie Schubart 1793 dem Universitätsbibliothekar und Juristen Friedrich Karl Mereau die Hand zu einer Versorgungsehe, die ihr ein Leben in der Kulturstadt Jena in Aussicht stellte. Ihre Hoffnungen erfüllten sich: Schiller schätzte und förderte ihr Talent, in ihrem Hause verkehrten einige der anregendsten DenkerInnen der Klassik und Romantik, und ihre Tage vergingen mit Theaterproben, Landpartien und geistvollen Gesprächen. Innerhalb weniger Jahre veröffentlichte sie zahlreiche Gedichte, zwei Romane, diverse Erzählungen, Essays, Übersetzungen und gab mehrere Almanache und eine eigene Zeitschrift heraus. Trotz des Erfolgs zeigte ihr Stimmungsbarometer täglich Extreme von »heiter« bis »verdrüslich« an. Wie ihre Heldinnen war auch die Autorin selbst von unbändigem Freiheitsdurst und heftiger Liebessehnsucht durchdrungen. Sie begeisterte sich für Freiheits- und Gleichheitsideale der Französischen Revolution und für die Unabhängigkeit Amerikas, sie träumte von einem selbständigen Leben als Schauspielerin und leistete sich während der ersten Ehe Liebesaffären – unter anderem mit den Romantikern Clemens Brentano und Friedrich Schlegel –, die sie mit der Allmacht der Liebe vor sich rechtfertigte. 1801 ließ sich Sophie Mereau als erste Frau im Herzogtum Sachsen-Weimar scheiden und baute für sich und ihre Tochter ein unabhängiges Leben auf. Erst zwei Jahre später gab sie ihren Widerstand gegen Clemens Brentanos beharrliche Werbung auf, heiratete ihn jedoch erst, als sie ein Kind von ihm erwartete. Seinem Kinderwunsch zuliebe wurde sie in ihren letzten drei Lebensjahren viermal schwanger. Zum Schreiben kam sie nur noch in seiner Abwesenheit, denn seine leidenschaftliche, zugleich aber besitzergreifende, eifersüchtige und oft verletzende Liebe machte den Ehealltag zu einem Wechselbad von »Himmel und Hölle«. Ihre ursprüngliche Zuversicht nach dem Motto »Lebe der Liebe und liebe das Leben« wich zunehmend einer »Ermüdung der Seele«. Im Alter von 36 Jahren starb Sophie Brentano 1806 im Kindbett. Sie hinterließ ein umfassendes Werk, das erst in unseren Tagen wieder eine ihm gebührende Würdigung erfährt. K.V.H.

geb. 2. April 1647 in Frankfurt/Main
gest. 13. Januar 1717 in Amsterdam
deutsche Malerin, Kupferstecherin und Naturforscherin
Lit. 196, 268, 503, 667, 755

.Maria Sibylla Merian wuchs in der Künstlerwerkstatt ihres Stiefvaters, des Blumenmalers Jakob Marrell auf, der ihr Talent erkannte und sie in allen Maltechniken sowie im Kupferstechen unterrichten ließ. Ihr Vater, der berühmte Kupferstecher Matthäus Merian d. Ä., war früh verstorben. Mit zwölf Jahren fand ihre schicksalhafte erste Begegnung mit Seidenraupen statt, die sie fortan in ihrem Zimmer beobachtete, bis sie – als erste – die Metamorphose der Raupe zum Schmetterling entdeckte. Das Sammeln, Aufziehen und künstlerische Dokumentieren von Raupen wurde ihr zum Lebensinhalt: Sie wollte den Geheimnissen der Schöpfung auf die Spur kommen.

Mit 18 Jahren zog sie mit ihrem Mann, dem Maler Andreas Graff, in seine Heimatstadt Nürnberg.

Um 1680 brachte sie gleich zwei aufsehenerregende Bücher mit eigenen Kupferstichen und Texten heraus: das *Neue Blumenbuch* und *Der Raupen wunderbare Verwandlung und sonderbare Blumennahrung*, letzteres mit lateinischem und deutschem Text.

Nach der Trennung von ihrem Mann – damals ein sehr ungewöhnlicher Schritt – zog sie mit Töchtern und Mutter nach Westfriesland, später nach Amsterdam. Die dort geknüpften Kontakte nach Surinam (Niederländisch-Guayana) weckten in ihr den Wunsch, ihre Arbeit mit der Erforschung der tropischen Schmetterlinge zu krönen. Nach sieben Jahren hatte sie das Geld zusammengespart und brach auf in ein mörderisches Klima und völliges wissenschaftliches Neuland. Malaria zwang sie schon nach zwei Jahren zur Rückreise, aber die mitgebrachten Schätze reichten zur Herstellung eines prächtigen Bandes über *Die Metamorphosen der Surinamischen Insekten* in gewohnter Perfektion und mit lebendigen, farbigen Texten.

Maria Sibylla Merian starb im 70. Lebensjahr. Sie hinterließ keinerlei Vermögen, aber Bewunderer und FreundInnen in aller Welt. I.K.

# Karin Michaelis

geb. 20. März 1872 in Randers, Jütland
gest. 11. Januar 1950 in Kopenhagen
dänische Schriftstellerin
Lit. 306, 362, 685, 686, 1101

Eine 38jährige Dänin veröffentlicht 1910 einen Roman. Nicht verwunderlich, der Name ist bekannt; sie ist seit Jahren journalistisch für in- und ausländische Zeitungen tätig. Studiert hatte sie Musik und Literatur in Kopenhagen. Eine lebhafte kleine Person mit unorthodoxen Ansichten. Die bis zu diesem Zeitpunkt erschienenen Romane und Erzählungen waren viel – überwiegend von Frauen – gelesen und in mehrere Sprachen übersetzt worden.

1910 aber ging der »kleine Kobold«, wie Karin Michaelis seit ihrer Kindheit genannt wurde, vielen zu weit. Diese Frau, seit 1895 mit dem Schriftsteller Sophus M. verheiratet, ließ ein Tabu zum Tagesgespräch werden. Mit dem nur 182 Seiten dicken Buch *Das gefährliche Alter* gelang ihr eine für ihre Zeit so emotionale und ehrliche Auseinandersetzung mit dem Klimakterium der Frau, daß ein Sturm der Entrüstung, besonders von bürgerlichen Frauen und verschreckten Männern, losbrach. Da wagte es diese Frau Michaelis, über die weibliche Sehnsucht nach sexueller Befriedigung, über die selbstbestimmte Trennung vom Ehemann und den ewigen Kampf um persönliche Freiheit zu schreiben.

Karin Michaelis, die selbst schon an der Schwelle zum Alter stand, denn mit 40 hatte eine ordentliche Frau um die Jahrhundertwende ohne Ausbrüche und sexuelle Bedürfnisse zu leben, prägte für eine ganze Generation den Begriff des »gefährlichen Alters« und setzte die Diskussion um weibliche Sexualität und Alter in Gang. Eine Million Exemplare des Buches wurden verkauft. In der ersten der drei Verfilmungen spielte Asta Nielsen die Hauptrolle.

Bezeichnend für diese Frau, die in der Welt herumreiste, zweimal heiratete und sich immer wieder neu verliebte, ist, daß sie im Detail beobachtet und darstellt. Sie behandelt die nicht mehr vorhandene Liebe zwischen Ehepaaren, die Gehässigkeiten von Müttern ihren heranwachsenden Töchtern gegenüber, die psychische Gewalt aller Ehemänner gegen ihre jungen Frauen. Und all dies, vor Woolf und Joyce, mit dem Mittel des inneren Monologs.

Selbst kinderlos, schrieb sie sowohl pädagogische Betrachtungen zur Kindererziehung als auch sechs Bücher über das freche, neugierige und liebenswerte Mädchen Bibi. Mit der Illustratorin dieser Bände, Hedwig Collin, reist sie durch die Lande und versetzte »Bibi« in das Leben außerhalb der eigenen vier Wände. 78jährig starb Karin Michaelis in Kopenhagen.
M.WA.

geb. 7. April 1889 in Vicuña, Nordchile
gest. 10. Januar 1957 in Hempstead, New York
chilenische Dichterin und Diplomatin
Lit. 32. 316, 504, 682, 692, 693

Gabriela Mistral, eine der wenigen Frauen, die den Nobelpreis für Literatur bekamen (1945), schien wie verfolgt von tragischen Unfällen. Viele ihrer Gedichte haben einen düsteren Ton.
Ihre große Liebe galt Romelio Ureta, der Geld unterschlug, um einem Freund zu helfen. Der Betrug wurde entdeckt, und Romelio nahm sich das Leben. Mistral verarbeitet dieses Erlebnis in ihrem ersten Gedichtband *Trostlosigkeit* (1922).
Im selben Jahr ging sie auf Einladung des Kulturministeriums nach Mexiko, um an der Unterrichtsreform mitzuwirken (sie hatte seit 1905 als Lehrerin und später als Schuldirektorin und -inspektorin gearbeitet).
Ab 1933 leitete sie das chilenische Konsulat in Madrid, ab 1943 das in Rio de Janeiro. Seitdem lebte sie mehr im Ausland als in Chile. Nacheinander erschienen ihre Gedichtbände *Zärtlichkeit*, *Holzschlag* und *Weinberg*.
1933 adoptierte sie einen körperbehinderten Neffen und zog ihn wie ihr eigenes Kind auf. Er beging 1943 angeblich Selbstmord aus Liebeskummer. Selbstmord begingen auch Lotte und Stefan Zweig, mit denen Mistral eng befreundet war.

»Ich bin wie ein verödeter Brunnen,
der, erstorben, sein Rauschen weiter vernimmt.«

1954 macht sie, von den USA aus, ihre letzte Reise nach Chile und wird groß gefeiert. Drei Jahre darauf stirbt sie 67jährig in den USA an Krebs.
Mit Beweihräucherungen und verzerrenden Rezensionen hat die herrschende chilenische Literaturkritik Mistrals Person und Ansichten in ihr Gegenteil zu verkehren versucht. Gewiß war sie eine gläubige Katholikin, aber nicht die unpolitische, konservative, »absolute Christin«, die man aus ihr machen wollte – eher eine ausgesprochen rebellische. Sie verehrte die Freiheitskämpfer Lateinamerikas, besonders José Martí (Cuba) und Sandino (Nicaragua). Kein Wunder, daß das chilenische Volk Gabriela Mistral als seine große Dichterin verehrt. E.K.

geb. 1. August 1818 in Nantucket, Massachusetts
gest. 28. Juni 1889 in Lynn, Massachusetts
amerikanische Astronomin
Lit. 499, 678, 746, 753, 854

Ihre Logik war bestechend: Wenn Frauenhände schon für feine Arbeiten geeignet und Frauen auch die besseren Beobachterinnen seien, dann aber, bitte schön, sollten diese Fähigkeiten in den Dienst der Wissenschaft gestellt und nicht in sinnloser Hand- und Nadelarbeit verschwendet werden. Es war ein langer Weg, bevor die 1818 auf Nantucket/Massachusetts geborene Astronomin Maria Mitchell in die abgeschotteten Wissenschaftlerzirkel (Tagungen verglich sie mit großen Theateraufführungen) aufgenommen wurde: Zwar war sie schon mit 28 Jahren wegen ihrer Entdeckung eines Kometen eine Berühmtheit (er wurde dann auch nach ihr benannt) – bevor sie aber 1865 zur ersten Professorin für Astronomie am Vassar College ernannt wurde, hatte sie fast 20 Jahre in einer Bibliothek arbeiten müssen. Die Professur verhalf ihr zu einem eigenen Observatorium, in dem sie zusammen mit ihrem Vater arbeitete. Auf Auslandsreisen traf sie u.a. mit der großen englischen Mathematikerin Mary Somerville zusammen. 1873 gründete sie mit anderen Frauen die *Association for the Advancement of Women* (AAW), deren Präsidentin sie bis 1876 war, danach leitete sie bis kurz vor ihrem Tod (1889) das Wissenschaftskomitee der AAW. Mitchell war sich der Mittelmäßigkeit der Mehrheit ihrer männlichen Kollegen bewußt und wurde nicht müde zu betonen, daß zwar auch die Frauen der Wissenschaft bedürfen – noch dringlicher allerdings die Wissenschaft auf die Fähigkeiten und das Wissen von Frauen angewiesen sei. Daran hat sich in den 100 Jahren seit ihrem Tod nichts geändert. B.S.

# Paula Modersohn Becker

geb. 8. Februar 1876 in Dresden
gest. 21. November 1907 in Worpswede
deutsche Malerin
Lit. 696, 727, 728, 774, 818

Paula Modersohn Becker, deren Tod mit 31 Jahren ihrer künstlerischen Laufbahn ein tragisch frühes Ende setzte, war eine der kühnsten deutschen KünstlerInnen ihrer Epoche. Sie ging weit über die regionale Naturlyrik ihrer Worpsweder Künstlerkollegen hinaus und nahm die Entwicklungen der internationalen Kunst des 20. Jahrhunderts vorweg. Ihre unbedingte Hingabe an ihre Kunst widersprach völlig den weiblichen Verhaltensnormen ihrer Zeit; aber dieser »egoistische« Selbstbehauptungswille war der Schlüssel zu ihrem Charakter und zu ihrer schier unfaßbaren künstlerischen Leistung. Sie erkannte schon früh: »Falsche Nächstenliebe lenkt ab vom großen Ziel.« Für sie war ihre schöpferische Arbeit das Ziel: »... ich werde noch etwas. Wie groß oder wie klein, das kann ich selbst nicht sagen, aber es wird etwas in sich Geschlossenes. Dieses unentwegte Brausen dem Ziele zu, das ist das Schönste im Leben.« Paula Becker war die dritte Tochter von sieben Kindern in einer Familie, die ihr Geborgenheit und Zuversicht gab. Schon mit 16 bekam sie Zeichenunterricht in Bremen und London. Nach dem Besuch eines Lehrerinnenseminars durfte sie ihre künstlerische Ausbildung in Berlin fortsetzen. In Worpswede nahm sie Unterricht bei Fritz Mackensen und freundete sich mit der Bildhauerin Clara Westhoff an. Der elf Jahre ältere Maler Otto Modersohn erkannte und förderte Paulas Begabung. Sie heirateten im April 1901. Er finanzierte ihre weiteren Aufenthalte in Paris (1902, 1905 und 1906–07), wo Paula in den Werken von van Gogh, Cézanne und Matisse wesentliche Impulse für ihre künstlerische Entwicklung fand.

Ihre letzte Pariser Zeit war aber auch ein Versuch, sich aus der erstickend gewordenen Ehe zu befreien, und brachte eine äußerst produktive und ins Neuland der gewaltigen einfachen Selbstbildnisse und Mutter-Kind-Bilder weisende Arbeitsperiode. Aber schließlich gab sie doch dem Drängen ihres Ehemanns nach. »Die Hauptsache ist: Stille für die Arbeit, und die habe ich auf die Dauer an der Seite Otto Modersohns am meisten.« 1907 kehrte sie nach Worpswede zurück. Im November starb Paula Modersohn Becker nach der Geburt einer Tochter. J.H.

geb. 16. oder 17. August 1896 in Udine
gest. 5. Januar 1942 in Mexico-City
italienische Fotografin und Revolutionärin
Lit. 55, 144, 303, 697, 789

Die Rolle Tina Modottis innerhalb der internationalen kommunistischen Bewegung wird bis heute sehr unterschiedlich beurteilt. Entweder gilt sie als knallharte stalinistische Agentin oder als unermüdliche, liebevolle Pflegerin der Kranken und Verfolgten im spanischen Bürgerkrieg. Weniger umstritten, aber genauso bewegt ist ihre erste Lebenshälfte: Als Tochter einer armen italienischen Emigrantenfamilie kommt sie 17jährig nach San Francisco, arbeitet in Textilfabriken, dann in Hollywood-Stummfilmen, heiratet einen mittellosen Maler, der kurze Zeit später stirbt, verliebt sich in den bekannten amerikanischen Fotografen Edward Weston und geht mit ihm nach Mexiko, angezogen von der revolutionären Aufbruchstimmung in Politik und Kunst (Diego Rivera, Frida Kahlo). Dort schafft sie ihre Fotografien, die in einer ganz eigenwilligen Weise soziales Engagement im Thema mit strengen geometrischen Aufbauprinzipien verbinden – Aufnahmen von demonstrierenden Landarbeitern, Indiofrauen und Kindern, Szenen aus der modernen Industrie (Gestank, Telegraphendrähte) und ihre eindrucksvollen Kompositionen aus Symbolen der mexikanischen Revolution: Patronengurt, Maiskolben, Sichel und Gitarre. 1927 tritt Modotti in die KP ein, zwei Jahre später wird ihr Lebensgefährte, der kubanische Revolutionär Antonio Mella, an ihrer Seite auf offener Straße erschossen. Nach einem Attentat auf den Präsidenten wird sie, wie viele linksgerichtete AusländerInnen, verdächtigt und 1930 aus Mexiko ausgewiesen. Sie geht zunächst nach Berlin, dann nach Moskau. Hier endet ihre künstlerische Karriere. Sie gibt das Fotografieren ganz auf, arbeitet fortan für die Rote Hilfe in Polen, Frankreich, dann in Spanien. 1939 kehrt sie mit dem italienischen KP-Funktionär Vittorio Vidali nach Mexiko zurück, wo sie, erst 45 Jahre alt, plötzlich und aus ungeklärten Gründen während einer Taxifahrt stirbt. A.S.

# Adrienne Monnier

geb. 26. April 1892 in Paris
gest. 19. Juni 1955 in Paris
französische Schriftstellerin und Verlegerin
Lit. 70, 80, 280, 702

Als Sylvia Beach im November 1919 ihren bald weit über Paris hinaus bekannten Buchladen »Shakespeare and Company« eröffnete, gab es in »Odéonia« bereits seit fünf Jahren einen literarischen Treffpunkt. Es war das »Maison des Amis des Livres« in der Rue de l'Odéon 7, und seine Besitzerin war die Schriftstellerin und Verlegerin Adrienne Monnier. Was Beach für die englischsprachige Literatur wurde, war Monnier für die zeitgenössische französische. »Ihre Stimme klang laut – Adrienne stammte von Bergbewohnern ab, die wahrscheinlich gewöhnt waren, sich von Gipfel zu Gipfel zu begrüßen«, sagte Sylvia Beach über ihren ersten Besuch bei ihrer späteren Lebensgefährtin; 38 Jahre lang, bis zum Tod der Monnier, verband die beiden Frauen eine große Freundschaft und Liebe. Die Mutter, aus dem bergigen Savoyen stammend, hat Adrienne mit Autoren wie Emerson, Novalis, aber auch Lao-Tse vertraut gemacht, und bereits als Zehnjährige, erinnert sich Adrienne Monnier, kommt sie mit der zeitgenössischen französischen Literatur in Berührung. Am Ufer der Seine findet sie bei einem Bouquinisten ein altes Exemplar des »Mercure de France«. Sie selbst hat im Laufe ihres Lebens drei Literaturzeitschriften herausgegeben, hat mit und in diesen die wichtigsten französischen Autoren ihrer Zeit vorgestellt: Jules Romain, Jean Cocteau, André Breton, André Gide und Paul Valéry. Sie organisierte Lesungen in ihrer Buchhandlung, und eines ihrer größten verlegerischen Verdienste ist sicher die Publikation von James Joyce' Ulysses in französischer Sprache. Sie publizierte auch eigenes: ihre literarischen Portraits sind von hoher Qualität. Sie schrieb auch Gedichte und unter dem Pseudonym Sollier Prosatexte, einige davon hat Walter Benjamin, der mit ihr befreundet war, übersetzt.

Bis 1951 war ihr Buchladen Treffpunkt der literarischen Avantgarde. Dann mußte sie ihn wegen einer hartnäckigen Rheumaerkrankung aufgeben. Eine gemeine Erkrankung am Innenohr raubte ihr zum Schluß fast den Verstand. Sie hörte laute Geräusche, hatte Gleichgewichtsstörungen. Mit einer Überdosis Schlaftabletten hat sie sich schließlich ums Leben gebracht. S.G.

geb. 1. Juni 1926 in Los Angeles
gest. 4./5. August 1962 in Los Angeles
amerikanische Schauspielerin
Lit. 691, 703, 745, 948, 958

»Du kannst ein Vermögen damit verdienen, einfach vor der Kamera zu stehen oder hin- und herzugehen, praktisch ohne zu spielen«, sagte Michael Tschechow, Marilyns Schauspiellehrer, 1951 zu ihr. »Das will ich nicht«, erwiderte sie, »ich will eine Künstlerin sein, kein erotischer Freak ... In den ersten Jahren war das in Ordnung. Aber jetzt ist es anders.« Nach diesem Gespräch, sagte sie, »begann mein Kampf mit den Filmgesellschaften«. Als sie Anfang 1960 mit den Dreharbeiten zu *Let's Make Love* begann, sah es so aus, als wäre sie dabei, diesen Kampf zu verlieren. Sie, die Billy Wilder, mit dem sie gerade *Some like it Hot* abgedreht hatte, für eine »begnadete« Schauspielerin hielt, sollte in ihrem 28. Film neben Yves Montand einem langweiligen Drehbuch zum Erfolg verhelfen. Also sprach man nicht mehr über den Film, sondern über ihre Affäre mit Montand. Simone Signoret blieb gelassen. Zwar meinte sie, dieser Film habe »un titre prémonitoire« – einen bedrohlich klingenden Titel –, aber die Pressemeldungen kommentierte sie kurz und souverän: Es habe in Marilyns Leben »eine ganze Reihe von Menschen gegeben (und es gebe sie immer noch), die ihr klarmachen wollten, daß sie alles andere sei als eine Schauspielerin ... Sie fanden Gefallen am Starlet Marilyn, aber es paßte ihnen nicht, daß aus ihr eine richtige Schauspielerin wurde.« Die »richtige Schauspielerin« war zu dieser Zeit schon viele Jahre drogenabhängig und das Trauma ihrer Kindheit – eine schizophrene Mutter, ein verschollener Vater, Waisenhäuser und diverse Pflegeeltern – hat sie nie überwunden. Drei gescheiterte Ehen hatte sie hinter sich. Zwei Filme lagen noch vor ihr. Den letzten sollte sie nicht mehr abschließen. Ein Gemisch aus Barbituraten und Amphetaminen brachte sie ums Leben. »Du bist das traurigste Mädchen, das ich je gesehen habe« sagte Clark Gable in ihrem letzten Film *Something's got to give.* » Du bist der erste Mann, der das gesagt hat. Gewöhnlich sagen sie mir, wie glücklich ich bin«, erwiderte sie. S.G.

# Lady Mary Wortley Montagu

getauft am 26. Mai 1689 in Thoresby
gest. 21. August 1762 in London
englische Schriftstellerin
Lit. 212, 368, 755, 843, 963

Lady Mary Wortley Montagu bekam eine für ihren Stand und ihr Geschlecht typische »Erziehung«: Sie profitierte von dem Unterricht, den ihr Bruder erhielt. Sie war mit einer Reihe bekannter Persönlickeiten befreundet, u.a. mit Mary Astell, die energisch für Frauenrechte eintrat.
Schon die Umstände ihrer Eheschließung 1712 lassen Lady Marys ausgeprägten Willen erkennen: Entgegen den Anordnungen des Vaters heiratete sie einen Mann eigener Wahl. Im Jahr darauf gebiert sie ihren Sohn Edward. Sie hält sich oft bei Hofe auf und macht die Bekanntschaft des Schriftstellers Pope, der sie sehr bewundert und mit dem sie Briefkontakt hält, nachdem sie mit ihrer Familie in die Türkei übergesiedelt ist, wo ihr Mann für die englische Regierung arbeitet. In der Türkei gebiert sie ihre Tochter Mary. Sie lernt dort auch die Methode des Impfens gegen Pocken kennen und führt sie nach ihrer Rückkehr in England ein.
In London wird sie zum gesellschaftlichen Mittelpunkt und bald in einen Skandal verwickelt: Offenbar war sie nicht willens, Popes Liebesbeteuerungen zu erwidern – die Freundschaft zerbrach; es folgte eine bitterböse Fehde, die fast öffentlich ausgetragen wurde. Lady Mary scheint dabei nicht den kürzeren gezogen zu haben – es wurden ihr eine spitze Zunge und eine hohes Maß an satirischem Talent nachgesagt.
1739 übersiedelt sie auf den Kontinent, läßt sich 1742 in Avignon nieder, 1746 in Brescia; 1758 zieht sie nach Venedig. Während dieser langen Zeit korrespondiert sie mit ihrer Tochter und alten Bekannten in England. Nach dem Tod ihres Mannes 1761 macht sie sich auf die Heimreise. Anfang 1762 erreicht sie England und stirbt im August desselben Jahres.
Lady Mary Wortley Montagu wurde durch ihre Briefe und Gedichte berühmt – heute allerdings wird sie kaum noch in Literaturgeschichten behandelt. B.S.

geb. 14. Januar 1841 in Bourges
gest. 2. März 1895 in Paris
französische Malerin
Lit. 9, 427, 638, 710, 821

Berthe Morisot wächst in einer großbürgerlichen, kunstbegeisterten Pariser Familie auf. Schon früh erhält sie Zeichen- und Malunterricht und arbeitet zwölf Jahre lang zusammen mit ihrer Schwester Edma bei verschiedenen Lehrern (u.a. Corot). Gemeinsame Reiseeindrücke und das Erlebnis des Lichts in der Landschaft sind Thema ihrer Bilder. 1864 stellen die Schwestern das erste Mal im Salon aus, aber Edma heiratet und gibt die Malerei auf.

Berthe Morisot (»Malen ist für mich so notwendig wie Atmen«) bleibt dabei, Ehrgeiz und hohe Ansprüche an sich selbst treiben sie weiter. 1868 lernt sie Edouard Manet kennen, wechselseitige Anerkennung und Inspiration bestimmen ihre Freundschaft. 1874 nimmt sie an der ersten ImpressionistInnen-Ausstellung teil und gehört damit zur Avantgarde der französischen Kunst der Zeit. Sie wird das stabilste Element dieser Gruppe und nimmt an allen Ausstellungen (bis auf eine) teil. Der Impressionismus ist eine Herausforderung an die traditionelle Malerei – »5 oder 6 Verrückte, von denen einer eine Frau ist« (*Le Figaro*).

1874 heiratet Morisot Eugène Manet, den Bruder des Malers, und vier Jahre später wird ihre Tochter Julie geboren. »Ich bin auf die helle Seite des Lebens getreten« (B.M.).

Die Familienszenen, Frauen und Kinder, die sie im Freien und in Innenräumen malt, sind in Licht getaucht, von großer Transparenz und Leichtigkeit. Sie »aquarelliert in Öl« und ist eine Meisterin des Aquarells und Pastells. Oft geht sie ihren Freunden voran, was die Freiheit der Gestaltung betrifft. 1892, im Todesjahr ihres Mannes, hat sie ihre erste Einzelausstellung in Paris. Drei Jahre später erkrankt sie bei der Pflege ihrer Tochter und stirbt mit 54 Jahren. R.R.

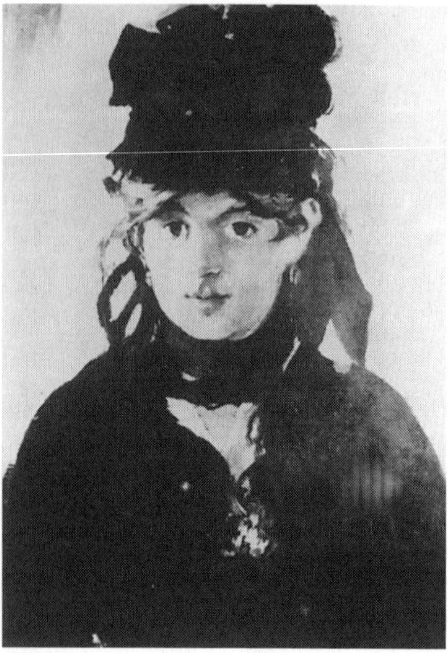

# Maria Anna (Nannerl) Mozart

geb. 30. Juli 1751 in Salzburg
gest. 29. Oktober 1829 in Salzburg
österreichische Pianistin
Lit. 460, 461, 829, 830

Sie ist als »etwas langweilige und nichtssagende Schwester« eines musikalischen Genies in die Geschichte eingegangen. Dabei hatte Nannerl das Zeug zu einer großen Klaviervirtuosin. Der Vater Leopold nahm die beiden Kinder auf langjährige Europareisen mit. Sie begeisterten mit ihrem Spiel das Publikum u.a. in Wien, Paris, London und Brüssel. Mit 16 Jahren war Nannerl »heiratsfähig« und konnte nicht mehr als Wunderkind gelten. Leopold ging nunmehr mit Wolfgang allein auf Reisen; sie blieb zu Hause und musizierte allenfalls im halböffentlichen Rahmen. Ihre Kompositionsversuche ignorierte Leopold. Nach dem Tod der Mutter führte Nannerl dem Vater den Haushalt. Sie verliebte sich in den Direktor der Salzburger Pagerie, Franz d'Ippold, aber Leopold suchte ihr einen verwitweten Reichsfreiherrn mit fünf Kindern aus, so daß sie 1784 ihr geliebtes Salzburg verlassen und in dem langweiligen Nest St. Gilgen leben mußte.

Sie mochte ihren Bruder Flegel, Spitzbub, Bimberl und Hanswurst genauso wie er seine Schwester Canaglie, Zizibe – seine Königin, die »nicht gleich über jeden Dreck weinen« sollte und der er »hundert Schmatzerl auf ihr wunderbares Pferdegesicht« schickte. Er schätzte ihr literarisches und musikalisches Urteil.

Das Theater und die Musikangebote Salzburgs fehlten ihr in St. Gilgen; sie ließ sich vom Vater schriftlich alles genau berichten. Nach dem Tod ihres Mannes 1801 zog sie wieder nach Salzburg, gab dort Klavierunterricht und kümmerte sich um die Gesamtausgabe der Werke ihres Bruders.

Ob Nannerl auch eine bedeutende Komponistin hätte werden können, wenn ihr Vater sie so gefördert hätte wie den Bruder? Aber ihr Empfindungsraum war ebenso beschnitten wie ihr Bewegungsspielraum. E.R.

# Inge Müller

geb. 13. März 1925 in Berlin
gest. 1. Juni 1966 in Berlin
deutsche Schriftstellerin
Lit. 324, 433, 717, 718, 915

»Die Wahrheit leise und unerträglich«, Inge Müller sagte sie in dem schmalen Gedichtband *Wenn ich schon sterben muß*, der 1985, fast 20 Jahre nach ihrem Selbstmord, in der DDR erschien. Darauf basiert die Anerkennung, die ihr heute zuteil wird.

Im Dritten Reich aufgewachsen, erfuhr sich Inge Müller früh als Außenstehende, als das unerwünschte, weil weibliche Kind, dem man eine eigene Identität verwehrte. Das Trauma des Krieges und die Tatsache, daß sie drei Tage lang verschüttet war, wie auch der Tod ihrer Eltern, die sie nach einem Bombenangriff selbst ausgrub, gaben ihr das Gefühl, sie sei »übriggeblieben zufällig«, aber auch den unbändigen Wunsch: »Endlich leben«. Laufen, Gehen und Weitergehen sind zentrale Motive in den Gedichten, die zum Großteil zwischen 1961 und 1966 entstanden, zu einer Zeit, als Inge Müller immer weniger Möglichkeiten dazu sah.

In einfacher, präziser Sprache und Gestik benennen die Gedichte nicht zu bewältigende Erfahrungen ihrer Generation: die Schuld und das Leid von Krieg und Nachkrieg, aber auch die enttäuschten Hoffnungen auf eine »neue Zeit« und »neue Menschen«, wie sie die DDR zunächst auch für Inge Müller glaubhaft versprach. Die erschütternde Intensität ihrer eigenwilligen, deutlich weiblichen Stimme ist unverwechselbar und sichert Inge Müller einen wohl bleibenden Platz als wichtige deutschsprachige Lyrikerin.

Zu Lebzeiten allerdings wurden ihre Gedichte nicht zur Kenntnis genommen. Da galt sie als Kinderbuchautorin und als Mitarbeiterin von Heiner Müller, ihres Mannes, mit dem zusammen sie 1959 den Heinrich-Mann-Preis erhielt, der aber später Wert und Ausmaß ihrer Mitarbeit leugnete. Sein Ausstoß aus dem Schriftstellerverband und dem Kulturleben der DDR 1961 traf sie jedoch voll. »Wie kann man keine Gedichte machen?« – Diese Frage war Inge Müllers letzter, verzweifelter Versuch, ihre wachsende Isolation als Mensch und Frau, die sah und sehen wollte, zu überwinden.

Am 1. Juni 1966 hat sie sich ums Leben gebracht. C.Z.R.

# Caroline Muhr

geb. 20. Mai 1925 in Essen
gest. 13. Januar 1978 in Bonn-Bad Godesberg
deutsche Schriftstellerin
Lit. 720-722, 1054, 1084

Caroline Muhr gehört – mit ihrem schmalen Werk – zu den großen deutschen Schriftstellerinnen. Sie wurde allerdings bisher weder von der etablierten Literaturkritik noch von der Frauenbewegung angemessen gewürdigt – nur der feministischen Literaturkritik beginnt es langsam zu dämmern. Bei einer anderen Großen der deutschsprachigen Literatur, Marlen Haushofer, brauchte es auch 15 Jahre Totsein, bis sie »entdeckt« wurde. Mit ihr hat Muhr überhaupt einiges gemeinsam. Fast Altersgenossinnen, starben beide viel zu früh – Haushofer 1970 im Alter von 49 und Muhr acht Jahre später im Alter von 52 Jahren. Beide setzen sich gründlich mit dem »ganz normalen Elend ganz normaler Frauen«, oft Hausfrauen, auseinander, in einer klaren, *scheinbar* einfachen Sprache. Illusionslose Texte von fast penibler, oft quälender Genauigkeit:
»Die ganze Kunst, die Literatur: alles Betrug, alles Scheiße. In der Wirklichkeit ist alles ganz anders. In der Wirklichkeit dauert alles sehr lang, was weh tut. Es ist nicht nach zwanzig Minuten oder zwei Stunden vorbei. Es ist auch nicht wie ein einziger Augenblick, der auf einem Stück Leinwand festgehalten werden kann. Eine schlaflose Nacht dauert sechs oder acht Stunden und nicht so lang, wie ein paar Sätze darüber geschrieben oder gelesen werden.« (*Freundinnen*)
Den Klappentexten ihrer Bücher ist etwa folgendes zu entnehmen: Muhr (eigtl. Charlotte Puhl) studierte in Marburg und Köln Philosophie, Soziologie und Psychologie und promovierte 1954 über »Nietzsche und die Transzendenz«. Anschließend widmete sie sich der politischen Meinungsforschung und der Synchronisation amerikanischer Dokumentarfilme. Heirat, häufige Studienaufenthalte in England. Hörspiele für den Saarländischen Rundfunk. 1970 erschien ihr erfolgreicher erster Roman *Depressionen*, der auch verfilmt wurde. 1974 folgte der Roman *Freundinnen* und 1978 *Huberts Reise*. Engagiert in der Frauenbewegung, schrieb sie außerdem feministische Lyrik und Liedertexte, u.a. für die Schallplatte *Die Bonner Blaustrümpfe singen Protest- und Spottlieder* (1977). Lebte als freie Schriftstellerin in Bonn-Bad Godesberg. Nicht mitgeteilt wird, daß Caroline Muhr sich erhängte. –
Ich danke Barbelies Wiegmann, früher bei den *Bonner Blaustrümpfen*, für ein Gespräch über ihre Freundin. Barbelies: »Sie war ihrer Zeit in der Schärfe ihrer feministischen Analyse immer weit voraus. Aber alle, die sie kannten, Männer und Frauen, liebten sie.L.F.P.

# Hanna Nagel

geb. 10. Juni 1907 in Heidelberg
gest. 15. März 1975 in Heidelberg
deutsche Graphikerin und Malerin
Lit. 26, 320, 383, 731, 732

»Ich zeichne, weil es mein Leben ist.« Mit drei Jahren verlangt sie Bleistift und Papier, um zu zeichnen. Sie war Linkshänderin. Ihre Mutter, Lehrerin, und ihr Vater, Großkaufmann, erkennen die Begabung und fördern sie. Der frühe Tod des Vaters belastet sie schwer, und sie zeichnet später immer wieder den Tod. Mit 18 Jahren beginnt sie ihr Studium an der Landeskunstschule in Karlsruhe, nach drei Jahren geht sie nach Berlin zu Emil Orlik. In beiden Kunstschulen war sie Meisterschülerin und gehörte, schon als Studentin unter Professoren, zur Neuen Sachlichkeit.

1931 heiratet sie einen Kollegen, Hans Fischer, mit dem sie fast zwei Jahre lang in Rom lebt, nachdem sie 1933 den Rom-Preis bekam. 1938 bekommt sie das langersehnte Kind. Im Krieg waren ihre *»Dunklen Blätter«* verfemt (entartet), und sie verschließt sie in Kisten und Koffer. Sie arbeitet als Fabrikarbeiterin oder zeichnet in der Anatomie Leichenteile für Biologiebücher. Nach dem Krieg, sie lebt in Heidelberg, verläßt sie der Mann, und sie muß alleine für ihren Unterhalt und den der Mutter und der Tochter aufkommen. Ewige Geldsorgen. Sie arbeitet unermüdlich an ihren Zeichnungen, schreibt Gedichte, Erzählungen, macht Reportagen, illustriert Bücher, gibt Unterricht und haßt ihre Auftragsarbeiten. Vor dem Krieg mit vielen Preisen ausgezeichnet, im Krieg fast vergessen, kann sie danach, trotz Ausstellungen (»Ich kann nicht abstrakt malen«) in der Kunstszene kaum mehr Fuß fassen. Sie leidet unter schweren Krankheiten, Unverstandensein, Einsamkeit und stirbt mit 67 Jahren an Krebs.

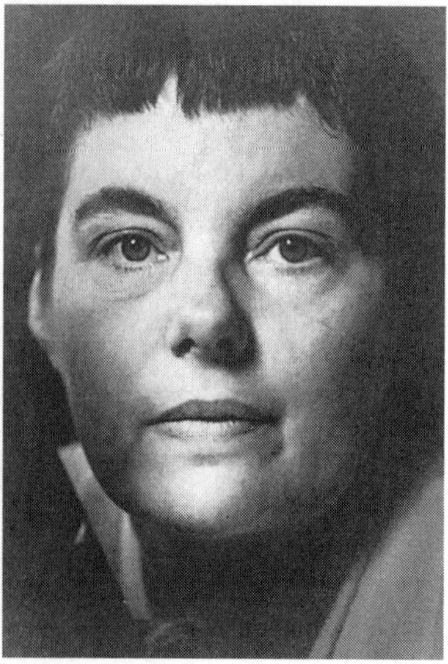

Im Leben, wie in ihrem Werk, war sie von brutaler Ehrlichkeit.
I.F.-N.

# Friederike Caroline Neuber

geb. 9. März 1697 in Reichenbach im Vogtland
gest. 30. November 1760 in Laubegast bei Dresden
deutsche Schauspielerin und Theaterprinzipalin
Lit. 111,. 401, 664, 752, 812

In einer Komödienbude vor Leipzigs Grimmaischem Tor verbannte die 40jährige Friederike Caroline Neuber 1737 den Hanswurst von der deutschen Bühne. Sie handelte damit im Sinne der Theaterreformen, die Gottsched formulierte, die aber erst sie in wirksame Theaterpraxis umsetzte. An Stelle der wandernden Stegreiftruppen mit ihren derben Hanswurstiaden strebte sie ein festes Haus an, ein moralisches Theater für das Bürgertum. Sie ließ ihre SchauspielerInnen zum ersten Mal Verse auswendig lernen, schulte sie in einer neuen, natürlicheren Schauspielkunst und sorgte dafür, daß sie moralisch einwandfrei lebten. Oft spielte sie in einem Stück mehrere Rollen, besonders gefiel sie in Hosenrollen. Sie verfaßte über 20 Vorreden, Vorspiele und Dramen, aber davon ist wenig erhalten geblieben. Es ist größtenteils der Kunst und den Bemühungen der Neuberin zu danken, daß das deutsche Theater der Aufklärung um 1750 im wesentlichen »stand«.

Für alles mußte diese tatkräftige Frau schwer kämpfen. Mit 14 Jahren lief sie zum ersten Mal von zu Hause fort, weil ihr Vater sie ständig schlug (daß er ihr auch Französisch und Latein beibrachte, sollte ihr erst später zugute kommen). Der Fluchtversuch wurde mit sieben Monaten Gefängnis bestraft. 1717 brannte sie mit Johann Neuber zum Theater durch. Zehn Jahre später gründeten beide ihre eigene Truppe und nahmen bald Verbindung mit Gottsched auf, der sie durch Wort und Tat unterstützte. Als sie gerade so weit gekommen waren, daß sie das Wanderleben endlich aufgeben konnten, führten Differenzen mit Gottsched 1740 dazu, daß er ihnen die Unterstützung wieder entzog. 1750 mußten die Neubers ihre Truppe infolge von Theaterintrigen ehemaliger Mitglieder auflösen.

Die letzten Jahre lebten sie, finanziell ruiniert, in völliger Abhängigkeit von der Gunst anderer. Weil sie Schauspielerin gewesen war, durfte Friederike Caroline Neuber nicht auf dem Kirchhof begraben werden. Goethe setzte ihr mit der Gestalt der Madame de Retti im *Wilhelm Meister* ein literarisches Denkmal. K.R.G.

# Louise Nevelson

geb. 23. September 1899 in Kiew, Ukraine
gest. 17. April 1988 in New York
amerikanische Bildhauerin und Grafikerin
Lit. 98, 152, 343, 604, 742

Es verwundert nicht, daß sich die Kostümabteilung des Metropolitan Museums für Louise Nevelsons Kleidersammlung interessierte – im Laufe ihres langen Lebens hatte sie einen wahren Theaterfundus an Seidenstoffen, Spitzen und Pelzen angelegt, den sie für ihre Selbstinszenierungen verwandte. In ihren schillernd farbigen Kimonos, die Augen von mehreren Reihen künstlicher schwarzer Wimpern umrandet, trat sie bis ins hohe Alter in der New Yorker Kunstszene auf – eine exotische Erscheinung und, neben Louise Bourgois, die berühmteste amerikanische Bildhauerin dieses Jahrhunderts.

Als Louise Berliawsky fünf Jahre alt war, wanderten ihre Eltern von Rußland in die USA aus. Schon früh entfloh sie ihrer Familie und der amerikanischen Kleinstadt nach New York, heiratete und gebar einen Sohn, den sie bald bei ihren Eltern zurückließ, um in München und Paris zu studieren.

Rückblickend auf ihr Leben stellte sie fest: »Der einzige Irrtum, den ich begangen habe: daß ich heiratete.« Nachdem sie diesen Fehler korrigiert hatte, widmete sie sich ganz ihrer Arbeit, denn »mit ihr bin ich verheiratet. Ich fühle mich keiner Sache näher.«

Von da an lebte sie mit ihrer Assistentin Diana McKown, einer Katze und einem Hund in ihrem New Yorker Atelierhaus, das überquoll von ihren Fundstücken – Holzreste, Tisch- und Stuhlbeine, Möbelfragmente, die sie in Kästen anordnete. Zusammengestellt ergaben diese Kästen meterhohe skulpturale Gebilde, die, ganz in eine Farbe getaucht (schwarz, weiß oder gold), eine sakrale Ausstrahlung vermittelten. Mit diesen einzigartigen Objektkästen (»shadow boxes«) hatte sie Mitte der 50er Jahre ihren künstlerischen Durchbruch. Später arbeitete sie in ähnlicher Weise mit Metallteilen (Skulptur-Collagen), kombinierte gefundene Objekte, die sie schnitt und zusammenbaute, wobei ihre Arbeiten immer mehr ins Monumentale wuchsen. Die häufiger werdenden öffentlichen Aufträge für Freilichtskulpturen lehnte sie oft ab, denn sie ließ keine Einengung ihrer künstlerischen Freiheit durch Auftraggeber oder Architekten zu. Sie baute ihre Welt nach ihren Vorstellungen und fühlte sich durch ihren Erfolg bestätigt: Louise Nevelsons Arbeiten sind heute fester Bestandteil vieler Sammlungen zeitgenössischer Kunst. Das Whitney Museum in New York feierte 1979 ihren 80. Geburtstag mit einer großen, von ihr selbst konzipierten Retrospektive. R.R.

# Ginette Neveu

geb. 11. August 1919 in Paris
gest. 28. Oktober 1949 über den Azoren
französische Geigerin
Lit. 392, 842, 845, 859, 1004

Ginette Neveu war eine Geigerin von unerhörter Ausdruckskraft und großer Souveränität und ihrer Zeit weit voraus, war doch ihr Spiel stilbildend für nachfolgende Generationen. Sie war eine Frau von herber Schönheit, zupackender Intelligenz und profunder Bildung.
Manchem Kritiker war ihr Spiel nicht »weiblich« genug. Sie sagte: »Das wichtigste für den Künstler ist die Individualität, die sich immer weiter steigern muß.« Wir hören heute – auf den wenigen verbliebenen Tondokumenten – einen sonoren, fast aggressiven Ton, der niemals »gewalttätig« ist, konnte sie doch auch mit einer wundervoll zarten Kantilene aufwarten.
Ich meine, daß sich die Frage nach einer geschlechtsspezifischen Spielweise bei so großer Kunst verbietet. Kein besseres Beispiel für diese Kunst ist denkbar als die Aufnahme des Violinkonzertes von Brahms, die am 3. Mai 1948 in der Hamburger Musikhalle entstand. Dieser einzige Mitschnitt eines Neveu-Konzertes – alle anderen Aufnahmen sind Studio-Produktionen – übertrifft bei weitem die Einspielung vom August 1946 in London, weil die unglaubliche Dynamik des Dirigenten Hans Schmidt-Isserstedt, mit dem Sinfonieorchester des damaligen NWDR, ein Zusammenwirken ermöglicht, das seinesgleichen sucht. Es ist die wohl dramatischste Interpretation dieses Werkes, erfüllt von intensivster Lust am Espressivo.
Neveu machte eine erstaunliche Karriere. Im Alter von fünf Jahren begann sie, bei ihrer Mutter, das Violinspiel. Zunächst in Frankreich nicht beachtet, erregte die erst Neunjährige Aufsehen in Berlin. Mit elf errang sie das Abschlußdiplom des Pariser Konservatoriums. 1931 wurde sie Schülerin von Carl Flesch. 1935 gewann sie den ersten Preis beim Wieniawski-Wettbewerb in Warschau – vor David Oistrach.
Eine Weltkarriere begann. Und war jäh zu Ende am 28. Oktober 1949, als sie bei einem Flugzeugabsturz ums Leben kam. Mit ihr starb ihr Bruder Jean-Paul Neveu, der sie so oft und so glänzend am Klavier begleitet hatte.
Was wäre geschehen, wenn …? Zulässig ist nur eine Antwort: Ginette Neveu ist eine der ganz großen MusikerInnen unseres Jahrhunderts. J.S.

geb. 12. Mai 1820 in Florenz
gest. 13. August 1910 in London
englische Krankenpflegerin und Reformerin
Lit. 53, 344, 938, 972, 1043

Wegen ihrer erstaunlichen Leistungen als Reformerin des Sanitätswesens im Krimkrieg wurde Florence Nightingale schon mit 36 Jahren zur Nationalheldin. Die »Lady of the Lamp« hatte die Sterblichkeitsrate der Soldaten in den Lazaretten durch ihren organisatorisch genialen Einsatz enorm reduziert und neue Maßstäbe in der Krankenpflege gesetzt.

Der übliche Lebenszweck einer englischen Dame der Oberschicht war es damals, standesgemäß zu heiraten und zu repräsentieren. Die junge Florence fand diese Aussicht tödlich und litt unter Depressionen. Mit 17 lehnte sie einen Heiratsantrag ab, kämpfte aber lange mit sich, bis sie sich schließlich mit 32 zur Krankenpflegerin ausbilden ließ. Damit zog sie die Konsequenzen aus ihrer Schrift *Cassandra*, einem flammenden Protest gegen die erstickende Weiblichkeitsnorm ihrer Klasse und »einem zentralen Text des englischen Feminismus, das Bindeglied zwischen Wollstonecraft und Woolf« (Showalter).

1853 übernahm Nightingale die Leitung eines Frauen-Spitals. Ein Jahr später wurde sie vom Kriegsminister auf die Krim geschickt, um den schrecklichen Mißständen in den Lazaretten entgegenzuwirken. Mit nur 38 Krankenpflegerinnen kämpfte sie erfolgreich gegen den Mangel an Nahrung, an Hygiene und an Sanitätsmaterial, gegen den engstirnigen Widerstand der Heeresbürokratie, gegen die Cholera und andere Krankheiten, an denen das britische Heer zugrunde ging. Schließlich hielt die energische Verwaltungschefin die gesamte Versorgung der Lazarette mit über 10000 Menschen in ihrer Hand und revolutionierte die Krankenpflege des Militärs.

Als kranke Frau kehrte sie nach England zurück. Aber die Invalidität schützte sie auch vor der Familie und der Öffentlichkeit: Sie konnte ungestört weiterkämpfen und tat es unermüdlich. Sie schrieb etwa 200 Bücher und Berichte über soziale Probleme, wie z.B. den Welthunger, die Erziehung, den Bau von Krankenhäusern und die Heeresverwaltung. Ihre *School for Nursing* wurde zum Vorbild für eine moderne Krankenpflegeausbildung. Königin Viktoria schrieb in ihr Tagebuch: »Ich wünschte, wir hätten sie im Kriegsministerium!« J.H.

geb. 13. August 1860 in Darke County, Ohio
gest. 3. November 1926 in Greenville, Ohio
amerikanische Scharfschützin
Lit. 211, 398, 402, 746

Annie Oakley, die Titelheldin aus Irving Berlins Musical *Annie Get Your Gun* (1946), wurde als fünftes von acht Kindern einer armen Quäker-Familie in einer Blockhütte geboren. Als sie vier Jahre alt war, starb ihr Vater. Annie kam erst in ein Heim, dann zu einer Bauernfamilie, die sie dermaßen ausnützte, daß Annie nach zwei Jahren ausriß. Später hat sie, selbst kinderlos, 18 Waisenmädchen unterstützt und/oder großgezogen.

Ihre Mutter heiratete wieder, und Annie verlebte vier schöne Jahre mit ihr und den Geschwistern auf einer kleinen Farm. Ab ihrem neunten Lebensjahr ging sie auf Kaninchen- und Wachteljagd. Fast immer erlegte sie ihre Beute auf Anhieb – offenbar ein Naturtalent. Es heißt, sie habe mit ihren Einkünften durch den Marktverkauf des Wildes die Hypothek auf der Farm in fünf Jahren zurückzahlen können. Allmählich wurde sie als Scharfschützin berühmt. Bei einem Wettbewerb in Cincinnati besiegte sie den Kunstschützen und Schausteller Frank Butler. Er verliebte sich in sie, sie schrieben einander; schließlich wurde geheiratet, Annie war noch nicht ganz 16 Jahre alt. Butler brachte ihr das Lesen bei und wurde, da sie die bessere Schützin und das größere Showtalent war, ihr Manager. Fünf Jahre tingelten sie so durch den Mittelwesten. Während einer Zirkustournee trafen sie in New Orleans auf »Buffalo Bill« Codys Wildwest-Show – deren Manager verpflichtete Annie umgehend. 17 Jahre lang war sie der Star des Unternehmens. Auf 30 Schritt Entfernung traf sie in die Luft geworfene Würfel oder eine Zigarette, die ihr Mann zwischen den Lippen hielt. Im Laufe ihrer Karriere zerschoß sie mehr Glas als irgend jemand vor oder nach ihr. Eine hochgeworfene Spielkarte durchlöcherte Annie mindestens sechsmal, bevor sie den Boden erreichte. Mehrfach gelochte Fahr- oder Eintrittskarten wurden damals »Annie Oakleys« genannt …

Oakley war in Europa fast genauso beliebt wie in den Staaten. Queen Victoria schätzte sie besonders, und der deutsche Kronprinz und spätere Kaiser Wilhelm II. bestand zum Entsetzen aller darauf, daß Annie ihm die Zigarette vom Mund schoß.

1901 wurde sie bei einem Eisenbahnunglück schwer verletzt, und obwohl sie eine Zeitlang teilweise gelähmt war, stellte sie in den nächsten 20 Jahren einige ihrer spektakulärsten Rekorde auf. 1903 prozessierte sie gegen 50 Zeitungen, die einen Hetz-Artikel über sie gedruckt hatten, und blieb in fast allen Fällen siegreich. Ab 1922 war sie nach einem Autounfall ans Bett gefesselt; dort schrieb sie ihre »sentimentalen und ungenauen« Erinnerungen. Sie starb mit 66 Jahren; ihr Mann starb drei Wochen nach ihr. L.F.P.

# Victoria Ocampo

geb. 7. April 1890 in San Isidro, Argentinien
gest. 27. Januar 1979 in San Isidro
argentinische Schriftstellerin
Lit. 39, 682, 814

»Ehe sie darangehen, den Männern bei der Lösung der Probleme zu helfen, die diese geschaffen haben, müssen die Frauen versuchen, ihre eigenen Probleme zu lösen – vereint, über alle Grenzen hinweg, sollten sie dieses Terrain weder unter Zwang noch aus anderen Beweggründen verlassen.« Mit diesen Worten lehnte die 85jährige Victoria Ocampo, Pionierin der argentinischen Frauenbewegung, die Teilnahme an einer Konferenz zum Internationalen Jahr der Frau ab, bei der es statt um Frauen überwiegend um marxistische Theorien gehen sollte.

Victoria Ocampo, älteste von sechs Schwestern, gehörte zu einer der reichsten und mächtigsten Familien Argentiniens. In ihrer Wirkung und literarisch-essayistischen Begabung ist sie mit Simone de Beauvoir vergleichbar. Mit 23 Jahren befreite sich Ocampo aus dem goldenen Käfig ihrer Ehe und aus den noch ungebrochen patriarchalischen Strukturen ihres Landes. Sie schrieb Essays zu den literarischen, künstlerischen und gesellschaftspolitischen Strömungen ihrer Zeit und war eng befreundet mit vielen SchriftstellerInnen Amerikas und Europas, z.B. mit Mistral, Woolf, Thomas Mann, Ortega y Gasset, Tagore, Malraux, Camus, Joyce und Sartre. Sie veröffentlichte deren Werke, die sie z.T. selbst übersetzte, in ihrer Literaturzeitschrift *Sur* und in ihrem eigenen Buchverlag und öffnete damit Argentinien den Zugang zum internationalen kulturellen Leben. 1940 gehörte sie als einzige Frau zu den MitbegründerInnen der *Argentine Action* zur Bekämpfung nazifaschistischer Infiltration. Als mutige Gegenspielerin Evita Peróns kam sie 1953 ins Gefängnis.

1971 erfüllte sich Ocampo, über 80jährig, einen langgehegten Wunsch: ein Heft von *Sur* zum Thema Frauen. Es war die erste Nummer einer lateinamerikanischen Zeitschrift, die sich ausschließlich dem Feminismus widmete. L.F.P.

geb. 25. März 1925 in Savannah, Georgia
gest. 3. August 1964 in Milledgeville, Georgia
amerikanische Schriftstellerin
Lit. 212, 269, 304, 747, 1005

Nachdem wir O'Connors Erzählungen, die von Sünde und Verdammnis, von Prophezeiung und Offenbarung handelt, gelesen haben, kommt es uns vor, als handelten die Geschichten in den landläufigen Zeitschriften nur von Liebe und Roastbeef«, schrieb Alice Walker. Flannery O'Connor war Katholikin, und das zeigte die Südstaatlerin auch in ihrem Werk. »Die katholische, sakramentale Lebenssicht bewahrt und stützt in jedem Fall die Sehergabe, die dem Erzähler zu eigen sein muß, wenn er ein Werk von einigem Tiefgang schaffen will.« In ihren Texten spielen Gewalt und Groteske eine wichtige Rolle. »Ich habe entdeckt, daß Gewaltsamkeit auf sonderbare Weise imstande ist, meine Romangestalten zur Wirklichkeit zurückzuführen und sie darauf vorzubereiten, den ihnen zuteil werdenden Augenblick der Gnade aufzunehmen. Sie sind so verhärtet, daß fast nichts anderes dies zustande bringt.« Den »freaks«, den Außenseitern, den Unterlegenen gehörte die Sympathie der studierten Sozialwissenschaftlerin. Sie räumte endgültig auf mit der Sentimentalität in der weißen Literatur des Südens und »zeigte die weißen Frauen, lächerlich auf ihrem Piedestal, und näherte sich ihren schwarzen Figuren mit ungewöhnlicher Behutsamkeit und Demut« (Alice Walker). Sie wurde eine der berühmtesten Schriftstellerinnen Amerikas, hinterließ 31 Erzählungen, die meisten mit Preisen ausgezeichnet, zwei Romane und zahlreiche Essays und Reden. Kurz vor Weihnachten 1950 spürte sie beim Schreibmaschineschreiben »eine sonderbare Schwere in den Armen«. Die Ärzte diagnostizierten Lupus disseminatus, die unheilbare Krankheit, an der auch ihr Vater starb. Mit ihrer Mutter zog sie im Herbst 1951 in ein vor ihrer Heimatstadt Milledgeville gelegenes Landhaus. Die medikamentöse Behandlung war strapaziös, dennoch verfaßte O'Connor in dieser Zeit den größten Teil ihrer Kurzgeschichten, sie malte und kümmerte sich um ihre Pfauen, die sie liebte, weil sie »majestätisch« und »lächerlich« zugleich seien. Nach einem schweren Nierenversagen kam sie Ende Juli 1964 ins Krankenhaus, wo sie am 3. August starb. S.G.

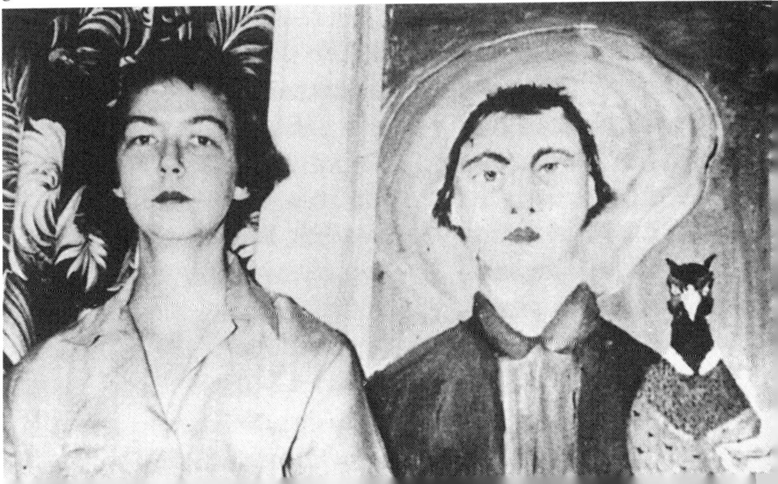

# Georgia O'Keeffe

geb. 15. November 1887 bei Sun Prairie, Wisconsin
gest. 6. März 1986 in Santa Fe, New Mexico
amerikanische Malerin
Lit. 149, 603, 681, 749, 839

Eigentlich wollte sie 125 Jahre alt werden, dann wurde sie doch »nur« 98, aber die große Ausstellung ihrer Werke zu ihrem 100. Geburtstag im New Yorker Metropolitan Museum hat sie noch selbst mit vorbereitet. Georgia O'Keeffe ist die bekannteste und erfolgreichste US-amerikanische Malerin; besonders ihre stark vergrößerten, fast abstrakten Blumenbilder sind weltberühmt. Aber nicht nur als Künstlerin fand sie große Beachtung. Sie war »von ungewöhnlicher Schönheit, Spontaneität, Klarheit des Geistes und Gefühls und von wunderbarer Intensität, mit der sie jeden Augenblick ihres Lebens auskostete« (Stieglitz). Sie war schlagfertig und konnte umwerfend direkt sein. Für die Jüngeren verkörperte sie die unabhängige, kreative, kompromißlose Frau, die unbeirrt ihren Weg ging.

Sie wuchs als Farmerstochter mit vielen Geschwistern in einer von starken Frauen dominierten Familie auf und verfolgte schon früh energisch ihr Ziel, Malerin zu werden. Sie studierte in Chicago und New York und schlug sich als Entwurfszeichnerin und Kunstlehrerin in der Provinz durch. Ihr Leben nahm eine entscheidende Wende, als Alfred Stieglitz, bekannter Fotograf und Besitzer der Avantgarde-Galerie »291«, sich für ihre Bilder begeisterte und 1917 ihre erste Ausstellung organisierte. Er wurde ihr Förderer und Manager, während sie ihn zu Hunderten von außergewöhnlichen, sensiblen Akt- und Porträtfotos inspirierte.

Nach einem erfolgreichen Jahrzehnt in New York entdeckte sie 1929 die ihr gemäße Landschaft: New Mexico. Hier begann sie, ihre mythischen, menschenleeren Naturbilder zu malen.

Jahrelang pendelte sie zwischen New Mexico und New York, wo Stieglitz ihre jeweilige Jahresproduktion ausstellte und gut verkaufte. Nach seinem Tod zog sie für immer nach Abiqiui, einem entlegenen Dorf in New Mexico, wo sie ein altes Farmhaus gekauft hatte. Sie war fasziniert von der Kargheit, Weite und Unberührtheit dieser Landschaft, die sie malte, bis im hohen Alter ihre Sehkraft nachließ.

Heute, im Zeitalter der Zerstörung der Erde, bekommen diese Bilder eine visionäre Bedeutung. R.R.

geb. 6. Oktober 1913 in Berlin
gest. 15. November 1985 in Basel
Schweizer Malerin und Schriftstellerin
Lit. 112, 181, 408, 760

Als die 18jährige Meret Oppenheim 1932 mit einer Freundin nach Paris fuhr, wo sie Malerei studieren wollte, gingen die beiden, so heißt es, sofort, »ohne sich die Hände zu waschen«, ins Café de Dôme, damals der wichtigste KünstlerInnentreffpunkt. Bald gehörte sie zu dem Kreis um Breton, war sie mit Hans Arp und Alberto Giacometti befreundet, mit Max Ernst liiert, ließ sie sich von Man Ray porträtieren, war bei allen Gruppenausstellungen der SurrealistInnen mit eigenen Werken vertreten. Und als sie 1936 ihre legendäre Pelztasse ausstellte, schien der Ruhm der »schönen Fee der Surrealisten« besiegelt zu sein. Da war sie 23 Jahre alt. Ab 1935 konnten die Eltern sie nicht länger unterstützen, der als »halbjüdisch« klassifizierte Vater, ein Arzt, wurde arbeitslos. 1938 zog sie schließlich nach Basel, wo sie Malerei studierte und, zum Broterwerb, Bilder restaurierte. Ab Mitte der 30er Jahre litt sie an Depressionen, sie konnte nicht mehr arbeiten: »Es war mir, als würde die jahrtausendealte Diskriminierung der Frau auf meinen Schultern lasten, als ein in mir steckendes Gefühl der Minderwertigkeit.« 1945 lernte sie Wolfgang LaRoche kennen, den sie 1948 heiratete und mit dem sie nach Bern zog, wo sie sich 1954 ein Atelier mietete, denn: »Die Krise verging fast von alleine. Das war ein innerer Vorgang, der von einer zur anderen Sekunde vorüber war. Ich konnte in jener Nacht nicht schlafen, weil ich wußte, daß fortan alles anders wird.« Sie malte wieder, schuf Skulpturen, zeichnete und schrieb und wurde spätestens 1967 anläßlich einer großen Retrospektive ihres Werks in Stockholm wiederentdeckt. Mit ihrem Thema »Frau und Kunst« fand sie in der Frauenbewegung ab den 70er Jahren ein willkommenes Forum. Sie mischte sich in die Diskussion ein, erläuterte souverän und gleichzeitig ironisch ihren Standpunkt: »Der Geist ist androgyn!« Und: »Man sollte sich daran erinnern, daß es Eva war, die zuerst vom Apfel am Baume der Erkenntnis, also des bewußten Denkens, gegessen hat.« S.G.

geb. 22. August 1893 in West End, New Jersey
gest. 7. Juni 1967 in New York City
amerikanische Schriftstellerin und Literaturkritikerin
Lit. 212, 494, 663, 695, 747

»... ihr Witz war wunderbar; weder Alter noch Krankheit konnten jemals die Quelle verschütten, aus der er sich täglich frisch speiste. Man kann nicht an sie denken, ohne an ihren Witz zu denken« – sagt die Dramatikerin Lillian Hellman über ihre langjährige, beste Freundin Dorothy Parker.

Dorothy Rothschild wuchs in New York City auf. 1917 heiratete sie den Geschäftsmann Edwin Parker und wurde Theaterkritikerin bei der mondänen Zeitschrift *Vanity Fair*. Mit anderen Intellektuellen aus der Zeitungsbranche traf sie sich am runden Tisch des Algonquin Hotels – eine geistreiche, mächtige KritikerInnen-Clique, die zur Legende wurde. In den dunkelsten Momenten ihrer späteren Jahre – sie war schwer alkoholkrank – pflegte Parker über diese Zeit zu sagen: »Damals war es lustiger.«

1926 erschien der erste ihrer Gedichtbände, *Enough Rope*, 1928 *Sunset Gun, Death and Taxes* 1931 und *Not So Deep as a Well* 1936. Die Kritik war begeistert von ihren eleganten Frechheiten, und das Publikum liebte ihren dekadent gelangweilten Ton.

1933 heiratete Parker den elf Jahre jüngeren bisexuellen Schriftsteller Campbell, mit dem sie bis zu seinem Tod 1963 eine höchst wechselhafte Beziehung durchlebte und – hochbezahlt – an die 20 Drehbücher für Hollywood schrieb. Sie haßte Hollywood, und da sie, wie viele Alkoholkranke, Perfektionistin war, haßte sie meist auch das Schreiben. Ihr Witz war bitter und scharf; in ihren Texten erfaßt sie die dunkle Unterströmung unserer Zeit genauso exakt wie die glitzernde Oberfläche. L.F.P.

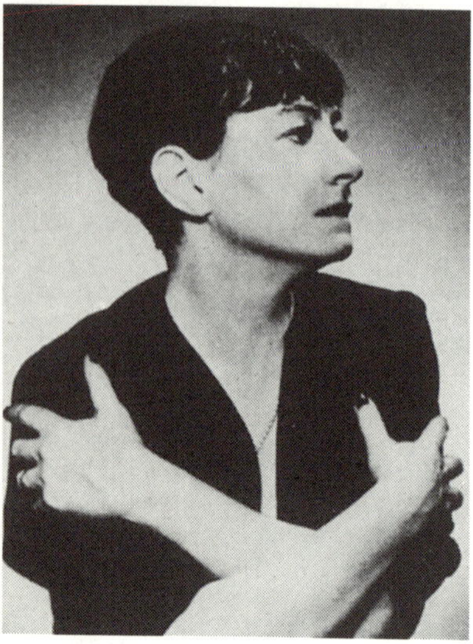

# Giuditta Pasta

geb. 28. Oktober 1797 in Saronno bei Varese
gest. 1. April 1865 in Blevio bei Como
italienische Opernsängerin
Lit. 247, 448, 506, 528, 849

Schallplatte, Tonband, CD – leider vermittelt uns kein Medium einen Eindruck von der Hochblüte des Operngesangs ab den 20er Jahren des letzten Jahrhunderts, während der sich in der Gestalt der vielbewunderten Giuditta Pasta ein tiefgreifender Wandel von der Tradition des instrumental-kunstfertigen Singens zu einer persönlichen Rolleninterpretation ankündigte. Was war so begeisternd an ihrem Singen? Sie strebte nach einer bis dahin ungekannten Wahrheit des Ausdrucks der dramatischen oder empfindsam-zarten individuellen Gefühlsgehalte einer Partie, so daß ihre Expressivität oft über die großer Theaterschauspielerinnen gestellt wurde – »[ich fange] immer als Giuditta zu singen an … und ende immer als Medea oder als Norma«. Zugute kam ihr dabei die überaus sinnliche und Menschen ansprechende Qualität ihres keineswegs makellosen, großen Mezzo-Materials (sie sang Sopran- wie Altpartien und einmal, in einer Londoner Wohltätigkeitsveranstaltung, sogar Verdis Othello). Die charakteristische Sprödigkeit dieses Materials glättete sie nicht gänzlich, beließ es auch wohl bei Forcierungen und verwendete beides leidenschaftlich und über den bis dahin und immer unbefriedigenden bloßen Schöngesang hinaus zur Charakterisierung ihrer Heldinnen (wer denkt hier nicht an Maria Callas?). Kein Wunder, daß Rossini ihre Kunst nicht recht würdigen mochte. Verständlich, daß bei ihrem unbedingten Willen, auszudrücken, »was sie in ihrer Seele trage«, und dem der Stimmpflege vermutlich wenig Raum lassenden Einsatz für die neuen und großen dramatischen Frauenrollen (u.a. Uraufführung von Donizettis Anna Bolena; Bellini schuf für sie die Titelpartien der Sonnambula, Norma und Beatrice), Stimmprobleme endlich unüberhörbar wurden.

Von 1820 bis etwa 1840 war sie – eine Grande Dame ohne Starallüren und unbedingt ernsthaft ihrer Kunst ergeben – die Primadonna der Opernmetropolen Paris, London und Mailand gewesen, war befreundet mit dem intellektuellen Kreis um Mérimée und Stendhal (der schon dem Stimmzauber der Debütantin erlag und ihn für uns beschrieb), führte ein intensives Familienleben (wohl darauf bedacht, ihre Tochter Celia dem Theaterleben fernzuhalten) sowie eine weitreichende Korrespondenz (über 500 Briefe, u.a. von Rossini, Bellini, Mazzini und Stendhal, befinden sich in der New York Public Library, viele Familienbriefe in der Library of Performing Arts im Lincoln Center New York). Die letzten 24 Lebensjahre verbrachte sie in ihrer Villa am Comer See, u.a. mit der Abhaltung von MeisterInnenkursen. S.K.-K.

# Adelina Patti

geb. 10. Februar 1843 in Madrid
gest. 27. September 1919 auf ihrem Schloß Craig-y-Nos in Brecon, Wales
italienische Sopranistin
Lit. 247, 448, 506, 735, 746

Sie entsprach mit ihrer Mischung aus Personality-Show und exzellentem Können genau dem Typus der Primadonna des vorigen Jahrhunderts. Die Tochter eines italienischen SängerIn-Ehepaares, während einer Tournee ihrer Eltern in Madrid geboren, beherrschte bereits mit sieben Jahren ganze Arien auswendig und bereiste drei Jahre lang als Wunderkind die USA. Die 16jährige Adelina debütierte als Lucia di Lammermoor in New York, weitere Partien folgten rasch.

Zwei Jahre später stellte sie sich im Londoner Covent Garden vor. Das Publikum lag ihr zu Füßen, und eine 25jährige Patti-Ära auf der englischen Bühne nahm ihren Lauf. Komponisten wie Verdi, Meyerbeer, Auber, Thomas und Gounod schrieben Arien oder ganze Opern für sie. Ihr Repertoire umfaßte rund 30 Bühnenwerke, wobei die zeitgenössischen Rezensionen weniger die schauspielerische Darstellung loben (hier waren ihr die Kolleginnen Minnie Hauk und Emma Calvé überlegen), sondern vielmehr die Brillanz und Flexibilität ihres Gesangs. Giuseppe Verdi allerdings urteilte so über Adelina Patti: »Perfektes Gleichmaß von Sängerin und Darstellerin, eine geborene Künstlerin in jedem Sinne des Wortes.«

Die Begeisterung speziell des amerikanischen Publikums war grenzenlos. Man baute ihr für die USA-Tournee einen eigenen Eisenbahnwaggon, der 18 Meter lang war und einen Salon mit Klavier, ein Schlafzimmer und eine Küche in luxuriöser Aufmachung enthielt. Wenn der Zug in einer Stadt anhielt, wurde sie oft von einer Militärkapelle empfangen. Ihre Gagen waren legendär, 1882 erreichten sie in Boston eine Summe von 7000 Dollar pro Abend – für damalige Zeiten eine unvorstellbare Summe. Es gab reichlich Kulissentratsch über ihren stupenden Juwelenschmuck, der von Privatdetektiven gehütet wurde, die astronomischen Gagen, den Hang zum Luxusleben, ihre grundsätzliche Weigerung, an Proben teilzunehmen, und ihre drei Ehen (die letzte mit einem 30 Jahre jüngeren Mann). Heute halten wir uns an ihre Stimme, die in besten Zeiten zweieinhalb Oktaven umfaßte. Was der Dirigent Bruno Walter eine »angeborene Technik« nannte, führte zum Vergleich ihres Gesangs mit einer Kette schimmernder Perlen. Ihre Treffsicherheit der Intonation trug ihr den Beinamen »Paganini der Vokalvirtuosität« ein. Es existieren noch einige Aufnahmen, auf denen die makellose Geschmeidigkeit, die anmutige Tongebung und die technische Perfektion ihrer Darbietung trotz ihres für Sängerinnen hohen Alters von 62 Jahren herauszuhören sind. E.R.

geb. 7. Mai 1919 in Los Toldos, Provinz Buenos Aires
gest. 27. Juli 1952 in Buenos Aires
argentinische Schauspielerin und Politikerin
Lit. 57, 682, 737, 772

Eva Perón war 1952 unbestreitbar die zweitmächtigste Person in Argentinien, als weltbekannte First Lady und die von den ArbeiterInnen vergötterte »Evita«. Dabei hatte sie in Peróns Regierung nicht einmal ein offizielles Amt inne. Eva war das uneheliche Kind eines Landbesitzers, der ihre Mutter mitsamt den fünf gemeinsamen Kindern im Stich ließ, als Eva drei Jahre alt war. Mit 15 ging Eva nach Buenos Aires, um Schauspielerin zu werden; sie bekam aber nur winzige Rollen. Schließlich hatte sie beim Rundfunk Erfolg. Eva lernte Perón, der nach einem Putsch der Militärs damals Arbeits-, Wohlfahrts- und Kriegsminister war, 1944 kennen. Er war fast doppelt so alt wie sie. Im Oktober 1945 wurde Perón zum Rücktritt gezwungen. Massenstreiks und -demonstrationen der ArbeiterInnen, die unter den vorausgegangenen Regierungen ignoriert oder mißbraucht worden waren, brachten ihn jedoch innerhalb weniger Tage aus dem Exil zurück. Sechs Tage später waren Eva und er verheiratet, fünf Monate später wurde Perón zum Präsidenten gewählt. Von 1946 bis 1952 arbeitete Eva Perón mit unermüdlichem Enthusiasmus als »Eine-Frau-Propaganda-Ministerium« für den Diktator. Ihre Erfahrung als Schauspielerin, ihre einfache Herkunft und vor allem die Tatsache, daß sie eine Frau war, erwiesen sich dabei als unschätzbare Vorteile für ihn. Seine Macht stand und fiel mit seinem Erfolg bei den ArbeiterInnen. Für diesen Erfolg garantierte nun Eva, selbst aus der Klasse der Unterdrückten, dazu als seine Frau »ein Teil von ihm«. Ein starker Arbeits- oder Propagandaminister hätte ihm gefährlich werden können – sie aber war ja »nur eine Frau«.

Eva starb 1952 im Alter von 33 Jahren, auf der Höhe ihrer Macht, an Krebs. Er hatte ihr diese Macht übertragen, die ihre aber war auf niemanden übertragbar, am wenigsten auf ihn. Ohne sie konnte er sich nicht länger als drei Jahre halten. L.F.P.

geb. 14. Oktober 1797 in Wien
gest. 28. Oktober 1858 in Wien
österreichische Reiseschriftstellerin
Lit. 367, 368, 474, 778, 793

Ida Pfeiffer war die erste Frau, die allein um die Welt reiste und ihre Erlebnisse niederschrieb. Diese Reisetagebücher, insgesamt 13 Bände über ihre sieben Reisen, waren Bestseller und wurden in sieben Sprachen übersetzt. Sie wurde als erste Frau Ehrenmitglied der Berliner Geographischen Gesellschaft.

Als Kind verschlang Ida Reiseberichte, machte die wilden Spiele ihrer fünf Brüder mit und weigerte sich standhaft, Mädchenkleider anzuziehen. Schließlich wurde sie aber doch »gezähmt«. Die Vernunftehe mit dem um 24 Jahre älteren Rechtsanwalt Dr. Pfeiffer brachte, statt des erwarteten gutbürgerlichen Lebens, bittere verschämte Armut.

Jahrzehntelang tat Ida Pfeiffer ihre Pflicht. Als ihre zwei Söhne erwachsen waren, erlaubte sie sich endlich, ihr Lebensziel, selbst in ferne Länder zu reisen, zu verwirklichen. Sie bereitete ihre Reisen gut vor – so las sie Reisebücher, lernte Sprachen und das Präparieren von Pflanzen und Tieren. Noch heute finden sich ihre Präparate in den naturkundlichen Abteilungen einiger europäischer Museen.

Zwischen 1842 und ihrem Tod 1858 unternahm sie fünf mehrjährige Reisen, nur unterbrochen durch kürzere Aufenthalte in Wien. Sie war eine ungeheuer mutige, zähe und rastlose Frau, die auch die unerträglichsten Strapazen nicht scheute. Um Geld zu sparen, teilte sie meist das karge, schwierige Leben der Einheimischen und benutzte auch deren billige Fortbewegungsmittel wie Ochsenkarren, Kamele, Elefanten, Dschunken. Nachdem sie unter anderem schon Ägypten, Brasilien, China, Indien und die Südseeinsel Tahiti bereist hatte, besuchte sie 1852 allen Warnungen zum Trotz als erste Weiße die als MenschenfresserInnen geltenden Batak in den Dschungeln von Sumatra.

Ihre letzte Reise führte sie nach Madagaskar, wo sie in ein Komplott gegen die Herrscherin Ranavola verwickelt wurde. Von den Strapazen der von der Königin verordneten 53tägigen Folterreise über die Insel auf dem Weg in die Ausweisung erholte sie sich nicht wieder. Wenige Tage nach ihrer Rückkehr starb sie in ihrer Heimatstadt. G.K.

geb. 19. Dezember 1915 in Paris
gest. 11. Oktober 1963 in Paris
französische Chansonsängerin
Lit. 178, 887

Ihre geringe Körpergröße (1,47 m) zu ihrer voluminösen Stimme war nur eine der vielen Widersprüchlichkeiten ihres Lebens. Ihre Biographie könnte aus einem Rührstück stammen. Buchstäblich auf der Straße geboren, von der Mutter nach einigen Wochen verlassen, als Dreijährige erblindet, als Sechsjährige wieder sehend geworden, begann sie mit zehn Jahren als Straßensängerin und wurde mit 16 als Chanteuse entdeckt. Der Vater, der Edith ursprünglich zur Akrobatin ausbilden wollte, erkannte frühzeitig ihre Begabung: »Dieses Gör hat alles in der Kehle, aber nichts in den Pfoten.« Louis Leplée holte sie in sein Kabarett und kündigte sie bei ihrem ersten Auftreten mit den Worten an: »Von der Straße ins Kabarett, der Spatz von Paris.« Edith Piaf bestand ihr Debüt erfolgreich. Es folgten 30 Jahre einer großen Karriere und eines leidenschaftlichen Lebens.

Sie wurde zum Phänomen, das die ganze Welt faszinierte. Das Geheimnis ihres sensationellen Erfolges war die Summe von Persönlichkeit und Stimme. Entscheidend war weniger, was sie sang, sondern wie sie es sang. So wurden die sentimentalen Geschichten von den Dirnen, Soldaten und Mylords zu weltbewegenden Dramen. Die Lieder *Mylord*, *Non, je ne regrette rien* und *La vie en rose* sind fest mit ihrem Namen verbunden.

Früh durch Alkohol und Drogen geschwächt, schockierte sie ein letztes Mal ihre Mitwelt, als sie am Ende ihres Lebens den um 20 Jahre jüngeren Théo Sarapo heiratete. Zwischen 1951 und 1963 hatte sie vier Autounfälle, zwei Anfälle von Delirium tremens und einen Wahnsinnsanfall, zwei Lungenentzündungen und ein Lungenödem, wurde sie siebenmal operiert und durchlitt Entziehungs- und Schlafkuren.

Edith Piaf suchte ihr Leben lang nach Liebe, mußte aber meistens Enttäuschungen hinnehmen. Vierzigtausend Menschen nahmen an ihrem Grab von ihr Abschied. E.R.

geb. 27. Oktober 1932 in Boston
gest. 22. Februar 1963 in London
amerikanische Dichterin
Lit. 424, 631, 784, 967, 1062

Die Bedeutung der Lyrikerin Sylvia Plath wurde erst nach ihrem Tod 1963 erkannt.
Ihre Kindheit war durch den frühen Tod ihres Vaters (1940), an dem sie sehr hing, belastet. Später schildert sie die Folgen: »The day you died I went into the dirt.« Mit fortschreitender Zeit aber wandelt sich dieses Gefühl in Wut über den Vater, der sie so früh im Stich gelassen hat. Plath war eine erfolgreiche Schülerin und Studentin und erhielt 1950 ein Stipendium, das von der bekannten Romanautorin Olive Higgins Prouty, die ihre Freundin und Förderin wurde, gestiftet worden war. Mit Beginn dieser Zeit verfiel Plath in depressive Zustände, die mit Elektroschocks »behandelt« werden sollten. 1953 unternahm sie einen Selbstmordversuch und wurde in eine Klinik eingewiesen. 1954 kehrte sie an das Smith College zurück und legte ihr Examen 1955 ab. Es folgt eine Studienreise nach England, wo sie den jungen Schriftsteller Ted Hughes kennenlernt und am 16.6.1956 heiratet. Beide sahen ihre Ehe als eine Möglichkeit, sich gegenseitig literarisch zu unterstützen. (Erst später wird deutlich, daß es Hughes war, der von dieser Verbindung profitierte.)
Ein Jahr später gehen sie in die USA, wo Plath am Smith College lehrt. Sie muß erkennen, daß das Universitätsleben sie von der Literatur fernhält: Hughes und Plath siedeln nach England über, wo 1960 die Tochter Frieda Rebecca geboren wird. 1961 hat Plath eine Fehlgeburt. Um Kinderversorgung und Schreiben zu vereinbaren, zieht die Familie nach Devon, wo Plath an »The Bell Jar« arbeitet. Nach der Geburt ihres Sohnes Nicholas Farrar (1962) hat sie noch weniger Zeit zum Schreiben; Ted Hughes verläßt die Familie und willigt entgegen Sylvias Hoffnung in die Scheidung ein. Sie vermutet, daß Hughes von der Häuslichkeit abgestoßen war und in London seinen wachsenden Ruhm genießen wollte; sie erkennt, daß während ihrer Ehe ihre eigene Arbeit zu kurz gekommen ist: »Ich werde eine reiche aktive Frau sein – nicht der Diener-Schatten, der ich war.«

In diese Zeit nach der Trennung fällt eine intensive Schaffensphase. Aber der Optimismus hält nicht an: Im Dezember zieht sie mit ihren Kindern wieder nach London und erwägt, sich in psychiatrische Behandlung zu begeben. Dazu kommt es nicht mehr: Am 11. Februar 1963, im Alter von 30 Jahren, bringt sie sich mit Gas um. B.S.

# Adelheid Popp

geb. 11. Februar 1869 in Inzersdorf bei Wien
gest. 7. März 1939 in Wien
Begründerin der proletarischen Frauenbewegung in Österreich
Lit. 122, 296, 341, 791

Adelheid Popp stammte aus einer sehr armen Arbeiterfamilie und mußte, nach nur drei Schuljahren, schon als Zehnjährige schwer arbeiten. Ihre Kindheit und Jugend sind gekennzeichnet von Elend, Hunger, Ausbeutung, Demütigung und Verzweiflung. »Kein Lichtstrahl, ... nichts vom behaglichen Heim, wo mütterliche Liebe und Sorgfalt meine Kindheit geleitet hätte, ist mir bewußt«, schreibt sie 1909 in ihrer Autobiographie. Einer ihrer Brüder nimmt sie öfter zu Arbeiterversammlungen mit, und einmal meldet sie sich spontan zu Wort, um über die Situation der Arbeiter*innen* zu sprechen. Ihre Rede erregt großes Aufsehen. Man bittet sie, Artikel zu schreiben, was ihr sehr schwerfällt, denn sie beherrscht weder Orthographie noch Grammatik. Mit eiserner Disziplin holt sie alles nach. Ihr Arbeitspensum ist enorm: Täglich arbeitet sie zwölf Stunden in der Fabrik, liest über den Sozialismus, abends und an den Wochenenden besucht sie Parteiversammlungen und geht oft stundenlang zu Fuß, um das Fahrgeld zu sparen. Sie beteiligt sich an der Organisation eines Frauenstreiks: 600 Appreturarbeiterinnen fordern den Zehnstundentag. Popp wird von der Geheimpolizei bespitzelt und kommt mehrmals ins Gefängnis. Engels und Bebels schätzen sie sehr; beide besuchen Popp in ihrer ärmlichen Vorstadtwohnung. Sie ist Mitbegründerin und verantwortliche Redakteurin der *Arbeiterinnen-Zeitung*. 1902 gründet sie den Verein sozialdemokratischer Frauen und Mädchen; 1918 wird sie in den Parteivorstand und in den Wiener Gemeinderat gewählt; von 1919 bis 1934 ist sie Abgeordnete im österreichischen Parlament und übernimmt als Nachfolgerin von Clara Zetkin den Vorsitz im »Internationalen Frauenkomitee«.

Adelheid Popp hat ihr ganzes Leben für die Gleichberechtigung der Frau gekämpft. Sie hat ihre Sehnsucht nach einem menschlicheren Leben in politisches Handeln umgesetzt. S.D.

geb. 28. Juli 1866 in London
gest. 22. Dezember 1943 in Sawrey, Cumberland
englische Kinderbuchautorin und Malerin
Lit. 563, 600, 792, 998, 999

Beatrix Potter gilt als ungekrönte Königin des englischen Kinderbuches zu Beginn des 20. Jahrhunderts. 1901 eröffnete sie den Reigen ihrer fast zwei Dutzend selbstgemalten und -geschriebenen Bücher im Handtaschenformat mit der *Geschichte von Peter Hase* (The Tale of Peter Rabbit): der Erzählung vom wohlgenährten und ungezogenen Hasenjungen, dem im Garten des Mr. McGregor Böses geschieht. Nachdem der Verleger Frederic Warne allein im Erscheinungsjahr 28 000 Exemplare verkaufen konnte, folgten die Erlebnisse vieler anderer Tiere, vor allem aber der Hasenkinder Benjamin, Mopsy, Flopsy und Cottontail, und fügten sich zu jenem »Potter-Epos«, dessen »prägnante, kurze Sätze wie Sprichworte in die Umgangssprache eingehen sollten« (Graham Greene).

Als Vierzigjährige durfte die in viktorianischer Abgeschiedenheit allzu behütet Aufgewachsene endlich heiraten und sich auf einer Farm ihrer Lieblingsbeschäftigung, dem Landleben, widmen. Der Nachwelt hinterließ sie, außer ihren Büchern, 4000 Morgen Land im Lake District als Naturschutzgebiet.

Erst nach ihrem Tode fand sich ein chiffriertes Tagebuch der jungen Frau, das sie als wache, humorvolle und skeptische Beobachterin ihrer Umgebung und als konzentriert arbeitende Stilistin zeigte.

Am bekanntesten wurden, außer den genannten Titeln: *The Tailor of Gloucester, The Tale of Tom Kitten, The Tale of Jemima Puddleduck, The Tale of Johnny Townmouse, The Story of Miss Moppet.* C.SCH.

# Jacqueline du Pré

geb. 26. Januar 1945 in Purley, Oxford
gest. 19. Oktober 1987 in London
englische Cellistin
Lit. 1128, 1129

Ende der 60er Jahre, ein Cellokonzert im Radio: Ein blühender, gesanglicher Ton von unerhörter Intensität und eine leidenschaftliche Interpretation, die ganz anders war als alles, was ich bis jetzt aus dem Konzertsaal, z.B. von dem noblen Pierre Fournier, gewohnt war: Jacqueline du Pré! Kaum über 20 war sie. Als Vierjährige bekam sie den ersten Cellounterricht, gewann mit elf das renommierte Suggia-Stipendium, war Meisterschülerin von Casals, Tortelier und Rostropowitsch – ein »Wunderkind«. Sie musizierte mit den besten Dirigenten und Orchestern sowie, auch kammermusikalisch, einer Anzahl nur wenig älterer, aber ebenso bekannter Solisten. Und wer je ein Konzert mit ihr hörte, war überwältigt von ihrer schieren Musikalität, ihrer Sinnenhaftigkeit und Spontaneität. Gerade die unmittelbare Natürlichkeit und das Feuer ihrer musikalischen Präsenz überdeckte jedoch ihr Lebensschicksal, und über dem immer strahlenden Star geriet die Frau Jacqueline du Pré bald in Vergessenheit. Erst 26jährig muß sie ihre, letzte, Einspielung abbrechen. Nach zwei Jahren sich immer weiter verschlechternder Gesundheit gibt sie einen Tag vor ihrem 28. Geburtstag 1973 in New York das letzte Konzert mit ihrem Mann Daniel Barenboim. Das Brahms-Doppelkonzert mit Pinchas Zukerman unter Bernstein im Februar wird zum katastrophalen Ende ihrer Karriere. Sieben Monate noch, voll Verzweiflung und sich steigernder Selbstvorwürfe bis zur Diagnose: nicht Streß und weibliche Hysterie, sondern – Multiple Sklerose! Es ist ein mühsames Sich-Aufraffen, sich ab 1975 – nun im Rollstuhl – für die Bekämpfung der MS einzusetzen. Drei Jahre kann sie noch – nicht mehr spielend, nur mühsam sprechend – MeisterInnenklassen geben; 1980 ist auch das vorbei. Zwar bleiben ihr Lebenswille und ihr Witz ungebrochen, doch sind die letzten sieben Jahre ein quälender und nie gelungener Abschied vom eigentlichen Sinn und der einzigen Möglichkeit, dem buchstäblich eigensten »Instrument« ihres Lebens – dem geliebten Cello. S.K.-K.

# Ann Radcliffe

geb. 9. Juli 1764 in London
gest. 7. Februar 1823 in London
englische Schriftstellerin
Lit. 349, 476, 729, 963, 1074

Ann Ward stammte aus einer angesehenen Kaufmannsfamilie und verlebte eine sorglose Kindheit und Jugend. Mit 23 Jahren heiratete sie William Radcliffe, den späteren Besitzer und Herausgeber des *English Chronicle*. 1789, vor 200 Jahren, erschien ihr erster Roman *The Castle of Athlin and Dunbayne*; ein Jahr später veröffentlichte sie *A Sicilian Romance. A Romance of the Forest* (1791) erreichte 1795 die vierte Auflage, wurde ins Französische übersetzt und war auch finanziell ein Erfolg. Als 1794 ihr berühmtester Roman, *The Mysteries of Udolpho*, erschien, war Radcliffe bereits eine bekannte Schriftstellerin.

Die Literaturwissenschaft betrachtet Radcliffe als die »Erfinderin« der *Gothic Novel*, des Schauerromans. Ihre Werke beeinflußten u.a. Edgar Allan Poe und Sheridan Le Fanu. Sie zeichnen sich dadurch aus, daß das zunächst als übernatürlich Erscheinende am Ende eine logische/rationale Erklärung findet. Radcliffe verstand es auch, die Orts- und Naturbeschreibungen geschickt mit der psychischen Verfassung ihrer Romanfiguren zu verbinden und so ein hohes Maß an Spannung zu erzeugen.

1797 erschien der wieder sehr erfolgreiche Roman *The Italian, or the Confessional of the Black Penitents*, der als ihr bester gilt. Radcliffe aber zieht sich von der Roman-Schriftstellerei zurück. Es ging das Gerücht, sie sei geisteskrank geworden – eine reine Erfindung. Zusammen mit ihrem Mann unternahm sie lange Reisen auf dem Kontinent und schrieb Reiseskizzen und Landschaftsschilderungen. Während der letzten zwölf Jahre ihres Lebens litt sie sehr unter Asthma.

Obwohl ihren Werken ein entscheidender Einfluß auf die Literaturentwicklung zugemessen wird, werden sie heute nur selten gelesen. Die englische Dichterin Christina Rossetti (1830-1894) hatte geplant, Radcliffes Biographie zu schreiben; sie mußte ihr Vorhaben allerdings wegen Mangel an Material aufgeben. B.S.

# Thea Rasche

geb. 12. August 1899 in Essen
gest. 25. Februar 1971 in Essen
deutsche Fliegerin und Journalistin
Lit. 362, 779

»Strahlend schien Kaliforniens Sonne über uns, riesige Menschenmassen stauten sich um den Flugplatz. Jedes Mädel mußte noch ein paar Abschiedsworte sprechen ... bis sich schließlich unter dem Jubel von Hunderttausenden pünktlich auf die Minute eine Maschine nach der anderen vom Boden erhob.«
20 Pilotinnen, darunter die später berühmte Amelia Earhart, starteten 1929 bei diesem ersten großen Frauenflugwettbewerb, den die Presse spöttisch »Powder-Puff-Derby« (Puderquastenrennen) nannte, eine Weltsensation und ein selbstmörderisches Unternehmen. 5200 km quer über den amerikanischen Kontinent von Los Angeles nach Cleveland mußten mit Maschinen überwunden werden, die teilweise nur 90 Meilen pro Stunde schafften und technisch noch höchst unzuverlässig waren. Es galt, die Rocky Mountains zu überqueren, menschenleere Wüsten und Steppen zu überfliegen, auf kaum erkennbaren, provisorischen Flugplätzen zu landen. Eine Pilotin verunglückte tödlich, sechs weitere mußten wegen technischer Probleme und dramatischer Bruchlandungen aufgeben. Unter denen, die durchkamen, war auch die erste deutsche Kunstfliegerin Thea Rasche.
Mit 26 Jahren hatte die Tochter eines Essener Brauereidirektors das Fliegen für sich entdeckt, nachdem sie sich erfolgreich dem Wunsch ihres Vaters widersetzt hatte, der sie jung verheiraten wollte. Sie machte den Flugzeugführerschein und ging zwei Jahre später in die USA, wo sie als »Flying Fräulein« und »Air Devil« gefeiert wurde. Gegen stärkste männliche Konkurrenz errang sie erste Preise, erhielt den Titel »Bester Flieger für den Frieden der Welt« und wurde 1928 zur Vizepräsidentin der »Internationalen Vereinigung der Fliegerinnen« gewählt. Ihr Traum von einem Transatlantikflug scheiterte allerdings an Geldmangel. Sie mußte nach Deutschland zurückkehren; ihr Vater bezahlte ihre Schulden, bestand aber darauf, daß sie die Fliegerei aufgab. So arbeitete sie als Journalistin, schrieb ihre Autobiographie (*Und über uns die Fliegerei*), lebte nach dem Zweiten Weltkrieg in den USA, wo sie einige ihrer Flugkolleginnen wiedertraf, und starb 1971 in Essen. A.S.

# Ellen Swallow Richards



geb. 3. Dezember 1842 in Dunstable, Massachusetts
gest. 30. März 1911 in Boston
amerikanische Chemikerin und Ökologin
Lit. 165, 463, 746

Ellen Swallow, die »Mutter der Ökologie«, war das einzige Kind eines LehrerInnenehepaars. Die Eltern hatten auch eine kleine Farm, später Dorfläden in verschiedenen Orten, und bei all diesen Unternehmungen mußte Ellen mithelfen. Ab 1859 belegte sie außerdem Kurse für Mathematik, Französisch und Latein, gab Schulunterricht, um das Geld für eine Collegeausbildung zusammenzusparen, und pflegte ihre kranke Mutter. Ellen war oft total erschöpft. Aber mit 25 hatte sie endlich das Geld für ein Studium am renommierten Vassar College beisammen.

Nach dem Abschluß 1870 setzte Ellen ihr Chemiestudium am kurz zuvor gegründeten *Massachusetts Institute of Technology* (MIT) fort. Sie war die erste Frau am MIT, ja überhaupt an einer naturwissenschaftlichen Hochschule. Kurz nach ihrem MIT-Abschluß 1875 heiratete sie den zwei Jahre jüngeren Metallurgie-Professor R. H. Richards. Beide unterstützten einander in ihrer Arbeit und ihren Interessen.

Die nächsten zehn Jahre ihres Lebens widmete Ellen Richards der Förderung des naturwissenschaftlichen Studiums von Frauen. Sie setzte die Gründung eines Laboratoriums für Frauen am MIT durch und leitete es bis 1883 – in dem Jahr wurden Frauen regulär zum Studium am MIT zugelassen. 1887 beschloß die Gesundheitsbehörde eine zweijährige Untersuchung der gesamten Wasserversorgung des Landes; Ellen Richards war für die Laborarbeiten zuständig. Ihre Pionierinnenarbeit wurde zur Klassikerin auf diesem Gebiet. 1890 etablierte das MIT ein Unterrichtsprogramm für »sanitary engineering«, das erste seiner Art. Im Rahmen dieses Programms brachte Ellen Richards etlichen Generationen von Studierenden die Analyse des Wassers, der Abwässer und der Luft bei. Viele ihrer StudentInnen wurden später inner- und außerhalb der Vereinigten Staaten führend auf dem neuen Gebiet der »Umwelthygiene« – einer Vorstufe der Ökologie.

L.F.P.

geb. 17. März 1754 in Paris
hingerichtet am 8. November 1793 in Paris
französische Schriftstellerin und Revolutionärin
Lit. 173, 645, 687, 769, 879

Den Ausbruch der Revolution erlebte Madame Roland in Lyon, und sie begeisterte sich sofort für das neue »Feuer der Freiheit«. Sie war eine entschiedene Gegnerin der Ständegesellschaft und des Zensurwahlrechts und meinte, nur die unreglementierte Entwicklung von Handel und Industrie könne die Wirtschaft zum Blühen bringen. Obwohl sie behauptete, sich immer im Hintergrund gehalten zu haben, und nicht, wie andere, das öffentliche Rederecht für Frauen forderte, galt sie als eine führende Vertreterin der Girondisten und geriet im vierten Jahr der Revolution in den tödlichen Machtkampf mit dem jakobinischen Flügel.

Mit 25 Jahren heiratete Marie-Jeanne Phlipon den über 20 Jahre älteren Roland. Sie war eine hochgebildete Frau, hatte die Antike ebenso studiert wie die Philosophie ihrer Zeit (besonders Rousseau) und war fasziniert von naturwissenschaftlichen und technischen Entdeckungen, z.B. der Ballonfahrt.

Anfang 1791 zog die Familie nach Paris. Madame Roland nahm regelmäßig an den Sitzungen der Nationalversammlung teil. Ihr Salon wurde zum Treffpunkt der jakobinischen Abgeordneten, darunter auch Robespierre. Im April 1792 wurde ihr Mann zum Innenminister berufen, aber man hielt *sie* für die entscheidende Kraft im Hintergrund. Nachdem Robespierre im April 1793 die Girondisten des Verrats an der Revolution beschuldigt hatte, floh der Innenminister aus Paris. Seine Frau wurde zusammen mit den girondistischen Abgeordneten verhaftet und am 8. November öffentlich hingerichtet.

In den fünf Monaten ihrer Gefangenschaft verfaßte Madame Roland heimlich ihre Lebenserinnerungen. Sie gibt darin auch Einblicke in den Alltag eines Frauenlebens: die versuchte Vergewaltigung durch einen Lehrling ihres Vaters (sie war zehn), das »überraschende und unangenehme Erlebnis« der Hochzeitsnacht, die Probleme beim Stillen ihrer Tochter. A.S.

# Christina Georgina Rossetti

geb. 5. Dezember 1830 in London
gest. 29. Dezember 1894 in London
englische Dichterin
Lit. 64, 179, 212, 325, 500

Christina war das jüngste der vier begabten und phantasievollen Kinder von Frances und Gabriele Rossetti, einer italienischen Emigrantenfamilie in London. Sie haßte den damals für Frauen einzig möglichen Beruf der Gouvernante und entzog sich ihm durch ständiges Kränkeln. Ihr Bruder Dante Gabriel gründete 1848 die »Präraffaelitische Bruderschaft«, deren neoromantische Ästhetik die Kunstauffassung mehrerer Generationen beeinflußte. 1862 veröffentlichte Rossetti ihren ersten Gedichtband, *Goblin Market, and Other Poems*, 1866 den zweiten, *The Prince's Progress, and Other Poems*. Die Aufnahme bei Publikum und Kritik war sehr positiv. 1870 folgte eine Sammlung Short Stories, 1872 ein Band mit bezaubernden skurrilen Gedichten für Kinder. Diese und weitere Werke machten sie bekannt und berühmt. Die 60er Jahre waren nicht nur literarisch die produktivsten, sondern auch menschlich und gesellschaftlich sehr ausgefüllt: Gabriel führte ein großes Haus, in dem die künstlerische Avantgarde Londons sich traf, darunter viele Verehrer und Bewunderer Christinas. Sie erlebte in diesen Jahren wohl auch einige Liebesgeschichten, von denen ihre Gedichte indirekt Zeugnis ablegen, doch sie lehnte es ab, sich zu binden.

1871 erkrankte sie an Basedow; die Krankheit entstellte und behinderte sie schwer. Sie begann, religiöse Essays zu schreiben, die in sechs Bänden veröffentlicht wurden. Nach dem Tod ihrer Mutter und ihrer Tanten lebte sie allein und starb 1894 an Krebs.

Ihr berühmtestes und vielberätseltes Gedicht *Goblin Market* interpretieren Gilbert & Gubar als Rossettis Auseinandersetzung mit den Lockungen der – üblicherweise Männern vorbehaltenen – künstlerischen Produktivität und stolzen Selbstaffirmation. Wenn die Frau diesen Lockungen nachgibt, ist sie verloren. Sie muß entsagen – oder, wie Rossetti, eine Kunst und »Ästhetik der Entsagung« entwickeln. Aber das tröstet sie am Ende nicht. L.F.P.

# Iris von Roten

geb. 2. April 1917 in Basel
gest. 11. September 1990 in Basel
Schweizer Juristin und Journalistin
Lit. 525, 856-858

»Man kann als Frau nicht hingehen und ein Buch von 564 Seiten schreiben, in dem man unentwegt erbittert gegen die Männerwelt vom Leder zieht. Das geht einfach nicht.« (*Basler Nachrichten*, 28.10.1958) So der Tenor der Kritik nach der Veröffentlichung von *Frauen im Laufgitter. Offene Worte zur Stellung der Frau.* Gegen die Autorin Iris von Roten wird eine regelrechte Hetzkampagne angezettelt; sie wird mitverantwortlich gemacht für den negativen Ausgang der Frauenstimmrechtsabstimmung vom 1. Februar 1959.

Mit spitzer Feder hatte die Journalistin und promovierte Juristin Iris von Roten die Liebe als Instrument der Macht entlarvt, die Mutterschaft als Bürde ohne Würde, die Hausarbeit als Haushaltsfron, die Demokratie als Schulbeispiel für die Unterdrückung.

Die bösartigen Kritiken erträgt Iris von Roten schlecht; mit der Frauenthematik wolle sie nichts mehr zu tun haben, sie sei es leid, »Perlen vor die Säue zu werfen«. Sie beginnt zu reisen. Allein fährt sie mit ihrem Fiat 1960 für sechs Monate in die Türkei, sie will das Land und vor allem dessen BewohnerInnen kennenlernen.

Wieder in der Schweiz, macht sich Iris von Roten sofort an die Schreibarbeit, doch ihr neues Manuskript wird 1962 abgelehnt. Die Absage setzt ihr zu – ob wohl jemand den Ullstein-Verlag vor der »Emanze aus der Schweiz« gewarnt hat? Doch reisen wird Iris von Roten weiterhin. Iran, Irak, Syrien, Libanon, Marokko, Tunesien, Sri Lanka, Brasilien sind ihre Ziele, seit den 70er Jahren malt sie auf ihren Reisen auch.

Mit zunehmendem Alter werden die langen Autoreisen zu Strapazen. Die abnehmende Sehkraft und chronische Schlafstörungen machen ihr zu schaffen. Besonders leidet sie darunter, daß sie nicht mehr malen kann. Und so ist es für die gescheite, hellsichtige Frau, die großen Wert auf Ästhetik legt, konsequent, das Leben im richtigen Moment zu beenden. »Wie ein Gast wissen muß, wann es Zeit ist zu gehen, so sollte man sich auch rechtzeitig vom Tisch des Lebens erheben.« Am 11. September 1990 erhängt sich Iris von Roten. L.S.

## Wilma Rudolph

geb. 23. Juni 1940 in St. Bethlehem, Tennessee
gest. 12. November 1994 in Detroit, Michigan
amerikanische Leichtathletin
Lit. 90, 434, 470, 863, 871

Sie war das Sorgenkind unter ihren sieben Geschwistern und elf Halbgeschwistern, und den Eltern, einem pensionierten Gepäckträger und einer Hausangestellten, fiel die Pflege der mit vier Jahren an Kinderlähmung erkrankten Tochter nicht leicht. Jede Woche brachte die Mutter sie zur Physiotherapie in das 90 Meilen entfernte Nashville, mehrmals täglich massierten ihr die Geschwister das gelähmte linke Bein. Hauslehrer ersetzten den Schulunterricht. Mit acht Jahren läuft sie ohne Krücken, mit elf Jahren kann sie ihre Spezialschuhe ausziehen, und sie beginnt, mit einem ihrer Brüder im Hinterhof Basketball zu spielen. Wenig später schlug sie in der High-School im Basketball schon sämtliche Rekorde. Das Laufen war für sie lediglich Therapie und Abwechslung zwischen den Turnieren. Aber ihr Basketballtrainer erkannte rasch die Begabung. An der Tennessee State University, wo sie inzwischen studierte, absolvierte sie ihr erstes professionelles Training. Der Rest klingt wie ein Märchen: 1956 Bronzemedaille im Staffellauf bei den Olympischen Spielen in Melbourne, vier Jahre später drei Goldmedaillen in Rom, insgesamt fünf Weltrekorde. A star was born. Und ein Vorbild für die schwarze Bevölkerung Amerikas. Die »schwarze Gazelle« war schön, sie lief spielerisch leicht und verkörperte doch einen eisernen Willen. 1974 wird sie als erste Schwarze in die Hall of Fame der großen LeichtathletInnen aufgenommen und herumgereicht als lebender Beweis für die Überwindung der Rassentrennung. »Was machst du später, wenn du mit 19 oder 20 schon weltberühmt bist und neben Premierministern, Königinnen und Königen, dem Papst Platz nehmen durftest?« Als sie 1962 ihre Karriere beendete, wollte sie »mehr Geld verdienen als jede andere Frau zuvor«, aber »was soll man schon antworten, wenn dir einer sagt: wenn du weiß wärst, wärst du Millionärin«. Sie kapierte schnell, daß »es für eine schwarze Frau unmöglich war, in der Werbe- und Marketingwelt Amerikas Geld zu verdienen«. 1961 heiratete sie den Studenten William Ward. Das Paar hatte vier Kinder, und Wilma Rudolph unterrichtete nun an der Universität, sie entwickelte städtische Sportprogramme und gründete 1981 zur Unterstützung junger schwarzer AthletInnen die Wilma Rudolph Foundation. Denn: »Ich wäre sehr enttäuscht, wenn man mich lediglich als Sprinterin in Erinnerung behielte, denn ich denke, daß ich durch meinen Beitrag zur Unterstützung der amerikanischen Jugend mehr geworden bin als eine olympische Champion. Die Herausforderung gibt es nach wie vor.«
Am 12. November 1994 ist Wilma Rudolph in Detroit an Krebs gestorben. S.G.

Foto: Ullstein

geb. 10. Dezember 1891 in Berlin
gest. 12. Mai 1970 in Stockholm
deutsche Schriftstellerin
Lit. 45, 81, 219, 446, 866

Fast wäre sie wie ihre Freundinnen Gertrud Kolmar und Helene Herrmann von den Nazis ermordet worden, und wir wüßten nicht einmal ihren Namen. Denn die spätere »Dichterin jüdischen Schicksals« und Nobelpreisträgerin für Literatur erhielt den Befehl für den Abtransport und das Visum nach Schweden am selben Tag.

Leonie (»Nelly«) Sachs war das einzige Kind wohlhabender jüdischer Eltern. Ihr größter Wunsch war, Tänzerin zu werden, aber sie begann auch früh zu schreiben. Mit 17 Jahren erlebte sie eine hoffnungslose Liebe, die ihr Leben und Schaffen tief beeinflußte; viele von ihren späteren Gedichten kreisen um den »toten Bräutigam«, der (nach Hilde Domin) 1940 von der Gestapo verhaftet und später ermordet wurde. Über den Geliebten sprach Nelly Sachs nie. Am 16. Mai 1940 kamen Nelly und Margarete Sachs mit dem letzten Flugzeug aus Berlin in Stockholm an (der Vater war 1930 gestorben). Neben der harten Arbeit des Überlebens (Sachs arbeitete zeitweise als Wäscherin) und der anstrengenden Pflege der kranken Mutter begann sie, Gedichtzyklen und szenische Dichtungen zu schreiben. Trotz ihrer großen Produktivität wurde Sachs bis Ende der 50er Jahre in der Bundesrepublik ignoriert. 1960 bekommt sie den Meersburger Droste-Preis, 1965 als erste Frau den Friedenspreis des Deutschen Buchhandels, 1966 als erste und bisher einzige deutsche Dichterin den Nobelpreis. Zusammen mit dem Erfolg aber kamen wieder schwere Leiden – die Schrecken der Vergangenheit suchten die fast 70jährige noch einmal heim, sie brach 1960 zusammen und mußte lange Zeit in einem Sanatorium verbringen. Trotz ihrer Krankheit und der Folter der Elektroschocktherapie schrieb sie weiter; es entstanden ihre letzten großen Gedichtzyklen »Fahrt ins Staublose«, »Noch feiert Tod das Leben«, »Die Suchende« und »Glühende Rätsel.«
J.H.

# Vita Sackville-West

geb. 9. März 1892 auf Schloß Knole
gest. 2. Juni 1962 auf Sissinghurst Castle, Kent
englische Schriftstellerin
Lit. 22, 205, 333, 744, 808

Vita Sackville-Wests Biographie ist so etwas wie ein Gesamtkunstwerk. Ihr aristokratischer Hintergrund mit seiner Pracht und seinen Privilegien, dazu der Umstand, daß ihre Großmutter eine spanische Tänzerin war, tragen ebenso zu diesem Eindruck bei wie ihr abenteuerliches Leben.

Vitas exotische Reisen, ihre zahlreichen leidenschaftlichen Frauenbeziehungen, ihre unkonventionelle Ehe mit dem homosexuellen Harold Nicolson, ihr Ruhm als Erfolgsautorin und ihr Genie als Gärtnerin machen sie zu einer immer interessanten, bisweilen auch schillernden Figur, die sich in den Turm von Sissinghurst Castle zurückzieht und wie besessen schreibt, um sich dann wieder in Londons luxuriöser »großer Welt« zu bewegen. Doch hinter Vitas Souveränität und ihrem nicht selten arroganten aristokratischen Auftreten verbirgt sich etwas, das nicht einmal sie selbst sich eingestehen konnte: Sie litt lebenslang unter der Kränkung, den Familiensitz Knole nicht erben zu können, weil sie als Mädchen geboren wurde, und sie war die Tochter einer neurotisch-grausamen Mutter, die das Kind in einem Moment mit Zärtlichkeit überschüttete, um sie gleich darauf mit der Bemerkung von sich zu stoßen, sie könne ihren Anblick nicht ertragen, denn sie sei so häßlich. – Diese frühen Erfahrungen zeichneten Vita und hielten sie gefangen. Sie blieb in ihren Empfindungen wie in ihrem Schreiben immer etwas oberflächlich, fast künstlich. Und es war ausgerechnet Vitas geliebte Freundin Virginia Woolf, die das erkannte. 1926 schrieb sie an Vita: »Und gibt es da nicht etwas Obskures in Dir? In Dir ist etwas, das nicht mitschwingt, […] etwas Zurückgehaltenes, Stummgemachtes.« Vita fiel in eine seelische Krise, als sie das las. »Verflucht sei diese Frau! Sie hat ihren Finger in die Wunde gelegt.« Die Wunde heilte nie. Mit zunehmendem Alter wurde Vita Sackville-West depressiv, trank immer mehr und starb, auch erschöpft vom langen Kampf der Verdrängung, mit 70 Jahren an Krebs. S.A.

# Monique Saint-Hélier

geb. 2. September 1895 in La-Chaux-de-Fonds, Schweiz
gest. 9. März 1955 in Pacy-sur-Eure
Schweizer Schriftstellerin
Lit. 130, 601, 868

Mit 32 Jahren legte Monique Saint-Hélier sich schwer krank zu Bett und stand nie mehr auf. Ihre »rätselhafte« Krankheit erscheint nicht so unerklärlich: Als Kranke brauchte sie sich nicht dem lärmigen, anstrengenden Pariser Leben auszusetzen, konnte sich ganz aufs Schreiben konzentrieren und durfte ihren geliebten Mann als »Bruder, Freund, Kamerad« betrachten. Die körperliche Liebe empfand sie als »Erniedrigung«.

Krankheit, Schmerz und Todesgedanken hatten sie seit ihrer Kindheit begleitet und waren – zusammen mit der (unerfüllten) Liebe und dem manchmal verzweifelten, manchmal spöttischen Gespräch mit Gott – die wichtigsten Themen ihrer Romane. Ihre Bücher sind phantasievolle, poetische Verarbeitungen ihrer Kindheit und Jugend in La-Chaux-de-Fonds, »eine(r) kleine(n) Stadt des [Schweizer] Jura, wo die Kinder mit Skiern an den Füßen geboren werden«. Ihr Debütroman mit dem bezeichnenden Titel *Traumkäfig* (1932) war ein großer Erfolg. Sie galt als Anwärterin auf den Prix Goncourt und fand vorübergehend Erleichterung von finanziellen Sorgen.

Nachdem sie ihr Literaturstudium abgebrochen hatte, »um zu heiraten«, hatte sie sich und ihren Mann Blaise Briod mühsam als Privatlehrerin und Sekretärin über Wasser gehalten. Mit der Stelle beim Völkerbund in Paris, die Blaise schließlich bekam, wurde die Lage nicht viel besser. Das bescheidene Gehalt war schnell aufgebraucht für Moniques immer häufigere Krankenhausaufenthalte.

Die schlimmste Zeit begann mit dem Einmarsch der Deutschen im Juni 1940. Sie versuchten zu fliehen, mußten nach 13 furchtbaren Tagen aber nach Paris zurückkehren, wo sie bis Kriegsende in Angst, Hunger und Kälte ausharrten. In den folgenden zehn Jahren kämpfte Monique Saint-Hélier dann mit den Verlegern und ihrer Krankheit um die Vollendung ihres großangelegten Romanzyklus *Les Alérac* (Geschichte einer Schweizer Familie), von dem letztlich »nur« vier Bände fertiggestellt wurden. A.S.

geb. 19. April 1872 in Berlin
gest. 30. August 1948 in New York
deutsche Sozialpädagogin, Sozialpolitikerin und Frauenrechtlerin
Lit. 13, 210, 562, 873, 1098

Alice Salomon wurde als viertes Kind einer wohlhabenden jüdischen Kaufmannsfamilie in Berlin geboren. Lehrerin zu werden wurde ihr verweigert; so begann – nach ihrer eigenen Beschreibung – ihr Leben erst mit 21 Jahren, als sie 1893 an der Gründungsversammlung der Berliner »Mädchen- und Frauengruppe für soziale Hilfsarbeit« teilnahm. Von diesem Zeitpunkt an arbeitete Alice Salomon ehrenamtlich im sozialen Bereich und lernte dabei das Berliner ArbeiterInnenelend kennen. 1908 wurde sie Mitbegründerin und Leiterin der Sozialen Frauenschule Berlin, die professionell und systematisch junge Mädchen auf die soziale Hilfstätigkeit vorbereitete. Die heutige Fachhochschule für Sozialarbeit und Sozialpädagogik in Berlin ist eine Nachfolgeeinrichtung der damaligen Sozialen Frauenschule. Noch vor Gründung dieser Einrichtung promovierte Alice Salomon 1906 an der Berliner Universität im Fach Volkswirtschaftslehre.

Zur zweiten Lebensaufgabe wurde ihr das Engagement in der deutschen und internationalen Frauenbewegung. Sie galt als außergewöhnlich jung, als sie 1900 in den Vorstand der Dachorganisation der deutschen Frauenbewegung, dem Bund deutscher Frauenvereine, gewählt wurde und ihm zuerst als Schriftführerin und später als stellvertretende Vorsitzende (bis 1920) diente. Die Wahl zur ersten Vorsitzenden des Verbandes scheiterte an antisemitischen Strömungen im BDF und traf Alice Salomon tief. Freundlicher waren ihre Erinnerungen an die internationale Frauenbewegung, den International Council of Women (ICW). An deren großen internationalen Kongressen in London 1899 und Berlin 1904 nahm sie begeistert teil und wurde 1909 auf der Versammlung in Toronto zur Schriftführerin gewählt.

1925 gründete Salomon die »Deutsche Akademie für soziale und pädagogische Frauenarbeit«, eine Institution zur Fortbildung von Führungskräften der Sozialarbeit mit einer eigenen Forschungsabteilung. Mit dieser Akademie wurden erstmals erhöhte Professionalisierungsansprüche an den sozialpädagogischen Beruf gestellt. Alice Salomon veröffentlichte zahlreiche Schriften über Mutter- und ArbeiterInnenschutz, Wohlfahrtspflege und Ausbildungsfragen.

Zu ihrem 60. Geburtstag 1932 wurden ihr hohe Ehrungen zuteil, so u.a. auch ein Ehrendoktorat der Universität Berlin. Ein Jahr später verlor sie alle Ämter. 1937 hatte sie nach einem Gestapoverhör die Wahl, in ein Konzentrationslager verschleppt zu werden oder zu emigrieren. Sie starb 1948 in New York. H.S.

geb. 16. April 1917 in Berlin
verschleppt nach Auschwitz am 21. September 1943
deutsche Malerin und Dichterin
Lit. 210, 874, 1069

»Zwischen 1940 und 1942 entstand ihr autobiographisches Singspiel *Leben oder Theater?*, eine gemalte Lebensgeschichte mit mehr als 1000 Gouachen, denen sie Begleittexte beifügte und Melodien zuordnete – ein einzigartiges Werk, ohne Beispiel in der Geschichte der Kunst, sich jeder Beurteilung nach kunsthistorischen Kriterien entziehend« (Renate Wall). Das Werk gehört heute dem Jüdischen Historischen Museum in Amsterdam.

Charlotte Salomon wuchs in Berlin als Tochter einer wohlhabenden jüdischen Familie auf. Ihre Mutter nahm sich das Leben, als Charlotte neun Jahre alt war. Wie ein Fluch lastete »der Hang zur Verzweiflung« auf der Familie; auch die Tante und die Urgroßmutter hatten Selbstmord begangen.

»Mein Leben fing an, als meine Großmutter sich das Leben nehmen wollte – als ich zu wissen bekam, daß ich selbst die einzige Überlebende bin und tief im Innern dieselbe Veranlagung, den Hang zur Verzweiflung und zum Sterben, in mir spürte.« (Charlotte Salomon)

Zu der Bedrohung von innen kam noch die von außen. Charlotte mußte ihr Kunststudium in Berlin abbrechen und vor den Nazis nach Südfrankreich fliehen. Dort wurde sie mit dem kränkelnden Großvater im Lager Gurs interniert; sie kamen aber wieder frei.

Als Therapie gegen die wachsende Verzweiflung begann Charlotte mit der Arbeit an ihrem Werk *Leben oder Theater?*. Kurz vor ihrer Deportation nach Auschwitz gab sie es ihrem Arzt zur Verwahrung: »Heben Sie das gut auf, c'est toute ma vie.« L.F.P.

geb. 17. September 1937 in Algier
gest. 10. Juli 1967 in Montpellier
französische Schriftstellerin
Lit. 234, 683, 876-878

Ihr kurzes, wildes Leben lieferte Albertine Sarrazin den Stoff für drei Bestsellerromane, mit denen sie die weibliche Variante einer sonst männlich geprägten Literaturgattung schuf: den Knast- und Kriminellenroman. Albertine wurde mit 18 Monaten von einem ältlichen französischen Ehepaar adoptiert, mit zehn von einem Unbekannten vergewaltigt und von den Eltern in eine Erziehungsanstalt gesteckt. Den Freigang am Tag der mündlichen Abiturprüfung nutzte sie, um zu entkommen, trampte nach Paris und schlug sich als Prostituierte und Diebin durch, bis sie Emilienne, ihre Geliebte aus der Anstalt, wiedertraf. Gemeinsam verübten die jungen Frauen einen bewaffneten Raubüberfall auf eine Boutique. Albertine wurde zu sieben Jahren Jugendgefängnis verurteilt, mit knapp 19 gelang ihr aber die Flucht durch einen Sprung von der Gefängnismauer, wobei sie sich den Fußknöchel (Astragal) brach. Schwer verletzt, wurde sie von einem Mann aufgelesen – Julien Sarrazin, ebenfalls ein entlaufener Häftling, wurde zunächst ihr Freund, dann ihr Geliebter, später ihr Ehemann. Ihre acht Ehejahre verbrachten sie allerdings mehr innerhalb als außerhalb des Gefängnisses, immer wieder verhaftet wegen Diebstählen und Hehlereien. Fast täglich schrieben sie sich, besuchten einander so oft wie möglich und träumten von einer gemeinsamen Zukunft in Freiheit.

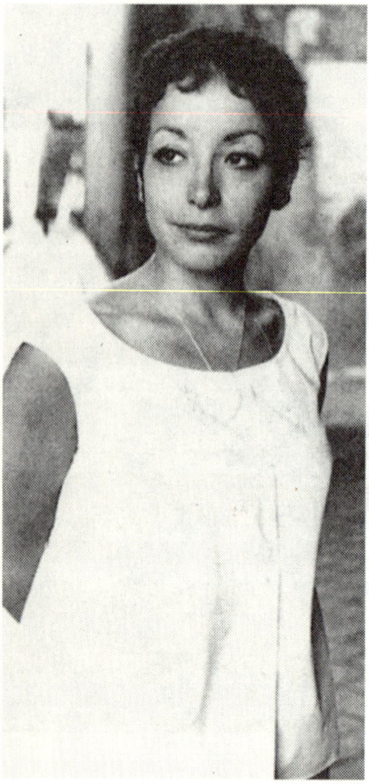

Im Gefängnis begann Albertine, unterstützt von einer Psychiaterin, ihre Erinnerungen und Beobachtungen des Knastalltags niederzuschreiben. Ab August 64, sie und Julien waren endlich frei, formulierte sie aus diesen Notizen ihre ersten Romane – *L'Astragale* und *La Cavalle* (dt. *Kassiber*), die – mit Fürsprache von Simone de Beauvoir – 1965 erschienen und zu einer literarischen Sensation wurden. Interviews, Fernsehauftritte, Signierstunden, ein Literaturpreis, Übersetzungen in 16 Sprachen folgten. Im Januar 1965 kaufte das Ehepaar ein Landhaus in den Cevennen, und Albertine stellte ihren dritten Roman *La Traversière* (dt. *Stufen*) fertig.

Albertine Sarrazin starb, erst 29 Jahre alt, nach einer Nierenoperation. A.S.

geb. 10. September 1886 (oder 1890) in Rom
gest. 13. November 1973 in Paris
französische Modeschöpferin
Lit. 447, 512

Elsa Schiaparelli zog 1909 gegen den Willen ihres strengen Vaters mit ihrem Mann, einem Schauspieler, nach Hollywood. Aus dessen Stummfilmkarriere wurde nichts, und sie kehrte geschieden und enttäuscht 1922 mit ihrer Tochter nach Europa zurück. Ihre Karriere begann mit einem selbstgestrickten Pullover, weit und lässig in Schwarz und Weiß, den sie sich anläßlich einer Modenschau gestrickt hatte. Dieser Pullover erregte die Aufmerksamkeit der Schriftstellerin Anita Loos, die viele ihrer berühmten Freundinnen zu Schiaparelli schickte, z.B. Joan Crawford, Gloria Swanson, Greta Garbo, Norma Shearer und Mae West. 1928 eröffnete Elsa unter ihrer Wohnung am linken Seine-Ufer ihren ersten Laden. Er wurde ein voller Erfolg. 1933 hatte sie bereits acht Ateliers, einen Salon in der Rue de la Paix und einen weiteren in London. Sie setzte der knabenhaften Silhouette der 20er Jahre ihre Betonung der Taille und der Schulterpartie entgegen. Bald war es absolut *in*, sich bei ihr einzukleiden. Schiaparellis Kollektionen waren sowohl farblich als auch hinsichtlich der Materialien extravagant und setzten Mut zur eigenen Persönlichkeit voraus. Ihr Parfum »Shocking«, dessen Flakon die Form einer gläsernen Schneiderbüste hatte, war genauso erfolgreich wie ihr Parfüm »Si«, zu dessen Präsentation Henri Sauguet die »Valse de Si« komponierte, die Juliette Greco immer wieder in den Kellern von St. Germain sang. Neben Picasso und Dalí, die Elsa zu ihren Freunden zählte, gewann sie auch Jean Cocteau, für sie Stoffmuster zu entwerfen. Es war absolut *chic*, für sie zu arbeiten. 1936 machte sie den Reißverschluß salonfähig. Schon damals verkaufte sie, was heute in den Boutiquen der Haute Couture zum Standard-Angebot gehört: Handschuhe, Schals, Schmuck, Blusen, Badeanzüge – alles mit ihrem Etikett versehen.

1952 schloß sie ihr Mode-Atelier und ließ nur noch ihre Boutique für den Parfümverkauf geöffnet. Ihr Haus wurde zum Treffpunkt der Pariser Couturiers. Jacques Fath gehörte zu den häufigsten Gästen, aber auch Hubert de Givenchy, der in ihrem Haus volontiert hatte, blieb ein enger Freund seiner einstigen Chefin.

Elsa Schiaparelli, experimentierfreudig und mutig, hatte mit ihrer Mode ein Vermögen gemacht. J.K.

geb. 10. Juli 1862 in Helsinki
gest. 28. Januar 1946 in Saltsjöbaden
finnische Malerin
Lit. 473, 756, 912, 925, 1034

Das Lieblingsmotiv der Malerin Helene Schjerfbeck sind Menschen, meist Frauen und Kinder, bei denen sie blasse, zarte und leicht kränkelnde oder melancholisch wirkende Wesen bevorzugt. Ihre zahlreichen Selbstbildnisse gelten mit Recht als »einzigartig in der Malerei des 20. Jahrhunderts« (Sello). Das Porträt von 1894/95 zeigt eine junge Frau, die uns ernst und gefaßt über die Schulter hinweg anblickt. Die Enttäuschungen der vorangegangenen Jahre spiegeln sich in ihren Zügen wider. 40 Jahre später sieht uns die Malerin selbstbewußt und wach entgegen. Sie hat sich in ihrem Leben und in ihrer Malerei behauptet. In einem ihrer letzten Porträts malt sie sich schonungslos als schon vom Tode gezeichnet mit nach innen gekehrtem Blick.

Ihr Leben wird von den Folgen eines tragischen Unfalls in der Kindheit überschattet, von dem sie ein Hüftleiden und eine Gehbehinderung zurückbehält. Nach Ausbildung und ersten Erfolgen in Helsinki ermöglicht ihr 1880 ein staatliches Reisestipendium, ihre Studien in Paris fortzusetzen. Das kommende Jahrzehnt verläuft sehr turbulent. Schjerfbeck unternimmt viele Reisen und lebt abwechselnd in Paris und Helsinki. Zusammen mit ihrer Pariser Studienkollegin und lebenslangen, vertrauten Freundin Helena Westermarck entwickelt sie Anfang der 80er Jahre in Finnland den Naturalismus entscheidend mit und läßt sich auch durch verletzende Kritik nicht entmutigen. Ihre Verlobung mit einem englischen Maler bricht wegen Schjerfbecks labiler Gesundheit auseinander.

Ab 1890 lebt und arbeitet Schjerfbeck in Helsinki, bis sie 1901 mit ihrer Mutter in eine kleine südfinnische Stadt zieht. In der selbstgewählten Einsamkeit findet Schjerfbeck zu einer neuen Malweise. Schon in ihren frühen Gemälden reichten sparsame Mittel und die Konzentration auf das Wesentliche aus, um atmosphärische Dichte in ihren Gemälden zu erzeugen. Sie beginnt nun die Welt zu malen, wie sie sie in ihrem Inneren sieht und empfindet. Dabei reduziert sie ihre aus flächigen Elementen aufgebauten Motive auf das Nötigste und erreicht so eine enorme Intensität.

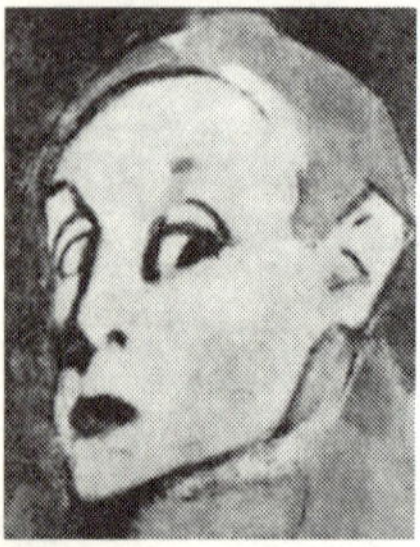

Erst der Kontakt mit dem Kunsthändler Gösta Stenman, der sich für zeitgenössische KünstlerInnen einsetzt, entspannt ihre finanzielle Situation. Stenman ist es auch, der in Helsinki 1917 (nach fast 40 Jahren!) die erste Einzelausstellung von Schjerfbecks Werken veranstaltet und in dessen Stockholmer Galerie sie, fast am Ende ihres Lebens, einen triumphalen Erfolg erleben kann.

Heute gilt sie mit ihrem umfangreichen Œuvre als eine der herausragendsten Persönlichkeiten der modernen finnischen Kunst. A.V.H.

# Sophie Scholl

geb. 9. Mai 1921 in Forchtenberg
hingerichtet 22. Februar 1943 in München
deutsche Widerstandskämpferin
Lit. 385, 758, 891, 1046

Die fünf Geschwister Scholl, Kinder einer Diakonissenschwester und eines Steuerberaters, bekommen eine für damalige Verhältnisse sehr moderne Erziehung; sie sollen diskutieren und hinterfragen lernen, auch Sexualität ist kein Tabu.

Die begabte Sophie musiziert, schreibt und zeichnet hervorragend. Schon in der Schule zeigt sich ihr ausgeprägter Gerechtigkeitssinn. Auch starke Religiosität und Liebe zur Natur sind ihr eigen.

Zuerst von der Hitlerjugend begeistert, wenden sich die älteren Geschwister bald wieder davon ab. 1937 wird Hans verhaftet, weil er einer verbotenen Jugendgruppe angehört. Drei Jahre später besteht Sophie ihr Abitur. Um dem Reichsarbeitsdienst zu entgehen, verpflichtet sie sich zur Kindergärtnerinnen-Ausbildung in Ulm, muß danach aber dennoch ein halbes Jahr zur Feldarbeit. Die belesene junge Frau wird als »hochgestochen« abgelehnt und sieht sich Geschwätz und Schikanen ausgesetzt. 1942 endlich darf sie in München, wo ihr Bruder Hans sie schon erwartet, das Studium der Biologie und Philosophie aufnehmen (auch dies nicht selbstverständlich in einer Zeit, in der es heißt: »Mädchen heiraten ja doch!«). Nachdem Hans, zeitweise zur Rußlandfront abkommandiert, von dortigen Greueln berichtet und Sophie zwangsweise in der Rüstungsindustrie gearbeitet hat, schließen sich beide einer gewaltfreien Widerstandsgruppe namens »Weiße Rose« an, die heimlich Flugblätter gegen die Nazis druckt und verteilt. Die Geschwister werden erwischt und nach unfairem Prozeß von dem berüchtigten Richter Freisler zum Tod unterm Fallbeil verurteilt. Mutig und gefaßt bis zuletzt, opfert Sophie, zusammen mit vielen anderen Mitgliedern der »Weißen Rose«, ihr Leben. Sie und ihr Bruder Hans liegen auf dem Perlacher Friedhof neben dem Gefängnis Stadelheim begraben. A.E.R.

geb. 13. September 1819 in Leipzig
gest. 20. Mai 1896 in Frankfurt am Main
deutsche Komponistin und Pianistin
Lit. 104, 513, 813, 896, 1086

Ihr Vater, der Musikpädagoge Friedrich Wieck, setzte seine ganze Energie ein, sie zur Pianistin auszubilden. Er sorgte auch für Improvisations- und Kompositionsunterricht – damals für Frauen eine große Seltenheit. Sie machte daher nicht nur als geniale Pianistin, sondern auch als Komponistin von sich reden. Reisen durch Europa festigten ihren Ruhm.

Der Vater war entsetzt über ihren Entschluß, den labilen, finanziell ungesicherten (und wie Weissweiler behauptet, homosexuell veranlagten) Komponisten Robert Schumann zu heiraten, so daß sie die Eheschließung gerichtlich erkämpfen mußte. Es folgten neun Niederkünfte in 13 Jahren. Zwischendurch konzertierte sie so oft wie möglich. Die Kinder erzog sie nicht selbst, sondern gab sie außer Haus. Ihr Mann wurde nach ersten Krankheitssymptomen 1854 in eine Heilanstalt überführt, wo er 1856 starb.

1863 siedelte Clara Schumann in die Nähe von Baden-Baden in ein eigenes Heim über. Sie war eng mit Johannes Brahms befreundet und konzertierte häufig mit ihm und dem Geiger Joseph Joachim. In späteren Jahren lehrte sie am Konservatorium in Frankfurt am Main. Nach dem Tod Roberts komponierte sie so gut wie nichts mehr.

Schumanns Klaviertrio op. 17 gilt als Höhepunkt ihres Schaffens, ihr mit 14 Jahren geschriebenes Klavierkonzert, das sich an keines der ihr bekannten Klavierkonzerte formal anlehnt, löst noch heute Bewunderung aus. Ihr gesamtes Œuvre ist inzwischen auf dem Tonträgermarkt erhältlich, es gibt auch eine Sammlung historischer Aufnahmen ihrer Schülerinnen, aus der man ihren Interpretationsstil heraushören kann (unsentimental und dennoch hochexpressiv). E.R.

# Annemarie Schwarzenbach

geb. 23. Mai 1908 in Zürich
gest. 15. November 1942 in Sils/Engadin
Schweizer Schriftstellerin
Lit. 319, 529, 719, 793, 898

Ihr kurzes Leben verlief in Extremen. Die Tochter einer der reichsten Schweizer Industriellenfamilien zog es 1931, nach brillant absolviertem Studium (Promotion mit 23) nach Berlin, wo sie engen Kontakt zum Kreis um Erika und Klaus Mann bekam. Politisch und finanziell unterstützte sie deren antifaschistische Projekte und engagierte sich ab 1933 im Widerstand, wodurch sie mit ihrer erzkonservativen Familie in heftigen Konflikt geriet. Zusammen mit den Manns machte sie auch erste Erfahrungen mit Morphium und kam dann, trotz vieler Entziehungskuren, nie wieder davon frei.

Ihr unstetes, fluchtartiges Reiseleben führt sie in den folgenden Jahren rund um die Welt – mehrfach nach Persien, dessen »tödliche Größe« sie anzieht und ängstigt zugleich, nach Moskau und in die USA (dort verfaßt sie, für die größten Schweizer Zeitungen, Fotoreportagen über die unmenschlichen Lebensbedingungen der TextilarbeiterInnen), zusammen mit der Ethnologin Ella Maillart auf abenteuerliche Fahrt durch Afghanistan, wieder in die USA, wo sie mehrfach in psychiatrische Anstalten zwangseingewiesen wird, schließlich in den Kongo. Im Sommer 1942 kehrt sie in die Schweiz zurück, zieht sich bei einem Fahrradunfall eine schwere Kopfverletzung zu und stirbt neun Wochen später in völliger geistiger Verwirrung.

Annemarie Schwarzenbachs faszinierende Persönlichkeit, ihre androgyne Schönheit eines »untröstlichen Engels« zog viele Menschen an, dennoch fand sie selten ein länger anhaltendes Glück. Um Erika Mann, die ihre große Liebe war, warb sie vergeblich lange Zeit, die Ehe mit dem homosexuellen Diplomaten Clarac verlief unglücklich.

Die Begegnung mit ihrem Werk ist durch viele Neuauflagen wieder möglich geworden – u.a. *Lyrische Novelle* und *Das glückliche Tal.* A.S.

geb. 19. November 1900 in Mainz
gest. 1. Juni 1983 in Berlin
deutsche Schriftstellerin
Lit. 28, 63, 394, 910, 1121

»Man hat uns nun einmal von klein auf angewöhnt, statt uns der Zeit demütig zu ergeben, sie auf irgendeine Weise zu bewältigen.« Diese Worte aus Anna Seghers' einziger offen autobiographischer Erzählung *Der Ausflug der toten Mädchen* weisen auf den Grundimpuls, der Leben und Schreiben dieser bedeutenden Autorin bestimmte. Seghers wollte sich ihrer Zeit nie demütig ergeben, sondern sie als politisch engagierte Schriftstellerin gestalten. Die Rolle, die die erste Hälfte ihres Jahrhunderts für sie als Frau und deutsche Jüdin bereit hielt, nämlich stilles Opfer der Geschichte zu werden, lehnte sie konsequent ab. Ihr Engagement führte aber auch dazu, daß sie im Dienst der sozialen Gerechtigkeit, der sie sich verschrieb, Unrecht zumindest duldete, um ihrer Sache, der kommunistischen Idee, zum Sieg zu verhelfen.

Netty Reiling, die später das Pseudonym Anna Seghers wählte, stammte vom Rhein, aus einer alteingesessenen jüdischen Familie. Nach dem Studium der Kunstgeschichte und Sinologie in Heidelberg heiratete sie 1925 den ungarischen Komponisten Laszlo Radvanyi. Trotz schnell einsetzender »Mutterpflichten« (sie gebar 1926 einen Sohn und 1928 eine Tochter) hielt sie zäh fest an ihrem Ziel, sich als Schriftstellerin zu etablieren. Das gelang ihr rasch und überzeugend.

1933 floh die Familie über Frankreich nach Mexiko. Als Seghers 1947 zurückkehrte, hoffte sie noch auf ein vereintes Deutschland, wählte aber den östlichen Teil, weil sie meinte, nur hier finde ein wirklicher Neuanfang statt. Ganz wollte und konnte sie diese Hoffnung trotz zunehmender Desillusionierung nicht aufgeben. Obwohl es Seghers in dem von Männern bestimmten Kulturleben der Kommunisten zu hohem Ansehen brachte – sie war u. a. von 1953 bis 1987 Präsidentin des Schriftstellerverbandes der DDR – hatte sie keinen wirklichen Einfluß, sie fungierte als »Aushängeschild«. C.Z.-R.

# Elisabeth Selbert

geb. 22. September 1896 in Kassel
gest. 9. Juni 1986 in Kassel
deutsche Politikerin und Juristin
Lit. 204, 257, 273, 457, 459

Männer und Frauen sind gleichberechtigt – dieser Satz stünde heute nicht in unserer Verfassung, wenn nicht eine der vier Mütter des Grundgesetzes, die Sozialdemokratin Elisabeth Selbert, vor 42 Jahren die sogenannten »Väter des Grundgesetzes« in die Knie gezwungen hätte. Deren Formulierung zur Gleichberechtigung lautete nämlich »Männer und Frauen haben die gleichen staatsbürgerlichen Rechte und Pflichten«. Das aus dem Jahr 1896 stammende frauenfeindliche Ehe- und Familienrecht zum Beispiel, gegen das schon unsere Urgroßmütter vergeblich protestiert hatten, blieb von dieser Formulierung unberührt. Selbert schreibt: »Ich wollte die Gleichstellung als imperativen Auftrag an den Gesetzgeber, im Gegensatz zur Weimarer Verfassung, verstanden wissen. Ich hatte nicht geglaubt, daß 1948/1949 noch über die Gleichberechtigung überhaupt diskutiert werden müßte und ganz erheblicher Widerstand zu überwinden war! Aber ich habe es dann doch mit Hilfe der Proteste aller Frauenverbände geschafft. Es war ein harter Kampf, wie die Protokolle des Parlamentarischen Rats beweisen.«
In einer Verfassung legt ein Staat seine guten Absichten und Ansprüche nieder: Die Verfassung ist die Theorie, und erst die ausführenden Gesetze machen deren praktische Umsetzung möglich, und sie dürfen der Verfassung nicht widersprechen. Tun sie es doch, können die BürgerInnen vor dem Bundesverfassungsgericht klagen. Selberts Gleichberechtigungsgrundsatz machte die meisten familienrechtlichen Bestimmungen des BGB zu verfassungswidrigen Klagegründen.
Elisabeth Selbert begann 1926, mit Unterstützung ihres Mannes und ihrer Eltern, als Mutter von zwei Kindern im Alter von 30 Jahren ihr Studium. Sie war eine der ersten Frauen, die zum Jurastudium zugelassen wurden: »in Göttingen … kamen auf 300 Studenten im ›Audimax‹ ganze 4 bis 6 Frauen. In Marburg … ließ mich der alte Professor Hildebrandt gelegentlich … bitten, zur nächsten Vorlesung nicht zu kommen, weil er über Sexualdelikte sprechen wollte. Er hatte da wohl Schwierigkeiten vor seiner einzigen Studentin.« 1930 promoviert Selbert über die »Zerrüttung als Ehescheidungsgrund« – 47 Jahre bevor die sozialliberale Koalition das »Schuldprinzip« abschaffte.

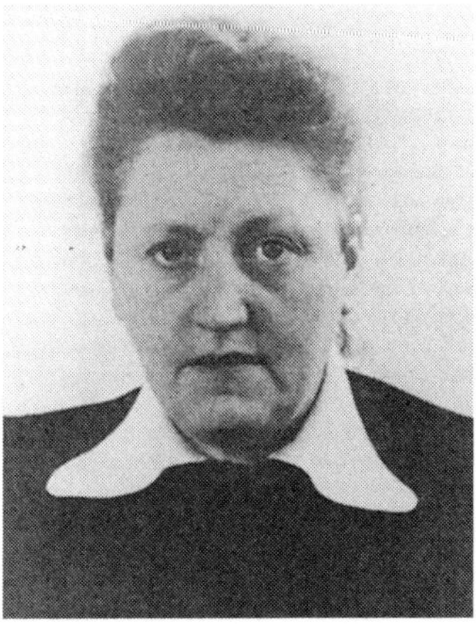

Was diese Frau vor allem auszeichnete, war ihr ebenso unerschrockener wie praktischer Eigen-Sinn. Und so verwundert es nicht, daß sie ihren Beruf als Anwältin vor allem deswegen liebte, weil »man [damit] seine Eigenart und vor allem seine Eigenständigkeit bewahren kann«, und jungen Kolleginnen den Rat gab: »So schnell wie möglich eine eigene wirtschaftliche Existenz aufbauen!« L.F.P.

# Hannah Senesh

geb. 17. Juli 1921 in Budapest
hingerichtet am 7. November 1944 in Budapest
ungarisch-jüdische Widerstandskämpferin
Lit. 914

Wie die gleichaltrige Sophie Scholl setzte Hannah Senesh ihr Leben im Widerstand gegen Hitler ein und starb, ermordet von den Nazis, im Alter von 23 Jahren. Aber anders als Sophie Scholl, die u.a. dazu gebraucht wird, das deutsche Gewissen zu entlasten, ist die ungarische Jüdin und Zionistin Hannah Senesh, die »Jeanne d'Arc Israels«, in der Bundesrepublik kein Begriff.
Hannah Senesh, Tochter des jüdischen Schriftstellers Béla Szénes und seiner Frau Katharina Szénes, wuchs mit ihrem Bruder Georg in Budapest auf. Ihr Vater starb, als sie sechs Jahre alt war. Hannah war eine brillante Schülerin; sie kam deshalb auf eine protestantische Eliteschule – in der Jüdinnen das dreifache Schulgeld zahlen mußten. Hannah möchte Schriftstellerin werden: »Ich bin so glücklich. Ich habe Mutter eines von meinen Gedichten vorgelesen, ... und es hat ihr sehr gefallen. Vielleicht kann ich ja doch Schriftstellerin werden. Aber es schreiben so viele!«
1939, kurz nach Kriegsausbruch, übersiedelt die 16jährige Hannah nach Palästina, um in einem Kibbuz zu arbeiten.
Am 13. März 1944 sprangen 32 Palästina-jüdische Mitglieder der britischen Armee, unter ihnen als einzige Frau Hannah Senesh, mit dem Fallschirm über Jugoslawien ab. Sie waren von Brindisi, Italien, aus gestartet und hatten den Auftrag, alliierte Piloten zu befreien, die hinter den feindlichen Linien abgeschossen worden waren. Erst nach Erledigung dieser Mission durften sie sich ihrem eigentlichen Ziel widmen: Vom Untergrund aus wollten sie jüdische Menschen retten. Mehr als eine Million, so vermutete man, lebten noch in Rumänien, Ungarn und der Tschechoslowakei.
Kurz nach Überquerung der ungarischen Grenze wurde Hannah Senesh von den Deutschen gefaßt und zu Verhören nach Budapest überführt. Sie wurde grausam gefoltert, verriet aber auch dann nichts, als man ihr drohte, vor ihren Augen ihre Mutter zu foltern und zu töten. Ihre Festigkeit hat vermutlich der Mutter das Leben gerettet; hätte Hannah nachgegeben, hätten die Deutschen sie unweigerlich sofort exekutiert und ihre Mutter nach Auschwitz deportiert.

Ende Oktober 1944 kommt Hannah vor ein Militärgericht; am 7. November wird sie hingerichtet. L.F.P.

geb. 5. Februar 1626 in Paris
gest. 18. April 1696 n Château de Grignan
französische Schriftstellerin
Lit. 645, 879, 917, 918, 954

Das Leben der berühmtesten Epistolière des 17. Jahrhunderts ist schnell erzählt: Früh verwaist, verbrachte sie eine liebevolle, behütete Kindheit in der Familie der Mutter, bekam eine sorgfältige Erziehung und heiratete mit 18 Jahren den Marquis de Sévigné, mit dem sie zwei Kinder hatte. Die Ehe war nicht glücklich, der Mann hatte häufig Affären mit anderen Frauen und fiel schließlich im Duell nach nur siebenjähriger Ehe.

Von da an spielte sich das Leben der jungen Witwe vorwiegend auf dem Landgut Rochers in der Bretagne und später in Paris ab, wo die charmante, geistreiche, überaus attraktive Marquise sich im eigenen gesellschaftlichen Erfolg und in dem ihrer schönen Tochter sonnte. Deren Heirat mit dem Grafen Grignan, dem sie in die Provence folgen mußte, bedeutete einen tiefen Einschnitt im Leben der Mutter. Folge der schmerzlichen Trennung von der abgöttisch geliebten Tochter war eine umfangreiche Sammlung von Briefen (1500 Briefe in 25 Jahren, in der Mehrzahl an die Tochter), die zum Prototyp dieser Literaturgattung wurden. Ihr lässiger Plauderton, ihre Frische, Spontaneität und Natürlichkeit wurden als ganz neu und typisch weiblich empfunden. Witzige, auch kritische Beobachtungen über Vorfälle am Hofe des Sonnenkönigs, Klatschgeschichten über Theateraufführungen, kluge Gedanken über anspruchsvolle Literatur trafen das Interesse ihrer aristokratischen FreundInnen, in deren Salons die Briefe vorgelesen wurden. Im Druck erschienen sie erst lange nach dem Tode der Verfasserin, wurden dann besonders weiblichen Leserinnen zur Lektüre empfohlen, wiewohl diese darin auch Kühnheiten finden konnten wie die folgende berühmte Drohung an den Schwiegersohn, der die geliebte Tochter zu häufig schwängerte: »Ich werde Ihnen Ihre Frau wieder wegnehmen. Denken Sie, daß ich sie Ihnen gegeben habe, damit Sie sie töten, ihre Gesundheit, ihre Schönheit, ihre Jugend zerstören? Ich meine es ernst.«

Madame de Sévigné galt als heiter, mondän, ja kokett, doch zeigt sich in den Briefen auch eine Neigung zur Melancholie. Auch am Symbol selbstloser Mütterlichkeit, zu dem sie hochstilisiert wurde, kann man Kratzer entdecken und sich fragen, wie oft wohl die eher zurückhaltend und kühl wirkende Tochter sich von der Mutter bedrängt gefühlt hat durch die überschwenglichen Liebesbeteuerungen und aufdringlichen Ratschläge. Das Mutter-Tochter-Verhältnis war labiler, in manchen Jahren gefährdeter, als es die Legende wahrhaben will. Erst nach manchen Kämpfen gelangte es zur Harmonie, und der Tod der Marquise de Sévigné nach erschöpfender Pflege der kranken Tochter wirkte dann wie die krönende Apotheose mütterlicher Hingabe. U.S.

geb. 30. August 1797 in Somers Town
gest. 1. Februar 1851 in London
englische Schriftstellerin
Lit. 276, 673, 790, 943, 987

Elf Tage nach der Geburt verlor sie ihre Mutter, deren berüchtigten Namen sie trug. Häufig hielt sie sich am Grab der Mutter auf. Dort gestand sie 16jährig auch dem verheirateten Dichter Percy Bysshe Shelley ihre leidenschaftliche Liebe. Das Paar brennt durch, die Werke von Wollstonecraft und Marys eigene frühe Versuche im Gepäck. Der Vater, William Godwin, war zwar ein Theoretiker der freien Liebe, seine Tochter aber verstößt er.

Die acht abenteuerlichen Jahre mit dem romantischen Dichter brachten der noch nach mütterlicher Liebe Suchenden eher Gefühle des Ausgesetztseins. Aber der tägliche intellektuelle Austausch mit ihm wird ihr immer wichtiger. Sie bildet sich durch Lektüre, lernt Fremdsprachen, übersetzt. Nach einem Wachtraum schreibt sie *Frankenstein or A Modern Prometheus* (1818, rev. 1831). Das namenlose Monstrum löst heute noch Unbehagen aus.

Die junge Autorin leidet unter familiären Reibereien, finanzieller Not und den Strapazen des ruhelosen Umherziehens und der Schwangerschaften. Es kommt aber noch schlimmer. 1818 stirbt ihr Töchterchen Clara, wenig später auch der dreijährige William. Sie verblutet fast bei einer Fehlgeburt; schließlich ertrinkt Percy 1822 beim Segeln.

Die 25jährige Witwe vergöttert den Verstorbenen – ihre Ausgabe seiner Werke macht Shelley berühmt. Sie glaubt aber auch an ihr eigenes Talent, zumal sie durch ihr Schreiben ihren Sohn Percy Florence, etliche Freunde und sogar den Vater unterstützen muß. In den fast drei Jahrzehnten bis zu ihrem Tod durch einen Gehirntumor schreibt sie fünf weitere Romane (am wichtigsten: der apokalyptische *The Last Man*, 1826), Geschichten und Essays für Zeitschriften und Enzyklopädien, Reiseliteratur, Briefe und ein Tagebuch.

Obwohl sie jede öffentliche Rolle ablehnte, blieb sie auf ihre Weise den Ideen der Mutter treu, neben der sie auch begraben werden wollte. M.W.

geb. 25. Juli 1794 in Hamburg
gest. 1. April 1859 in Hamburg
deutsche Philanthropin und Sozialarbeiterin
Lit. 553, 786, 872, 1071, 1100

»Vor rund 150 Jahren hatte eine Hamburger Bürgerin eine ... Idee. In den Berichten der Hamburger Armenärzte war immer wieder die Rede von rachitischen Kindern, die aus ihren dunklen Hinterhauswohnungen zu wenig an die frische Luft kamen ... Kinderwagen waren für arme Leute unerschwinglich. Amalie Sieveking ließ also Kinderwagen anfertigen und ... [beauftragte] arbeitslose Männer ..., gegen Entgelt Kinder auszufahren. ›Wir erreichten dadurch einen dreifachen Zweck: für die Kleinen geschah ... das Zweckmäßigste ..., einem armen Mann war die Gelegenheit gegeben, täglich einige Schillinge zu verdienen, und der Mutter wurden endlich freie Stunden verschafft.‹« (Renate Wilke)

Diese unkonventionelle Verknüpfung mehrerer Anliegen – z.B. der Einsatz für die Belange von Frauen, praktische Hilfe zur Selbsthilfe und die Verwirklichung des Gebots der Nächstenliebe – ist typisch für Sieveking. Die meisten ihrer heute so selbstverständlich erscheinenden Ideen zur Sozialarbeit hat sie aus ihren eigenen Erfahrungen entwickelt.

1809 ist sie mittellose Vollwaise. Eine Berufsausbildung ist für eine »höhere Tochter« undenkbar (ihre zwei Brüder allerdings können studieren), und so geht die 17jährige zu einer verwitweten Verwandten, um deren schwerkranken Sohn zu pflegen. Nach dessen Tod sieht sie einerseits das Elend in ihrer französisch besetzten Heimatstadt und andererseits, daß auch ihr das Leben einer unerfüllten und mißachteten »alten Jungfer« droht. So ruft sie »Frauen und Jungfrauen« zur Fürsorgetätigkeit, später auch zur Pflege Cholerakranker auf. Ihr Appell bleibt ungehört. Kurzerhand nimmt die Senatorentochter allein den Dienst in der Klinik auf – obgleich Krankenpflege zu ihrer Zeit nur von niederem, ungeschultem Personal ausgeübt und dementsprechend gering geachtet wurde –, und ihr Einsatz hat Erfolg. Mit wachsendem evangelischen Engagement nutzt sie das Potential der unterforderten und unselbständig gehaltenen Frauen von Stand für ihren ausschließlich aus Frauen bestehenden und von Frauen geleiteten (»Das Bedürfnis, einen Mann an die Spitze des Ganzen zu stellen, wird von uns ... nicht empfunden«) weiblichen Verein für Armen- und Krankenpflege, aber auch für die Berufs- und Arbeitsbeschaffung, für den Bau von Wohnungen und Kliniken.

Ihre Kindheit empfand Amalie Sieveking als eher unfroh, den Hausunterricht als ungenügend und trocken, entdeckt aber bei sich eine natürliche pädagogische Begabung: von 1813 bis zum Tode ist sie eine begeisternde Erzieherin junger Mädchen. Über 30 Jahre lang arbeitet sie, als Frau!, auch an ihren theologischen Veröffentlichungen. S.K.-K.

geb. 25. März 1921 in Wiesbaden
gest. 30. September 1985 in Paris
französische Schauspielerin und Schriftstellerin
Lit. 191, 913, 928, 929, 1047

Simone Signoret, geb. Kaminker, ist 1921 in Wiesbaden während der französischen Besatzung geboren. Sie ist die Tochter eines polnischen Juden und einer Französin. Während der Besatzungszeit in Frankreich, ihr Vater ist nach England geflohen, ernährt sie ihre Mutter und zwei Brüder, sie gibt Nachhilfeunterricht und assistiert bei einer Zeitschrift der Kollaborateure. Nicht lange, denn bald ist sie Stammgast im Café Flore und trifft KünstlerInnen, SchauspielerInnen, RegieassistentInnen, aber auch KommunistInnen und TrotzkistInnen. Sie wird Schauspielerin. Mit dem Regisseur Yves Allegret, einem ehemaligen Sekretär von Trotzki, lebt sie sechs Jahre zusammen. 1946 kommt ihre Tochter Catherine zur Welt. 1949 trennt sie sich von ihm: sie hat Yves Montand kennengelernt. Simone Signoret hat in großen Filmen mitgespielt, darunter *Der Reigen*, *Goldhelm*, *Der Weg nach oben* (für den sie 1960 einen Oscar erhielt), *Das Geständnis*, *Das Narrenschiff*, *Die Katze*. Aber nicht nur als Schauspielerin war Simone Signoret bekannt, bekannt wurde sie auch durch ihr unerschrockenes politisches Engagement. Bereits 1950 unterschreibt sie zusammen mit Montand die *Stockholmer Erklärung* (Verbot aller Kernwaffen) und erhält prompt Einreiseverbot in die USA. Sie protestiert bei Chruschtschow anläßlich einer sowjetischen Tournee von Montand 1956 gegen den Einmarsch der Sowjets in Ungarn, ist Teil der Bewegung gegen den Krieg Frankreichs in Algerien, unterschreibt Aufrufe gegen das Franco-Regime, engagiert sich bei ArbeiterInnenstreiks in Frankreich.

Mitglied der KP, was ihr immer unterstellt wurde, war sie nie. Anfang der 80er Jahre legte sie einen vielbeachteten Roman vor: *Adieu Wolodja*; am 30. September 1985 stirbt sie in Paris an Krebs. S.G.

geb. 20. März 1888 in Glatz, Schlesien
gest. 22. April 1965 in Berlin
deutsche Bildhauerin und Graphikerin
Lit. 140, 189, 509, 933

In *Deutsche Bildhauer des 20. Jahrhunderts* (Hg. Waldemar Grzimek) findet frau nur einen Satz über Renée Sintenis: »De Fiori freut sich auch, wenn er hin und wieder Renée Sintenis begegnet, der damenhaften Begleiterin des schnapsdurstigen Ringelnatz.« Daß Sintenis eine bedeutende Bildhauerin und Radiererin war, scheint nicht der Rede wert.

Ihr Talent »zeichnet« sich schon früh ab: Ihre Schulhefte sind mit Pferdeköpfen vollgemalt. Von ihren Klassenkameradinnen wegen ihrer »Länge« verspottet, verbringt sie ihre Zeit am liebsten mit Tieren, meistens in den Ställen eines Pferdezüchters. Die Oberschule besucht Sintenis in Stuttgart; dort hat sie auch ihren ersten Zeichenunterricht. Aber das Malen befriedigt sie nicht, immer mehr drängt es sie zur Plastik. Die Familie zieht nach Berlin, und Renée wird Schülerin der Kunstgewerbeschule und bald Meisterschülerin von Professor Haverkamp. Um Geld zu verdienen, lernt sie Schreibmaschineschreiben und Stenografie und arbeitet – sehr widerwillig und unglücklich – als Sekretärin. Sie verläßt ihr Elternhaus und zieht zu einer Freundin. Beide haben Existenzsorgen. In dieser Zeit entstehen die ersten Tierfiguren und ein Selbstporträt aus Ton. Sintenis arbeitet besessen, bis zur Erschöpfung, modelliert, zeichnet, stellt Bronze-, Terrakotta- und Silbergußplastiken her. Allmählich hat sie mit ihren Arbeiten Erfolg. Renée trennt sich von ihrer Freundin und heiratet 1917 den Graphiker E.R. Weiß. Die Zeiten der Not sind vorbei; sie kann sich sogar ein Pferd kaufen.

Sie beginnt mit weiblichen Akten, Torsi zunächst. Nach der »Großen Daphne« (1930) macht sie nie mehr eine weibliche Figur, nur Sportler und Tänzer und immer wieder Tiere, vornehmlich junge Tiere. Typisch für ihre Bronzen ist die vom Daumendruck modellierte Oberfläche. Bei graphischen Darstellungen beschränkt sie sich auf die Konturen. Besonders erwähnenswert ihre Mappe »Badende Mädchen«, die Illustrationen zu »Daphnis und Chloe« und die Radierungen zu Sappho. Es sind überwiegend Mädchen- und Frauengestalten, »verhalten, wehmütig, zärtlich umrissen«.

1948, an ihrem 60. Geburtstag, überreicht ihr Louise Schröder, die Kommissarische Oberbürgermeisterin von Berlin, den Kunstpreis der Stadt. Im gleichen Jahr erhält sie einen Lehrauftrag an der Akademie der Künste. 1952 bekommt sie den Orden »Pour le Mérite« und ein Jahr später das Große Verdienstkreuz. U.R.

geb. 18. März 1874 in Wien
gest. 20. Februar 1948 in Genf
österreichische Schriftstellerin und Journalistin
Lit. 122, 311, 724, 725, 1061

Wohlbehütet wuchs Bertha Diener in einer Wiener Fabrikantenfamilie auf. In klassischer Weise wurde sie auf ihre spätere Rolle der Ehefrau vorbereitet, studieren durfte sie nicht. In dem sehr viel älteren und wohlhabenden Privatdozenten und Bohemien Friedrich Eckstein trifft sie einen Mann, der ihr die Welt erschließt. Aber ihre Eltern sind gegen diese Verbindung. Bertha wartet stumm auf ihre Volljährigkeit, zwei Jahre spricht sie mit dem Vater kein Wort, dann heiratet sie im April 1898 Eckstein. In ihrem Haus verkehren Karl Kraus, Adolf Loos, Peter Altenberg. Aber aus dem »Geistesrefugium« wird bald ein »Geistesgefängnis«. Ihre Talente liegen brach, die Welt ist irgendwo weit draußen. Sie verläßt 1904 ihren Mann und den inzwischen fünfjährigen Sohn Percy und beginnt ihre Reiseexistenz. Reist nach Ägypten, Griechenland, England. Eine amour fou zu dem jüdischen Arzt Theodor Beer bringt sie fast an den Rand des Wahnsinns. 1910 wird ihr Sohn Roger geboren, der in einer Pflegefamilie aufwächst. Denn Bertha Eckstein wird nie mehr in eine bürgerliche Existenz zurückkehren. Sie ist unausgesetzt auf Reisen.
Ahasvera nennt sie sich zunächst, die ewig Reisende. Später wird sie ihre Romane und journalistischen Arbeiten mit dem Pseudonym Sir Galahad zeichnen, er ist von Lancelots Tafelrittern der einzige ohne Fehl. Je nach Finanzlage lebt sie als Dauergast in Luxushotels, Familienpensionen, Christlichen Hospizen. Geht zum Wintersport oder auf Expedition. Sie ist eine schlanke, immer elegante Erscheinung, und sie liebt die Haute Couture.

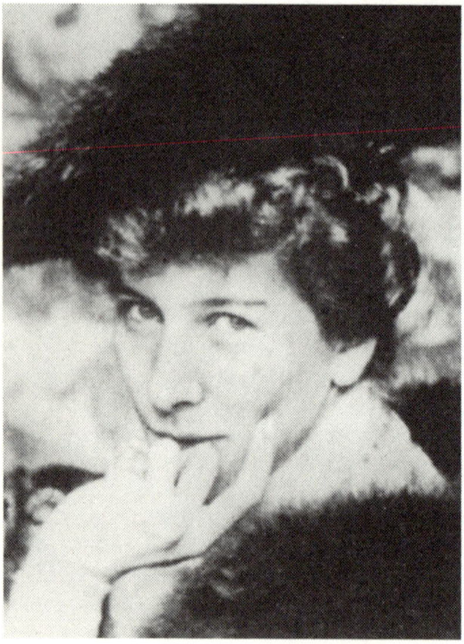

1914 bis 1919 schreibt sie an dem Roman *Kegelschnitte Gottes*, der 1920 erscheint, und prangert darin die unmögliche Situation der Frauen zu Anfang der Gründerzeit an. 1923 erscheint *Mütter und Amazonen*, es ist die erste weibliche Kulturgeschichte. Eine Frauenrechtlerin im engeren Sinne war Sir Galahad nicht, aber schreibend sehnte sie eine Besserstellung der Frau herbei. Gegen Ende ihres Lebens wäre sie gerne noch einmal seßhaft geworden, sie träumte von einer schönen alten Villa bei Rom. Aber am 20. Februar 1948 starb sie mitten in der Arbeit an einem neuen Buch kurz nach einer Operation in Genf. S.G.

geb. 22. August 1846 in Bergen/Norwegen
gest. 15. März 1905 in Kopenhagen
norwegisch-dänische Schriftstellerin
Lit. 27, 125, 699, 1030

Amalie Skram heiratete mit 18 Jahren einen Kapitän und begleitete ihn auf seinen Reisen um die Welt. Die Erfahrung dieser Ehe, die sie unreif und unaufgeklärt eingehen mußte, ist Gegenstand mehrerer Eheromane – *Konstanze Ring* (1885), *Lucie* (1888), *Frau Ines* (1891) und *Verraten* (1892). 1877 läßt sie sich von Kapitän Müller scheiden. Sie zieht nach Oslo, nicht zuletzt um dem Skandal zu entfliehen, den sie damit ausgelöst hat. In Oslo ernährt sie sich, für eine Frau damals sehr ungewöhnlich, allein vom Schreiben (vor allem journalistische Arbeiten, aber auch schon Erzählungen). In Literatenkreisen lernt sie den dänischen Schriftsteller Erik Skram kennen. Nach der Heirat mit ihm zieht sie nach Kopenhagen und bleibt dort bis ans Ende ihres Lebens.
Amalie Skram entwickelte eine besondere Fähigkeit der zur Untätigkeit verdammten bürgerlichen Frau – das Beobachten – zur Meisterinnenschaft. Ihr Hauptwerk, der vierbändige Roman *Die Leute vom Felsenmoor* (*Hellemyrsfolket* 1887–1898), ist als der naturalistische Roman der norwegischen Literatur schlechthin bezeichnet worden. Sie schildert darin das Elend einer Familie, die trotz aller Anstrengungen zu den Verliererinnen gehört. Besonders empörend fanden ihre ZeitgenossInnen, vor allem die männlichen, daß sie die erbärmliche Situation der Frauen aus deren Sicht schildert, und zwar nicht nur die der Dienstmädchen und Prostituierten, sondern auch die der angeblich so glücklichen bürgerlichen Frauen.
Als sie und Erik Skram sich auseinandergelebt hatten, reichte sie ein weiteres Mal die Scheidung ein. Die psychischen Belastungen dieses Lebens gegen alle Konventionen führten dazu, daß sie, zunächst aus freien Stücken, später jedoch gegen ihren Willen, einige Monate in psychiatrischen Krankenhäusern verbringen mußte. Auch diese schmerzliche und demutigende Erfahrung macht sie in zwei Romanen, *Professor Hieronymus* (1895) und *In St. Jörgen* (1895), offentlich. Ihre schonungslose Beschreibung des Alltags in psychiatrischen Anstalten weckte eine breite Diskussion und führte zu gewissen Reformen in diesen Einrichtungen. R.E.

geb. 1894 in Chattanooga, Tennessee
gest. 26. September 1937 in Sharon, Pennsylvania
amerikanische Blues-Sängerin
Lit. 12, 264, 434, 746, 1089

Die »Kaiserin des Blues« war ein Star und lebte auch danach. Viel ist über ihr unbeherrschtes Wesen, den Alkoholmißbrauch, die Affären mit Partnerinnen und Partnern und ihre Verachtung jeglicher Autorität geschrieben worden. Notfalls verteidigte sie sich mit den Fäusten. Andererseits: Zu ihren FreundInnen war sie finanziell mehr als großzügig, trotzte todesmutig dem Ku-Klux-Klan und pflegte selbst zu konkurrierenden Bluessängerinnen ein kollegiales Verhältnis.

Smith trat als Teenager in Zelt-Shows, Minstrel Shows und in Cabarets auf. 1921 hatte sie ihre eigene Band; die ersten Plattenaufnahmen mit Louis Armstrong, Coleman Hawkins und Fletcher Henderson folgten.

1929 spielte sie in dem Film *St. Louis Blues*. Aber der Alkohol hatte ihr bereits arg zugesetzt, und mit dem wirtschaftlichen Zusammenbruch Ende der 20er Jahre, der die Plattenindustrie lahmlegte, schien ihre Karriere beendet. Doch raffte sie sich noch einmal auf und machte 1933 wieder Aufnahmen – ihre letzten. Wir besitzen ungefähr 200 Aufnahmen von ihr.

1936 sang sie wieder in Clubs und Shows. Ein Jahr später starb sie nach einem Autounfall.

Bessie Smiths Auftritte waren Erlebnisse besonderer Art. Sie sang nicht nur, sie tanzte auch und lieferte komödiantische und schauspielerische Einlagen. Ihre Texte sind alltagssprachlich und direkt; sie formulierte sexuelle Wünsche zu einer Zeit, als weiße Frauen das nicht einmal im Traum wagten.

Ihre Stärke war die Fähigkeit, das Publikum direkt anzusprechen. Sie provozierte beim Singen Schreie und Klagerufe aus der ZuhörerInnenschaft und führte damit die afrikanische Tradition des »Call-Response« weiter. Viele ihrer Blues handeln von männlicher Gewalt, dem Verlassensein, verbunden mit ökonomischer Unsicherheit. Aber sie singt auch über die typische (masochistische) Reaktion vieler Frauen auf Gewalt: Zärtlichkeit und Zuneigung. Ihre meisterinnenhafte Verwendung der Blue Notes, der untrügliche Instinkt für den Rhythmus sowie die breite Skala des emotionalen Ausdrucks machten sie zu einer der bedeutendsten Jazzsängerinnen ihrer Zeit und zur Leitfigur nachfolgender Sängerinnen wie Billie Holiday, Mahalia Jackson, Odetta, Dinah Washington und Janis Joplin. E.R.

geb. 23. April 1858 in London oder Kent
gest. 8. Mai 1944 in Woking, Surrey
englische Komponistin und Schriftstellerin
Lit. 36, 168, 176, 831, 952

Mit ihrer lauten Stimme und dem überschäumenden Temperament war sie weit entfernt vom viktorianischen Frauenideal. Sie ritt und radelte, erklomm Berge, spielte Golf, Tennis, Schach und Cricket und verfaßte insgesamt zehn Bücher, von denen die Autobiographie *Impressions that Remained* (1919) sie berühmter machte, als es irgendeine Komposition je vermochte.

Gegen den Widerstand ihrer Eltern begann Smyth ein Musikstudium in Leipzig. Sie nahm Privatstunden und verliebte sich in die Frau ihres Lehrers, die Pianistin Elisabeth von Herzogenberg. Bis 1887 schrieb sie ausschließlich Kammermusik, 1891 folgte eine Messe, die sie berühmt machte, sowie mehrere Opern, von denen insbesondere *The Wreckers* heute eine Neuaufführung verdiente. Niemand war in England bereit, sich für das Werk einer Frau einzusetzen.

Im Ersten Weltkrieg arbeitete sie bei Vichy als Radiographin. Um sich abzulenken, schrieb sie ihre Autobiographie, die noch heute durch sprachliche Brillanz, Humor und Offenheit besticht.

In ihren letzten Lebensjahren verliebte sie sich stürmisch in die 24 Jahre jüngere Virginia Woolf, der sie jahrelang fast täglich schrieb. Mit ihrem Ästhetizismus und ihrer Hypersensibilität war Woolf das Gegenteil von Smyth, für die das Überwinden von Widerständen, die kämpferische Auseinandersetzung und das Kennenlernen von Menschen zentrale Anliegen darstellten.

In Smyth's Musik finden wir die Aneignung englischer Folklore und Unbefangenheit gegenüber dem Unterhaltungsgenre ebenso wie handwerkliche Gediegenheit im Formalen und die feste Verwurzelung in der deutschen Spätromantik, wobei sie sich eher der Brahmsschen Richtung als den Neutönern anschließt. Der ausgeprägte Sinn für Dramatik, die Vitalität und der Humor allerdings sind eigene Zutaten. E.R.

# Germaine de Staël

geb. 22. April 1766 in Paris
gest. 14. Juli 1817 in Paris
französische Schriftstellerin und Geschichtsphilosophin
Lit. 171, 212, 416, 879, 953

Die Tochter des Schweizer Bankiers und zeitweiligen Finanzministers Ludwigs XVI., Necker, bekam eine hervorragende Ausbildung; durch den berühmten literarischen Salon ihrer Mutter wurde ihr Interesse an Literatur geweckt und gefördert, aber auch der Wunsch, zu brillieren und umworben zu sein.

Mit 20 Jahren heiratet sie den schwedischen Botschafter Eric Magnus von Staël-Holstein und gründet ihren eigenen Salon. Mit ihrem Geist und Charme, ihrer Impulsivität und Großzügigkeit übt sie auf ihre Gäste eine fast magische Anziehungskraft aus.

Die Ehe, von den Eltern arrangiert, ist unglücklich, und Mme de Staël hat viele Liebhaber. Der erste ist Talleyrand; ihm folgen Graf Louis Narbonne, der Vater ihrer beiden Söhne, und der Schriftsteller Benjamin Constant. Die Beziehung zu Constant verarbeitete sie in ihren beiden Romanen *Delphine* (1804) und *Corinne ou l'Italie* (1807). Mme de Staël begrüßt die Revolution von 1789 und beeinflußt die Ereignisse durch ihre Schriften. Als der Terror ausbricht, verhilft sie Freunden und Feinden zur Flucht. In Napoleon sieht sie zunächst den Mann der Zukunft, distanziert sich jedoch wieder, je mehr er zum Despoten wird. Daß auch seine Anhänger und sogar seine Brüder bei ihr verkehren, steigert seinen Haß. Er verbannt sie zunächst aus Paris, dann aus Frankreich.

So kommt sie nach Deutschland. In Weimar trifft sie Schiller, Goethe, Wieland. In Berlin ist sie bewunderter Gast beim Geburtstag der Königin Luise. Die Frucht dieser Reise ist ihr wohl berühmtestes Buch *Über Deutschland*, dessen Erstausgabe Napoleon einstampfen läßt.

Nach Napoleons Niederlage kehrt sie nach Paris zurück, müde und ausgebrannt. Sie legalisiert die heimliche Ehe mit dem 22 Jahre jüngeren John de Rocca und hält Hof wie eh und je. Ein Schlaganfall wirft sie »wie eine Schildkröte auf den Rücken«.

Am 14. Juli 1817, dem Jahrestag der Erstürmung der Bastille, stirbt sie, erst 51 Jahre alt. A.S.

# Gertrude Stein

geb. 3. Februar 1874 in Allegheny bei Pittsburgh, Pennsylvania
gest. 27. Juli 1946 in Paris
amerikanische Schriftstellerin
Lit. 123, 780, 879, 957, 959

»Rose is a rose is a rose is a rose«, stand auf ihrem Briefkopf, ein Satz, paradigmatisch für die moderne, avantgardistische Literatur schlechthin. 1904 war Gertrude Stein, die in Amerika Psychologie, Medizin und Philosophie studiert hatte, zu ihrem Bruder Leo nach Paris gezogen. Die beiden Kunstliebhaber besaßen Geld und ein Gespür für die Malerei der neuen »Wilden«, Kubisten und Fauvisten, und binnen kurzem besaßen die Steins »die beste Bildergalerie Europas« (Ernest Hemingway). Jeden Samstag empfingen die Geschwister Gäste in ihrem bald legendären Salon, darunter Apollinaire, T.S. Eliot, Gide, Hemingway, Ezra Pound, Braque, Matisse und Picasso, dessen Werke Gertrude Stein besonders schätzte. Die Revolution, die er in der Malerei eingeleitet hatte, verfolgte sie literarisch. Sie schrieb, wie die Kubisten malten. Sie war ein Picasso der Sprache. Ihre Portraits waren verbale Stilleben. Gertrude Stein, die Amerikanerin in Paris, war eine Außenseiterin und doch die Achse, um die sich in Pariser KünstlerInnenkreisen alles drehte. Sie war bekannt, aber ihre Schriften nicht. Ihrer experimentellen Kühnheit konnten nur wenige folgen, und lange mußte die »Mutter der Moderne« (Thornton Wilder) ihre Bücher im Selbstverlag veröffentlichen. 1933 hatte sie zum ersten Mal Erfolg, bezeichnenderweise mit einem eher konventionell geschriebenen Text, der *Autobiographie von Alice B. Toklas*, ihrer Lebensgefährtin über 40 Jahre. Darin schildert sie ihr eigenes Leben jenseits jeder Konvention.

»Einstein war der kreative philosophische Geist des Jahrhunderts und ich war der kreative literarische Geist des Jahrhunderts«, schrieb sie in *Jedermanns Autobiographie*. 600 Titel umfaßt ihr Werk. Unterstützt wurde die immense Kreativität der Stein von Alice B. Toklas, die ihr Gesprächspartnerin, Lektorin, Sekretärin, Haushälterin, Köchin und Freundin in einem war. Hat die Avantgardistin des 20. Jahrhunderts vielleicht eine Beziehung entsprechend dem Eheideal des 19. Jahrhunderts geführt? »Wenn man in seinem Denken seinem Zeitalter voraus ist, dann ist man natürlich im Alltagsleben altmodisch und simpel«, schreibt Gertrude Stein in der *Autobiographie von Alice B. Toklas*. S.G.

geb. 13. November 1869 in Wuppertal
gest. 24. Februar 1943 in New York
deutsche Frauenrechtlerin und Publizistin
Lit. 101, 122, 885, 940, 1096

1992 wurde in Wuppertal das Helene-Stöcker-Haus für obdachlose Frauen eingeweiht. Es erinnert an eine Mitbürgerin, die 1903 den Bund für Mutterschutz gründete und damit einer ebenfalls sozial schwachen Gruppe von Frauen half – den »ledigen Müttern« mit ihren Kindern.
Hinter dem etwas harmlos klingenden Namen des Bundes verbarg sich aber mehr als nur eine Hilfsorganisation für Mütter. Es ging Helene Stöcker um Sexualaufklärung und Fragen der herrschenden Moral, die sie in der von ihr bis 1933 herausgegebenen Zeitschrift *Die neue Generation* erörterte. Die Frauen sollten nach ihrer »Neuen Ethik« nicht nur Objekt der Fortpflanzung und männlicher Lust sein, sondern ihre Sexualität in und gegebenenfalls auch außerhalb der Ehe leben dürfen. Helene Stöcker wandte sich darüber hinaus gegen die Bestrafung von Abtreibung und männlicher Homosexualität. Mit 20 Jahren löste sie sich aus der puritanischen Enge ihres Elternhauses und schloß sich in Berlin dem Kampf der Frauenbewegung für das Frauenstudium an.
Die Philosophie Nietzsches, seine Radikalität gegenüber Staat, Kirche, Kultur und Moral, bestärkt sie in ihrem Einsatz für die sexuelle Befreiung der Frau aus wilhelminischer Prüderie und Doppelmoral. Mit dem Thema der Sexualität brach Helene Stöcker ein Tabu auch in der Frauenbewegung, der sie vorwarf, »kühle Neutralität allen Liebesproblemen gegenüber zu bewahren«. Sie erweiterte den Forderungskatalog der Feministinnen um das weibliche Selbstbestimmungsrecht über den eigenen Körper.
Helene Stöcker war bei Ausbruch des Ersten Weltkrieges eine kompromißlose Kriegsgegnerin und radikale Pazifistin. Ihre Beschäftigung mit der »Neuen Ethik« läßt in der Weimarer Republik merklich nach, es überwiegt ihr Engagement für die Friedensbewegung. In dieser Zeit scheitert ihre Lebensgemeinschaft mit dem Juristen Bruno Springer.

Sie ist bereits über 60 Jahre alt, als sie vor den Nazis über die Schweiz und Schweden nach New York flieht ,wo sie 1943 mittellos an Krebs stirbt. H.S.

# Harriet Straub

geb. 20. Januar 1872 in Emmendingen bei Freiburg
gest. 20. Juni 1945 in Meersburg
deutsche Schriftstellerin
Lit. 371, 552, 974, 975

Harriet Straub nannte sich Hedwig Luitgardis Straub als Schriftstellerin. Der polyglotte Name war Programm. Schon als Mädchen verließ sie nach dem Tod der Mutter ihre badische Heimat und besuchte in Berlin die Gymnasialkurse von Helene Lange. Es war ihre erste Begegnung mit der (bürgerlichen) Frauenbewegung. »Gibt es denn eine Frau, die ernstlich glaubt, der Staat und die Gesellschaft, vom Mann geschaffen, hätten Raum für ihre Möglichkeiten; die glaubt, der Mann nur brächte ihr ›Erfüllung‹?«. Die da mit 41 Jahren fragte, war bereits zum dritten Mal verheiratet. Als junge Frau hatte sie noch an eine Erfüllung durch den Mann geglaubt. Mit 18 Jahren ging Hedwig Straub ihre erste Ehe ein, die rasch geschieden wurde. Danach studierte sie Medizin und Philosophie in Berlin und Paris, dort legte sie das medizinische Staatsexamen ab. Sie war eine der ersten promovierten Medizinerinnen. Zehn Jahre lang fand sie dann ihren eigenen Raum – als Ärztin in der Sahara. Dort interessierte sie sich besonders für die Lebensverhältnisse der Frauen, über die sie in ihrem Buch »Wüstenabenteuer. Frauenleben« berichtete. Dieser Lebensabschnitt endete mit ihrer zweiten Ehe mit dem irischen Adligen O'Cunningham, auch diese Verbindung löste sie schnell wieder. 1906 schließlich schreibt sich die Feministin zu weiteren Studien an der Universität Freiburg ein, wo sie auf den 60jährigen Schriftsteller, Philosophen und Atheisten Fritz Mauthner trifft. Das Paar heiratet 1910 und zieht nach Meersburg. Es wird für beide eine produktive und publikationsreiche Zeit. Zum Schluß hat sie sich also doch noch niedergelassen – in dem »Städtchen, um das Deutschland beneidet werden könnte, wenn der Geist... oder der Wein, der dort wächst, nur um ganz wenige Grade ›süffiger‹ wäre«. Aber das »bissel viel Säure« verdarb ihr »die Traumstimmung«. Als Witwe des Juden Mauthner, der 1923 gestorben war, wurde ihr zur Zeit des Nationalsozialismus die Rente gestrichen, sie erhielt Publikationsverbot. Dennoch suchte sie unentwegt schreibend den Weg aus ihrer Enge. 1945 ist sie gestorben. »Vom Menschsein erlöst« steht auf dem gemeinsamen Grabstein. S.G.

geb. 9. Juni 1843 in Prag
gest. 21. Juni 1914 in Wien
österreichische Pazifistin und Schriftstellerin
Lit. 121, 377, 514, 927, 989

Die verarmte Gräfin Kinsky trat im Hause Suttner eine Gouvernantenstelle an, verliebte sich in den um sieben Jahre jüngeren Sohn des Hauses, wurde entlassen und als Privatsekretärin an Alfred Nobel nach Paris vermittelt. Ihr Parisaufenthalt währte nur acht Tage, doch wurde hier der Grundstein für ihre lebenslange Freundschaft mit Nobel gelegt. Bertha kehrte heimlich nach Wien zurück, heiratete heimlich Arthur von Suttner und floh mit ihm in den Kaukasus, wo sie beide bis zu ihrer Heimkehr neun lange Jahre vom kärglichen Erlös ihrer schriftstellerischen Tätigkeit lebten. Inzwischen hatte sie sich mit der Frage von Krieg und Frieden beschäftigt, auch angeregt durch Gespräche mit dem melancholischen Millionär Alfred Nobel, der glaubte, durch die Produktion verheerender Sprengstoffe Kriege unmöglich zu machen.

1889 veröffentlichte Bertha von Suttner ihren Antikriegsroman *Die Waffen nieder*, der in 16 Sprachen übersetzt wurde. Der Welterfolg des Buches war in der erschütternden Darstellung einiger Einzelschicksale begründet, die auf die LeserInnenschaft aufwühlend wirkte. Plötzlich waren Bertha von Suttner und die Friedensbewegung berühmt. Sie wurde zu Vorträgen und Versammlungen in Europa und den USA eingeladen, gründete Friedensvereine und organisierte Friedensaufrufe, ließ Flugblätter und Broschüren drucken, um zu internationaler Solidarität aufzurufen und Feindbilder abzubauen. Bertha von Suttner mußte aber auch Spott und Ächtung ertragen. Ihre Tätigkeit wurde als »unweiblich« kritisiert. Sie aber war von ihrer Friedensmission bis an ihr Lebensende erfüllt. Nobel, der ihre Aktivitäten finanziell unterstützte, stiftete ihr zu Ehren den Friedensnobelpreis, der ihr 1905 verliehen wurde. S.D.

# Gloria Swanson

geb. 27. März 1898 in Chicago
gest. 4. April 1983 in New York
amerikanische Schauspielerin
Lit. 403, 804, 1047, 1065

Brokat und verschwenderisch bestickte Seide umhüllen ihren Körper, in den dunklen Haaren über den großen hellen Augen, dem schmalen Mund glitzern Diademe, türmen sich bizarre Federn, pelzverbrämte Capes gleiten von ihren Schultern – mit Gloria Swanson erscheint die Mondäne auf der Leinwand der 20er Jahre. Sie hat einmal gesagt: »Ein Niemand war ich lange genug. Wenn ich ein Star bin, werde ich es von Kopf bis Fuß, zu jeder Minute sein. Jeder, angefangen beim Wachmann des Studios bis hinauf zum höchsten Boß, wird das erkennen.«
Der Regisseur Cecil B. DeMille hat das als erster erkannt: diese winzige Person konnte mehr, als in Slapstick-Komödien das herzige Draufgängermädchen oder – der Erste Weltkrieg geht gerade in sein letztes Jahr – in wirren, schnell heruntergekurbelten Filmen die deutsche Spionin zu spielen. 1919 gab er ihr die Hauptrolle in *Don't change your husband*. Und schon in diesem ersten Film (sechs Filme drehten sie bis 1921 zusammen, darunter *Male and female*, *Why change your wife?* und *The affairs of Anatol*, allesamt erotikparfümierte Salonromanzen) glänzt Gloria in aller Pracht. »Das Publikum wollte die Wirklichkeit nicht sehen, und ich hütete mich, sie ihnen zu zeigen.« – Gloria Swansons Publikum sollte luxuriöse Boudoirs, goldene Wannen in scharzen Marmorbädern nicht nur in ihren Filmen bestaunen. Sie ließ Leinwandimage und reales Leben miteinander verschmelzen wie kaum eine andere ... Von Kopf bis Fuß ein Star, telegrafierte sie vor der Rückkehr von Dreharbeiten zu *Madame Sans-Gêne* (mit einem frisch angetrauten Marquis, einem ihrer sechs Ehemänner, im Reisegepäck) 1925 aus Frankreich an ihr Studio: »Sorgt für Ovationen.« Von Kopf bis Fuß ein Star, glitt sie in ihrem Auto mit den echten Tigerfellsitzen über den Sunset Boulevard wie durch einen Traum.

Die barocke Pracht des Stummfilms war ihre Welt; mit dem Tonfilm verschwand die Mondane langsam von der Leinwand, opulente Seidenroben und schleifende Silberfüchse kommen durch die Flappers und Jazz-Babies der 30er Jahre aus der Mode.
Gloria Swanson, die Königin der goldenen Ära Hollywoods, bekommt immer seltener Rollen angeboten (sie spielt Theater, auch im Fernsehen tritt sie auf) – noch einmal ein Star von Kopf bis Fuß ist sie in Billy Wilders 1950 gedrehtem Meisterwerk *Sunset Boulevard* (dt. *Boulevard der Dämmerung*) als alternde Stummfilmdiva, eingesponnen in Träume ihrer glorreichen Vergangenheit, eingesponnen in Illusionen eines glanzvollen Comebacks.
B.W.

geb. 19. Januar 1889 in Davos
gest. 13. Januar 1943 in Zürich
Schweizer Malerin
Lit. 35, 410, 560, 736, 941

Sophie Taeuber – abstrakte Malerin, Textildesignerin, Lehrerin, Tänzerin – begann ihr Kunststudium 1908 an der Gewerbeschule in St. Gallen. Zwei Jahre später ging sie nach München, und ab 1912 studierte sie an der Kunsthochschule in Hamburg. Sie war Mitglied des Schweizerischen Werkbunds und 13 Jahre lang (1916–29) Lehrerin an der Kunstgewerbeschule Zürich, wo sie Komposition, Web- und Stricktechnik unterrichtete. Taeuber-Arps Lehrtätigkeit diente vorwiegend der Existenzsicherung und ermöglichte ihr »die freien, wesentlichen Arbeiten« (Arp). Sie liebte den Tanz, und von 1916 bis 1919 trat die Rudolf-von-Laban-Schülerin regelmäßig in dem berühmt-berüchtigten dadaistischen Cabaret Voltaire auf. Sie wählte ein Pseudonym, um ihre Stellung an der Schule nicht zu gefährden, und trug beim Tanz eine Maske. Im Cabaret Voltaire lernte sie ihren späteren Ehemann, den Künstler und Mitbegründer der Dada-Bewegung Hans Arp, kennen, auf dessen Arbeit sie einen großen Einfluß ausüben sollte: »Es war Sophie Taeuber, die mir durch das Beispiel ihrer klaren Arbeit und ihres klaren Lebens den rechten Weg zeigte. In ihrer Welt steht Oben und Unten, Helligkeit und Dunkelheit, Ewigkeit und Vergänglichkeit in weisem Gleichgewicht.«
Mit choreographischer Subtilität kombinierte Sophie Taeuber-Arp die elementarsten Formen – Kreis, Quadrat und Rechteck – und erreichte dadurch die größte Vereinfachung in ihren abstrakten Kompositionen. Es war »eine Kunst der Stille«, die »die Welt vereinfachen, verwandeln, verschönern« sollte und die sich »von der Außenwelt der Stille, dem inneren Sein, der inneren Wirklichkeit, der reinen Wirklichkeit« (Arp) zuwendete: Für Sophie Taeuber-Arp bedeutete dies eine Synthese von Kunst und Leben. R.L.v.D.

# Theodora von Byzanz

geb. um 497
gest. 29. Juni 548 in Konstantinopel
Kaiserin von Byzanz
Lit. 73, 117, 926

Theodora wuchs als Kind einer Schauspielerin und eines Tierwärters der Zirkusarena auf. Der Vater starb früh, die Mutter kämpfte ständig gegen drückende Armut. Angeblich gab sich Theodora in ihrer Jugend neben der Arbeit am Theater der Prostitution hin, bevor sie von einem Liebhaber nach Alexandria mitgenommen und dort mittellos zurückgelassen wurde. Eine Christengemeinde bekehrte sie und ermöglichte ihr die Heimkehr nach Byzanz, wo sie nun als Spinnerin ihren Lebensunterhalt verdiente. Mit 25 begegnete Theodora Justinian, dem um 15 Jahre älteren Neffen des regierenden Kaisers. Dieser bewog den Onkel zur Aufhebung eines Gesetzes, das die Ehe hochgestellter Persönlichkeiten mit »Frauen von zweifelhaftem Ruf« verbot und heiratete Theodora. Am 1. April 527 bestieg das Paar den Thron des oströmischen Reiches. Von Beginn an trat Theodora als ebenbürtige Mitregentin auf und verbesserte in mancher Hinsicht die Lage der Frauen: Die Scheidungsgesetze wurden geändert, Frauen durften eigenen Besitz erwerben, Schauspielerinnen wurden nicht mehr geächtet. Als wolle sie ihre Herkunft kompensieren, bestand die Kaiserin auf strenger Etikette, auch prunkvolles Auftreten liebte sie.

In den christlichen Religionsstreitigkeiten der Zeit vertrat sie die Ansicht der Monophysiten, die sie vor der Verfolgung durch den andersgläubigen, immer intoleranteren Ehemann zu schützen suchte. Beim sogenannten Nika-Aufstand, einer Volksrevolte gegen Mißwirtschaft und Korruption, rettete Theodora durch ihre Unnachgiebigkeit den Thron. In aussichtsloser Lage gelang ihr mit General Belisarius ein blutiger Sieg gegen die Aufständischen.

Der zeitgenössische, aber parteiische Historiker Prokopios beschrieb Theodora in seinen *Anekdota* als rachsüchtig, grausam und »in allen Lastern erfahren« – und prägte damit ihr Bild in der Geschichtsschreibung für lange Zeit. Als Theodora, noch nicht 50jährig, kinderlos starb, setzte Justinian ihr ein Denkmal in Form wunderbarer Mosaiken. In der Kirche San Vitale zu Ravenna ist das HerscherInnenpaar als Vorbild an Machtbewußtsein, Schönheit und Wohltätigkeit abgebildet. A.E.R.

# Therese von Avila

geb. 28. März 1515 in Avila
gest. 4. Oktober 1582 in Alba de Tormes
spanische Mystikerin und Dichterin
Lit. 38, 453, 611, 867, 935

Die heilige Therese, geboren als Teresa Sánchez de Cepeda y Ahumada, stammt aus einer reichen kastilischen Adelsfamilie. Die religiöse Bindung der gebildeten und wohltätigen Eltern prägt auch die vielen Kinder; sie spielen »Einsiedler« und »Kampf gegen die Mauren«. Mit 14 Jahren verliert das schöne, vielseitig begabte und sportlich-gesellige Mädchen seine Mutter, der sie mit ihrem gesunden Menschenverstand, ihrer Empfindsamkeit, Sinnlichkeit und Klugheit wohl sehr ähnlich war und mit der sie eine Vorliebe für modische Ritterromane teilte. Eine schwere Krankheit beendet eine kurze Internatszeit bei den Augustinerinnen. Stark fühlt die junge Frau den Zwiespalt zwischen ihrer Freude am weltlichen Leben und ihrer Angst vor Hölle und Ewigkeit, die sie, gegen den Willen des Vaters, 1535 als Novizin zu den Karmeliterinnen treibt. Nach tiefen religiösen Erfahrungen erkrankt sie auch hier. Sie spürt, wie sie die Kraft des inneren Gebetes wieder verliert und sucht Ablenkung von der geahnten Berufung im gesellschaftlichen Leben des Klosters, das eher ein feudales Damenstift ist (ohne Klausur, mit Dienerschaft und vielen Besuchen). 15 Jahre lang führt sie ein innerlich »höchst qualvolles Leben … auf der einen Seite rief mich Gott, auf der anderen folgte ich der Welt«. Sie wisse nicht, wie sie diesen Zustand überhaupt ausgehalten habe, schreibt die 45jährige später in ihrer Selbstbiographie. Mit 40 Jahren erlebt sie ihre innere Umkehr und faßt 1558 den Entschluß, nach dem Vorbild der Clarissinnen, für die bald »die Unbeschuhten« genannten Ordensschwestern wieder die strenge Regel der Loslösung von der Welt, des Bußgebets und der Armut einzuführen. Sie, die selbst eigentlich nur in der Stille ihres Klosters leben wollte, gründet oder erneuert nun ab 1562 gegen massive Widerstände, auch aus den eigenen Reihen, doch letztlich mit Unterstützung des Papstes und Philipps II. sowie unter Mitarbeit von Johannes vom Kreuz auf vielen Reisen in alle Teile des Landes und trotz ihrer zarten Gesundheit 17 Frauen- und Männerklöster, die in ihrem Reformgeist geführt werden. Reich und vielfältig sind die hinterlassenen Schriften der Therese von Avila, darunter 31 ihrer Gedichte und 458 Briefe. Alle zeigen eine von freudiger und keineswegs weltverleugnender Frömmigkeit getragene Fähigkeit, ihren Mitmenschen ihre sehr persönlichen, geistig-mystischen Erfahrungen in unmittelbar ansprechenden Bildern nahezubringen, die sie oft ihrem Alltag und eigenen, humorvoll und lebendig geschilderten Erlebnissen entnahm. S.K.-K.

# Hannah Tillich

geb. 17. Mai 1896 in Rotenburg an der Fulda
gest. 30. Oktober 1988 in East Hampton, New York
deutschamerikanische Schriftstellerin und Malerin
Lit. 841, 1013-1015, 1082

»I am. I alone am.« Dies sind die ersten Worte eines Buches, das 1973 die US-amerikanischen FeuilletonistInnen zu heftigen Debatten provoziert. So offensiv wie nonchalant veröffentlicht Hannah Tillich – 77jährig! – unter dem Titel *From Time to Time* den ersten Teil ihrer literarischen Spätlese: Lyrik, Erzählungen und Dramolette, pointenreich collagiert mit Erinnerungen an ein zweifellos bewegtes Leben. Biographische Details, die Hannah Tillich preisgibt, mißfallen insbesondere der deutschen Paul-Tillich-Gesellschaft. Auf dem sogenannten Rechtsweg gelingt es, *From Time to Time* dem deutschen Lesepublikum vorzuenthalten – für beinahe 20 Jahre.
Hannah Tillich, die theologischen Gesprächskreisen die Nächte der Boheme und dem »zuckersüßen Jesus« den Zen-Buddhismus vorzog, war noch nie leicht zu nehmen.
Hannah Werner wächst in einem liberalen Pfarrhaus auf. Von der musisch begabten Mutter in ihrer Neigung zu Malerei und Literatur zunächst unterstützt, wird sie 15jährig als jüngste Schülerin in die Berliner Kunstgewerbeschule aufgenommen. Der schließlich nur kurzfristig ausgeübte Lehrberuf ist ein mit den besorgten Eltern geschlossener Kompromiß, gerne würde sich Hannah als freie Künstlerin profilieren. Aus widersprüchlichen Impulsen heraus heiratet sie 1920, nach einer Zeit intensiver Liaisons mit Frauen, einen ehemaligen Kommilitonen. Für ihn gibt Hannah das Malen auf, um sich als Modell – als »schöner Körper« – bereitzuhalten. Doch längst schon gilt Hannahs Passion einem anderen Mann: »Paulus«, mit dem sie 45 erfüllte Jahre teilen und zwei Kinder haben wird. Ihm folgt sie durch die intellektuellen Hochburgen der Weimarer Republik und 1933 – Paul Tillich wird als »Kulturbolschewist« verfemt – ins Exil nach New York. Rasch sind Staffelei und Schreibtisch zurückerobert – als private Refugien der Selbstbesinnung. Ihr jahrzehntelanges Schweigen, nach einem noch in Deutschland erschienenen Gedichtband, durchbricht Hannah Tillich erst mit jenem skandalauslösenden Satz »I alone am«. E.RÖ.

geb. 17. Oktober 1839 in Den Haag
gest. 1. August 1869 in der Nähe von Murzuq/Libyen
niederländische Afrikaforscherin
Lit. 50, 332, 711, 730, 759

Von Kindheit an fährt Alexandrine jährlich monatelang – immer zusammen mit ihrer Mutter – quer durch Europa. Schon früh übernimmt sie die Organisation der Reisen, denn sie will etwas wirklich »Großes« vollbringen. Ihr Ziel ist die Entdeckung der Nilquellen. Zu diesem Zweck lernt sie Arabisch und stellt 1861 in Kairo allen Warnungen zum Trotz eine eigene Expedition auf die Beine. Mit dem Schiff auf dem Nil, auf Kamelen und Maultieren durch Wüstengebiete, durch Sümpfe, in denen das Schiff nur ein paar Meter pro Tag vorankommt, geht die Reise gemeinsam mit ihrer Mutter Richtung Süden. Nach all den Strapazen und einer überstandenen Malaria muß sie trotzdem umkehren, da es ihr nicht gelingt, Träger und Lebensmittel aufzutreiben. Aber sofort werden neue Pläne entworfen; diesmal möchte sie den Gazellenfluß erforschen. Eine Expedition mit 65 Leibwächtern, 40 Maultieren, mit tonnenweise Glasperlen, Spielzeug und Kleidung bricht auf. Bei jeder längeren Rast sitzen Mutter und Tochter – immer tadellos gekleidet – im Schatten, beobachten die Natur, zeichnen und pressen Blumen. Schließlich erkrankt die Mutter und stirbt ganz plötzlich an einem Fieber. Unter quälenden Schuldgefühlen bricht Alexandrine die Unternehmung ab. Der einzige vorzeigbare Erfolg der Reisen ist die Pflanzensammlung, die später in Wien veröffentlicht wird. Alexandrine wird rastlos, sie fährt mit dem Schiff alle Mittelmeerhäfen ab, nichts und niemand kann sie zu einem längeren Aufenthalt bewegen. 1869 organisiert sie erneut eine Expedition und dringt als erste Europäerin mit eigenem Gefolge in die Sahara ein. Sie trifft auf einen der mächtigen Tuaregfürsten, dessen Sprache sie auch spricht, und bekommt von ihm Geleitschutz für die weitere Reise zugesagt. Als sie aber bei einem Handgemenge unter ihren Treibern zu schlichten versucht, wird sie von einer Lanze tödlich getroffen. Ihre Habe wird geplündert, sie selbst wird erst nach einigen Tagen von herbeigerufenen Soldaten in der Wüste beigesetzt.
H.S.

# Alice B. Toklas

geb. 30. April 1877 in San Francisco
gest. 7. März 1967 in Paris
amerikanische Koch- und Lebenskünstlerin
Lit. 80, 123, 931, 1018-1020

Alice B. Toklas traf die Schriftstellerin Gertrude Stein am 8. September 1907 in Paris. 38 Jahre lang, von jenem Tag an bis zu Gertrudes Tod, trennte sich das Paar nie wieder: alles wurde gemeinsam unternommen. Alice entstammte einem gutsituierten jüdischen Haus, studierte Musik und bestand die Reifeprüfung im Fach Klavier. Sie hätte Pianistin werden können; anläßlich einer Europareise mit einer Freundin warf sie jedoch ihr kirschfarbenes Korsett aus dem fahrenden Zug und beschloß, in Europa zu bleiben.

In Paris lernte sie Gertrude kennen und war ihr fortan Gesprächspartnerin, Gesellschafterin, Köchin, Sekretärin, künstlerisch-literarische Ratgeberin und Geliebte in einem. Sie kaufte ein, ging mit dem Hund spazieren, stickte »Rose is a rose is a rose is a rose« auf Taschentücher, verhandelte mit Verlagen und empfing die vielen BesucherInnen, zu denen Ernest Hemingway, Henri Matisse, Thornton Wilder, Ezra Pound und Edith Sitwell gehörten. Im Ersten Weltkrieg versorgten Alice und Gertrude mit ihrem Auto die Franzosen und deren Alliierte mit Nachschub. Ihre glücklichste Zeit verlebten beide im südfranzösischen Bilignin, wo Alice einen großen Garten bestellte und Kochrezepte ausprobierte. Nach Gertrudes Tod setzte sich die Witwe mit aller Kraft für die Drucklegung sämtlicher Werke Gertrudes ein. 1954 veröffentlichte sie ein Kochbuch, das 1994 auf deutsch neu aufgelegt wurde; es enthält neben autobiographischen Schilderungen (z.B. wie sie Barsch für Picasso zubereitete) kalorienreiche französische Rezepte. (Besonders empfehlenswert sind die Josephine-Baker-Creme und der Schlehen-Gin, Toklas: »Nach sieben Jahren ist er traumhaft«). Sie schrieb Tausende von Briefen, gab mit 87 das Kettenrauchen auf, starb mit 90 Jahren und wurde neben Gertrude begraben. E.R.

# Flora Tristan

geb. 7. April 1803 in Paris
gest. 14. November 1844 in Bordeaux
französische Schriftstellerin, Feministin und Sozialistin
Lit. 591, 769, 807, 879, 1025

»In unserer unglücklichen Gesellschaft ist die Frau von Geburt her eine Paria, sie hat die Stellung einer Dienerin ..., und fast immer kann sie nur wählen zwischen Heuchelei und Schmach.« Mit ihrer scharfen Kritik an der Unterdrückung der Frauen stand Flora Tristan in ihrer Zeit – den 30er und 40er Jahren des 19. Jahrhunderts – nicht allein, und auch ihre Hoffnung »Die Zukunft wird der Frau gehören« wurde von den französischen Frühsozialisten (Saint-Simon, Fourier) geteilt. Aber im Gegensatz zu den männlichen Theoretikern sprach sie aus eigener leidvoller Erfahrung. Mit knapp 18 Jahren hatte sie ihren Arbeitgeber, den Graveur André Chazal, geheiratet, um sich und ihre Mutter aus bitterster Armut zu befreien. Vier Jahre später traf sie selbst die Wahl zwischen »Heuchelei und Schmach« – sie verließ den ungeliebten Mann und suchte sich Arbeit als Reisebegleiterin wohlhabender Familien. Da nach dem Code Napoléon eine Ehescheidung nicht mehr möglich war, hatte Chazal aber weiterhin jedes Recht über sie und ihre Kinder. Jahrelang verfolgte er sie, dreimal entführte er die Tochter Aline, eine Anklage wegen Inzest überstand er unbeschadet. Schließlich verübte er einen Mordanschlag auf seine »untreue« Ehefrau, sie starb fast an den Schußverletzungen. Zuvor hatte sie eine große Reise nach Peru gemacht; von der steinreichen Familie ihres früh verstorbenen Vaters, eines peruanischen Adligen, erhoffte sie sich finanzielle Unterstützung, ohne Erfolg allerdings. Aus diesen Erfahrungen entstanden zwei Texte – der sozialkritische Reisebericht *Wanderungen einer Paria* und ihr Aufruf zur Gründung einer »Gesellschaft für fremde Frauen«, mit der sie alleinreisende Ausländerinnen in Paris unterstützen wollte. Ihre Beobachtungen in Fabriken, Slums, Gefängnissen und Bordellen englischer Industriestädte, die sie 1839 besuchte, verarbeitete sie in engagiert geschriebenen Reportagen (*Spaziergänge in London*) und ihrem Hauptwerk, der *Union ouvrière*. Darin rief sie alle Arbeiter und Arbeiterinnen auf, sich zusammenzuschließen, gemeinsam für das Recht auf Arbeit und Ausbildung (besonders auch der Frauen!) zu kämpfen. Im Frühjahr 1844 machte sie sich per Schiff (auf der Seine) und per Postkutsche auf eine große Propagandatournee durch ganz Frankreich, um für ihre Ideen zu werben. Dabei wurde sie ständig von der Polizei bespitzelt, von der Presse als *femme libre* verspottet, aber auch in vielen Städten begeistert empfangen. Nach zehn strapaziösen Monaten brach sie in Bordeaux erschöpft zusammen und starb wenig später an Typhusfieber.

A.S.

geb. 1798 in Hurley, NY
gest. 26. November 1883 in Battle Creek, Michigan
amerikanische Freiheitskämpferin
Lit. 85, 434, 479, 746, 1003

Sojourner Truth war eine mitreißende Rednerin, engagierte Kämpferin gegen die Sklaverei, Aktivistin für die Rechte der Frauen und der Armen, Predigerin und Sängerin. Sie hatte nie eine reguläre Ausbildung bekommen, entwickelte aber ihre ganz eigenen, revolutionären Ideen für soziale Gerechtigkeit und radikalen Aktivismus.
Isabella Bomefree (so ihr Geburtsname) wurde schon als Kind an verschiedene Besitzer verkauft und heiratete mit 14 einen älteren Sklaven namens Thomas, mit dem sie fünf Kinder hatte.
1826 floh Isabella aus der Sklaverei und fand Schutz bei einer Quäker-Familie. Vor Gericht setzte sie durch, daß ihr Sohn, den sein Besitzer illegal nach Alabama in lebenslange Sklaverei verkauft hatte, zu ihr zurückkehren konnte.
In den frühen 1830ern zog Bomefree nach New York City, verdiente ihren Lebensunterhalt als Hausangestellte (einer der wenigen Berufe, die freien schwarzen Frauen offenstanden).
1843 wurde Isabella Bomefree Wanderpredigerin und nannte sich Sojourner Truth, was so viel wie »Wanderpredigerin« bedeutet.
Sojourner sang, um Leute anzulocken, wobei sei oft bekannten Melodien ihre eigenen Worte unterlegte. Sie predigte auf Versammlungen, in Kirchen oder einfach am Straßenrand. Sie trat der Northampton Association bei, einer utopischen Gemeinschaft, deren reformistisch gesinnte Mitglieder (unter ihnen Frederick Douglass und William Lloyd Garrison) sie mit freiheitlichen Strömungen wie Abolitionismus und Feminismus bekannt machten. Garrison ermutigte Truth auch, ihre Lebensgeschichte zu diktieren und sie 1850 unter dem Titel *The Narrative of Sojourner Truth* zu veröffentlichen. Von dem Erlös des Buches konnte Truth sich ein Haus in Florence, Massachusetts kaufen. Vor allem aber war ihre »Erzählung« eine starke Waffe im Kampf gegen die Sklaverei, an dem Truth als Rednerin aktiv teilnahm, bekannt für ihren Scharfsinn, Mut und Witz.

Sojourner war eine der ersten Aktivistinnen, die eine Verbindung zwischen den Rechten der SklavInnen und der Schwarzen und den Rechten der Frauen herstellten.
Mit ihrem berühmten und bis heute immer wieder zitierten Ausspruch »And ain't I a woman?« bestand Sojourner Truth darauf, daß die weißen Feministinnen ihren Horizont erweitern und schwarze, versklavte und arme Frauen, ihre Leiden wie auch ihre Stärken, in den Begriff »Frau« und in den Kampf um gleiche Rechte miteinbeziehen. Sojourner Truth starb 1883 in Battle Creek, Michigan. S.K.H.

geb. 1820 auf einer Plantage in Dorchester County, Maryland
gest. 10. März 1913 in Auburn, N.Y.
amerikanische Freiheitskämpferin
Lit. 94, 110, 434, 747

Wie bei vielen Sklaven und Sklavinnen ist das Geburtsdatum nicht genau bekannt. Harriet Tubman wurde auf einer Plantage in Maryland geboren und mußte als Kindermädchen, Köchin, Feldarbeiterin und Hausmädchen arbeiten. Ihrem Vater half sie bei Holzfällarbeiten, wodurch sie ihre physische Ausdauer gewann, die ihr bei ihren gefährlichen Unternehmungen zugute kommen sollte. Während ihrer Kindheit wurde sie einmal von einem Aufseher so schwer mißhandelt, daß sie lebenslang unter Phasen extremer Müdigkeit zu leiden hatte.

Um 1844 heiratete sie John Tubman. Als nach dem Tode ihres Besitzers 1849 das Gerücht umging, daß die SklavInnen verkauft werden sollten, flüchtete Harriet Tubman nach Philadelphia. Von dort aus unternahm sie dann wagemutige Reisen nach Maryland, um Verwandte, deren Familien und andere SklavInnen zu befreien. Sie arbeitete mit einigen Anti-Sklaverei-Organisationen zusammen und war derart erfolgreich, daß Sklavenhalter aus Maryland 40000 $ für ihre Festnahme aussetzten. Zehn Jahre war sie auf diese Art tätig und arbeitete mit John Brown zusammen, der 1858 militärisch gegen die Sklaverei vorging. Er nannte sie dann auch später »General Tubman«.

Nach Ausbruch des Bürgerkrieges meldet sich Harriet Tubman freiwillig und wird zur Verbindungsfrau, die Kontakt zu Sklaven hinter den feindlichen Linien der Konföderierten hält. Drei Jahre lang reist sie so durch Süd-Carolina und arbeitet außerdem als Krankenschwester. Nach Ende des Krieges kehrt sie nach Auburn, N.Y., zurück, wo sie ein kleines Stück Land billig gekauft hatte. Dort pflegt sie ihre alten Eltern und errichtet ein Heim für Waisen und hilfsbedürftige alte Menschen (The Harriet Tubman Home for Indigent Aged Negroes); außerdem setzt sie sich für Schulen und das Wahlrecht für Schwarze ein.

1869 heiratet sie Nelson Davis. In dieses Jahr fällt auch die Veröffentlichung von Sarah Bradfords »Harriet Tubman: The Moses of Her People«, was dazu führt, daß Harriet Tubman einer größeren Öffentlichkeit bekannt wird. Als sie von der Regierung eine nachträgliche Bezahlung für ihre Kriegsdienste verlangt, werden ihre Forderungen abgelehnt. Sie muß fast dreißig Jahre warten, bis sie vom Staat für ihre Arbeit »belohnt« wird. Sie stirbt am 10. März 1913 in Auburn an einer Lungenentzündung. B.S.

geb. 23. September 1865 in Bessines-sur-Gartempes, Haute Vienne
gest. 19. April 1938 in Paris
französische Malerin
Lit. 157, 543, 736, 777, 971

Die französische Malerin Suzanne Valadon ist nicht zuletzt deswegen bemerkenswert, weil sich in ihrem Leben die Rollen vertauscht haben: Saß sie zunächst Modell für einige der berühmten französischen Maler, so griff sie später selbst zum Pinsel. Ohne formale Ausbildung – Frauen waren kaum zu den für die Malerei wichtigen Aktstudien zugelassen –, aber mit der Unterstützung der Maler, denen sie Modell saß, schaffte sie den Zugang zur eigenen künstlerischen Arbeit. Valadon hatte neben ihrer Begabung noch einen weiteren Vorteil: Sie stammte nicht aus einer bürgerlichen Familie, war früh gezwungen, sich selbst zu ernähren (sie arbeitete als Gemüseverkäuferin, Serviererin und Akrobatin), und unterlag deswegen nicht dem Kodex der bürgerlichen Doppelmoral. Valadon hatte also Bewegungsfreiheit – was ihre Umwelt auch schnell registrierte. Valadon galt als äußerst exzentrisch; ein Eindruck, der dadurch bestärkt wurde, daß sie sich weigerte, den Namen des Vaters ihres Sohnes Maurice Utrillo preiszugeben.

Später heiratete sie André Utter, den sie oft in ihren Bildern abgebildet hat und der (abgesehen von ihrem Sohn) auch ihr einziges Aktmodell war. Valadon wurde als Malerin erfolgreich und konnte in finanziell gesicherten Umständen leben. An diesem Punkt ist es interessant, männliche Urteile über die Frau als Künstlerin zu beleuchten. Chiappe z.B. schreibt:

»Ihrem Werk fehlt jede weibliche Prägung. Die harten Umrisse, die kräftigen Farben, ihre kühne Art und Weise, an das Thema heranzugehen, sei es nun eine Landschaft oder ein Mensch, ohne gefühlsmäßige Zugeständnisse oder metaphysische Vertiefung, hinterlassen einen Eindruck von ›Virilität‹ ...«

Mit welchem Recht – so kann sich die Leserin fragen – wird hier die Kunst einer Malerin für »unweiblich« erklärt? Eine solche Aussage kann nur vor dem Hintergrund einer langen männlichen Tradition verstanden werden, nach der große Leistungen von Frauen schlicht zur Ausnahme erklärt werden – basierend auf der Annahme, daß das Prädikat »männlich« einer Aufwertung gleichkäme. B.SCHR.

geb. 21. Juni 1904 in Baden bei Wien
gest. 26. April 1941 in Toulouse
österreichische Historikerin
Lit. 890, 1037

Mit Lucie Varga steht wieder eine hochbegabte junge Frau vor uns, deren Leben und Werk durch die Nazi-Barbarei ein jähes Ende fand. Als sie mit 36 Jahren starb, stand sie gerade am Anfang einer Karriere als bedeutende Historikerin. Außer ihrer Dissertation hinterließ sie einige hochinteressante Aufsätze und Rezensionen, die sich mit so verschiedenen Themen wie dem Nationalsozialismus, dem Hexenglauben in Ladinien (Südtirol) oder den KatharerInnen befassen. In ihrer berühmten Studie über den Nationalsozialismus (1937) zeigt sie, wie die Angst vor Statusverlust eine Gruppe von Männern verband, deren gemeinsamer Antrieb die Verteidigung der »sozialen Ehre« gewesen sei. Varga nahm den nazistischen Ehrbegriff ernst und erschloß als erste die symbolische und emotionale Dimension der NS-Bewegung und ihre quasi religiösen Organisationsformen, die schließlich zu einer Massenbewegung führten.

Varga entstammte einer großbürgerlichen jüdischen Familie aus Ungarn. Nach dem Abitur an der fortschrittlichen Schule der Eugenie Schwarzwald heiratete sie und begann, schon schwer zuckerkrank, in Wien Geschichte zu studieren. Sie ließ sich scheiden, emigrierte nach Paris und wurde Mitarbeiterin von Lucien Febvre (der mit Marc Bloch die »Mentalitätengeschichte« begründete). Vargas Fähigkeit, sich mit neuartigen Fragestellungen einem historischen Gegenstand zu nähern, hat seine eigene Forschung vorangetrieben. Aus der Zusammenarbeit erwuchs eine Liebesbeziehung, die für Lucie Varga katastrophale Folgen hatte. Febvre, einen Familienskandal befürchtend, floh auf eine Reise nach Südamerika und überließ Varga ihrem Schicksal. Die Bestimmungen für EmigrantInnen wurden immer restriktiver.

Varga arbeitete als Vertreterin für Küchengeräte, als Fabrikarbeiterin, dann als Übersetzerin und als Landarbeiterin. Von schlechter Ernährung und unregelmäßiger Insulinversorgung völlig entkräftet, starb sie im diabetischen Koma. S.D.

geb. 24. Mai 1819 im Kensington-Palast, London
Königin von England
gest. 22. Januar 1901 in Osborne, Insel Wight
Lit. 159, 643, 1011, 1016, 1105

1837 kommt die kaum 18jährige kleine (ca. 1,50 m) Victoria, unzureichend darauf vorbereitet, auf den englischen Thron. Mit »Ehrlichkeit, Mut und gutem Willen« stürzt sie sich in die neuen Pflichten. Ihre erste Anordnung ist allerdings, ihr Bett aus dem Schlafzimmer der Mutter zu entfernen »in ein Zimmer für sich allein!«
1840 heiratet sie ihren Cousin, Albert von Sachsen-Coburg-Gotha. Der Ehe entstammen neun Kinder, die alle das Erwachsenenalter erreichen und heiraten. Victoria empfindet ihre Mutterrolle neben der der Königin und Ehefrau als »schwierig und erschöpfend«. Bei Belastungen reagiert sie nervös reizbar und neigt zu plötzlichen Temperamentsausbrüchen oder flüchtet in Unpäßlichkeit und Krankheit. Sie übersteht etliche Attentate, Krisen und scharfe Kritik durch die Presse. Unter ihrer Herrschaft erreicht das britische Imperium seine größte Ausdehnung; England wird zur führenden Industrienation, erlebt Bevölkerungsexplosion und Verstädterung. Sie beginnt Reformen unter den zehn Premiers ihrer Regierungszeit, mit denen sie unterschiedlich gut auskommt. Kinder- und Frauenarbeit werden eingeschränkt (1842), die Kornzölle abgeschafft (1846), Wahlrechtsreformen eingeführt (1867 und 1885), Elementarunterricht wird obligatorisch (1876), es gibt ein Gesetz über die Gewerkschaften (1871) u.v.a.
1861 stirbt Albert an Typhus. Victoria zieht sich gebrochen aus der Öffentlichkeit zurück.
Ihre vertrauliche Beziehung zu ihrem Diener John Brown verursacht einen Skandal, aber ihre Hartnäckigkeit siegt. Durch geschickt arrangierte Heiraten ihrer Kinder und 29 Enkel gewinnt sie Einfluß in Dänemark, Schweden, Rußland, Rumänien, Griechenland, Spanien, Preußen/Deutschland. So werden ihr Goldenes und Diamantenes Thronjubiläum 1887 und 1897 neben allem öffentlichen Pomp fast zu Familientreffen.
Victoria verkörperte in den Augen ihrer ZeitgenossInnen die Größe der Epoche – die nach ihr als »viktorianische« bezeichnet wird. A.ST.

geb. 18. Juni 1908 in Lissabon
gest. 6. März 1992 in Paris
portugiesisch-französische Malerin und Graphikerin
Lit. 274, 572, 736, 1035, 1041

Ohne Vorzeichnung baut Vieira da Silva ihre Gemälde aus vielen mosaikartigen Farbflächen und einem Gitternetz von Linien auf. Dicke Farbschichten lassen den kreativen Entstehungsprozeß erkennen. Für ihre Raumkonstruktionen bevorzugt sie große Formate und benutzt eine gedeckte Farbpalette, aus der sie sich für das jeweilige Bild ähnliche Farbtöne heraussucht. Ihre Themen sind von den fallenden Linien einer Stadtlandschaft, von Eisenkonstruktionen, Brücken oder Schienen inspiriert. Besonders in den 40er und 50er Jahren haben ihre Bilder eine enorme Raumtiefe; wie beim 3-D-Effekt nehmen aus dem Gewirr von Linien und Farbflecken Gegenstände Gestalt an, und der Betrachter wird förmlich in das Bild hineingezogen. Durch die Auflösung und teilweise Überlagerung des realen Raumes entsteht der Eindruck einer Traumwelt. Die späteren Gemälde zeigen nicht mehr diese Raumspannung, die Architektur erscheint »in poetische Farb- und Strukturgebilde umgewandelt«. Ihr umfangreiches Œuvre umfaßt auch Druckgraphik, Tapisserien, Keramikkacheln und Glasfenster.
Vieria ist die einzige Tochter einer portugiesischen Diplomatenfamilie. Mit fünf Jahren fängt sie an, Klavier zu spielen; die Musik ist zeitweise eine ernste Konkurrentin der Malerei. Vieira wird später im Atelier immer wieder spielen oder zumindest beim Arbeiten Musik hören. Mit elf beginnt sie zu zeichnen, zu malen und wenig später plastisch zu arbeiten. 1928 geht sie mit ihrer Mutter nach Paris und studiert zuerst bei Bourdelle Bildhauerei, bevor sie endgültig zur Malerei wechselt. 1930 heiratet sie den ungarischen Maler Arpad Szenes, mit dem sie lebenslang eine tiefe Liebe und Übereinstimmung verbindet. In dieser Zeit lernt sie die Galeristin Jeanne Bucher kennen, die 1933 die erste von vielen weiteren Einzelausstellungen organisiert. 1939 fliehen Vieira und Szenes vor dem Zweiten Weltkrieg nach Portugal, dann nach Brasilien, wo sie öffentliche Aufträge erhalten und das kulturelle Leben stark beeinflussen. Ihr Atelier in Rio de Janeiro wird binnen kurzem ein Treffpunkt junger KünstlerInnen. 1947 kehren beide nach Paris zurück. Vieira arbeitet auch mit anderen KünstlerInnen zusammen, so z.B. in den 50er Jahren mit Germaine Richier, für deren Bronzeskulpturen sie Hintergründe gestaltet. Der wachsende internationale Erfolg bringt ihr zahlreiche Ausstellungen und Preise, doch ihre wirkliche Heimat bleiben die Malerei und das Atelier, das sie am liebsten gar nicht verläßt.
A.V.H.

# Marie-Louise-Elisabeth Vigée-Lebrun

geb. 16. April 1755 in Paris
gest. 30. März 1842 in Paris
französische Malerin
Lit. 47, 389, 411, 674, 736

Schön war sie, rasend erfolgreich obendrein, nur leider unglücklich liiert. Mit 20 war Elisabeth Vigée wirtschaftlich unabhängig und heiratete den Kunsthändler Lebrun, der das ungeheure Vermögen, das sie mit der Porträtmalerei verdiente, im Nu am Spieltisch und im Puff verpraßte. Diese Liaison war es auch, die ihr 1783 die Wahl in die Académie Royale erschwerte – die Aufnahme von Kunsthändlersgattinnen war nicht gestattet –, und erst die Protektion Marie Antoinettes verhalf ihr zur wohlverdienten Mitgliedschaft. Die Beziehungen zum Hof zwangen sie dann 1791 zur Flucht. Sie lebte in verschiedenen Kunstmetropolen wie Rom, Neapel, Wien und St. Petersburg. Die exotischen Orte und neuen Eindrücke bewirkten eine immense Steigerung ihres künstlerischen Ausdrucks. Ihr Ruf eilte ihr im übrigen voraus, und in St. Petersburg wollte jede Dame von Welt von ihr porträtiert werden. 1802 kehrte sie nach Paris zurück, malte weiter und schrieb schließlich ihre Memoiren. C.S.

geb. 1. Juni 1765 in Weimar
gest. 6. Juni 1816 in Weimar
Ehefrau Goethes
Lit. 184, 635, 765, 1059

Die 23jährige Christiane Vulpius lernt 1788 den 16 Jahre älteren Goethe kennen, als sie eine Bittschrift ihres Bruders übergibt, der sich als angehender Schriftsteller Unterstützung von ihm erhofft. Christiane muß nach dem Tod der Eltern für die vier jüngeren Geschwister sorgen; sie arbeitet in der neugegründeten Bertuchschen Fabrikation für künstliche Blumen. Eine heimliche, flüchtige Liebschaft des gefeierten Dichters und einflußreichen Hofmannes Goethe mit dem »ungebildeten Fabrikmädchen«, wie Frau von Stein sie verächtlich nennen wird, hätte die standesbewußten WeimarerInnen wohl kaum entrüstet, war Christiane doch »ein sehr hübsches, freundliches, fleißiges Mädchen; aus ihrem apfelrunden frischen Gesicht blickten ein paar brennende schwarze Augen ... und dunkelbraune volle Locken fielen ihr um Stirn und Nacken«. Aber »es ist lächerlich und tritt alle Idee des Wohlanstandes mit Füßen, daß die Dame Vulpia, indem sie ihren siebenjährigen Goethulum vor sich sitzen hat, sich öffentlich im Theater und sonstwo mamsellisieren läßt«.

Christiane hat Johann Wolfgang fünf Kinder geboren (nur der älteste Sohn August überlebt), sie hat mit Liebe und Sachverstand ein großes Haus samt Garten versorgt und sich immer bemüht, so zu sein, wie er sich seine Gefährtin erhoffte:

Ich wünsche mir eine hübsche Frau,
Die nicht alles nähme gar zu genau,
Doch aber zugleich am besten verstände,
Wie ich mich selbst am besten befände.

Aber für die dünkelhafte, überhebliche Weimarer Gesellschaft wird sie 17 Jahre lang »sein Liebchen«, die »Demoiselle«, das »Kreatürchen« sein, und auch nach der Heirat 1806 finden sich besonders Weimars Damen eher notgedrungen mit der ungeliebten Frau Geheimrätin ab.

Aber alle Kränkungen haben Christiane Vulpius nicht verbittert – ihre Briefe erzählen von ihrer Lebenslust, von ihrer Freude an Tanz und Theater (viele ihrer Freundinnen, ihre »Schätzchen« und »Koseweiber«, sind Schauspielerinnen), von der Dankbarkeit für die kleinen Freuden des Alltags wie einen gutgedeihenden Gemüsegarten, einen gutgelungenen Braten für den Feinschmecker Goethe ...

Goethes Mutter hat sie wohl am besten erkannt; nach einem Besuch Christianes in Frankfurt schreibt sie: »Du kanst Gott dancken! So ein liebes – herrlich unverdorbenes Gottes Geschöpf findet man nur selten ...« B.W.

geb. 23. Januar 1585 in Old Mulwith bei Ripon
gest. 30. Januar 1645 in Hewarth
englische Ordensgründerin und Bildungsreformerin
Lit. 170, 246, 310, 526

Sie ist das erste von sechs Kindern eines Ehepaars aus dem Landadel. Die Familie hält am katholischen Glauben fest und sieht sich darum Schikanen und Verfolgungen von seiten der anglikanischen Staatskirche ausgesetzt. Dies und die Strenge der Eltern prägen Mary (ihr Taufname war Jane, bei der Firmung nimmt sie den Namen Mary an) unauslöschlich; sie entschließt sich zum Klosterleben. Da die Abteien in England aber aufgelöst sind, reist sie 1606 nach Frankreich und wird Laienschwester in St. Omer. Unzufrieden mit ihren Aufgaben, gründet sie vom Geld ihres Erbteils ein eigenes Klarissenkloster in Gravelines. Doch 1609 kehrt Mary, abermals in ihren Hoffnungen enttäuscht, in die Heimat zurück, gewinnt einige Gefährtinnen für ihre Pläne und ruft in St. Omer ein neuartiges Institut für Mädchenbildung ins Leben. In einer Vision erfährt sie, daß die Mitglieder des neuen Ordens wie die Jesuiten leben sollen, also ohne Klausur, mit einer nur dem Papst unterstellten Oberin und unermüdlich lehrend. Mary ist nämlich überzeugt, daß eine für alle Schichten erschwingliche Frauenbildung ermöglicht werden muß. In halb Europa entstehen Schulen und Niederlassungen der »Englischen Fräulein«, doch die Bestätigung der Ordensregel durch Rom läßt auf sich warten. Der Erfolg ruft Neider auf den Plan; manchen Klerikern paßt es nicht, daß Frauen sich eine von Männern unabhängige Verwaltung »anmaßen«. Dreimal pilgert Mary zu Fuß nach Rom und legt dabei rund 15 000 Kilometer zurück, um sich beim Papst Gehör zu verschaffen. Dennoch vernichtet Urban VIII. durch einen Erlaß gegen sie 1631 beinahe ihr Lebenswerk. In München wird Mary als Ketzerin eingekerkert, dann aber freigelassen. Von Spitzeln bewacht, lebt sie mit Unterbrechung fortan in Rom. Trotz des päpstlichen Verbots überdauern die bahnbrechenden Ideen Wards und viele ihrer Institute alle Verfolgungen. Enttäuscht, krank und ausgezehrt, stirbt die Gründerin 60jährig bei einem Besuch in der alten Heimat. Erst 1978 approbiert der Vatikan ihre Ordensregel. A.E.R.

getauft 16. Oktober 1678 in Zürich
gest. 20. September 1714 in Zürich
Schweizer Malerin und Radiererin
Lit. 189, 431, 906, 1076, 1077

Anna Waser stammt aus einer angesehenen Züricher Familie und bekam »eine für die damalige Zeit durchaus exceptionelle Ausbildung ...; denn es zeigten sich an dem Mädchen schon ganz früh außerordentliche Gaben« (M. Waser). Als Dreizehnjährige malt sie ihr berühmtes Selbstbildnis (Kunsthaus Zürich; es regte ihre Nachfahrin Maria Waser zu umfangreichen Nachforschungen und einem vielgelesenen Roman über die Malerin an).

Bereits im Vorjahr hatte Anna den Berner Maler Werner gebeten, sie weiterzubilden. Werner lehnte zunächst ab, wahrscheinlich, weil es ihm wenig glaubhaft schien, daß die eingesandten Arbeiten von einer Zwölfjährigen stammen sollten. Doch beeindruckt ihn Annas zweiter Bewerbungsbrief derart, daß er sie nun als Schülerin in seine kleine Hausakademie aufnimmt. Vier Jahre bleibt Anna in Bern, arbeitet unermüdlich und erfolgreich, kehrt dann nach Zürich zurück und entfaltet eine immer intensivere Maltätigkeit. Bald dringt ihr Ruhm auch ins Ausland. 21jährig wird sie Hofmalerin des Grafen Solms auf Braunfels a.d. Lahn. Ihre Arbeiten verkauft sie nun auch nach Holland, Deutschland und England.

Es ist traurig, daß der Verbleib keines dieser so gerühmten Gemälde bekannt ist. Es scheinen lediglich das kleine Ölgemälde von 1691 und wenige andere, zumeist in Silberstifttechnik ausgeführte (Selbst-)Porträts, Kopien und dekorative Arbeiten erhalten zu sein. Auch ist kein persönliches Dokument von Anna Waser überliefert: weder die Autobiographie, die sie 1708 mit einem Selbstbildnis und anderen aufsehenerregenden Proben ihrer Kunst an J. v. Sandrart für sein Künstlerlexikon schickt noch irgendein Schriftstück aus dem umfangreichen Briefwechsel der Malerin, die »die größten Maler Teutschlands verehrten« (M. Waser).

Nach längeren Depressionen stirbt Anna Waser 1714 im Alter von 35 Jahren an den Folgen eines Sturzes.
S.K.-K.

geb. 22. Januar 1858 bei Gloucester
gest. 30. April 1943 bei Hiphook in Hampshire
englische Sozialistin und Soziologin
Lit. 623, 805, 888, 922, 1079

»Beatrice ist das einzige meiner Kinder, dessen Intelligenz unter dem Durchschnitt liegt«, schrieb Lawrencina Potter in ihr Tagebuch und irrte sich gewaltig. Ohne Schul- und Universitätsausbildung schuf sich Beatrice den Rang einer international bekannten Forscherin auf dem Gebiet der empirischen Soziologie. In Großbritannien trug sie als Expertin in königlichen Kommissionen maßgeblich zu gesetzlichen Reformen bei, die die Bildung, Gesundheitsversorgung und Altersfürsorge breiter Bevölkerungsschichten verbesserten. Als Aktivistin forcierte sie durch Reden, Pamphlete und Artikel die Gründung von Kooperativen und Gewerkschaftsvereinen.

Angetrieben durch die Erkenntnis, als Tochter einer wohlhabenden Liverpooler Fabrikantenfamilie mitverantwortlich für die miserablen Lebensbedingungen der britischen ArbeiterInnen zu sein, nutzt Beatrice Potter ihre privilegierte Position, um umfangreiche Sozialerhebungen durchzuführen, deren Ergebnisse ab 1886 veröffentlicht werden. Ihre Mitarbeit an der niederschmetternden Untersuchung Charles Booth' über London und ihre Tätigkeit als Verwalterin von Mietskasernen im Londoner East End überzeugen sie von der Idee des Sozialismus.

1891 erscheint ihr erstes Buch, *The Cooperative Movement in Britain*, und sie gründet »die Firma«, d.h., sie heiratet Sidney Webb, den sie in einem Brief als einen »häßlichen kleinen Mann mit keiner sozialen Stellung und noch weniger Geld« bezeichnet. Das ungleiche Paar versteht sich blendend. Ihre Flitterwochen verbringen sie in Dublin und Glasgow, Gewerkschaftsdokumente studierend. Zu den vielen gemeinsamen Projekten der Webbs gehören die Arbeit in der *Fabian Society*, die einen allmählichen Wandel zu einer sozialistischen Gesellschaftsordnung propagiert, und die Gründung bzw. Initiierung des *New Statesman*, des *Political Quarterly* sowie der *London School of Economics*, für die Beatrice die Idee lieferte. In Teamarbeit entstanden zahlreiche Artikel und 15 Monographien, von denen manche heute als Klassiker der Sozialgeschichte gelten. M.K.

geb. 12. Mai 1900 in Wien
gest. 6. Mai 1971 in Berlin
deutsche Schauspielerin und Theaterintendantin
Lit. 306, 407, 495, 781, 1000

»Kleine Gestalt – große Kämpferin«, so charakterisierte und stilisierte Bert Brecht die Schauspielerin und spätere Theaterintendantin Helene Weigel, das »Helletier«, wie er seine (zweite) Frau zu Beginn ihrer Beziehung nannte. Die Weigel war Wienerin und stammte aus einer relativ wohlhabenden jüdischen Familie. Nach dem Abitur und einem Jahr Schauspielunterricht in Wien kam sie 1919 nach Frankfurt am Main, wo sie als Marie in Büchners *Woyzeck* debütierte und »aufhorchen ließ«.

1922 ging sie ans Staatstheater Berlin. Zunehmend trat sie unter der Regie und in Stücken von Brecht auf, den sie 1923 kennenlernte und mit dem sie sich kurz darauf, wie sie sagte, »zusammenschmiß«. 1924 wurde der Sohn Stefan, 1930 die Tochter Barbara geboren, dazwischen, 1929, heiratete sie Brecht. Die Weigel sorgte, solange sie konnte, selbst finanziell für sich und ihre Kinder und wohnte bis 1930 getrennt von Brecht, damit er ungestört arbeiten könnte. Für Weigel führte die Zusammenarbeit zunächst zur Krise, 1932 gelang ihr jedoch mit der Figur der Pelagea Wlassowa in Brechts *Mutter* der große Durchbruch zu jener Art des gestisch knappen und expressiven, alle Mittel sparsam und durchdacht einsetzenden Spiels, das Brecht und andere immer wieder als vorbildlich beschreiben sollten.

Die Machtergreifung Hitlers brachte aber zunächst 15 harte Jahre der Emigration, die sie in die Schweiz, nach Dänemark, Schweden, Finnland, durch die Sowjetunion und in die USA führten und ihr trotz größter Bemühungen so gut wie keine Möglichkeit boten, als Schauspielerin zu arbeiten. Es blieb nur das Training der Stimme und die Rolle der Hausfrau, Mutter und tüchtigen, zuverlässigen Partnerin eines anspruchsvollen Künstlers und alles andere als treuen Mannes. Weigel über Brecht zur Tochter Barbara: »Dein Vater war ein sehr treuer Mensch. Leider zu zu vielen.« Und über die Rolle der Frau: »Erhaltung der Familie auf Biegen und Brechen.«

Das Nachkriegsdebüt – die 48jährige spielt Antigone – findet aus Vorsicht in einem kleinen Theater in Chur in der Schweiz statt. Erst der Erfolg hier führt zum großen Einstieg in Berlin-Ost als »Mutter Courage« in Brechts Inszenierung am Deutschen Theater. Kurz darauf bekommt das Paar die Zusage zum eigenen, dem Berliner Ensemble. Er wird künstlerischer Leiter, sie Intendantin und bleibt es nach Brechts Tod 1956 bis zu ihrem Lebensende 15 Jahre später. Daneben spielt sie bis zuletzt selbst. Auf erfolgreichen Tourneen macht sie das Berliner Ensemble und Brechts Stücke in ganz Europa bekannt. Nach seinem Tod hält sie sein Erbe mit fester Hand zusammen, es ist auch ihr eigenes. C.Z.R.

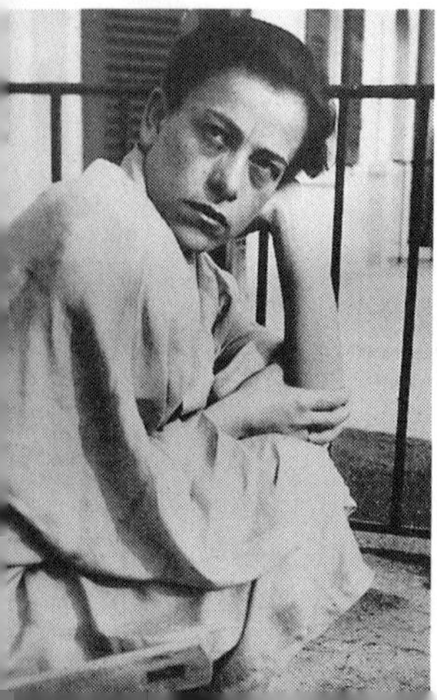

geb. 3. Februar 1909 in Paris
gest. 24. August 1943 in Ashford, Kent
französische Philosophin und Schriftstellerin
Lit. 5, 275, 544, 773, 879

Simone Weil stammte aus gebildetem jüdischem, jedoch unorthodoxem Elternhaus. Nach Mathematik- und Philosophiestudium wurde sie Lehrerin. Provokante Äußerungen im Philosophieunterricht (»Die Ehe ist eine vom Gesetz gebilligte Prostitution«), aufsehenerregender Einsatz für Arbeitslose (sie gab ihnen regelmäßig die Hälfte ihres Gehalts) und die Teilnahme an Protestmärschen (Weil mit roter Fahne an der Spitze) machten Eltern und Vorgesetzte mißtrauisch. Häufige Versetzungen an andere Schulen waren die Folge.

Sie war Anhängerin eines revolutionären Sozialismus, kam aber früh zu Kritik und scharfer Ablehnung des sowjetischen Kommunismus. Die Interessen der Arbeiterinnen dagegen, ihr Recht auf ein besseres Leben, auf Bildung, forderten ihr ganzes Engagement. Mit Arbeitseinsätzen auf dem Bauernhof und in der Fabrik wollte sie das Leben der ArbeiterInnen teilen.

Obwohl Pazifistin, nahm sie nach schweren Gewissenskonflikten am spanischen Bürgerkrieg auf der Seite der RepublikanerInnen teil. Nach dem Einmarsch der Deutschen in Frankreich unterstützte sie die Résistance.

Neben ihrer politischen Aktivität verfolgte sie mit gleicher, fast selbstzerstörerischer Hartnäckigkeit ein zweites Anliegen: die Suche nach der Wahrheit, nach Gott, die schließlich nach einem ekstatischen Visionserlebnis in einen mystischen Katholizismus mündete, ohne daß sie sich zur Taufe und damit zum Eintritt in die katholische Kirche entschließen konnte.

Ihr unruhiges Leben voller Wiedersprüche und geistiger Kämpfe spiegelte sich in zahlreichen Artikeln für Zeitschriften wider. Essays, Tagebücher, Briefe und philosophische Werke erschienen erst nach ihrem Tod, wie z.B. *L'enracinement* (dt.: Die Einwurzelung), ihr politisches und geistiges Testament.

Als die Eltern 1942 aus dem besetzten Frankreich in die USA flohen, schloß sie sich ihnen widerstrebend an, ging aber bald zurück nach England, in der Hoffnung, als Partisanin in Frankreich eingesetzt zu werden.

»Ich bin nicht von der Art, daß es gut wäre, sein Schicksal mit mir zu verknüpfen«, hat Simone Weil über sich gesagt. Schwer erkrankt an Lungentuberkulose und in totaler körperlicher Erschöpfung (sie aß kaum etwas, um den Hunger ihrer Landsleute zu teilen) starb sie im Alter von 34 Jahren im Grosvenor Sanatorium in Ashford. U.S.

geb. 6. Juli 1898 in Dortmund
gest. 13. Oktober 1969 in Bonn
deutsche Politikerin
Lit. 204, 1130-1132

Die Zentrums-Partei schickte Helene Wessel 1928 als jüngste Abgeordnete in den preußischen Landtag, wo sie sich bald als Fachfrau für Fürsorgefragen profilierte. Ihre politische Karriere wurde mit Beginn der NS-Zeit unterbrochen. Als »politisch unzuverlässig« eingestuft, überlebte sie u. a. als Fürsorgerin in einem katholischen Frauenverein. »Ich habe mich sehr unsichtbar gemacht, um der Gestapo keine Angriffsflächen zu bieten«, sagte sie später. Aber es gibt auch jenes 1934 erschienene Buch von ihr: *Bewahrung – nicht Verwahrlosung*, das der entsetzlichen Sprache und Philosophie des Nationalsozialismus verpflichtet ist. Allerdings enthält es im Fazit auch moderne humane Forderungen nach »Wohn- und Lerngruppen« und nach einer »sinnvollen Arbeitsteilung«.

Nach 1945 widmete Helene Wessel ihre ganze Kraft der Wiederbegründung des Zentrums, deren erste Vorsitzende sie 1949 wurde (gewählt mit 95 % der Stimmen). Neben Rosa Luxemburg war sie die einzige weibliche Parteivorsitzende in der Geschichte Deutschlands. Eine kämpferische Katholikin, die überzeugt war, daß die Umgestaltung der Gesellschaft nur mit Hilfe der Frauen möglich sein würde. So forderte sie schon damals eine Frauenquote. 1948/49 gehörte sie als eine von vier Frauen dem Parlamentarischen Rat an und arbeitete am Grundgesetz mit. Wessel stimmte gegen den endgültigen Entwurf.

Der kalte Krieg brachte sie auch in Widerspruch zur eigenen Partei. Sie engagierte sich in der Anti-Atombewegung und rief 1951 zur »Notgemeinschaft für den Frieden Europas« auf, stellte sich gegen die Wiederbewaffnung – und damit gegen den Bundeskanzler, mit dem sie sich berühmte Rededuelle lieferte. Nur ein bündnisfreier Status würde die endgültige Teilung Deutschlands verhindern! Zusammen mit Gustav Heinemann gründete Wessel 1952 die Gesamtdeutsche Volkspartei (GVP). Nachdem die GVP bei den Wahlen gescheitert war, fand Helene Wessel ihre endgültige politische Heimat in der SPD. Einmal noch mischte sie sich vehement in die politische Debatte ein, als 1968 die Notstandsgesetze verhandelt wurden. Sie stimmte dagegen. Gustav Heinemann, inzwischen Bundespräsident, würdigte die Weggefährtin, als sie 71jährig starb: »Sie war eine gütige und tapfere Frau, die die Fähigkeit besaß, mit anderen zu fühlen, mit Mut und Entschlossenheit öffentlich zu wirken und für soziale und politische Reformen zu kämpfen.«

B.R.

# Mae West

geb. 17. August 1892 in Brooklyn, New York
gest. 22. November 1980 in Los Angeles
amerikanische Schauspielerin und Schriftstellerin
Lit. 69, 472, 1047, 1073, 1094

In ihrer Autobiographie erzählt Mae West, daß ihre Mutter aus »Bayern, Deutschland, einer Stadt in der Nähe des elfenbewohnten Schwarzwaldes« stamme, und nennt 1893 als Geburtsjahr; fast alle anderen Quellen geben 1892 an. Schon als Fünfjährige steht sie auf der Bühne; mit 15 schreibt sie ihre eigenen Texte. 1926 wird sie mit ihrem ersten Stück, *Sex*, das ihr eine Anklage wegen Obszönität und zehn Tage Gefängnis einbringt, schlagartig berühmt. »Ich kannte nur zwei Regeln fürs Stückeschreiben«, bekennt sie, »schreib, worüber du Bescheid weißt, und schreib unterhaltend. Deshalb schrieb ich so, wie ich es tat, über ein Thema, an dem ich interessiert war – über Sex.« Ihre Bühnenerfolge in eigenen Stücken bringen ihr schließlich einen Vertrag mit der Paramount ein. Sie schreibt nicht nur die Drehbücher zu ihren Filmen überwiegend selbst, sondern bestimmt auch alles übrige – nicht zum Schaden der Filmbosse übrigens. Mit den Kassenschlagern *Night after Night* (1932), *She Done Him Wrong, I'm No Angel* (1933), *Belle of the Nineties* (1934) und *Goin' To Town* (1935) rettet sie die Paramount vor dem finanziellen Ruin. Sie selbst hat zeitweise – nach dem Zeitungskönig Hearst – das höchste Einkommen in den USA.

Die typische Rolle, die sich Mae West in verschiedenen Variationen auf den von so vielen Männern begehrten Leib schrieb, war die der unabhängigen und selbstbewußten Frau aus dem Showgeschäft, der ein reicher älterer Herr nachstellt, die sich aber lieber einen jungen Kerl anlacht und so auf ihre eigene Weise die natürliche Ordnung wiederherstellt. Tatsächlich kehrte sie die weibliche und die männliche Rolle um: Die Männer, ihr schmachtend hörig einer wie der andere, werden zu Hampelmännern, die Frau – Mae West – bedient sich ihrer nach Belieben, behält die Oberhand, einen kühlen Kopf und immer das letzte Wort, vorzugsweise in Form eines ihrer gutmütig-entwaffnenden »one-liners« wie: »Haben Sie eine Kanone in der Tasche, oder freuen Sie sich nur, mich zu sehen?«

L.F.P.

geb. 13. November 1886 in Hannover
gest. 18. September 1973 in Berlin
deutsche Tänzerin und Tanzpädagogin
Lit. 487, 517, 608, 612, 716

Im Herbst 1919 wird Mary Wigman (eigentlich Karoline Sofie Marie Wiegmann) in Hamburg zum ersten Mal von einem deutschen Publikum als neue große Tänzerin gefeiert. Sie ist fast 33 und wird sich in den folgenden Jahren international als Schöpferin und Vermittlerin einer eigenständigen Kunst etablieren: des Ausdruckstanzes. 1910 verläßt sie Hannover, wo sie aufwuchs, in der Hoffnung, an der Schule für Rhythmische Gymnastik in Hellerau bei Dresden etwas von ihren bislang unspezifischen Wünschen nach Selbständigkeit und KünstlerInnentum verwirklichen zu können. Sie schließt die Ausbildung erfolgreich ab, die Visionen von großer aus dem eigenen Rhythmus und Impuls entstehender Bewegungskunst aber erfüllen sich nicht. Auf dem Monte Verità in Rudolf von Labans »Schule für Kunst« erfährt sie 1913 endlich die Wahrheit: »Es war, als käme ich nach Hause! [...] dies wunderbare Gefühl, mit dem ich dastand und plötzlich unter der Diktatur eines Trommelrhythmus glücklich und selig war.« Um dieses Glücksgefühls der Erfüllung willen wird Mary Wigman ihr Leben lang Krankheiten, seelische Krisen und wirtschaftliche Not auf sich nehmen.
Ihr Sendungsbewußtsein ist ebenso groß wie ihr künstlerisches Genie und ihre Arbeitsdisziplin: »Ich wollte mehr! Und stürzte mich in die Erarbeitung der tänzerischen Technik, ... [die] für den neuen, den freien Tanz noch gar nicht existierte«, erzählt sie in einem Rückblick.
Die unbeugsame Ausdauer, die sie im künstlerischen Suchen und Schaffen bewies, stehen in nicht leicht verständlichem Widerspruch zu ihrer Haltung gegenüber dem Nazi-Regime. Sie erlebt die Aufmärsche des »3. Reiches« anfangs als bewunderungswürdige Massen-Choreographien – Wigman weiß um den notwendigen Gestaltungswillen und Organisationsaufwand. Durch ihre Beziehung zu Hanns Benkert, später einer der führenden Rüstungsindustriellen der NS-Kriegswirtschaft, wird sie geschützt und beeinflußt.

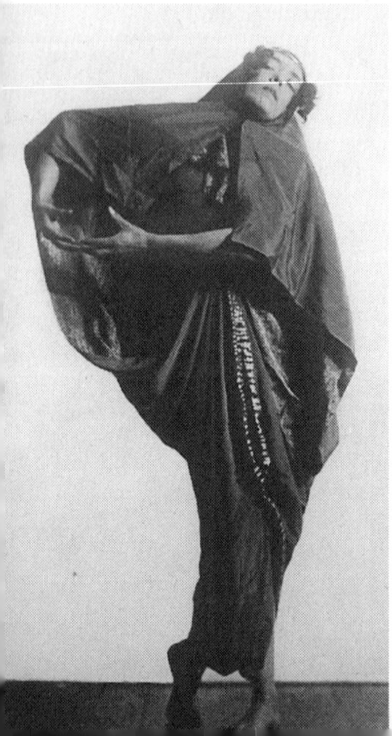

Aber ab 1941, nachdem Benkert sie verlassen hat, erleidet sie als Vertreterin der »entarteten Kunst« – wenn auch im Vergleich zu ihren verfolgten KollegInnen und SchülerInnen geringe – Repressionen: sie verliert ihre Tanzschule in Dresden, ihre Arbeit wird beschnitten und behindert. Doch eine politische Stellungnahme zu diesen Jahren gibt es von ihr nicht, auch nicht nach Kriegsende, das sie in Leipzig erlebt.
Als sich allerdings ein zweites Mal eine Ideologie ihrer Berühmtheit und ihrer Kunst bedienen will, entzieht sie sich und geht 1949 nach Westberlin. Dort stirbt sie 1973 fast 87jährig und hinterläßt eine nun schon nicht mehr »neue« Tanzkunst, die weiter wirkt. K.M.-W.

geb. 30. September 1896 in Riesenburg, Westpreußen
gest. 12. September 1986 in London
deutsch-englische Schriftstellerin und Ärztin
Lit. 589, 1069, 1107, 1108

Charlotte Wolff war nicht nur als emigrierte Jüdin eine Außenseiterin, sondern auch als Wissenschaftlerin, die den Mut besaß, ungewohnte Wege unabhängig vom Urteil der FachkollegInnen zu gehen. Auf die deutsche Lesbenbewegung der siebziger Jahre übte sie einen nachhaltigen Einfluß aus: »Wir [Freundinnen] liebten uns mit großer Zärtlichkeit und Freude. Der körperliche Aspekt unserer Liebe war ein natürliches Ergebnis unserer Freundschaft. Die Erfahrung machte mir bewußt, wie blöde die Sexbücher sind ...« Wolff studierte in Berlin Philosophie und Medizin und arbeitete dann an einer Klinik für Familienplanung in einem Berliner ArbeiterInnenviertel, bis ihre Tätigkeit von den Nazis unterbunden wurde. Zur Emigration gezwungen, floh sie nach Frankreich. Da sie als Ärztin im Ausland nicht praktizieren durfte, verdiente sie sich ihren Lebensunterhalt mit der Handanalyse. 1936 siedelte sie nach London über und machte sich bald mit der psychologischen Diagnose der Hände und Gestik einen Namen. Sie arbeitete mit Julian Huxley im Londoner Zoo und verglich die Hände der Affen mit Menschenhänden. Diese Studien erregten Aufsehen und brachten ihr die Ehrenmitgliedschaft in der *British Psychological Society* ein.

Neben ihrer Tätigkeit als Psychotherapeutin schuf sie sich durch ihre Studien über die lesbische Liebe einen internationalen Ruf. 1971 erschien *Love between Women* (dt. *Die Psychologie der lesbischen Liebe*), 1977 eine Untersuchung über Bisexualität – die erste umfassende zu diesem Thema überhaupt. Ihre Überzeugung, daß alle Formen von Sexualität eine Berechtigung haben, wenn sie auf Liebe gegründet sind, vertrat sie bis an ihr Lebensende. Ihr wohl wichtigstes Werk ist ein Porträt des Berliner Sexualreformers Magnus Hirschfeld, das sie kurz vor ihrem Tod fertigstellte. Sie schrieb auch Romane (z.B. *Flickwerk* – über die erotischen Beziehungen zwischen älteren Frauen) und zwei Autobiographien: die erste ist eine Schilderung ihrer sexuellen Entwicklung, die zweite (*Augenblicke verändern uns mehr als die Zeit*) ihre Lebensgeschichte bis zum Jahr 1978.

1978 betrat sie zum ersten Mal seit ihrer Vertreibung deutschen Boden. Sie hatte Vorbehalte, dies zu tun; wer sie persönlich kennenlernte, bekam ihre seismographische Empfindlichkeit zu spüren, war aber auch von ihrer Ausstrahlung fasziniert, ihrer Intuition, ihrer intellektuellen Energie und ihrem Einfühlungsvermögen. Aus ihrer erotischen Zuneigung zu Frauen machte sie nie einen Hehl; ihr entstammte eine Toleranz für Menschen und Lebensformen, die ihre Arbeit prägte. E.R./C.V.L.

geb. 27. April 1759 in London
gest. 10. September 1797 in Somers Town
englische Feministin, Pädagogin, Schriftstellerin
Lit. 610, 790, 893, 986, 1021

Aus Prinzip wollte sie nur eine Hebamme bei sich haben, als sie am 30. August 1797 ihre zweite Tochter zur Welt brachte. Es liegt eine schreckliche Ironie darin, daß doch ein Arzt gerufen wurde. Es heißt, er habe die Nachgeburt mit seinen ungewaschenen Händen Stück für Stück herausgezogen. Elf Tage später starb Wollstonecraft an Kindbettfieber. Wollstonecraft hatte sich vorgenommen, nie zu heiraten. Mit 28 schrieb sie ihren ersten Roman, *Mary*, und ging nach London, um Schriftstellerin zu werden. Zwei Jahre später folgte *A Vindication of the Rights of Woman*, ihr Plädoyer für das Frauenrecht, »für die Hälfte der Menschheit«. Sie glaubte an die aufklärerische Wirkung der Erziehung. Radikal war die Forderung, daß der Staat die Frauen bilden müsse. Sie wären dann nicht nur bessere Frauen und Mütter, sondern auch bessere Bürgerinnen. In Paris entwickelte Wollstonecraft mit den Girondisten einen Volkserziehungsplan und verliebte sich in einen amerikanischen Geschäftsmann, Gilbert Imlay, der sie nach der Geburt der gemeinsamen Tochter Fanny sitzenließ. Wollstonecraft beging zwei Selbstmordversuche – danach fing für sie ein hoffnungsvollerer Lebensabschnitt an. Mit 37 lernte sie den Philosophen und Schriftsteller William Godwin kennen. Trotz ihrer Prinzipien heiratete das aufsehenerregende Paar im März 1797, als Wollstonecraft längst schwanger war. Sie versuchten, eine gleichberechtigte Ehe zu führen. Nach Wollstonecrafts Tod adoptierte Godwin Fanny Imlay, schrieb Marys Biographie (1798) und gab ihren Nachlaß heraus. Damit hat er ihrem Ruf nur geschadet. Die nächste Generation englischer Frauen war nicht bereit, einer »Gottlosen« zu folgen. Mit ihrem Verlangen nach Erfüllung in jeder Liebesbeziehung und mit ihrer klaren Forderung nach radikaler Demokratie und Frauenemanzipation, sogar im ökonomischen Bereich, war sie ihrer Zeit eben weit voraus. M.W.

geb. 25. Januar 1882 in London
gest. 28. März 1941 in der Nähe von Rodmell, Südengland
englische Schriftstellerin
Lit. 21, 22, 79, 580, 659, 1064

Virginia Woolf entstammte einer wohlhabenden intellektuellen Familie. Ihre schriftstellerische Karriere begann relativ spät, doch Ende der 20er Jahre war sie eine berühmte Autorin. In ihren letzten Lebensjahren geriet sie in eine abgrundtiefe Verzweiflung, gegen die sie lange ankämpfte. 1941, im zweiten Kriegsjahr, ertrug sie es nicht länger und ertränkte sich, 59 Jahre alt, im Fluß Ouse.

Der Name Virginia Woolf ruft heute schon fast stereotype Assoziationen hervor, seit sie mit ihrem Essay *Ein Zimmer für sich allein* und durch das Poster mit ihrem Jugendbildnis zu einer Kultfigur der neuen Frauenbewegung wurde. Ihre melancholische Schönheit, ihr Wahnsinn und ihr Selbstmord umgeben sie mit einer düster-romantischen Aura.

Die Nachtseiten ihres Lebens waren sehr real. Sie hatten ihren Ursprung in der Hölle einer viktorianischen Kindheit, im jahrelangen sexuellen Mißbrauch Virginias durch ihre Halbbrüder, der dazu führte, daß sie ihren Körper ablehnte, ihre Schönheit niemals selbst empfinden konnte, sexuell unansprechbar blieb und ihr Leben lang immer wieder von seelischen Zusammenbrüchen erschüttert wurde.

Aber diese Frau, eine der bedeutendsten Schriftstellerinnen, Kritikerinnen und feministischen Denkerinnen der Moderne, war nicht nur jene tragische und hinfällige »Lady of Bloomsbury«, als die sie oft gesehen wird: Im Gespräch war sie ungemein witzig, konnte aber auch geradezu teuflisch boshaft sein. Mit Kindern allerdings ging sie wunderbar um; sie nahm sie ernst und behandelte sie wie ihresgleichen. Sie hatte, wie sie selbst zugab, eine snobistische Schwäche für die Damen der Aristokratie, und sie liebte Reisen, Parties und Klatsch. – Bei alledem war sie eine immens fleißige und disziplinierte Arbeiterin, der das Schreiben lebensnotwendig war, und sie tötete sich, als ihre Verzweiflung auch durch die Magie der Sprache nicht mehr zu bannen war. S.A.

geb. 25. Dezember 1771 in Cockermouth, Nord-England
gest. 25. Januar 1855 in Rydal Mouth bei Grasmere
englische Schriftstellerin
Lit. 19, 198, 331, 593, 775

Dorothy Wordsworth, die Schwester des englischen romantischen Dichters William Wordsworth, ist in die Literaturgeschichte eingegangen als Verfasserin zweier ganz ungewöhnlicher Tagebücher, des sog. *Alfoxden* und des *Grasmere Journal*, die zwischen 1797 und 1803 entstanden sind. Das *Alfoxden Journal* besteht fast ausschließlich aus Beschreibungen von Natureindrücken, Pflanzen, Lichtempfindungen, Farben und Geräuschen. Alles ist ohne formalen Anspruch in oft fragmentarischen Notizen festgehalten, und doch ist der Text ein Höhepunkt romantischer Prosa. Vermutlich schrieb Dorothy auf Williams Anregung hin; jedenfalls betrachtete sie ihre Tagebücher einzig als Materialsammlung für ihn, den Poeten, der sich ihrer nach Bedarf bedienen sollte. Die Vorstellung, sich selbst als Schriftstellerin niederzulassen, verursachte Dorothy »Abscheu«, wie sie sagte – vielleicht auch aus der dunklen Ahnung heraus, daß sie eine Konkurrenzsituation vermeiden mußte.

Dorothy und William liebten einander von jeher; sie waren voneinander besessen – das ideale Paar, wären sie nicht Schwester und Bruder gewesen. Es ist wahrscheinlich, daß sie seit einer gemeinsamen Reise nach Goslar im Winter 1798/99 unter der Last einer drohenden oder vollzogenen Umwandlung ihrer Beziehung in ein inzestuöses Verhältnis lebten.

Im Herbst 1802 heiratet William Mary Hutchinson. Dorothy führt ihr Tagebuch noch drei Monate weiter, doch im Januar 1803 bricht es für immer ab. Dorothy resigniert, fügt sich in die neuen Verhältnisse. Aber in gewisser Weise ist ihr Leben, von dem noch über 50 Jahre vor ihr liegen, vorbei.

1829 erkrankt Dorothy schwer; 1835 erleidet sie einen fast tödlichen Zusammenbruch, aus dem sie geistig verwirrt hervorgeht. Die letzten 20 Jahre ihres Lebens verbringt sie, liebevoll gepflegt von ihrer Schwägerin Mary, in der Familie ihres Bruders, der 1850 stirbt. L.F.P.

geb. 6. September 1795 in Dundee, Schottland
gest. 13. Dezember 1852 in Cincinnati, Ohio
englisch-amerikanische Sozialrevolutionärin und Schriftstellerin
Lit. 54, 243, 659, 746, 771

Fanny Wright war eine Rebellin von unerhörtem Mut und analytischer Kraft. Sie war ihrer Zeit so weit voraus, daß manche ihrer Einsichten und Forderungen noch heute revolutionär wirken. Sie war die erste Frau, die in den Vereinigten Staaten öffentlich gegen die Sklaverei protestierte und zu einer großen Menschenmenge über Frauenrechte sprach.

Fanny hatte mit zwei Jahren ihre – wohlhabenden – Eltern verloren und wurde zusammen mit ihrer Schwester Camilla von Verwandten aufgezogen. Sie las viel, besonders über die USA, und begann früh zu schreiben.

1818 schiffte sie sich mit Camilla nach Amerika ein und kehrte 1820 zurück. Ihre enthusiastischen Briefe an eine Freundin, publiziert unter dem Titel *Views of Society and Manners in America*, gehören zu den berühmtesten Reisebeschreibungen des frühen 19. Jahrhunderts.

1825 begann ihr Kampf gegen die »Pestilenz« der Sklaverei, die sie schon in ihrem Reisebuch als »abscheulich über alle Vorstellungskraft« gebrandmarkt hatte. In der Nähe von Memphis gründete sie die Siedlung Nashoba, um aller Welt zu demonstrieren, wie SklavInnen ausgebildet und anschließend in verantwortlicher Weise freigelassen werden könnten. Das Unternehmen scheiterte, aber es gelang Wright unter großen persönlichen Opfern, 30 SklavInnen freizukaufen und ihnen Unterkunft und Arbeit zu verschaffen. Ihre liberale Wochenzeitung, den *Free Enquirer*, nutzte sie, ähnlich wie ihre Vortragstourneen, um für die Rechte der ArbeiterInnen, für ein besseres Schulsystem, gegen klerikale Anmaßung, Rassismus und die Institution der Ehe zu kämpfen.

1830 kehrte sie mit der kränkelnden Camilla nach Europa zurück. Nach dem Tod ihrer lebenslangen Gefährtin heiratete Fanny einen Arzt und gebar zwei Töchter, von denen eine, Frances Sylva, überlebte. Die nächsten beiden Jahrzehnte waren privat wie beruflich eher mühevoll als spektakulär. 1850 ließ sie sich scheiden, Sylva blieb bei ihrem Vater. Zwei Jahre später starb Fanny Wright an den Folgen eines Sturzes. L.F.P.

# Freda Wuesthoff

geb. 16. Mai 1896 in Berlin
gest. 5. November 1956 in München
deutsche Physikerin, erste deutsche Patentanwältin, Mitbegründerin der deutschen Friedensbewegung Lit. 87, 650

Freda Wuesthoff wuchs als älteste von acht Geschwistern in einer weltoffenen bürgerlichen Familie in Berlin auf. 1914 machte sie Abitur und studierte anschließend Physik, Chemie und Mathematik. Sie schloß ihr Studium in München mit dem Dr. phil. ab. In München lernte sie ihren späteren Mann Franz Wuesthoff kennen, mit dem sie gemeinsam eine Ausbildung zur Patentanwältin machte.
Sie befaßte sich mit nationalen und internationalen patentrechtlichen Problemen, war bald sehr anerkannt und bereiste beruflich die halbe Welt. Die Nationalsozialisten bereiteten ihrer Laufbahn ein jähes Ende. Als Halbjüdin bekam sie Berufsverbot, arbeitete aber nach wie vor mit ihrem Mann zusammen. Die Kriegsgreuel und die Explosion der Atombomben in Hiroshima und Nagasaki veranlaßten Freda Wuesthoff, sich der Friedensarbeit zu widmen. Als Physikerin begriff sie sofort die Gefahren der Atomkraft, selbst die der friedlichen Nutzung, und entwarf ein sehr konkretes »Arbeitsprogramm für den dauernden Frieden«. Gleichzeitig wurde die Arbeit mit gleichgesinnten Frauen für Freda Wuesthoff ein neuer Lebensinhalt. Sie gründete in ganz Deutschland »Frauenringe« und gemeinsam mit Theanolte Bähnisch den »Deutschen Frauenring« als Dachorganisation. Sie wollte erreichen, daß in die Länderverfassungen Artikel zur Friedensförderung aufgenommen werden. Dem von ihr gegründeten Friedenskreis gehörten Frauen wie Agnes von Zahn-Harnack, Elly Heuss-Knapp und Gertrud Bäumer an. Für Schulen entwickelte Freda Wuesthoff ein Konzept für Friedensunterricht.

Neben ihrer Reise- und Vortragstätigkeit zur Friedenssicherung war sie Mitglied in nationalen und internationalen Kommissionen für gewerblichen Rechtsschutz. Auf dem Weg zu einem Vortrag gegen Atombombenversuche glitt Freda Wuesthoff auf dem glatten Marmorboden ihres Hotels in Bonn aus und erlitt einen komplizierten Armbruch. Kurz darauf erlag sie einer Embolie. S.D.

geb. 7. Juni 1903 in Brüssel
gest. 17. Dezember 1987 in Bar Harbor, Mount Desert Island, Maine
französische Schriftstellerin
Lit. 879, 881, 1115-1117

Als Marguerite Yourcenar 1980 in die Académie Française einzog, war sie die erste Frau in dieser 350 Jahre alten Runde »unsterblicher« Männer. Schon vorher hatte sie viele wichtige Literaturpreise erhalten, und ihr bekanntestes Buch, die fiktiven Memoiren des römischen Kaisers Hadrian (1951; dt. *Ich zähmte die Wölfin*), wurde ein Welterfolg. Trotzdem gehört sie nicht zu den populären Gestalten der französischen Gegenwartsliteratur. Ihre Bücher gelten als ernst bzw. schwierig; sie hat nie den Erfolg bei den Medien gesucht. Ihr Werk ist außerordentlich vielseitig – Romane, Novellen, Gedichte, Essays, Theaterstücke, Übersetzungen – und führt die LeserInnen in ferne Länder und Zeiten. Dabei geht es ihr um unterschiedliche Reaktionen auf die großen Fragen der menschlichen Existenz – Liebe, Sexualität, Tod, spirituelle Suche, Freiheit des/der einzelnen. Auffällig ist das weitgehende Fehlen großer Frauengestalten; meist stehen Männer im Mittelpunkt, deren Homo- bzw. Bisexualität als selbstverständlicher Teil ihrer Persönlichkeit gezeichnet wird.

Mit aktuellen Themen ihrer Zeit – Frauenbewegung, Atomenergie – hat Yourcenar sich in Essays auseinandergesetzt; besonders engagierte sie sich für die Befreiung der Schwarzen. Ihre umfassende klassische Bildung hat sie sich überwiegend selbst erarbeitet. Sie wurde von ihrem Vater, einem wohlhabenden adeligen »Lebemann« auf Bildungsreisen quer durch Europa mitgenommen und besuchte nie eine öffentliche Schule. Ihre Mutter war bei der Geburt gestorben. Auch als Erwachsene reiste Yourcenar viel, plante, sich in Griechenland niederzulassen, übersiedelte dann aber in die USA, nachdem sie 1937 die US-Amerikanerin Grace Frick kennengelernt hatte, die ihre Lebensgefährtin und Übersetzerin wurde. Die beiden kauften sich ein Bauernhaus auf Mount Desert Island vor der Küste von Maine und führten ein einfaches, naturverbundenes Leben. Grace Frick starb dort 1979, 76jährig; Yourcenar acht Jahre später. A.S.

# Mildred Didrikson Zaharias

geb. 26. Juni 1911 (?) in Port Arthur, Texas
gest. 27. September 1956 in Galveston, Texas
amerikanische Allround-Leichtathletin
Lit. 477, 618, 747, 1110, 1118

Im Sport gibt es die eisernen KämpferInnen und die Naturtalente. Mildred Zaharias geb. Didrikson, genannt »Babe« nach dem legendären Baseballspieler Babe Ruth, vereinte beides. Mit 21 Jahren gewann sie zwei olympische Goldmedaillen, im 80-Meter-Hürdenlauf und im Speerwerfen. Das war 1932. Aber die athletischen Disziplinen waren ihr bald nicht mehr anspruchsvoll genug. Sie wollte nicht nur ihrem Körper Höchstleistungen abverlangen, sondern auch geistig gefordert werden. Diese Herausforderung fand sie im Golfspiel. Aber gerade beim Golf ist Talent allein nicht genug. Babe Zaharias stand Tag für Tag auf der Übungswiese, trainierte ihren Schwung, bis die Hände bluteten. Dann wurden die Finger verbunden, sie übte weiter. So erzählt sie in ihrer Autobiographie *This Life I've Led*. Bald konnte »The Babe« mit den besten Männern in diesem männlich dominierten Sport konkurrieren. Sie wurde Profi-Spielerin und gewann viele Titel, darunter dreimal die US Open. Als sie die 30 überschritten hatte, war ihr das Leben einer Proette zu anstrengend. 1944 erhielt sie ihren Amateurstatus zurück und gewann jetzt Amateurtitel. Aber die Kämpfe der Babe Zaharias waren nicht nur sportlicher Art. In den

40er Jahren in Schottland Golf zu spielen, das forderte, anders als in den USA, von einer Frau eine Menge Durchsetzungsvermögen. Beim British Amateur Championship in Gullane teilte man ihr einen gestandenen schottischen Caddie zu, einen Mann in den 80ern, der nicht nur ihre Tasche tragen wollte, sondern ihr auch unerbetene Ratschläge gab. Er wurde zur Belastung, aber sie hatte keine Wahl. Sie arrangierte sich mit ihm und – gewann. Als erste Amerikanerin erhielt sie den britischen Amateurtitel. Sie war eben eine sehr kluge Frau. Erst heute weiß man, daß Spitzenleistungen im Golf mentale Stärke verlangen – äußerste Disziplin, absolute Konzentration, Ignorieren aller fremden Einflüsse. Daß Babe Zaharias diese Fähigkeiten besaß, läßt sich nicht nur an ihren sportlichen Erfolgen ablesen. Ihr letztes großes Turnier, die US Open von 1954, gewann sie, obwohl sie schon schwer an Krebs erkrankt war, woran sie im September desselben Jahres starb. M.B.

geb. 6. Juli 1916 in Berlin Grunewald
gest. 19. Oktober 1970 in Paris
deutsche Schriftstellerin und Graphikerin
Lit. 15, 962, 1111, 1126

Schon ihr Name hat einen magischen Klang; sie wird tatsächlich Unica getauft. Nach der Schulzeit arbeitet sie zunächst in der Schnitt-Abteilung, später in der Werbefilm-Dramaturgie bei der UFA. 1949, nach der Trennung von Mann und zwei Kindern, beginnt sie, Kurzgeschichten und Märchen für Berliner Zeitungen und Hörspiele zu schreiben. 1953 begegnet sie Hans Bellmer und folgt ihm nach Paris, um 17 Jahre in einer Art Haßliebe mit ihm zu leben. Der Einfluß der letzten Surrealisten prägt ihr Werk: Durch Henri Michaux entdeckt sie die Arbeitsweise des automatischen Schreibens und Zeichnens fur sich. Ihrer ersten Ausstellung in der Pariser Galerie *Le Soleil dans la Tête* folgen weitere, 1954 erscheinen ihre ersten Anagramm-Gedichte, *Hexentexte*.
Anagramme, Zeichnungen und Prosa sind drei Aspekte eines Werkes voll sanfter Traumtänzereien und grausamer Visionen. Aus den fließenden Figurationen und einer peniblen Ornamentalik blicken unzählige Augen, ganz unverkennbar die Augen Unica Zürns. Ihre Prosa – *Der Mann im Jasmin – Eindrücke aus einer Geisteskrankheit, Notizen einer Blutarmen, Erdachte Briefe* – ist autobiograpisch getönt. Gemeinsam ist Schrift und Bild die Offenlegung der Arbeit des Unbewußten, sei es als Konstruktionsprinzip eines kreativen Automatismus, sei es als Mehrschichtigkeit der Bedeutung in einem vorgegebenen Text. Zitate, Gedichtzeilen oder Redensarten nimmt sie als Ausgangspunkt für die Suche nach der Lösung selbstgestellter Rätsel. Die Sprache wird ihr zum Versteck tiefer Geheimnisse, zum Orakel. Dieses semiotische Würfelspiel wird Unica Zürns Lieblingsbeschäftigung, später zur Manie – analog dem Zerlegen und Neumontieren der Puppen bei Hans Bellmer.
Schreibend hat sie den Tod oft vorweggenommen, auch ihren Selbstmord in der frühen Erzählung *Dunkler Frühling*: »›Vorbei‹, sagt sie leise, ehe sie mit ihren Füßen das Fensterbrett verläßt. Sie fällt auf den Kopf und bricht sich den Hals. Ihr kleiner Körper liegt seltsam verzerrt im Gras.« I.F.

geb. 9. Oktober 1892 in Moskau
gest. 31. August 1941 in Jelabuga
russische Schriftstellerin
Lit. 265, 488, 489, 811, 904

»Ich habe den Körper immer in die Seele übersetzt (*ent*körpert!), die ›physische‹ Liebe – um lieben zu können – so verherrlicht, daß plötzlich nichts von ihr blieb. Mich in sie vertiefend, *sie* ausgehöhlt, in sie eindringend, sie verdrängt«, schrieb Marina Zwetajewa 1926 an Rilke. Mit glühenden Liebesbriefen hat sie ihn in die Enge getrieben. »Wenn jemand uns zusammenträumt – dann treffen wir uns«, schrieb sie in demselben Brief. Ein Treffen mit ihm wäre möglicherweise ähnlich verheerend verlaufen wie das mit Pasternak, einem anderen Helden ihrer Briefromanzen, wenige Jahre zuvor.

Marina erfand folgerichtig das »ewige Paar der Sich-Nie-Begegnenden«. So bezeichnete sie 1929 ihr Leben mit den Männern und Frauen ihrer Liebe. Für die Schauspielerin Sonja Holliday hat sie »Sonjetscha« geschrieben und für Natalie Clifford Barney, deren Salon in Paris sie besuchte, den »Brief an eine Amazone«. Sie hat nicht nur die Männer geliebt. Aber immer ist sie bald auf Distanz gegangen. Begann zu mythisieren und hat daraus Kraft geschöpft für ihr Schreiben. Sie ist eine der größten Lyrikerinnen des 20. Jahrhunderts.

Kraft geraubt hat ihr das tägliche Leben. 1912 heiratet sie den 18jährigen Sergej Efron. 1913 gebiert sie Ariadna und 1917 Irina, die 1920 an Unterernährung stirbt. Ihr Mann kämpft im Bürgerkrieg auf der falschen Seite und flieht 1922 nach Prag. Bis 1925 lebt auch sie in Prag, wo 1925 Georgi geboren wird. Im selben Jahr siedelt die Familie nach Paris über. Als Dichterin ist sie dort völlig isoliert, erst recht, als klar wird, daß ihr Mann für den russischen Geheimdienst tätig ist. Sie sieht sich gezwungen, nach Rußland zurückzukehren. 1940 trifft sie in Moskau Anna Achmatowa, die von ihrer ungebrochenen Wildheit fasziniert ist. In ihr Tagebuch schrieb Marina zu dieser Zeit: »Alle halten mich für tapfer und männlich. Ich kenne keinen furchtsameren Menschen als mich. Ich habe Angst vor allem ...« Am 31. August 1941 hat sie sich ums Leben gebracht. S.G.

# Anhang

# BeiträgerInnen

Susanne Amrain (S.A.)
Ursula Ballin (U.B.)
Richmod Bollinger (R.B.)
Ines Baloik (I.B.)
Karsten Bartels (K.B.)
Mareike Boom (M.B.)
Sibylle Duda (S.D.)
Rebecca L. Van Dyek (R.L.V.D.)
Sybille Dörr (S.DÖ.)
Regine Elsässer (R.E.)
Irene Ferchl (I.F.)
Irene Fischer-Nagel (I.F.-N.)
Rachel Freudenburg (R.F.)
Marianne Goch (M.G.)
Katharine R. Goodman (K.R.G.)
Susanne Gretter (S.G.)
Katharina von Hammerstein (K.V.H.)
Paula Hanssen (P.H.)
Annegret Heitmann (A.H.)
Cornelia Heuer (C.H.)
Beate Hiltner (B.Hi.)
Adriane von Hoop (A.V.H.)
Katherine E. Horsley (K.E.H.)
Joey Horsley (J.H.)
Sarah K. Horsley (S.K.H.)
Barbara Hyams (B.H.)
Irene Kehler (I.K.)
Gabriele Koch (G.K.)
Swantje Koch-Kanz (S.K.-K.)
Marion Kremer (M.K.)
Doris Krininger (D.K.)
Ernst Kroch (E.K.)
Regina Kühne (R.K.)
Jutta Kugler (J.K.)
Christiane von Lengerke (C.V.L.)
Imke Lode (I.L.)
Katharina Möller-Weitz (K.M.-W.)
Petra Nispel (P.N.)
Barbara Preussler (B.P.)
Luise F. Pusch (L.F.P.)
Birgt Rabofski (B.Ra.)
Anna Rheinsberg (A.R.)
Ursula Reis (U.R.)
Eva Rieger (E.R.)
Renate Rochner (R.R.)
Esther Röhr (E.RÖ.)
Anna Eunike Röhrig (A.E.R.)
Birgit Rühe (B.R.)
Ursula Schmidt (U.SCH.)
Claudia Schmölders (C.SCH.)
Beate Schräpel (B.S.)
Christiane Schreiter (C.S.)
Hiltrud Schroeder (H.SCH.)
Andrea Schweers (A.S.)
Ursula Schweers (U.S.)
Hildegard Sommer (H.S.)
Sulamith Sparre (S.S.)
Jürgen Speckmann (J.S.)
Adelheid Steinfeldt (A.St.)
Liliane Studer (L.S.)
Melitta Walter (M.WA.)
Margaret Ward (M.W.)
Brigitte Warkus (B.W.)
Roswitha Wohlgenannt (R.W.)
Gesine Yildiz (G.Y.)
Christiane Zehl-Romero (C.Z.R.)

# Literatur


1 »A tough, maternal legend: Golda Meir 1898-1978«, Time 18.12.1978, S. 16-17.

2 Abbott, Berenice. 1964. The world of Atget. repr. 1979. New York. Horizon Press.

3 Abbott, Berenice. 1982. The Twenties and Thirties: A Travelling Exhibition. Washington, DC. Smithsonian Institution Press for The National Museum of Modern Art.

4 Abbott, Berenice & Hank O'Neil. 1982. *Berenice Abbott: American Photographer.* New York. McGraw-Hill.

5 Abosch, Heinz. 1990. *Simone Weil zur Einführung.* Hamburg. Junius.

6 Abrahams, Beth Zion. 1962. *The Life of Gluckel of Hameln.* London.

7 Achmatowa, Anna. 1982. *Im Spiegelland: Ausgewählte Gedichte.* Hg. E. Etkind. München. Piper

8 Achmatowa, Anna. 1984. *Stichotvorenija i poëmy.* Hg. V. M. Shirmunski. Leningrad. Sovetskij Pisatel'.

9 Adler, Kathleen & Tamar Garb. 1987. *Berthe Morisot.* Ithaca, NY. Cornell University Press.

10 Agate, James. 1969 [1924]. *Rachel.* New York; London. Benjamin Blom.

11 Albert-Lasard, Lou. 1952. *Wege mit Rilke.* Frankfurt/M. S. Fischer.

12 Albertson, Chris. 1975. *Bessie Smith. Empress of the Blues.* New York. Schirmer.

13 *Alice Salomon in ihren Schriften.* Bibliographie 1989. Zusammengestellt von Renate Orywa und Annette Dröge im Auftrag der Rektorin der Fachhochschule für Sozialarbeit und Sozialpädagogik Berlin.

14 Allen, H. G. 1983. *The Betrayal of Liliuokalani. Last Queen of Hawaii. 1838-1917.* Glendale, CA. A.H. Clark Co.

15 Alves, Eva-Maria. 1999. »Unica Zürn (1916-1970): ›ernst ist der Name ICH – es ist Rache‹«, in: Sibylle Duda & Luise F. Pusch. Hg. *WahnsinnsFrauen Dritter Band.* Frankfurt/M. 1999 Suhrkamp TB 2834.

16 Amdur, Richard. 1990. *Golda Meir: A Leader in Peace and War.* New York. Fawcett Columbine.

17 Ammer, Christine. 1980. *Unsung: A History of Women in American Music.* Westport, CT. Greenwood Press.

18 Ammers-Küller, Jo van. 1935. *Bedeutende Frauen der Gegenwart: Zehn Frauenbildnisse.* Aus dem Niederländ. von Eva Schumann. Bremen. Carl Schünemann.

19 Amrain, Susanne. 1985. »Dorothy Wordsworth (1771-1855): ›...voller Gedanken über meinen Liebling‹«, in: Pusch. Hg. 1985. S. 193-233.

20 Amrain, Susanne. 1991. »›Radclyffe Hall & ihr verdienstvolles, langweiliges Buch‹: Ein Nachwort der Verlegerin«, in: Hall 1991.

21 Amrain, Susanne. 1992. »Virginia Woolf (1882-1941): ›Gleichmut – Üben Sie sich in Gleichmut, Mrs. Woolf!‹«, in: Duda & Pusch. Hg. 1992. S. 174-225.

22 Amrain, Susanne. 1994. *So geheim und vertraut: Virginia Woolf und Vita Sackville-West.* Frankfurt/M. Suhrkamp TB 2292.

23 Anderson, Marian. 1992 [1956]. *My Lord, what a Morning: An Autobiography.* Madison, WI. The University of Wisconsin Press.

24 Andersson, Ingvar. 1950. »Die Heilige Birgitta«, in: ders. 1950. *Schwedische Geschichte von den Anfängen bis zur Gegenwart.* München. S. 82-92.

25 Andreas-Salomé, Lou. 1951; 1968; 1974. *Lebensrückblick.* Aus dem Nachlaß hg. von Ernst Pfeiffer. Neu durchgesehene Ausgabe. Frankfurt/M. Insel TB 54.

26 Angermeyer-Deubner, Marlene. 1988. *Neue Sachlichkeit und Verismus in Karlsruhe 1920-1933.* Karlsruhe. C. F. Müller.

27 Anker, Øyvind & Edvard Beyer. 1982. *Brevvekslingen mellom Bjørnsterne Bjørnson og Amalie Skram 1878-1904.* Oslo. Gyldendal Norsk Forlag.

28 *Anna Seghers. text + kritik.* Heft 38. München 1982.

29 Anthony, Katherine S. 1975 [1954]. *Susan B. Anthony: Her Personal History and Her Era.* Garden City, NY. Doubleday.

30 Appignanesi, Lisa. 1989. *Simone de Beauvoir: Eine Frau, die die Welt veränderte.* München. Heyne TB 184.

31 *apropos Clara Haskil.* Mit einem Essay von Eike Wernhard. 1997. Frankfurt/M. Neue Kritik.

32 Arce de Vasquez, Margot. 1964. *Gabriela Mistral: The Poet and Her Work.*

33 Archer, Robyn & Diana Simmonds. 1986. *A Star is Torn.* London. Virago.

34 Ardoin, John. 1979 [1977]. *Maria Callas und ihr Vermächtnis.* Aus dem Engl. von Tilmann Waldraff. München. Noack-Hübner.

35 Arp, Hans. 1955. *Unsern täglichen Traum ...: Erinnerungen, Dichtungen und Betrachtungen aus den Jahren 1914-1954.* Zürich. Arche.

36 Ascher, Carol, Louise DeSalvo & Sara Ruddick. Hgg. 1984. *Between Women: Biographers, Novelists, Critics, Teachers and Artists Write about Their Work on Women.* Boston. Beacon Press.

37 Ashton, Dore & Denise Brown Hare. 1981. *Rosa Bonheur.* New York. Viking.

38 Avila, Teresa von. 1982. *»Ich bin ein Weib – und obendrein kein gutes«: Ein Portrait der Heiligen in ihren Texten.* Ausgewählt, übersetzt und eingeleitet von Erika Lorenz. Freiburg im Br. Herder TB 920.

39 Ayerza, Laura & Odile Felgine. 1991. *Victoria Ocampo.* Paris. Critérion.

40 Baader, Renate. 1979. »Streitbar und unzeitgemäß: die Moralistik der Marie de Gournay«, in: Baader, Renate & Dietmar Fricke. Hg. 1979. *Die französische Autorin vom Mittelalter bis zur Gegenwart.* Wiesbaden. Athenaion. S. 77-88.

41 Bachmann, Ingeborg. 1993. *Werke in vier Bänden.* Hg. von Christine Koschel, Inge von Weidenbaum und Clemens Münster. München. Serie Piper 1700.

42 Bänsch, Dieter. 1971. *Else Lasker-Schüler: Zur Kritik des etablierten Bildes.* Stuttgart. Metzler.

43 Bäumer, Gertrud. 1936. *Adelheid: Mutter der Königreiche.* Tübingen. Rainer Wunderlich.

44 Bäumer, Gertrud. 1939. *Gestalt und Wandel: Frauenbildnisse.* Berlin. Herbig.

45 Bahr, Ehrhard. 1980. *Nelly Sachs.* Autorenbücher 16. Text und Kritik. München. Beck.

46 Bailey, Elizabeth Graham. 1980. »Cecilia Beaux: Background with a Figure«, *Arts and Antiques*, May-April 1980, pp. 54-61.
47 Baillio, Joseph. 1982. *Elisabeth Louise Vigée Le Brun, 1755-1842*. With a preface by David M. Robb, Jr. Fort Worth. Kimbell Art Museum.
48 Bainton, Roland H. 1995. *Frauen der Reformation*. Gütersloh. Gütersloher Taschenbücher.
49 Bair, Deirdre. 1992. *Simone de Beauvoir: Eine Biographie*. München. Goldmann TB 41482.
50 Baker, Daniel B. Hg. 1993. *Explorers and Discoverers of the World*. Detroit, Washington, DC; London. Gale Research Inc.
51 Baker, Michael. 1985. *Our Three Selves: The Life of Radclyffe Hall*. New York. William Morrow & Co.
52 Balabanoff, Angelica. 1961 [1959]. Lenin: *Psychologische Beobachtungen und Betrachtungen*. Hannover. Verlag für Literatur und Zeitgeschehen.
53 Baly, Monica E. 1986. *Florence Nightingale and the Nursing Legacy*. London; Dover, NH. Croom Helm.
54 Banks, Olive. 1985. *The Biographical Dictionary of British Feminists*. Vol. I: 1800-1930. New York. New York University Press.
55 Barckhausen, Christiane. 1988. *Auf den Spuren von Tina Modotti*. Köln. Pahl-Rugenstein.
56 Barnes, Djuna. 1985 [1928]. *Ladies Almanach*. Nachwort von Brigitte Siebrasse. Aus dem Engl. von Karin Kersten. Berlin. Wagenbach.
57 Barnes, John. 1978. *Evita Perón: Mythos und Macht*. München. Heyne TB 12/120.
58 Barry, Kathleen. 1988. *Susan B. Anthony: A Biography of a Singular Feminist*. New York. New York University Press.
59 Bartke, Wolfgang. 1985. *Die großen Chinesen der Gegenwart: Ein Lexikon 100 bedeutender Persönlichkeiten Chinas im 20. Jahrhundert*. Frankfurt/M. Suhrkamp TB 1144.
60 Barton, William Eleazar. 1922. *Life of Clara Barton, Founder of the American Red Cross*. 2 Bde. Boston; New York. Houghton, Mifflin & Co.
61 Bastian, Till. 1994. *Die Finsternis der Herzen: Nachdenken über eine Gewalttat*. Köln. Papyrossa.
62 Bateson, Mary Catherine. 1986 (1984). *Mit den Augen einer Tochter: Meine Erinnerungen an Margaret Mead und Gregory Bateson*. Reinbek bei Hamburg. rororo neue frau 5904.
63 Batt, Kurt. 1980. *Anna Seghers*. Leipzig. Philipp Reclam jun.
64 Battiscombe, Georgina. 1981. *Christina Rossetti: A Divided Life*. London. Constable.
65 Bauer, Elisabeth Eleonore. 1987. »Fritzi Massary: Eine Frau, die weiß, was sie will«, in: Anselm, Sigrun & Barbara Beck. Hg. 1987. *Triumph und Scheitern in der Metropole: Zur Rolle der Weiblichkeit in der Geschichte Berlins*. Berlin. Dietrich Reimer.
66 Bauhaus-Archiv Museum für Gestaltung. 1981. Sammlungs-Katalog (Auswahl): Architektur, Malerei, Design, Graphik, Kunstpädagogik. Berlin. Mann.
67 Baum, Marie. 1950. *Leuchtende Spur: Das Leben Ricarda Huchs*. Tübingen; Stuttgart. R. Wunderlich.
68 Bauschinger, Sigrid. 1980. *Else Lasker-Schüler: Ihr Werk und ihre Zeit*. Heidelberg. Lothar Stiem.

69 Bayar, Michael. 1981 (1975). *Mae West: Ihre Filme – ihr Leben.* Aus dem Engl. von Bernd Eckhardt & Burkhardt Kurz. München. Heyne Filmbibliothek 35.
70 Beach, Sylvia. 1982 [1956]. *Shakespeare and Company.* Aus dem am. Englisch von Lily von Sauter. Frankfurt/M. Suhrkamp TB 823.
71 Beauvoir, Simone de. 1968 [1958]. *Memoiren einer Tochter aus gutem Hause.* Aus dem Frz. von Eva Rechel-Mertens. Reinbek bei Hamburg. rororo TB 1066.
72 Beaux, Cecilia. 1930. *Background with Figures.* Boston; New York. Houghton Mifflin.
73 Beck, Hans G. 1986. *Kaiserin Theodora und Prokop: Der Historiker und sein Opfer.* München. Piper.
74 Becker-Cantarino, Barbara. 1987. *Der lange Weg zur Mündigkeit: Frau und Literatur (1500-1800).* Stuttgart. Metzler.
75 Beckmann, Lukas & Lew Kopelew. Hg. 1993. *Gedenken heißt erinnern. Petra K. Kelly. Gert Bastian.* Göttingen. Lamuv.
76 Beicken, Peter. 1987. »Marieluise Fleißer«, *Dictionary of Literary Biography Vol 56: German Fiction Writers, 1914-1945.* Ed. James Hardin. Detroit, MI. Bruccoli Clark, 1987. S. 94-101.
77 Beicken, Peter. 1988. *Ingeborg Bachmann.* München. Beck'sche Reihe Autorenbücher.
78 Beinhorn, Elly. 1980. *Marga von Etzdorf – allein nach Nordafrika und weiter.* Fliegerkalender.
79 Bell, Quentin. 1982 [1972]. *Virginia Woolf: Eine Biographie.* Aus d. Engl. von Arnold Fernberg. Frankfurt/M. Suhrkamp TB 753.
80 Benstock, Shari. 1986. *Women of the Left Bank, Paris, 1900-1940.* Austin, TX. University of Texas Press.
81 Berendsohn, Walter A. 1974. *Nelly Sachs: Einführung in das Werk der Dichterin jüdischen Schicksals.* Darmstadt. Agora.
82 Berendsohn, Walter Arthur. 1927. *Selma Lagerlöf. Heimat und Leben. Kunstlerschaft. Werke. Wirkung und Wert.* München. A. Langen.
83 Bergman, Ingrid. 1984. *Mein Leben.* Übs. Bernd Lubowski. Frankfurt/M.; Berlin. Ullstein.
84 Bergner, Elisabeth. 1981 [1978]. *Bewundert viel und viel gescholten ...: Unordentliche Erinnerungen.* München. Goldmann TB 3980.
85 Bernard, Jacqueline. 1990. *Journey Toward Freedom: The Story of Sojourner Truth.* New York. W. W. Norton & Company.
86 Bernhardt, Sarah. 1983 [1907]. *Mein doppeltes Leben.* München. Knaur TB 8003.
87 Berthold, Günther. 1982. *Freda Wuesthoff: Eine Faszination.* Freiburg, Br. Herder.
88 Billeter, Erika. 1993. *Das blaue Haus. Die Welt der Frida Kahlo.* Frankfurt. Schirn Kunsthalle.
89 *Biographisch-Bibliographisches Kirchenlexikon.* Bd. 1, 1990. Hamm [später Herzberg]. Bautz. Sp. 35.
90 Biracree, Tom. 1987. *Wilma Rudolph.* Einleitung Martina S. Horner. New York, Chelsea House.
91 Bischoff, Charitas. 1977 [1913]. *Amalie Dietrich: Ein Leben.* Mit einem Nachwort hg. von Günter Wirth. Berlin DDR. Ev. Verlagsanstalt.
92 Bischoff, Charitas. 1981 [1912]. *Bilder aus meinem Leben.* Mit einem Nachwort hg. von Günter Wirth. Berlin. Ev. Verlagsanstalt.

93 Bissel, R. Ward. 1968. »Artemisia Gentileschi: A New Documented Chronology«, *Art Bulletin* 50 (Juni), 153-68.
94 Bisson, Terry. 1989. *Harriet Tubman.*
95 Blaché, Roberta und Simone & Anthony Slide. 1986. *The Memoirs of Alice Guy Blaché.* Metuchen, NJ; London. The Scarecrow Press.
96 Blanc, Olivier. 1981. *Olympe de Gouges.* Paris. Syros.
97 Bland, Alexander. 1981. *Fonteyn und Nurejew.* München. Noack-Hübner.
98 Blimbcher, Arnold B. 1989. *Louise Nevelson remembered.* New York. The Pace Gallery.
99 Boch, Gudrun. 1985. »Alice James (1848-1892): Aufzeichnungen einer Tochter und Schwester«, Pusch, Luise F. Hg. 1985, S. 415-451.
100 Bock, Gisela. 1985. *Zwangssterilisation im Nationalsozialismus. Studien zur Rassenpolitik und Frauenpolitik.* Opladen. Westdeutscher Verlag.
101 Bockel, Rolf von. 1991. *Philosophin einer neuen Ethik: Helene Stöcker 1869-1943.* Hamburg. Brormann & von Bockel.
102 Bogle, Donald. 1980. *Brown Sugar: Eighty Years of America's Black Female Superstars.* New York. Harmony Books.
103 Bonus-Jeep, Beate. 1948. *Sechzig Jahre Freundschaft mit Käthe Kollwitz.* Berlin; Boppard. Karl Rauch.
104 Borchard, Beatrix. 1991. *Clara Schumann: Ihr Leben.* Berlin. Ullstein.
105 Bosworth, Patricia. 1984. *Diane Arbus: Eine Biographie.* Aus dem Engl. von Peter Münder et al. München. Schirmer/Mosel.
106 Bower, Kathrin Maria. 1994. *In The Name Of The (M)Other? Articulating An Ethics Of Memory In The Post-Holocaust Poetry Of Nelly Sachs And Rose Ausländer.* Ph.D. Thesis. Madison, WI. University of Wisconsin-Madison.
107 Bowles, Jane. 1984. *The Collected Works of Jane Bowles.* London. Peter Owens.
108 Bowles, Jane. 1986. *Zwei sehr ernsthafte Damen.* München. dtv.
109 Bradford, S. 1984. *Princess Grace.* New York. Stein and Day.
110 Bradford, Sarah Elizabeth. 1961 [1886]. *Harriet Tubman, the Moses of Her People.* Bedford, MA. Applewood Books.
111 Braeuer, Ramona. 1994. »Gottsched und die Neuberin. Theater zwischen Barock und Aufklärung«, in: *Weißenfels als Ort literarischer und künstlerischer Kultur.* Hg. Roswitha Jacobsen. Amsterdam. Rodopi. S. 305-316.
112 Brandt, Bettina. 1993. *The Coming of Age of the Child-Woman: Meret Oppenheim, Surrealism and Beyond.* Unveröff. Diss. Harvard University. Cambridge, MA.
113 Brandt, Heike. 1989. *»Die Menschenrechte haben kein Geschlecht«: Die Lebensgeschichte der Hedwig Dohm.* Weinheim; Basel. Beltz.
114 Brandt, Willy. 1990. »Rosa Luxemburg«, in: Schultz, Hans Jürgen. Hg. 1990. *Es ist ein Weinen in der Welt: Hommage für deutsche Juden.* Stuttgart. Kreuz.
115 Braun, Helmut. Hg. 1991. *Rose Ausländer: Materialien zu Leben und Werk.* Frankfurt/M. S. Fischer.
116 Braune, Gabriele. 1994. *Umm Kulthum. Ein Zeitalter der Musik in Ägypten. Die moderne ägyptische Musik des 20. Jahrhunderts.* Frankfurt a.M. Lang.

117 Bridge, Anthony. 1980. *Theodora: Aufstieg und Herrschaft einer byzantinischen Kaiserin.* München. Callwey.

118 Brightman, Carol. 1992. *Writing Dangerously: Mary McCarthy and her World.* New York. Clarkson Potter.

119 Brightman, Carol. Hg. 1995. *Between Friends: The Correspondence of Hannah Arendt and Mary McCarthy 1949-1975.* New York. Harcourt, Brace & Co.

120 Brinker-Gabler, Gisela. Hg. 1988. *Deutsche Literatur von Frauen. Erster Band: Vom Mittelalter bis zum Ende des 18. Jahrhunderts.* München. Beck.

121 Brinker-Gabler, Gisela. Hg. 1982. *Kämpferin für den Frieden: Bertha von Suttner. Lebenserinnerungen, Reden und Schriften.* Frankfurt/M. Fischer TB 2053.

122 Brinker-Gabler, Gisela, Karola Ludwig & Angela Wöffen. 1986. *Lexikon deutschsprachiger Schriftstellerinnen 1800-1945.* München. dtv 3282.

123 Brinnin, John Malcolm. 1991 [1959, 1987]. *Die dritte Rose: Gertrude Stein und ihre Welt.* Aus dem Engl. von Maria Wolf. Frankfurt/M. Suhrkamp TB 1820.

124 Bromberger, Barbara & Katja Mausbach. 1987. *Frauen und Frankfurt: Spuren vergessener Geschichte.* Frankfurt. Verlag für Akademische Schriften.

125 Brønsted, Mogens. Hg. 1982. *Nordische Literaturgeschichte.* Bd. 1. München. Wilhelm Fink.

126 Brooks, Paul. 1972. *The House of Life: Rachel Carson at Work.* Boston. Houghton Mifflin.

127 Brodbeck, Doris, Yvonne Domhardt & Judith Stofer. Hg. 1998. *Siehe, ich schaffe Neues: Aufbrüche von Frauen in Protestantismus, Katholizismus, Christkatholizismus und Judentum.* Bern. eFeF.

128 Brown, Clarence. 1973. Mandelstam. Cambridge. Cambridge University Press.

129 Brown, Curtis F. 1988 (1979). *Jean Harlow: Ihre Filme – ihr Leben.* München. Heyne.

130 Brutscher, Eva. 1992. »Denn im Winde wandelt sich das Antlitz der Dinge ohn' Unterlaß«, Buchkritik zur Neuerscheinung von ›Traumkäfig‹. *Virginia: Frauenbuchkritik.* Nr. 13. Oktober 1992.

131 Bryher. 1963. The Heart to Artemis: A Writer's Memoirs. London. Collins.

132 Bryher. 1977. *The Days of Mars: A Memoir 1940-46.* London. Calder & Boyers.

133 Buber-Neumann, Margarete. 1992 [1977]. *Milena. Kafkas Freundin: Ein Lebensbild.* Mit einem Nachwort von Gudrun Bouchard. Frankfurt/M.; Berlin. Ullstein TB 30248.

134 Buck, Pearl S. 1976 [1954]. *Mein Leben – meine Welten.* Übs. Hans B. Wagenseil. Bergisch-Gladbach. Bastei-Lübbe TB 61009.

135 Budke, Petra & Jutta Schulze. 1995. *Schriftstellerinnen in Berlin 1871 bis 1945: Ein Lexikon zu Leben und Werk.* Berlin. Orlanda.

136 Bühler, Charlotte. 1927. *Zwei Mädchentagebücher.* 6. Aufl. Jena. Gustav Fischer.

137 Bühler, Charlotte. 1962. *Psychologie im Leben unserer Zeit.* München; Zürich. Droemer Knaur.

138 Bühler, Charlotte. 1967 [1921]. *Das Seelenleben des Jugendlichen.* 6. Aufl. Stuttgart. Gustav Fischer.
139 Bürger, Christa. 1990. *Leben Schreiben: Die Klassik, die Romantik und der Ort der Frauen.* Stuttgart. Metzler.
140 Buhlmann, Britta E. 1987. *René Sintenis: Werkmonographie der Skulpturen.* Darmstadt. Wissenschaftliche Buchgesellschaft.
141 Bulman, Joan C.B. 1956. *Jenny Lind: A Biography.* London. James Barrie.
142 Burlingham, Michael John. 1989. *The Last Tiffany: A Biography of Dorothy Tiffany Burlingham.* New York. Atheneum.
143 Busch, Alexandra. 1989. *Ladies of Fashion: Djuna Barnes, Natalie Barney und das Paris der 20er Jahre.* Bielefeld. Cordula Haux.
144 Cacucci, Pino. 1989. *Tina Modotti: Ein brüchiges Leben in Zeiten absoluter Gewißheiten.* Aus dem Ital. von Michaele Wunderle. Frankfurt/M. Neue Kritik.
145 Carey, Gary. 1988. *Anita Loos: A Biography.* New York. Knopf.
146 Carico, Marilyn Eschinger. 1977. *The Life and Works of Louise Aston-Meier.* University of Tennessee Phil. Diss. Knoxville, TN.
147 Carr, Virginia Spencer. 1975. *The Lonely Hunter: A Biography of Carson McCullers.* Garden City, N.Y. Doubleday.
148 Carter, Steven R. 1991. *Hansberry's Drama: Commitment Amid Complexity.* Urbana, IL. University of Illinois Press.
149 Castro, J. G. 1985. *The Art and Life of Georgia O'Keeffe.* New York. Crown.
150 Caterina von Siena. 1980. *Gottes Vorsehung.* Hg., eingel. u. übers. v. Louise Gnädinger. Olten. Walter.
151 *Cecilia Beaux: Portrait of an Artist.* Katalog. 1974-5. Philadelphia. The Pennsylvania Academy of Fine Arts.
152 Celant, Germano. 1973. *Louise Nevelson.* München. Edition Praeger.
153 Cerná, Jana. 1985 [1969]. *Milena Jesenská.* Aus dem Tschech. von Reinhard Fischer. Frankfurt/M. Neue Kritik.
154 Cerny, Heimo. 1983. *Catharina Regina von Greiffenberg, geb. Freiherrin von Seisenegg (1633-1694): Herkunft, Leben und Werk der größten deutschen Barockdichterin.* Amstetten. Stadtgemeinde.
155 Chadwick, Whitney. 1990. *Women, Art, and Society.* London. Thames & Hudson.
156 Chalon, Jean. 1987. *Alexandra David-Neel.* München.
157 Champion, Jeanne. 1987. *Die Vielgeliebte: Kunst und Leben der Suzanne Valadon.* München. Goldmann TB 09634
158 Charles-Roux, Edmonde. 1988 (1974). *Coco Chanel: Ein Leben.* Aus dem Frz. von E. Tophoven-Schöningh. Wien; Darmstadt. Paul Zsolnay.
159 Chastenet, Jacques. 1959. *Victoria und ihr Zeitalter.* Aus dem Frz. von Adolf Heine-Geldern. Graz; Wien; Köln. Styria.
160 Cheney, Anne. 1984. *Lorraine Hansberry.* Boston. Twayne.
161 Chevigny, Bell Gale. 1976. *The Woman and the Myth: Margaret Fuller's Life and Writings.* Old Westbury, NY. The Feminist Press.
162 Chitham, Edward. 1990. *Emily Brontë: Eine Lebensbeschreibung.* Aus dem Engl. von Tamara Willmann. Göttingen. Steidl.
163 Chitty, Susan. 1981. *Gwen John.* London. Hodder & Stoughton.
164 Christie, Agatha. 1977. *Agatha Christie: An Autobiography.* New York. Ballantine Books.

165 Clarke, Robert. 1973. *Ellen Swallow: The Woman who Founded Ecology.* Chicago. Follett Publishing Comp.
166 Clemens, Bärbel. 1988. *Menschenrechte haben kein Geschlecht.* Pfaffenweiler. Centaurus.
167 Clough, F.F. & G. J. Cuming. 1958. »Kirsten Flagstad Discography«, *Gramophone Record Review* 1958, Nr. 53, S. 390.
168 Collis, Louise. 1984. *Impetuous Heart. The Story of Ethel Smyth.* London. W. Kimber.
169 Collis, Rose. 1995. *Verschleierte Portraits.* Aus d. Engl. von Susanne Amrain. Göttingen. Daphne.
170 Conrad, Anne. 1986. »Ordensfrauen ohne Klausur? Die katholische Frauenbewegung an der Wende zum 17. Jahrhundert«, *Feministische Studien* 1/1986: 31-45.
171 Cordey, Pierre. 1971. *Germaine de Staël: Ein Leben für Poesie, Liebe und Politik.* Aus dem Frz. von Elisabeth Rieger. Lausanne. Editions Rencontre.
172 Cornell, Henrik. 1983. »Den heliga Birgitta«, in: Cornell, Jan. u.a. 1983 [1966/77]. *Den Svenska Historien.* 2: Från Birger Jarl till Kalmarunionen. Stockholm. S. 118-129.
173 Cornevin, Marianne. 1989. *La véritable Madame Roland.* Paris. Pygmalion/ Gérard Watelet.
174 Corti, Egon Caesar Conte. 1982 [1975]. *Elisabeth von Österreich: Tragik einer Unpolitischen.* München. Heyne TB 40.
175 Crankshaw, Edward. 1981 [1966]. Maria Theresia: *Die mütterliche Majestät.* Aus dem Engl. von Günter Treffer. München. Heyne TB 10.
176 Crichton, Ronald. Hg. 1987. *The Memoirs of Ethel Smyth.* Middlesex. Viking.
177 Cronin, Vincent. 1980 (1977). *Katharina die Große, Zarin der Russen.* Aus dem Engl. von Karl Berisch. Bergisch-Gladbach. Bastei-Lübbe TB 61048.
178 Crosland, Margaret. 1986. *Piaf.* München; Berlin. Herbig.
179 Crump, Rebecca W. 1976. *Christina Rossetti: A Reference Guide.* Boston. Hall.
180 Curie, Eve. 1952 (1937). *Madame Curie: Eine Biographie.* Aus dem Frz. von Maria Giustiniani. Frankfurt/M. Fischer TB 2243.
181 Curiger, Bice. 1982. *Meret Oppenheim. Spuren durchstandener Freiheit.* Zürich. ABC.
182 Curtis, Gila. 1972. *The Life and Times of Queen Anne.* London. Weidenfeld & Nicolson.
183 Daly, Ann. 1995. *Done into Dance: Isadora Duncan in America.* Bloomington, IN. Indiana University Press.
184 Damm, Sigrid. 1998. *Christiane und Goethe: Eine Recherche.* Frankfurt/M. Insel.
185 Dammeyer, Manfred. 1978. »Guter Geist bei Marx und Engels: Helena Demuth«, in: Lienau & Ruppel. Hg. 1978.
186 Damon, S. Foster. 1935 (Nachdruck 1966). *Amy Lowell: A Chronicle.* With Extracts from Her Correspondence. Boston. Houghton Mifflin.
187 Danielson, Virginia. 1991. *Shaping Tradition in Arabic Song: The Career and Repertory of Umm Kulthum.* PhD. diss. (music). University of Illinois.
188 Danly, Robert Lyons. 1981. *In the shade of spring leaves: The life and*

*writings of Higuchi Ichiyô, a woman of letters in Meiji Japan.* New Haven, CT; London. Yale University Press.

189 *Das Verborgene Museum I: Dokumentation der Kunst von Frauen in Berliner öffentlichen Sammlungen.* 1987. Hg. Neue Gesellschaft für Bildende Kunst e.V., Berlin. Berlin. Edition Hentrich.

190 David, Cathérine & Diserens, Corinne. 1993. *Eva Hesse. Ausstellungskatalog Galérie Nationale du Jeu de Paume.* Paris. Editions du Jeu de Paume / Réunion des musées nationaux.

191 David, Cathérine. *Simone Signoret: Geteilte Erinnerungen.* München. Goldmann TB 41202.

192 David-Neel, Alexandra. 1979. *Wanderer mit dem Wind: Reisetagebücher in Briefen von 1904-1917.* Übs. Christoph Rodiek. Wiesbaden. Brockhaus.

193 David-Neel, Alexandra. 1986. *Mein Weg durch Himmel und Höllen. Das Abenteuer meines Lebens.* Aus dem Frz. von Ada Ditzen. München. Scherz.

194 Davies, Stevie. 1988. *Emily Brontë.* Bloomington, IN. Indiana University Press.

195 Davis, B. J. 1990. *Marguerite de Navarre.*

196 Davis, Natalie Zemon. 1995. *Women on the Margins: Three Seventeenth-Century-Lives.* Cambridge, MA. Harvard University Press.

197 Davis, Natalie Zemon. 1997. »Mit Gott rechten: Glikl bas Judah Leib«, in: Hellmann, Brigitte. Hg. 1997. *Frauengeschichte(n): Ein historisches Lesebuch.* München. dtv. S. 216-226.

198 De Selincourt, Ernest. 1933. *Dorothy Wordsworth: A Biography.* Oxford. The Clarendon Press.

199 Dech, Gertrud Jula. 1981. *Schnitt mit dem Küchenmesser DADA durch die letzte Bierbauchkulturepoche Deutschlands: Untersuchungen zur Fotomontage Hannah Höchs.* Münster. Literaturverlag. Dr. Wilhelm Hopf.

200 Delbée, Anne. 1988 (1982). *Der Kuß: Kunst und Leben der Camille Claudel.* Aus d. Frz. von Helmut Kossodo. München. Goldmann TB 08983.

201 Deledda, Grazia. 1942. *Cosima – Die Jugend einer Dichterin.* Mainz. Matthias-Grünewald-Verlag.

202 Deledda, Grazia. 1992. *Marianna Sirca.* Aus dem Ital. von F. Gasbara; überarbeitet und mit einem Nachwort hg. von Ute Stempel. München. dtv 980.

203 Dertinger, Antje. 1980. *Die bessere Hälfte kämpft um ihr Recht.* Köln. Bund.

204 Dertinger, Antje. 1989. *Frauen der ersten Stunde: Aus den Gründerjahren der Bundesrepublik.* Bonn. Latka.

205 DeSalvo, Louise & Mitchell A. Leaska. Hg. 1985 [1984]. *The Letters of Vita Sackville-West to Virginia Woolf.* London. Papermac.

206 Deutsch, Helene. 1948-54 (1944-5). *Psychologie der Frau.* 2 Bde. Bern. Hans Huber.

207 Deutsch, Helene. 1975 (1973). *Selbstkonfrontation.* München. Kindler.

208 *Diane Arbus: An Aperture Monograph.* 1972. Aperture. Millerton, NY.

209 Dick, Jutta & Barbara Hahn. Hg. 1993. *Von einer Welt in die andere: Jüdinnen im 19. und 20. Jahrhundert.* Wien. Brandstätter.

210 Dick, Jutta & Marina Sassenberg. Hg. 1993. *Jüdische Frauen im 19. und 20. Jahrhundert: Lexikon zu Leben und Werk*. Reinbek bei Hamburg. rororo 6344.

211 *Dictionary of American Biography*. 1934. Hg. Dumas Malone. New York. Scribner's Sons.

212 *Dictionary of Literary Biography*. 1978ff. Detroit. Gale Research Company.

213 *Dictionary of Scientific Biography*. Hg. Charles Coulston Gillespie; ab Bd. 17 Frederic L. Holmes. New York. Scribner. 1970ff.

214 *Die Musik in Geschichte und Gegenwart: Allgemeine Enzyklopädie der Musik*. 1989 [1955]. 17 Bde. Unter Mitarbeit zahlreicher Musikforscher des In- und Auslandes hg. von Friedrich Blume. München; Kassel. dtv und Bärenreiter.

215 *Die Radikalen in der alten Frauenbewegung*. Feministische Studien, 3. Jg. Mai 1984 Heft Nr. 1.

216 Dietrich, Marlene. 1981 [1979]. *Nehmt nur mein Leben...: Reflexionen*. München. Goldmann TB 6327.

217 Dietrich, Marlene. 1990. *Ich bin, Gott sei Dank, Berlinerin. Memoiren*. Frankfurt/M.; Berlin. Ullstein TB 22320.

218 Dillon, Millicent. 1993. *Jane Bowles: Lauter kleine Sünden*. Eine Biographie. München. Goldmann TB 42071.

219 Dinesen, Ruth. 1992. *Nelly Sachs*. Frankfurt/M. Suhrkamp TB 2270.

220 Ding Ling. 1980. *Das Tagebuch der Sophia*. Übs. aus d. Chin. vom Arb.kreis mod. chin. Lit. am Ostasiat. Sem. d. FU Berlin. Frankfurt/M. Suhrkamp.

221 Dohm, Hedwig. 1980. *Hedwig Dohm: Erinnerungen und weitere Schriften von und über Hedwig Dohm*. Ges. u. Vorwort Berta Rahm. Zürich. Ala.

222 Doornik, N.G.M. van. 1980. *Katharina von Siena*. Aus d. Niederl. von Liesel Linn. Freiburg. Herder.

223 Dornemann, Luise. 1980 (1968). *Jenny Marx: Der Lebensweg einer Sozialistin*. Berlin. Dietz.

224 Douglas, George H. 1986. *Women of the Twenties*. Dallas, TX. Saybrook

225 Doyle, Paul. 1965. *Pearl S. Buck*. New York. Twayne.

226 Drewitz, Ingeborg. 1981. *Die zerstörte Kontinuität: Exilliteratur und Literatur des Widerstandes*. Wien; München; Zürich. Europaverlag.

227 Droste-Hülshoff, Annette von. 1978ff. *Werke und Briefe*. Historisch-kritische Ausgabe. Hg. von Winfried Wösler. Tübingen. Niemeyer.

228 du Maurier, Daphne. 1978 [1977]. *Eine Schriftstellerin nimmt Gestalt an: Autobiographische Aufzeichnungen*. Tübingen. Wunderlich.

229 Duda, Sibylle. 1999. »Elfriede Lohse-Wächtler«, in: Duda & Pusch. Hg. 1999.

230 Duda, Sibylle & Luise F. Pusch. Hg. 1995. *WahnsinnsFrauen*. Zweiter Band. Frankfurt/M. Suhrkamp TB 2493.

231 Duda, Sibylle & Luise F. Pusch. Hg. 1992. *WahnsinnsFrauen*. Frankfurt/M. Suhrkamp TB 1876.

232 Duda, Sibylle & Luise F. Pusch. Hg. 1999. *WahnsinnsFrauen*. Dritter Band. Frankfurt/M. Suhrkamp TB 2493.

233 Duden, Anne. Hg. 1986. *»Oder war da manchmal noch etwas anderes?« Texte zu Marlen Haushofer*. Frankfurt/M. Neue Kritik.

234 Duffy, Maureen. 1977. *Aphra Behn 1640-1689: The Passionate Shepherdess.* London. Jonathan Cape.

235 Duncan, Dore & Cynthia Splatt. 1993. *Life into Art: Isadora Duncan and her World.* New York. Norton.

236 Duncan, Isadora. 1928 [1927]. *Memoiren.* Zürich. Amalthea.

237 Duranteau, Josane. 1971. *Albertine Sarrazin.* Paris. Editions Sarrazin.

238 Duras, Marguerite. 1985 [1984]. *Der Liebhaber.* Aus d. Frz. von Ilma Rakusa. Frankfurt/M. Suhrkamp TB 1629.

239 Duras, Marguerite. 1994 [1985]. *Der Schmerz.* Aus d. Frz. von Eugen Helmlé. München. Hanser.

240 Eberhardt, Isabelle. 1983. *Sandmeere 1: Tagwerk. Im Schatten des Islam.* Hg. Christian Bouqueret. Aus d. Frz. von Grete Ostwalder. Reinbek bei Hamburg. rororo neue frau TB 5231.

241 Eberhardt, Isabelle. 1983. *Sandmeere 2: Notizen von unterwegs. Vergessenssucher. Islamische Blätter.* Hg. Christian Bouqueret. Aus dem Frz. von Grete Ostwalder. Reinbek bei Hamburg. rororo neue frau TB 5232.

242 Eberhardt, Isabelle. 1993. *Briefe an drei Männer.* Mit einem Vorwort von Hans Christoph Buch. Aus d. Frz. von Gerhard Döhler. Reinbek bei Hamburg. Rowohlt.

243 Eckhardt, Celia Morris. 1984. *Fanny Wright: Rebel in America.* Cambridge, MA; London. Harvard University Press.

244 Edvardson, Cordelia. 1989 [1984]. *Gebranntes Kind sucht das Feuer.* Aus d. Schwed. von Anna-Liese Kornitzky. München. dtv 115.

245 Edwards, Anne. 1981. *Das Leben von Vivien Leigh.* Reinbek bei Hamburg. Rowohlt.

246 Egenter, Richard. 1936. *Wagnis in Christo: Maria Ward und die Idee der christlichen Selbständigkeit.* Regensburg. Habbel.

247 Ehrlich, A. [1896]. *Berühmte Sängerinnen der Vergangenheit und Gegenwart: Eine Sammlung von 91 Biographien und 90 Porträts.* Leipzig. A.H. Payne.

248 Einstein, Albert & Mileva Maric. 1994. *»Am Sonntag küss ich Dich mündlich«: Die Liebesbriefe 1897-1903.* Hg. und eingel. von Jürgen Renn & Robert Schulmann. Mit e. Essay von Armin Hermann. München. Piper.

249 El-Akramy, Ursula. 1997. Wotans Rabe: *Elisabeth Langgässer, ihre Tochter Cordelia und die Feuer von Auschwitz.* Frankfurt/M. Neue Kritik.

250 Elias, Gabriela. 1995. *Melina Mercouri: Biographie eines Weltstars.* Wien. Edition S.

251 Elwood, R.C. 1992. *Inessa Armand, Revolutionary and Feminist.* New York City. Cambridge University Press.

252 Erlanger, Philippe. 1955. *Diane de Poitiers.* Paris. Editions Gallimard.

253 Errera, Eglal. 1989. *Isabelle Eberhardt: Eine Biographie.* Aus d. Frz. von Gio Waeckerlin Induni. Zürich. Lenos.

254 Ettinger, Elzbieta. 1990. *Rosa Luxemburg: Ein Leben.* Aus dem Engl. von Barbara Bortfeldt. Bonn. Dietz.

255 Etzdorf, Marga von. 1931. *Kiek in die Welt. Als deutsche Fliegerin über drei Erdteilen.* Berlin.

256 Evans, Oliver. 1970 (1965). *Carson McCullers: Leben und Werk.* Aus dem Engl. von Elizabeth Gilbert. Zürich. Diogenes.

257 Fabricius-Brand, Margarete, Sabine Berghahn & Kristine Sudhölter. 1982. *Juristinnen: Berichte, Fakten, Interviews*. Berlin. Elefanten Press.
258 Falk, Candace. 1987. *Liebe und Anarchie und Emma Goldman: Ein erotischer Briefwechsel. Eine Biografie*. Berlin. Karin Kramer.
259 Farmer, Frances. 1972. *Will there really be a morning? Autobiography*. New York. Dell.
260 Farrochsad, Forugh. 1981. *Another Birth. Selected Poems of Forugh Farrokhzad*. Übs. Hasan Javadi & Susan Sallée. Middle Eastern Series 1. Emeryville, CA. Albany Press.
261 Farrochsad, Forugh. 1993. *Jene Tage. Gedichte*. Übs. u. Nachwort Kurt Scharf. Frankfurt/M. Suhrkamp.
262 Fawcett, Millicent Garrett. 1912. *Women's Suffrage: A Short History of a Great Movement*. London; Edinburgh. T. C. & E. C. Jack.
263 Fawcett, Millicent Garrett. 1924. *What I Remember*. London. T. Fisher Unwin.
264 Feinstein, Elaine. 1985. *Bessie Smith*. New York. Viking.
265 Feinstein, Elaine. 1987. *A Captive Lion: The Life of Marina Tsvetaeva*. New York. E.P. Dutton.
266 Fernea, E. W. & Basima Qattan Bezirgan. Hg. 1977. *Middle Eastern Women Speak*. Austin. University of Texas Press.
267 Feuerwerker, Yi-tsi M. 1977. »The changing relationship between literature and life: Aspects of the writer's role in Ding Ling«, in: Goldman, Merle. Hg. *Modern Chinese literature in the May Fourth era*. Cambridge, MA. Harvard University Press.
268 Feyl, Renate. 1983. *Der lautlose Aufbruch: Frauen in der Wissenschaft*. Darmstadt. Luchterhand.
269 Fickett, Harold & Douglas R. Gilbert. 1986. *Flannery O'Connor: Images of Grace*. Grand Rapids, MI. William B. Eerdmans.
270 Fiedler-Winter, Rosemarie. 1967. *Engel brauchen harte Hände: Vom Wirken bedeutender Frauen*. Düsseldorf, Wien. Econ.
271 Field, Andrew. 1985 [1985]. *Djuna: The Formidable Miss Barnes*. Austin,Tx. University of Texas Press.
272 Figner, Vera. 1985 (1928). *Nacht über Rußland: Lebenserinnerungen einer russischen Revolutionärin*. Von der Verf. durchges. u. autorisierte Übers. aus d. Russ. 1. u. 2. Teil von Lilly Hirschfeld. 3. Teil von Reinhold von Walter. Mit dokumentarischen Abbildungen. Reinbek bei Hamburg. rororo TB 5974.
273 Filter, Cornelia. 1989. »Artikel 3, Abs. 2 GG: ›Männer und Frauen sind gleichberechtigt‹«, *Emma* 5/89, S. 18-23.
274 Fine, Elsa Honig. 1978. *Women and Art: A History of Women Painters and Sculptors from the Renaissance to the 20th Century*. Montclair, NJ; London. Allanheld & Schram / Prior.
275 Fiori, Gabriella. 1989. *Simone Weil: An Intellectual Biography*. Athens, GA. The University of Georgia Press.
276 Fisch, Audrey A., Anne K. Mellor & Esther H. Schor. Hg. 1993. *The Other Mary Shelley*. New York. Oxford University Press.
277 Fischer, Friedrich Wilhelm. 1963. »Die Konstanzer Malerin Marie Ellenrieder (1791-1863)«, in: *Bodensee-Hefte* 1963, Heft 6, S. 236-41.
278 Fischer, Friedrich Wilhelm. 1963. *Marie Ellenrieder: Leben und Werk der Konstanzer Malerin*. Mit einem Werkverzeichnis von Sigrid

Blanckenhagen. Hg. vom Kunstverein Konstanz e.V. Konstanz; Stuttgart. Jan Thorbecke.

279 Fischer, Jens Malte. 1995. *Große Stimmen: Von Enrico Caruso bis Jessye Norman.* Frankfurt/M. Suhrkamp TB 2484.

280 Fitch, Noel Riley. 1987. *Sylvia Beach: Eine Biographie aus dem Literarischen Paris 1920-1940.* Aus dem Engl. von Angelika Schleindl. Frankfurt/M. Insel.

281 Fitzgerald, Zelda. 1984. *Schenk mir den Walzer. Roman.* Aus dem am. Engl. u. mit e. Nachwort v. Anita Eichholz. München. Rogner & Bernhard.

282 Fitzgerald, Zelda. 1992. *The Collected Writings.* Hg. Matthew J. Bruccoli. London. Scribner.

283 Flagstad, Kirsten. 1952. *The Flagstad Manuscript.* Hg. Louis Biancolli. London.

284 Flanner, Janet. 1992. *Paris, Germany: Reportagen aus Europa 1931-1950.* Aus dem Engl. von Angelika Felenda. München. Antje Kunstmann.

285 Flanner, Janet. 1995. *Darlinghissima: Briefe an eine Freundin.* Übs. aus d. am. Englisch. München. Antje Kunstmann.

286 Fleischmann, Uta. 1989. *Zwischen Aufbruch und Anpassung: Untersuchungen zu Werk und Leben der Sophie Mereau.* New York; Bern; Frankfurt/M. Peter Lang.

287 Fölsing, Ulla. 1990. *Marie Curie: Wegbereiterin einer neuen Naturwissenschaft.* München. Piper.

288 Fölsing, Ulla. 1990. *Nobel-Frauen: Naturwissenschaftlerinnen im Porträt.* München. Beck'sche Reihe 426.

289 Fonteyn, Margot. 1976. *Die zertanzten Schuhe. Geschichte meines Lebens.* München. Piper.

290 Forster, Margaret. 1995. *Daphne du Maurier.* Zürich. Arche.

291 Fossey, Dian. 1989 [1983]. *Gorillas im Nebel: Mein Leben mit den sanften Riesen.* Aus d. Engl. v. Elisabeth M. Walter. München. Kindler.

292 Frank, Horst-Joachim. 1967. *Catharina Regina von Greiffenberg: Leben und Welt der barocken Dichterin.* Schriften zur Literatur, Bd. 8. Göttingen. Sachse & Pohl.

293 Frank, Katherine. 1990. *A Chainless Soul: A Life of Emily Brontë.* Boston. Houghton Mifflin.

294 Fraser, Antonia. 1969. *Maria Stuart: Königin der Schotten.* Hersching. Pawlak.

295 *Frauen im Design: Berufsbilder und Lebenswege seit 1900 / Women in Design: Careers and Life Histories since 1900.* 1989. Ausstellungskatalog, 2 Bde. Hg. Angela Oedekoven-Gerischer, Andrea Scholtz, Edith Medek & Petra Kurz. Stuttgart. Landesgewerbeamt Baden-Württemberg. Design Center Stuttgart.

296 *Frauenbilder aus Österreich: Eine Sammlung von zwölf Essays.* 1955. Hg. vom Bund österr. Frauenvereine. Wien. Obelisk.

297 Frederiksen, Elke. Hg. 1981. *Die Frauenfrage in Deutschland 1865-1915.* Texte und Dokumente. Stuttgart. Reclam.

298 Freeman, Derek. 1983. *Margaret Mead and Samoa: The Making and Un-Making of an Anthropological Myth.* Cambridge, MA. Harvard University Press.

299 Freeman, Martha. Hg. 1995. *Always, Rachel: The Letters of Rachel Carson and Dorothy Freeman, 1952-1964*. Boston. Beacon Press.
300 Freer, M. 1986. *The Life of Marguerite d'Angoulême*. 2 Bde.
301 Freundlich, Elisabeth. 1981. *Sie wußten, was sie wollten: Lebensbilder bedeutender Frauen aus drei Jahrhunderten*. Freiburg. Herder.
302 Frewin, Leslie. 1984. *Marlene Dietrich: Ihre Filme – ihr Leben*. Übs. Keto von Waberer. München. Heyne.
303 *Frida Kahlo und Tina Modotti*. Ausstellungs-Katalog der Ausstellung organisiert von der Whitechapel Art Gallery, London. 1982. Frankfurt/M. Neue Kritik.
304 Friedman, Melvin J., & Beverly L. Clark. 1985. *Critical Essays on Flannery O'Connor*. Boston, MA. Hall.
305 Frischauer, Paul. Hg. 1990. *Die geheimen Papiere der Gräfin Dubarry*. Frankfurt/M. Insel TB 1262.
306 Fuegi, John. 1997. *Brecht & Co. Biographie*. Autorisierte, erweiterte und berichtigte dt. Fassg. von Sebastian Wohlfeil. Hamburg. Europäische Verlagsanstalt.
307 Fullbrook, Kate. 1986. *Katherine Mansfield*. Bloomington und Indianapolis, IN. Indiana University Press.
308 Fullbrook, Kate & Edward. 1994. *Simone de Beauvoir and Jean-Paul Sartre: The Remaking of a Twentieth-Century Legend*. New York. Basic Books (HarperCollins).
309 Gabriel, Mary. 1997. *Notorious Victoria: The Life of Victoria Woodhull, Uncensored*. New York. Algonquin.
310 Gagern, Elisabeth von. 1949. *Nur Frauen: Die Ordensidee Maria Wards*. München. Filser.
311 Galahad, Sir [= Helen Diner]. 1981 [1975]. *Mütter und Amazonen: Liebe und Macht im Frauenreich*. Frankfurt/M., Berlin, Wien. Ullstein TB 34044.
312 Gandhi, Sonia. Hg. 1989. *Freedom's Daughter: Letters between Indira Gandhi and Jawaharlal Nehru, 1922-39*. London. Hodder & Stoughton.
313 Garrard, Mary D. 1989. *Artemisia Gentileschi: The Image of the Female Hero in Italian Baroque Art*. Princeton, NJ. Princeton University Press.
314 Gartner, Carol B. 1983. *Rachel Carson*. New York. Ungar.
315 Gavoty, Bernard & Roger Hauert. 1963. *Clara Haskil*. Genf. René Kister.
316 Gazarian-Gautier, Marie-Lise. 1974. *Gabriela Mistral, the Teacher from the Valley of Elqui*. Chicago. Franciscan Herald Press.
317 *Gegenwartsprobleme der Entwicklungspsychologie: Festschrift für Charlotte Bühler*. 1963. Hg. Lotte Schenk-Danzinger & Hans Thomae. Göttingen. Hogrefe.
318 Geisel, Beatrix. 1991. »Unterdrückte Sozialismuskritik: Lu Märten, eine frühe feministische Dissidentin«, *Feministische Studien* 1/1991, S. 28-45.
319 Georgiadou, Areti. 1995. *Das Leben zerfetzt sich mir in tausend Stücke: Annemarie Schwarzenbach. Eine Biographie*. Frankfurt/M. Campus.
320 *German Realists of the 1920s – Deutsche realistische Zeichnungen der zwanziger Jahre*. 1986. Katalog. Cambridge, MA. Harvard University. Art Museums; Busch-Reisinger Museum.

321 Gernsheim, Helmut. 1965. *Geschichte der Fotografie. Die ersten hundert Jahre.* Berlin. Propyläen.

322 Gernsheim, Helmut, 1987 [1973]. *Julia Margaret Cameron. Her life and Photographic Work.* Millerton, N.Y. Aperture.

323 Gersdorff, Dagmar von. 1992. *Marie Luise Kaschnitz: Eine Biographie.* Frankfurt/M. Insel.

324 Geyer-Ryan, Helga. 1982. *Was geschah, nachdem Nora ihren Mann verlassen hatte?: Acht Hörspiele von Elfriede Jelinek, Ursula Krechel, Friederike Mayröcker, Inge Müller, Erica Pedretti, Ruth Rehmann und Gabriele Wohmann.* München. dtv 10017.

325 Gilbert, Sandra M. & Susan Gubar. Hg. 1985. *The Norton Anthology of Literature by Women: The Tradition in English.* New York; London. Norton & Company.

326 Ginzburg, Natalia. 1982. *Caro Michele: Roman einer Familie.* Frankfurt/M. Suhrkamp.

327 Ginzburg, Natalia. 1983. *Mein Familienlexikon.* Frankfurt/M. Suhrkamp.

328 Ginzburg, Natalia. 1988 [1983]. *Die Familie Manzoni.* Aus d. Ital. von Maja Pflug. Essen. Claassen.

329 Gish, Lillian. 1969. *The Movie, Mr Griffith and me.* Eaglewood Cliffs, NJ. Prentice-Hall.

330 Gish, Lillian. 1973. *Dorothy and Lillian Gish.* Hg. James E. Frasher. New York. Scribner.

331 Gittings, Robert & Jo Manton. 1985. *Dorothy Wordsworth.* Oxford. Clarendon Press.

332 Gladstone, Penelope. 1970 [1869]. *Travels of Alexine Tinne, 1835-1869.* London.

333 Glendinning, Victoria. 1990 (1983). *Vita Sackville-West: Eine Biographie.* Aus dem Engl. von Hans J. Schütz. Frankfurt/M. Frankfurter Verlagsanstalt.

334 Gnädinger, Louise. Hg. 1980. *Caterina von Siena.* Olten u. Freiburg i.Br. Walter-Verlag.

335 Goch, Klaus. 1988. »Eleanor Marx (1855-1898)«, in: Pusch, Luise F. Hg. 1988. *Töchter berühmter Männer: Neun biographische Portraits.* Frankfurt/M. Insel TB 979. S. 275-348.

336 Goch, Marianne. 1999. »Glückel von Hameln«; in: dies. 1999. *Alles ist veränderlich: Jüdische Frauen zu Beginn des Emanzipationszeitalters.* Frankfurt/M. Insel TB 2541.

337 Goetzinger, Germaine. 1983. *Für die Selbstverwirklichung der Frau: Louise Aston in Selbstzeugnissen und Dokumenten.* Frankfurt/M. Fischer TB 3743.

338 Gold, Arthur & Robert Fizdale. 1992. *Der eigensinnige Engel: Das leidenschaftliche Leben der Sarah Bernhardt.* Aus dem Engl. von Verena Koch & Cornelie Stoll. München. Kindler.

339 Goldman, Emma. 1931. *Living my Life.* Salt Lake City, UT [New York]. Gibbs M. Smith Inc. [Knopf].

340 Goldsmith, Barbara. 1997. *Other Powers: The Age of Suffrage, Spiritualism, and the Scandalous Victoria Woodhull.* New York. Knopf.

341 Goodman, Katherine R. 1986. *Dis/Closures: Women's autobiography in Germany between 1790 and 1914.* New York; Bern; Frankfurt/M. Peter Lang.

342 Gordon, Joan. 1977. *Margaret Mead: The Complete Bibliography, 1925-1975.*

343 Gordon, John. 1967. *Louise Nevelson.*

344 Gordon, Richard. 1979. *The Private Life of Florence Nightingale.* New York. Atheneum.

345 Gouges, Olympe de. 1995 [1791]. Mensch und Bürgerin: *»Die Rechte der Frau«.* Hg., eingel. und kommentiert von Hannelore Schröder. Aachen. ein-Fach.

346 Gould, Jean. 1975. *Amy: The World of Amy Lowell and the Imagist Movement.* New York. Dodd, Mead & Co.

347 Graham, Martha. 1973. *The Notebooks of Martha Graham.* New York. Harcourt Brace Jovanovich.

348 Graham, Martha. 1992 [1991]. *Der Tanz – mein Leben: Eine Autobiographie.* München. Heyne.

349 Grant, Aline. 1951. *Ann Radcliffe: A Biography.*

350 Grau, Engelbert & Lothar Hardick. Hg. 1980. *Leben und Schriften der hl. Klara.* Franziskanische Quellenschriften 2. Werl, Westf. Dietrich-Coelde-Verlag.

351 Grau, Engelbert (Übers.). 1989. »Heiligsprechungsprozeß der hl. Klara von Assisi«, *AUDITE poverelle – Klarissen.* 2. Jg. Heft 4, Dez. 1989.

352 Greer, Germaine. 1980 (1979). *Das unterdrückte Talent: Die Rolle der Frauen in der Bildenden Kunst.* Aus dem Engl. von Rainer Redies & Ingrid Krüger. Berlin, Frankfurt/M., Wien. Ullstein.

353 Gregg, Edward. 1980. *Queen Anne.* London, Boston und Henley. Routledge & Kegan Paul.

354 Gregory, Horace. 1958. *Amy Lowell: Portrait of the Poet in Her Time.* Freeport, NY. Books for Libraries Press.

355 Greiffenberg, Catharina Regina von. 1983. *Sämtliche Werke in zehn Bänden.* Hg. Martin Bircher & Friedhelm Kemp. Millwood, NY. Kraus Reprint.

356 Gretter, Susanne. 1995. »Zelda Fitzgerald (1900-1948): Etwas Eigenes«, in: Duda & Pusch. Hg. 1995. S. 283-305.

357 Greven-Aschoff, Barbara. 1981. *Die bürgerliche Frauenbewegung in Deutschland 1854-1933.* Göttingen. Vandenhoeck & Ruprecht.

358 Grey, Ian. 1978 (1961). *Katharina die Große: Eine Biographie.* Aus dem Engl. von E. M. Krauss. München. Goldmann TB 11926.

359 Gridley, Marion E. Hg. 1960 [1936]. *Indians of Today.* Third Edition. Chicago. Towertown Press.

360 Grieser, Dietmar. 1989. *Eine Liebe in Wien.* St. Pölten; Wien. Verlag Niederösterreichisches Pressehaus.

361 Grinstein, Louise S. & Paul J. Campbell. Hg. 1987. *Women of Mathematics: A Biobibliographical Sourcebook.* Westport, CN. Greenwood Press.

362 *Große Frauen der Weltgeschichte: Tausend berühmte Frauen in Wort und Bild.* o.J. Wiesbaden. R. Löwit.

363 Guest, Barbara. 1984. *Herself Defined: The Poet H.D. and her world.* London. Collins.

364 Guggenheim, Peggy. 1962 [1960]. *Von Kunst besessen. Autobiographie.* Aus dem Engl. von Lilly von Sauter. München. Kindler.

365 Guggenheim, Peggy. 1984 [1979]. *Ich habe alles gelebt: Autobiogra-*

*phie.* Aus d. Engl. von Dieter Mulch. Bergisch-Gladbach. Bastei-Lübbe TB 10442.
366 Guy, Alice. 1981 [1976]. *Autobiographie einer Filmpionierin 1873-1968.* Aus d. Frz. von Helma Schleif und Dagmar Hahn. Vorwort von Nicole-Lise Bernheim und Claire Clouzot. Münster. tende.
367 Habinger, Gabriele. 1989. »Aufbruch ins Ungewisse: Ida Pfeiffer (1797-1858)«, in: Kossek et al. Hg. *Verkehren der Geschlechter: Reflexionen und Analysen von Ethnologinnen.* Wien. Wiener Frauenverlag. S. 248-261.
368 Härtel, Susanne & Magdalena Köster. 1994. *Reisefrauen.* Weinheim; Basel. Beltz.
369 Haffmans, Gerd. Hg. 1974. *Über Carson McCullers: Essays, Erinnerungen und Notizen von Carson McCullers. Essays, Aufsätze und Rezensionen über Carson McCullers. Chronik und Bibliographie.* Zürich. Diogenes.
370 Hagen, Rose-Marie. 1988. »Artemisia, die entehrte Malerin«, *Art* 18/1988, 72-87.
371 Hahn, Barbara. 1991. *Unter falschem Namen: Von der schwierigen Autorschaft der Frauen.* Frankfurt/M. edition suhrkamp 1723.
372 Hahn, Barbara. Hg. 1994. *Frauen in den Kulturwissenschaften: Von Lou Andreas-Salomé bis Hannah Arendt.* München. Beck.
373 Haight, Gordon S. 1968. *George Eliot: A Biography.* Oxford; New York City. Oxford University Press.
374 Hale, Nancy. 1987 [1975]. *Mary Cassatt.* New York. Doubleday.
375 Hall, Radclyffe. 1991 [1928]. *Quell der Einsamkeit.* Aus dem Engl. von Rudolf Harms. Nachwort von Susanne Amrain. Göttingen. Daphne.
376 Hamann, Brigitte. 1982. *Elisabeth, Kaiserin wider Willen.* Wien; München. Amalthea.
377 Hamann, Brigitte. 1986. *Bertha von Suttner: Ein Leben für den Frieden.* München. Piper.
378 Hamann, Brigitte. 1988. *Die Habsburger: Ein biographisches Lexikon.* München. Piper.
379 Hamann, Brigitte. Hg. 1995. *Kaiserin Elisabeth. Das poetische Tagebuch.* Wien. Verlag der Österreichischen Akademie der Wissenschaften.
380 Hameln, Glückel von. 1980 [1913]. *Denkwürdigkeiten.* Aus dem Jüdisch-Deutschen übersetzt, mit Erläuterungen versehen und hrsg. von Alfred Feilchenfeldt. Frankfurt/M. Athenäum.
381 Hammacher, Abraham M. 1968 [1959]. *Barbara Hepworth.* New York. Universe Books.
382 Hammerstein, Katharina von. 1994. *Sophie Mereau-Brentano: Freiheit – Liebe – Weiblichkeit. Trikolore sozialer und individueller Selbstbestimmung.* Heidelberg. C. Winter Universitätsverlag.
383 Hanna Nagel: *Das frühe Werk.* 1975. Text. H. H. Hofstätter. Freiburg. Karl Schillinger.
384 Hansberry, Lorraine. 1970. *To Be Young, Gifted And Black: Lorraine Hansberry in Her Own Words.* Adapted by Robert Nemiroff, with original drawings and art by Miss Hansberry and an introduction by James Baldwin. New York, N.Y. Signet Books.
385 Hanser, Richard. 1980. *Deutschland zuliebe: Leben und Sterben der Geschwister Scholl.* München. Kindler.

386 Hanssen, Paula. 1992. »Elisabeth Hauptmann (1897-1973): Schriftstellerin, Dramaturgin, Muse«, in: *»Was für eine Frau!« Portraits aus Ostwestfalen-Lippe*. Hg. Ann Brünink & Helga Grubitzsch. Bielefeld. Westfalen-Verlag.
387 Hanssen, Paula. 1995. *Elisabeth Hauptmann: Brecht's Silent Collaborator.* New York University Ottendorfer Series, Neue Folge, Band 46. Ed. Volkmar Sander. Bern. Peter Lang.
388 Harper, Ida Husted. 1898-1908. *The Life and Work of Susan B. Anthony.* 3 Bde. Nachdr. 1969.
389 Harris, Ann Sutherland & Linda Nochlin. 1984 [1976]. *Women Artists 1550-1950*. New York. Alfred A. Knopf.
390 Harris, Jane Gary. Hg. 1979. *Mandelstam; the Complete Critical Prose and Letters.* Aus dem Russ. von Jane G. Harris und Constance Link. Ann Arbor, Mich. Ardis.
391 Harris, Theodore F. Hg. 1962. Pearl S. Buck: *Von Morgen bis Mitternacht*. München. Scherz.
392 Hartnack, Joachim W. 1983. *Große Geiger unserer Zeit*. Zürich. Atlantis.
393 Harvey, Sally Peltier. 1995. *Redefining the American Dream: The Novels of Willa Cather.* Rutherford, NJ. Fairleigh Dickinson University.
394 Hassauer-Roos, Friederike & Peter Roos. Hg. 1977. *Anna Seghers Materialienbuch*. Neuwied. Luchterhand.
395 Hauptmann, Elisabeth. 1977. *Julia ohne Romeo: Geschichten, Stücke, Aufsätze, Erinnerungen*. Hg. Rosemarie Eggert & Rosemarie Hill. Berlin. Aufbau.
396 Haushofer, Marlen. 1984 [1969]. *Die Mansarde*. Düsseldorf. Claassen.
397 Haushofer, Marlen. 1985 [1963]. *Die Wand*. Frankfurt/M.; Berlin; Wien. Ullstein TB 30169.
398 Havighurst, Walter. 1954. *Annie Oakley of the Wild West*. Lincoln. University of Nebraska Press.
399 Hayes, Harold. 1991 [1988]. *Dian Fossey: Die einsame Frau des Waldes*. Aus dem Engl. von Brigitte Weinzinger. München. Kindler.
400 Healey, E. Claire & Ingram, Laura. 1987. »Amy Lowell«, *Dictionary of Literary Biography*, Vol. 54: *American Poets, 1880-1945*, Third Series, 2 parts. Hg. Peter Quartermain. S. 251-260. Detroit, MI. Gale Research Co.
401 Heckmann, Hannelore. 1986. »Theaterkritik als Unterhaltung: Die Vorreden und Vorspiele der Neuberin«, *Lessing Yearbook* 18 (1986) 111-127.
402 Heidish, Mary. 1983. *The Secret Annie Oakley*. New York. New American Library.
403 Heinzlmeier, Adolf, Berndt Schulz & Karsten Witte. 1982. *Die Unsterblichen des Kinos: Stummfilmzeit und die goldenen 30er Jahre*. Frankfurt/M. Fischer TB 3666.
404 Heinzlmeier, Adolf, Berndt Schulz & Karsten Witte. 1985. *Die Unsterblichen des Kinos: Glanz und Mythos der Stars der 40er und 50er Jahre*. Frankfurt/M. Fischer TB 3658.
405 Heitmann, Annegret. 1992. »Agnes von Krusenstjerna (1894-1940): Ein schwieriges Leben oder: Schwierigkeiten mit der Biographie«, in: Duda & Pusch. Hg. 1992, S. 255-279.

406 Helbok, Claudia. 1968. *Miss Angel: Angelika Kauffmann, eine Biographie*. Wien. Rosenbaum.
407 *Helene Weigel zu Ehren*. 1970. [Zum 70. Geburtstag von Helene Weigel am 12. Mai 1970, hg. von Werner Hecht u. Siegfried Unseld] Frankfurt a.M. Suhrkamp.
408 Helfenstein, Josef. 1993. *Meret Oppenheim und der Surrealismus*. Stuttgart. Hatje.
409 Helfrich, Cilly. 1995. *Es ist ein Aschensommer in der Welt: Rose Ausländer. Biographie*. [Diss.]. Weinheim; Berlin. Beltz Quadriga.
410 Heller, Nancy G. 1989 [1987]. *Künstlerinnen von der Renaissance bis zur Gegenwart*. Köln. Dumont.
411 Helm, W.H. 1916. *Vigée-Le Brun: her Life, Works and Friendships*. London. Hutchinson & Co.
412 Hemenway, Robert E. 1977. *Zora Neale Hurston: A Literary Biography*. Urbana, IL. University of Illinois Press.
413 Henderson, Helen Weston. 1928. *The Enchantress, being the life of Dianne de Poytiers, mistress of King Henry the Second of France*. Boston. Houghton Mifflin.
414 Hepworth, Barbara. 1970. *A Pictorial Autobiography*. New York. Praeger.
415 Héritier, Jean. 1980 [1959]. *Katharina von Medici: Herrscherin ohne Thron*. Aus dem Französischen von Christa Dericum. München. Heyne TB 44.
416 Herold, Christopher. 1982 [1960]. *Madame de Staël: Dichterin und Geliebte*. Aus d. Engl. von Lilly von Sauter. München. Heyne TB 99.
417 Herrera, Hayden. 1990 [1983]. *Frida Kahlo: Malerin der Schmerzen, Rebellin gegen das Unabänderliche*. Aus dem Engl. von Dieter Mulch. Frankfurt/M. Fischer TB 5636.
418 Herrera, Hayden. 1992. *Frida Kahlo. Die Gemälde*. München. Schirmer Mosel.
419 Herz, Henriette. 1977 [1850]. *Ihr Leben und ihre Erinnerungen*. Hg. Julius Fürst. Berlin. Wilhelm Hertz, 1850. Nachdruck: Leipzig, Zentralantiquariat der DDR, 1977.
420 Herz, Henriette. 1984. *Berliner Salon: Erinnerungen und Portraits*. Hg. Ulrich Janetzki. Frankfurt/M.; Berlin; Wien. Ullstein TB 30165.
421 Heselhaus, Clemens. 1971. *Annette von Droste-Hülshoff: Werk und Leben*. Düsseldorf. Bagel.
422 Hesse, Eva. 1979. *Eva Hesse 1936-1970: Skulpturen und Zeichnungen. 17. Aug. - 23. Sept. 1979*. Katalog 4/1979. Hannover. Kestner-Gesellschaft.
423 Hetmann, Frederik. 1986. *Schlafe, meine Rose: Die Lebensgeschichte der Elisabeth Langgässer*. Beltz & Gelberg Biographie. Weinheim, Basel. Beltz.
424 Hetmann, Frederik. 1988. *So leicht verletzbar unser Herz: Die Lebensgeschichte der Sylvia Plath*. Beltz & Gelberg Biographie. Weinheim, Basel. Beltz.
425 Heymann, Lida Gustava in Zusammenarbeit mit Anita Augspurg. 1972. *Erlebtes – Erschautes: Deutsche Frauen kämpfen für Freiheit, Recht und Frieden. 1850 - 1940*. Hg. von Margrit Twellmann. Meisenheim am Glan. Anton Hain.
426 Higham, Charles. 1993. *Audrey: Das Leben der Audrey Hepburn*.

Aus dem am. Englisch von Evelyne Brandenburg. Bergisch-Gladbach. Bastei-Lübbe TB 61263.

427 Higonnet, Anne. 1992. *Berthe Morisot's Images of Women*. New York, NY. Harper & Row.

428 Higuchi, Ichiyo. 1975 [1895]. »Trübe Wasser« [Nigorie], in: *Träume aus Zehn Nächten: Moderne japanische Erzählungen*. Aus d. Japan. von Jürgen Berndt. Berlin. Aufbau Verlag. S. 5-39.

429 Higuchi, Ichiyo. 1982 [1895/96]. »Die Liebe der kleinen Midori« [Takekurabe], in: *Der Kirschblütenzweig: Japanische Liebesgeschichten aus tausend Jahren*. Aus d. Japan. von Oscar Benl. München. Nymphenburger. S.171-217.

430 Hilberlin O.P., Dr. M.B. 1963. »Marie Ellenrieder – Zu ihrem 100. Todestag«, in *Konstanzer Almanach* 1963, S. 25-32.

431 Hildebrandt, Irma. 1994. *Die Frauenzimmer kommen: 15 Zürcher Porträts*. München. Eugen Diederichs.

432 Hillmann, Michael Craig. Hg. 1988. *Forugh Farrokhzad. A Quarter-Century Later. Literature East & West*. Austin, TX. The University of Texas Press.

433 Hilzinger, Sonja. 1993. »›Wann wird was wir wolln gewollt?‹ Zur Lyrik Inge Müllers«, *Deutsche Vierteljahresschrift für Literaturwissenschaft und Geistesgeschichte*. Heft 1, S. 173-188.

434 Hine, Darlene Clark. Hg. 1994 [1993]. *Black Women in America: A Historical Encyclopedia*. Mit-Hg. Elsa Barkley Brown & Rosalynn Terborg-Penn. Bloomington, IN; Indianapolis, IN. Indiana University Press.

435 Hintze, Hedwig. 1989 (1928). *Staatseinheit und Föderalismus im alten Frankreich und in der Revolution*. Mit einer neuen Einleitung von Rolf Reichardt. Frankfurt/M. Suhrkamp.

436 Hobbs, Robert. 1993. *Lee Krasner*. New York. Abbeville Press.

437 Hodin, J. P. 1961. *Barbara Hepworth*. New York. D. McKay Co.

438 Höch, Hannah. 1982. *Hannah Höch: Werke und Worte*. Hg. Hubert Remmert & Peter Barth. Berlin.

439 Höhenwarter, Sabine. 1992. *Die Dinge in mir: Leben und Werk der Natalia Ginzburg*. Wien. Wiener Frauenverlag.

440 Höller, Hans. 1993. *Ingeborg Bachmann. Das Werk. Von den frühesten Gedichten bis zum »Todesarten«-Zyklus*. Bodenheim. Anton Hain.

441 Hoffmann, Elisabeth. Hg. 1990. *Elisabeth Langgässer: Briefe 1924-1950*. 2 Bde. Düsseldorf. Claassen.

442 Holböck, Ferdinand. 1988. *Gottes Nordlicht: Die heilige Birgitta von Schweden und ihre Offenbarungen*. 2. Aufl. Stein am Rhein. Christiana-Verlag.

443 Holiday, Billie & William Dufty. 1956. *Lady Sings the Blues*. New York. Doubleday.

444 Holland, Henry Scott & William Smith Rockstro. 1891. *Memoir of Madame Jenny Lind-Goldschmidt*. London. John Murray.

445 Holloway, K. F. 1987. *The Character of the Word: The Texts of Z. N. Hurston*. New York. Greenwood Press.

446 Holmquist, Bengt. Hg. 1977 [1968]. *Das Buch der Nelly Sachs*. Frankfurt/M. Suhrkamp TB 398.

447 *Hommage à Elsa Schiaparelli*. 1984. Ville de Paris. Musée de la Mode et du Costume. Palais Galliéra.

448 Honolka, Kurt. 1982. *Die großen Primadonnen: Vom Barock bis zur Gegenwart.* Wilhelmshaven. Heinrichshofen's.

449 Hopkinson, Amanda. 1986. *Julia Margaret Cameron.* Virago Pioneers. London. Virago.

450 Horsley, Ritta Jo. 1988. »Irmgard Keun«, in: *Dictionary of Literary Biography.* Vol 69. [*Contemporary German Prose Fiction: 1945 to the Present*]. Hg. Wolfgang D. Elfe & James Hardin. Detroit. Gale Research Company.

451 Horsley, Ritta Jo. 1992. »Irmgard Keun (1905-1982): ›Auf dem Trittbrett eines rasenden Zuges‹ – Irmgard Keun zwischen Wahn und Wirklichkeit«, in: Duda, Sibylle & Luise F. Pusch. Hg. 1992. S. 280-308.

452 Horst, Astrid. 1992. *Prima inter pares: Elisabeth Hauptmann, die Mitarbeiterin Bertolt Brechts.* Würzburg. Königshausen und Neumann.

453 Horst, Eberhard. 1989. *Die spanische Trilogie: Isabella – Johanna – Teresa.* Düsseldorf. Claassen.

454 Howard, Jane. 1990 [1984]. *Margaret Mead: A Life.* New York. Fawcett Columbia. Ballantine.

455 Howe, R. W. 1986 *Mata Hari: The True Story.* New York. Dodd, Mead.

456 Hsia, C.T. 1961. *A History of Modern Chinese Fiction*, 1917-1957. New Haven, CT.

457 Huber, Antje. Hg. 1984. *Frauen in der Politik – Die Sozialdemokratinnen: »Verdient die Nachtigall Lob, wenn sie singt?«* Stuttgart; Herford. Seewald.

458 Huch, Ricarda. 1980. *Erinnerungen an das eigene Leben.* Frankfurt/M., Berlin, Wien. Ullstein TB 37012.

459 Huffmann, Ursula, Dorothea Frandsen & Annette Kuhn. Hg. 1987. *Frauen in Wissenschaft und Politik.* Düsseldorf. Schwann.

460 Hummel, Walter. 1952. *Nannerl: Wolfgang Amadeus Mozarts Schwester.* Zürich; Leipzig; Wien. Amalthea.

461 Hummel, Walter. 1958. *Nannerl Mozarts Tagebuchblätter mit Eintragungen ihres Bruders Wolfgang Amadeus.* Salzburg; Stuttgart. Das Bergland-Buch.

462 Hynes, H. Patricia. 1990. *Als es Frühling war: Von Rachel Carson zur feministischen Ökologie.* Aus dem Engl. von Ursula Bischoff. Berlin. Orlanda.

463 Hynes, Pat. 1989. »Die Ökomutter«, in *Emma* 1/1989, S.14f. Aus dem Engl. von Marille Herrmann.

464 Ibárruri, Dolores. 1985. *Der einzige Weg: Erinnerungen.* Übers. aus d. Span. Gerhard Schie. Dietz.

465 Ilsley, M. 1979. *A Daughter of the Renaissance: Marie le Jars de Gournay.*

466 *Im Lichte des Nordens. Skandinavische Malerei um die Jahrhundertwende.* Ausstellungskatalog Düsseldorf 26. Okt. - 1. Feb. 1987. Düsseldorf 1986.

467 Isolani, Gertrud. 1969. *Golda Meir, Israels Mutter Courage: Ein Lebensbild.* Basel. Gute Schriften.

468 Jablonskaja, Mjuda N. 1990. *Russische Künstlerinnen 1900-1935.* Hg. Anthony Parton. Bergisch-Gladbach. Gustav Lübbe.

469 Jackson, Mahalia, with Evan McLeod Wylie. 1966. *Movin' on up.* New York. Hawthorn Books.

470 Jacobs, Linda. 1975. *Wilma Rudolph: Run for Glory*. St. Paul, MN. EMC Corp.
471 James, Alice. 1982. *The Diary of Alice James*. Hg. Leon Edel. Harmondsworth. Penguin.
472 Jansen, Peter W. & Wolfram Schütte. 1978. *Mae West; Greta Garbo*. München. Hanser.
473 Jaukkuri, Maaretta. 1981. »Helene Schjerfbeck: ... Wahrheit sehen und glaubwürdig sein«, *Bildende Kunst* 1981, Heft 5, S. 249ff.
474 Jehle, Hiltgund. 1989. *Ida Pfeiffer: Weltreisende im 19. Jahrhundert*. Münster; New York.
475 Jesenská, Milena: 1990. *Alles ist Leben: Feuilletons und Reportagen 1919 - 1939*. Hg. und mit einer biogr. Skizze versehen von Dorothea Rein. 3., veränderte Aufl. Frankfurt/M. Neue Kritik.
476 Johnson, Claudia L. 1995. *Equivocal Beings: Politics, Gender, and Sentimentality in the 1790s – Wollstonecraft, Radcliffe, Burney, Austen*. Chicago. Chicago University Press.
477 Johnson, William O. & Nancy P. Williamson. 1977. *Whatta-Gal! The Babe Didrikson Story*. Boston. Little, Brown.
478 Johnston, C. 1975. *The Work of Dorothy Arzner: Towards a Feminist Cinema*. London. British Film Institute.
479 Joseph, Gloria I. 1990. »Sojourner Truth: Archetypal Black Feminist«, in: dies. 1990. *Wild Women in the Whirlwind*. New Brunswick, NJ. Rutgers University Press. S. 35-47.
480 Juhl, Eduard, et al. 1962. *Elsa Brändström: Weg und Werk einer großen Frau*. Stuttgart. Quell.
481 Jullian, Philippe. 1977. *Sarah Bernhardt*. Paris. Balland.
482 Jungmann, Ernst. 1958. »Selma Lagerlöf: Leben und Werk«, in: *Lebendige Schule* 13, S. 613 - 632. Frankfurt/M.
483 Kafka, Franz: 1986 [1952]. *Briefe an Milena*. Erweiterte und neu geordnete Ausgabe von Jürgen Born & Michael Müller. Frankfurt/M. Fischer TB 5307.
484 Kaleko, Mascha. 1977. *In meinen Träumen lautet es Sturm. Gedichte und Epigramme aus dem Nachlaß*. Hg. und eingel. von Gisela Zoch-Westphal. München. dtv.
485 Kambas, Chryssoula. 1988. *Die Werkstatt als Utopie: Lu Märtens literarische Arbeit und Formästhetik seit 1900*. Tübingen. Niemeyer.
486 Kapp, Yvonne. 1976. *Eleanor Marx*. 2 Bde. London. Virago.
487 Karina, Lilian & Marion Kant. 1996. *Tanz unterm Hakenkreuz: Eine Dokumentation*. Berlin. Henschel.
488 Karlinsky, Simon. 1986. *Marina Tsvetayeva*. Cambridge. Cambridge University Press.
489 Kasack, Wolfgang. 1976. *Lexikon der russischen Literatur ab 1917*. Stuttgart. Kröner.
490 Kaschnitz, Marie Luise. 1981-85. *Gesammelte Werke*. 7 Bde. Hg. Christian Büttrich & Norbert Miller. Frankfurt/M. Insel.
491 Katharina II. 1987. *Memoiren*. Hg. Annelies Graßhoff. 2 Bde. München. Beck.
492 Katharina von Siena. 1979. *Engagiert aus Glauben. Briefe*. Übers. aus d. Ital. u. eingel. v. Ferdinand Strobel. Zürich. Benziger.
493 Keating, H. R. Hg. 1977. *Agatha Christie: First Lady of Crime*. New York. Holt, Rinehart & Winston.

494 Keats, John. 1988 (1970). *You might as well live: The Life and Times of Dorothy Parker*. New York. Paragon.
495 Kebir, Sabine. 1989. *Ein akzeptabler Mann? Brecht und die Frauen*. Köln. Pahl-Rugenstein.
496 Keene, Donald. 1984. »Higuchi Ichiyô«, in: *Dawn to the West: Japanese Literature in the Modern Era*, Bd. I. New York. Holt, Rinehart & Winston. S. 165-185.
497 Keitel, Evelyne. 1988. »Lyrik, Inzest und die Liebe zur Mathematik: Ein schwieriges Erbe für Lord Byrons Töchter«, in: Pusch, Luise F. Hg. 1988, S. 155-207.
498 Keller, Evelyn Fox. 1995 [1983]. *Barbara McClintock: Die Entdeckerin der springenden Gene*. Basel u. Stuttgart. Birkhäuser.
499 Kendall, Phoebe Mitchell. 1896. *Maria Mitchell: Life, Letters, and Journals*. Boston. Lee and Shepard.
500 Kent, David A. 1989. *The Achievement of Christina Rossetti*. Ithaca, NY. Cornell University Press.
501 Kern, Rosemarie. 1988. *Spiegelbilder*. Wien. Österreichische Staatsdruckerei. [S. 75ff.]
502 Kerner, Charlotte. 1986. *Lise, Atomphysikerin: Die Lebensgeschichte der Lise Meitner*. Weinheim. Beltz & Gelberg.
503 Kerner, Charlotte. 1988. *Seidenraupe, Dschungelblüte: Die Lebensgeschichte der Maria Sibylla Merian*. Weinheim. Beltz & Gelberg.
504 Kerner, Charlotte. Hg. 1990. *Nicht nur Madame Curie ... Frauen, die den Nobelpreis bekamen*. Weinheim. Beltz & Gelberg.
505 Kestenholz, Salomé. 1988. *Die Gleichheit vor dem Schafott: Porträts französischer Revolutionärinnen*. Darmstadt. Luchterhand.
506 Kesting, Jürgen. 1986. *Die großen Sänger*. 3 Bde. Düsseldorf. Claassen.
507 Kesting, Jürgen. 1990. *Maria Callas*. Düsseldorf; Wien; New York. Econ.
508 Keun, Irmgard. 1988. *Ich lebe in einem wilden Wirbel: Briefe an Arnold Strauss, 1933-1947*. Hg. Gabriele Kreis und Marjory S. Strauss. Düsseldorf. Claassen.
509 Kiel, Hanna. 1956. *Renée Sintenis*. Berlin. Rembrandt.
510 *Kindlers Malereilexikon*. 1985. München. Kindler. (Nachdruck).
511 *Kindlers Neues Literaturlexikon*. 1990. München. Kindler.
512 Kinzel, Rudolf. 1990. *Die Modemacher: Die Geschichte der Haute Couture*. Wien; Darmstadt. Zsolnay.
513 Klassen, Jannina. 1990. *Clara Wieck-Schumann: Die Virtuosin als Komponistin*. Kassel. Bärenreiter.
514 Kleberger, Ilse. 1988. *Bertha von Suttner: Die Vision vom Frieden*. München. dtv.
515 Kleberger, Ilse. 1990. *»Eine Gabe ist eine Aufgabe«: Käthe Kollwitz – Eine Biographie*. Berlin. Erika Klopp.
516 Klee, Ernst. 1995. *»Euthanasie« im NS-Staat. Die »Vernichtung lebensunwerten Lebens«*. Frankfurt/M. Fischer TB 4326.
517 Klein, Gabriele. 1994. *Frauen Körper Tanz: Eine Zivilisationsgeschichte des Tanzes*. München. Heyne.
518 Klemperer, Viktor. 1911. »Selma Lagerlöf«, in: *Nord und Süd* 138, S. 158-69. Breslau.
519 Klens, Ulrike. 1994. *Mathematikerinnen im 18. Jahrhundert: Maria*

*Gaetana Agnesi, Gabrielle-Emilie du Châtelet, Sophie Germain*. Centaurus. Pfaffenweiler.

520 Klüsener, Erika. 1980. *Else Lasker-Schüler in Selbstzeugnissen und Bilddokumenten*. Reinbek bei Hamburg. rororo monographie 283.

521 Klumpke, Anna. 1940. *Memoirs of an Artist*. Hg. Lillian Whiting. Boston. Wright & Potter.

522 Klumpke, Anna Elisabeth. 1908. *Rosa Bonheur: Sa vie, son œuvre*. Paris. Flammarion.

523 Kobak, Annette. 1990 [1988]. *Wie treibender Sand: Das berauschende Leben der Isabelle Eberhardt*. Wien. Neff.

524 Köhler, Renate. 1987. *Schattenarbeit. Charlotte von Kirschbaum: Die Theologin an der Seite Karl Barths*. Köln. Böhlau.

525 Köchli, Yvonne-Denise. 1992. *Eine Frau kommt zu früh. Das Leben der Iris von Roten, Autorin von ›Frauen im Laufgitter‹*. Zürich. Weltwoche-ABC.

526 Köhler, Mathilde. 1984. *Maria Ward: Ein Frauenschicksal des 17. Jahrhunderts*. München. Kösel.

527 Koepcke, Cordula. 1982. *Lou Andreas-Salomé: Ein eigenwilliger Lebensweg. Ihre Begegnung mit Nietzsche, Rilke und Freud*. Freiburg i. Br. Herder.

528 Kohut, Adolph. o.J. *Die Gesangsköniginnen in den letzten drei Jahrhunderten*. 2 Bde. Berlin. Hermann Kuhz.

529 Kollwitz, Käthe. 1981 [1952]. *»Ich will wirken in dieser Zeit«: Auswahl aus den Tagebüchern und Briefen, aus Graphik, Zeichnungen und Plastik*. Hg. Hans Kollwitz. München. Berlin, Wien. Ullstein KunstBuch 36062.

530 Kollwitz, Käthe. 1990. *Die Tagebücher*. [Vollständige Ausgabe]. Hg. Jutta Bohnke-Kollwitz. Berlin. Siedler.

531 Kolmar, Gertrud. 1960. *Das lyrische Werk*. Hg. von Hermann Kasack. Sechste Veröffentlichung der Deutschen Akademie für Sprache und Dichtung. Erw., durchges. Auflage (mit e. Nachwort von Kolmars Schwester Hilde Wenzel). München. Kösel.

532 Kolmar, Gertrud. 1970. *Briefe an die Schwester Hilde (1938-1943)*. Hg. und mit einem Nachwort von Johanna Zeitler. München. Kösel.

533 Kosch, Wilhelm. 1968-1984. *Deutsches Literaturlexikon. Biographisch-bibliographisches Handbuch*. Begr. von Wilhelm Kosch. 3., völlig neu bearb. Aufl. Hg. Bruno Berger und Heinz Rupp. Bd. 1-9. Bern; München. Francke.

534 Kowalewski, Sonja. 1968 [1897]. *Jugenderinnerungen*. Aus dem Russ. von Louise Flachs-Flokschaneanu. Frankfurt/M. S. Fischer.

535 Kräftner, Hertha. 1977. *Das blaue Licht. Lyrik und Prosa*. Hg. Otto Breicha & Andreas Okopenko. Nachwort Peter Härtling. Darmstadt. Luchterhand.

536 Kräftner, Hertha. 1997. *Kühle Sterne: Gedichte, Prosa, Briefe*. Aus dem Nachlaß hg. von Gerhard Altmann und Max Blaeulich. Mit 2 Nachworten. Klagenfurt; Salzburg. Wieser.

537 Kraetke-Rumpf, E. 1939. *The Physician of Quedlinburg: A Biography of Germany's First Female Medical Doctor*.

538 Krahmer, Catherine. 1981. *Käthe Kollwitz in Selbstzeugnissen und Bilddokumenten*. Reinbek bei Hamburg. rororo monographie 294.

539 Kraushaar, Luise. Hg. 1970. *Deutsche Widerstandskämpfer 1933-1945*. Bd 1. Berlin. Dietz.

540 Krebs, Mario. 1988. *Ulrike Meinhof: Ein Leben im Widerspruch*. Reinbek bei Hamburg. Rowohlt.

541 Krechel, Ursula. 1979. »Irmgard Keun: Die Zerstörung der kalten Ordnung: Auch ein Versuch über das Vergessen weiblicher Kulturleistungen.« *Literaturmagazin* 10: 103-128.

542 Kreis, Gabriele. 1991. *»Was man glaubt, gibt es«: Das Leben der Irmgard Keun*. Zürich. Arche.

543 Krininger, Doris. 1986. *Modell – Malerin – Akt: Über Suzanne Valadon und Paula Modersohn-Becker*. Darmstadt. Luchterhand.

544 Krogmann, Angelica. 1970. *Simone Weil in Selbstzeugnissen und Bilddokumenten*. Reinbek bei Hamburg. rororo monographie 166.

545 Kroker, Ernst. 1966 [1906]. *Katharina von Bora, Luthers Frau*. Zwickau. Concordia.

546 Krützen, Michaela. 1992. *The Most Beautiful Woman on the Screen: The Fabrication of the Star Greta Garbo. Studien zu Theater, Film und Fernsehen* (hg. Renate Möhrmann) 19. Frankfurt; Berlin; Bern. Peter Lang.

547 Kruijff, Jan de. o.J. *Hommage à Clara Haskil*. [Schallplattentext]. Philips Holland.

548 Krupskaja, Nadeschda. 1959. *Erinnerungen an Lenin*. Berlin. Dietz.

549 Krupskaja, Nadeschda. 1966. *Das ist Lenin: Eine Sammlung ausgewählter Reden und Artikel*. Aus d. Russ. von Ernst Noffke. Berlin, DDR. Dietz.

550 Krusenstjerna, Agnes von. 1944-46. *Samlade Skrifter*. Stockholm. Bonnier.

551 Ksoll, Peter & Fritz Vögtle. 1988. *Marie Curie in Selbstzeugnissen und Bilddokumenten*. Reinbek bei Hamburg. rororo monographie.

552 Kühnert, Hanno. 1991. »In den Fängen ihres ›Liebhabers‹: Warum das faszinierende kleine Werk der Harriet Straub eingestampft werden soll«, *Die Zeit* Nr. 39 vom 19.9.1990, S. 94

553 Kuessner, Theodor. 1986. *Die Erweckungsbewegung in Hamburg im Spiegel der Briefe, Tagebücher und theologischen Schriften Amalie Sievekings. Arbeiten zur Kirchengeschichte Hamburgs* 16. Hamburg. Friedrich Wittig.

554 Küster, Bernd. Hg. 1995. *Malerinnen des XX. Jahrhunderts: Dora Bromberger, Maria von Heider-Schweinitz, Elfriede Lohse-Wächtler, Erna Schmidt-Caroli, Ursula Schuh, Rose Sommer-Leypold*. Bremen. Donat.

555 Kupitsch, Karl. 1971. *Karl Barth in Selbstzeugnissen und Bilddokumenten*. Reinbek bei Hamburg. Rowohlt.

556 Kuthy, Sandor. 1985. *Camille Claudel – Auguste Rodin: Künstlerpaare – Künstlerfreunde; dialogues d'artiste – résonances. Zweisprachiger Katalog zur Ausstellung im Kunstmuseum Bern 16.3.-19.5.1985*. Fribourg. Office du Livre.

557 Lafayette, Marie-Madeleine de. 1980. *Romans et nouvelles*. Paris. Editions Garnier.

558 Lagercrantz, Olof. 1951. *Agnes von Krusenstjerna*. Stockholm.

559 Lainati, Augusta Chiara. 1987. *Die heilige Klara von Assisi*. Werl, Westf. Dietrich Coelde.

560 Lanchner, Carolyn. 1981. *Sophie Taeuber-Arp*. New York. Museum of Modern Art.

561 Landau, Ellen. 1995. *Lee Krasner: Catalogue raisonné*. New York. Abrams.
562 Landwehr, R. 1981. *Alice Salomon und ihre Bedeutung für die soziale Arbeit*. Berlin.
563 Lane, Margaret. 1962 [1946]. *The Tale of Beatrix Potter*. Harmondsworth, Middlesex. Penguin.
564 Langdale, Cecily. *Gwen John*. With a catalogue raisonné of the paintings and a selection of the drawings. New York. Rizzoli.
565 Lange, Helene. 1921. *Lebenserinnerungen*. Berlin. F. A. Herbig.
566 Lange, Helene & Gertrud Bäumer. 1901-6. *Handbuch der Frauenbewegung*. 5 Bde. Berlin.
567 Langgässer, Elisabeth. 1954. *...soviel berauschende Vergänglichkeit: Briefe 1926-1950*. Hg. und Nachwort von Wilhelm Hoffmann. Düsseldorf. Claassen.
568 Lanz, Peter. 1986. *Klaus Maria Brandauer*. Ein Portrait. Bergisch Gladbach. Gustav Lübbe.
569 Lasker-Schüler, Else. 1959-69. *Gesammelte Werke in drei Bänden*. Hg. Friedhelm Kemp, Werner Kraft & Margarete Kupper. München. Kösel.
570 Lasker-Schüler, Else. 1996ff. *Werke und Briefe: Kritische Ausgabe*. Hg. Norbert Oellers, Heinz Rölleke und Itta Shedletzky. Frankfurt/M. Jüdischer Verlag.
571 Laski, Philip. M. 1969. *The Trial and Execution of Madame Du Barry*. London. Constable.
572 Lassaigne, Jacques & Guy Weelen. 1979. *Vieira da Silva*. New York. Rizzoli.
573 Laurent, Monique & Bruno Gaudichon. 1984. *Camille Claudel (1864-1943). Gemeinsamer Katalog der Ausstellungen im Musée Rodin, Paris 15.2.-11.6.1984 und im Musée Sainte-Croix, Poitiers, 26.6.-15.9.1984.*
574 Lavater-Sloman, Mary. 1981 [1950]. *Annette von Droste-Hülshoff: Einsamkeit und Leidenschaft*. München. Heyne Biographien 77.
575 Leamer, Laurence. 1987 (1986). *Ingrid Bergman: Die Biografie*. Aus d. am. Engl. von Uta Benz-Lindenau. Hamburg. Ernst Kabel.
576 Leatherman, Leroy. 1966. *Martha Graham. Portrait of an Artist*. London. Faber.
577 Lebelley, Frédérique. 1996 [1994]. *Marguerite Duras: Ein Leben*. Aus d. Frz. von Eva Groepler. Frankfurt/M. Suhrkamp.
578 Lee, Hermione. 1989. *Willa Cather: A Life Saved Up*. London. Virago.
579 Lee, Hermione. 1990. *Willa Cather: Double Lives*. New York. Pantheon.
580 Lee, Hermione. 1997. *Virginia Woolf*. New York. Knopf.
581 Lehmann, Lilli. 1913. *Mein Weg*. Leipzig. Hirzel.
582 Leisner, Ralf. 1995. *Lee Krasner – Jackson Pollock: Eine Ateliergemeinschaft 1942-1956. Punctum: Abhandlungen aus Kunst und Kultur 5*. München. Scaneg.
583 Leitich, Ann Tizia. 1976 [1963]. *Maria Theresia*. Bergisch-Gladbach. Bastei-Lübbe TB 61012.
584 Leitner, Gerit von. 1993. *Der Fall Clara Immerwahr: Leben für eine humane Wissenschaft*. München. Beck.
585 Lemarie, Jean. 1987. *Chanel*.
586 Lempicka-Foxhall, Kizette & Charles Phillips. 1987. *Passion by De-*

*sign: The Art and Times of Tamara de Lempicka*. Oxford. Phaidon.
587 Lenclos, Ninon. 1980. *Briefe der Ninon de Lenclos*. Aus dem Frz. von Lothar Schmidt. Nachwort von K.H. Kramberg. Frankfurt/M.; Berlin; Wien. Ullstein TB 30102.
588 Lenclos, Ninon de. 1968. *Correspondance authentique*. Nachdr. der Pariser Ausg. von 1886. Genf.
589 Lengerke, Christiane von & Eva Rieger. 1987. »Charlotte Wolff – eine unbequeme, aber leidenschaftliche Mitstreiterin«, *Virginia* Nr. 2, März 1987, S. 1-2.
590 Lenya, Lotte & Kurt Weill. 1998. *»Sprich leise, wenn du Liebe sagst«: Der Briefwechsel Kurt Weill – Lotte Lenya*. Köln. Kiepenheuer & Witsch.
591 Leo, Gerhard. 1990. *Aufruhr einer Paria: Das abenteuerliche Leben der Flora Tristan*. Berlin. Dietz.
592 Leporin, Dorothea Christiane. 1986, 3. Reprint [1742]. *Gründliche Untersuchung der Ursachen, die das weibliche Geschlecht vom Studiren abhalten*. Nachwort Gerda Rechenberg. Hildesheim. Olms.
593 Levin, Susan M. 1987. *Dorothy Wordsworth & Romanticism*. New Brunswick. Rutgers University Press.
594 Lewald, Fanny. 1980 (1861-2). Meine Lebensgeschichte. (gekürzte Fassg.) Hg. und eingeleitet von Gisela Brinker-Gabler. Frankfurt/M. Fischer TB 2047.
595 Lewald, Fanny. 1988/89. *Meine Lebensgeschichte*. Neuaufl. d. 3bändigen Orig.aufl. Bd. I: *Im Vaterhause*. Bd. II: *Leidensjahre*. Bd. III: *Befreiung und Wanderleben*. Frankfurt/M. Ulrike Helmer.
596 Lewis, Arthur H. 1977. *Those Philadelphia Kellys, with a Touch of Grace*. New York. Morrow.
597 Lewis, R.W.B. 1991. *The Jameses: A Family Narrative*. New York. Farrar, Straus & Giroux.
598 *Lexikon des Mittelalters*. Bd. 1, 1980. München; Zürich. Artemis. Sp. 145-6.
599 Lienau, Marianne & Wolf Dieter Ruppel. Hg. 1978. *ZeitZeichen Frauen*. Köln; Frankfurt/M. Europäische Verlagsanstalt.
600 Linder, Leslie. 1971. *A History of the Writings of Beatrix Potter Including Unpublished Work*. London; New York. Frederick Warne & Co.
601 Linsmayer, Charles. 1989. *Literaturszene Schweiz: 157 Kurzporträts von Rousseau bis Gertrud Leutenegger*. Zürich. Unionsverlag.
602 Lippard, L. 1976. *Eva Hesse*. New York. New York University Press.
603 Lisle, Laurie. 1989. *Georgia O'Keeffe: Das Leben der großen amerikanischen Malerin*. Aus d. am. Engl. von Jürgen Benz. München. Droemer/Knaur.
604 Lisle, Laurie. 1990. *Louise Nevelson: A Passionate Life*. New York. Summit Books.
605 Lispector, Clarice. 1981. *Nahe dem wilden Herzen. Roman*. Aus d. bras. Portugies. v. Ray-Güde Mertin. Frankfurt/M. Suhrkamp.
606 Lispector, Clarice. 1985. *Die Sternstunde*. Aus d. bras. Portugies. v. Curt Meyer-Clason. Frankfurt/M. Suhrkamp.
607 Lispector, Clarice. 1994. *Aqua viva*. Aus d. bras. Portugies. v. Sarita Brandt. Frankfurt/M. Suhrkamp.
608 Loesch, Ilse. 1990. *Mit Leib und Seele: Erlebte Vergangenheit des Ausdruckstanzes*. Berlin. Henschel.

609 Löwen, Walter. 1977. Jenny *Marx*. Hannover. Moorburg.
610 Lorch, Jennifer. 1990. *Mary Wollstonecraft: The Making of a Radical Feminist*. New York. Berg.
611 Lorenz. Erika. 1983. *»Nicht alle Nonnen dürfen das.« Teresa von Avila und Pater Gracián – die Geschichte einer großen Begegnung*. Freiburg; Basel; Wien. Herder TB 1090.
612 Lorenz, Karl. 1994. *Wege nach Hellerau: Auf den Spuren der Rhythmik*. Kleine sächsische Bibliothek 5. Dresden. Hellerau.
613 Lottman, Herbert. 1991 [1990]. *Colette: Eine Biographie*. Aus dem Frz. von Roselie und Saskia Bontjes van Beek. Wien. Zsolnay.
614 *Lou Albert-Lasard 1885-1969. Gemälde – Aquarelle – Grafik*. 1983. Ausstellungskatalog. Hg. Ursula Prinz. Berlin. Berlinische Galerie.
615 Lovell, Mary S. 1989. *The Sound of Wings: The Life of Amelia Earhart*. New York. St. Martin's Press.
616 Luxemburg, Rosa. 1971. *Briefe an Leon Jogiches*. Frankfurt/M. Europäische Verlagsanstalt.
617 Luxemburg, Rosa. 1980. *»Ich umarme Sie in großer Sehnsucht«: Briefe aus dem Gefängnis 1915 bis 1918*. Berlin; Bonn. J.H.W. Dietz Nachf.
618 Lynn, E. 1989. *Babe Didrikson Zaharias*. New York. Chelsea House.
619 Lyon, Christopher & Susan Doll. Hg. 1986. *The International Dictionary of Films and Filmmakers*. Bd. 2: Directors / Filmmakers. London. St. James Press.
620 Lyons, Mary. 1990. *Sorrow's Kitchen: The Life and Folklore of Zora Neale Hurston*. New York. Scribner.
621 Lyttkens, Alice. 1972. *Kvinnan finner en följeslagare: Den svenska kvinnans historia från forntid till 1700-tal*. Stockholm. Bonnier.
622 Lyttkens, Alice. 1973. *Kvinnan börjar vakna: Den svenska kvinnans historia från 1700 till 1840-talet*. Stockholm. Bonnier.
623 Mackenzie, Norman & Jeanne. Hg. 1982-85. *The diary of Beatrice Webb*. 4 Bde. Cambridge, MA. The Belknap Press of Harvard University Press.
624 Madsen, Axel. 1990. *Chanel: A Woman of Her Own*. New York. Henry Holt.
625 Märten, Lu. 1982. *Formen für den Alltag: Schriften, Aufsätze, Vorträge*. Hg. Reinhard May. Dresden.
626 Mahler-Werfel, Alma. 1963 [1960]. *Mein Leben*. Frankfurt/M. Fischer TB 545.
627 Mahler-Werfel, Alma. 1997. *Tagebuch-Suiten 1898-1902*. Hg. Antony Beaumont & Susanne Rode-Breymann. Frankfurt/M. S. Fischer.
628 Mahoney, Irene. 1977 [1976]. *Katharina von Medici: Königin von Frankreich – Fürstin der Renaissance*. Aus d. Engl. von Christian Zinsser. München. Georg D.W. Callwey.
629 Maillart, Ella K. 1988. *Flüchtige Idylle: Zwei Frauen unterwegs nach Afghanistan*. Zürich. EFeF.
630 Mainiero, Lina. Hg. 1980. *American Women Writers*. New York. Ungar.
631 Malcolm, Jeanette. 1995. *Die schweigende Frau: Die Biographien der Sylvia Plath*. Aus dem Engl. von Susanne Friederike Levin. Hamburg. Kellner.
632 Maletzke, Elsemarie. 1988. *Das Leben der Brontës*. Frankfurt/M. Frankfurter Verlagsanstalt.

633 Maletzke, Elsemarie. 1993. *George Eliot. Biographie*. Frankfurt/M. Insel.
634 Malhotra, Inder. 1989. *Indira Gandhi: A Personal and Political Biography*. London. Hodder & Stoughton.
635 Mandelkow, Karl Robert. Hg. 1988. *Briefe von und an Goethe*. Hamburger Ausgabe in 6 Bänden. München. dtv.
636 Mandelstam, Nadeschda. 1971. *Das Jahrhundert der Wölfe; eine Autobiographie*. Aus dem Russ. von Elisabeth Mahler. Frankfurt/M. S. Fischer.
637 Mandelstam, Nadeschda. 1975. *Generation ohne Tränen; Erinnerungen* [ = gekürzte Fassg. des russ. Orig. *Vtoraya kniga*]. Aus dem Russ. von Godehard Schramm. Frankfurt/M. S. Fischer.
638 Manet, Julie. 1990. *Das Tagebuch der Julie Manet: Eine Jugend im Banne der Impressionisten*. Aus dem Frz. von Sybille A. Rott-Illfeld. München. Goldmann TB 9761.
639 Mansfield, Katherine. 1951. *Letters to John Middleton Murry, 1913-1922*. London. Constable.
640 Margarete von Navarra. 1974. *Die Liebesgedichte der Margarete von Navarra*. Zweisprachig. Übs. u. hrsg. von Werner Dürrson. Darmstadt. Erato-Presse.
641 Marguerite de Navarre. 1975. *L'Heptaméron*. Paris. Edition Garnières Frères.
642 Marriott, Alice. 1955 (6. Aufl.). *Maria, the Potter of San Ildefonso*. University of Oklahoma Press.
643 Marshall, Dorothy. 1980 [1972]. *Victoria: Leben und Zeitalter der Königin*. Aus dem Engl. von Hermann Reidt. Wels; München. Welsermühl.
644 Martin, Biddy. 1991. *Woman and Modernity: The (Life)Styles of Lou Andreas-Salomé*. Ithaca. Cornell University Press.
645 Martin, Marie-Madeleine. 1982. *Das Genie der Frauen*. Aus dem Frz. von Heinrich Willersinn. Memmingen. Maximilian Dietrich.
646 Masson, Georgina. 1977 (1968). *Christina, Königin von Schweden*. Aus dem Engl. von Ulrich Bracher. Bergisch-Gladbach. Bastei-Lübbe TB 61017.
647 Mathews, Nancy. 1994. *Mary Cassatt: A Life*. New York. Villard Books.
648 Maurer, Doris. 1992. *Annette von Droste-Hülshoff: Ein Leben zwischen Auflehnung und Gehorsam*. Bonn. Keil.
649 Mayer, Dorothy Moulton. 1972. *Angelika Kauffmann, R. A., 1741-1807*.
650 Mayer-Katz, Leonore. 1981. *Sie haben zwei Minuten Zeit! Nachkriegsimpulse aus Baden*. Freiburg i. Br. Herder.
651 Mayne, Judith. 1994. *Directed by Dorothy Arzner*. Bloomington; Indianapolis. Indiana UP.
652 McAlmon, Robert. 1962. *McAlmon and the Lost Generation: A Self-Portrait*. Hg. mit e. Kommentar von Robert E. Knoll. Lincoln, NE. University of Nebraska Press.
653 McArthur, E. 1965. *Flagstad: A Personal Memoir*. New York. Da Capo Press.
654 McCarthy, Mary. 1989. *Was sich verändert, ist nur die Phantasie: Erinnerungen*. Aus dem Engl. von Christa E. Seibicke. München; Wien. Hanser.
655 McClintock, Barbara. 1987. *The discovery and characterization of*

*transposable elements. The collected papers of Barbara McClintock.* New York. Garland.
656 McDonagh, Don. 1973. *Martha Graham: A Biography.* New York. Popular Library.
657 McGowan, Moray. 1987. *Marieluise Fleißer.* München. Beck.
658 McGrayne, Sharon Bertsch. 1993. *Nobel Prize Women in Science.* New York. Birch Lane Press, Carol Publishing Group.
659 McNaron, Toni A.H. Hg. 1985. *The Sister Bond: A Feminist View of a Timeless Connection.* New York, etc. Pergamon Press.
660 McNeal, Robert H., 1972. *Bride of the Revolution: Krupskaya and Lenin.* Ann Arbor, MI. University of Michigan Press.
661 Mead, Margaret. 1978 [1972]. *Brombeerblüten im Winter: Ein befreites Leben.* Nachwort Margarete Mitscherlich-Nielsen. Übs. Katrine von Hutten. Reinbek. rororo neue frau 4226.
662 Meade, Marion. 1976. *Free Woman: The Life and Times of Victoria Woodhull.* New York. Knopf.
663 Meade, Marion. 1988. *Dorothy Parker: What Fresh Hell is This? The Promise and the Tragedy of Dorothy Parker's Life and Her Work.* New York. Penguin USA.
664 Mechtel, Angelika. 1994. Die Prinzipalin. Roman. Frankfurt/M. S. Fischer.
665 Meerbaum-Eisinger, Selma. 1979. *Blütenlese. Gedichte.* Hg. Adolf Rauchwerger. Tel Aviv. Tel Aviv University.
666 Meerbaum-Eisinger, Selma. 1984 [1980]. *»Ich bin in Sehnsucht eingehüllt«: Gedichte eines jüdischen Mädchens an seinen Freund.* Hg. Jürgen Serke. Frankfurt/M. Fischer TB 5394.
667 Meidinger-Geise, Inge. Hg. 1985. *Frauengestalten in Franken.* Weidlich. Würzburg.
668 Meier, Olga. Hg. 1981 [1979]. *Die Töchter von Karl Marx: Unveröffentlichte Briefe.* Übs. aus d. Frz. (Editionstexte) Jutta Brasse und aus dem Engl. (Originaltexte) Karin Kersten. Köln. Kiepenheuer & Witsch.
669 Meinhof, Ulrike. 1987. *Bambule: Fürsorge – Für wen?* Berlin. Wagenbach.
670 Meinhof, Ulrike. 1992 [1980]. *Die Würde des Menschen ist antastbar: Aufsätze und Polemiken.* Nachwort Klaus Wagenbach. Berlin. Wagenbach.
671 Meir, Golda. 1983 [1975]. *Mein Leben.* Aus dem Engl. von Helmut Degner & Hans Joachim Maass. Frankfurt/M.; Berlin; Wien. Ullstein.
672 Meißner, Julia. 1987. *Mehr Stolz, Ihr Frauen! – Hedwig Dohm – eine Biographie.* Düsseldorf. Schwann.
673 Mellor, Anne K. 1989. *Mary Shelley: Her Life, Her Fiction, Her Monsters.* New York. Routledge.
674 Mengden, Lida von. Hg. 1985. *Der Schönheit Malerin: Erinnerungen der Elisabeth Vigée-Le Brun.* Darmstadt. Luchterhand.
675 Mercouri, Melina. 1974 [1971]. *Ich bin als Griechin geboren.* Aus d. Engl. von Ada Klein. Reinbek b. Hamburg. rororo TB 1729.
676 Mereau-Brentano, Sophie. 1995 [1791-1806]. *Werkausgabe.* Hg. Katharina von Hammerstein. 3 Bde. München. dtv.
677 Merkl, Heinrich. 1986. *Sor Juana Inés de la Cruz: Ein Bericht zur Forschung 1951-1981. Studia Romanica,* 65. Heft. Heidelberg. Carl Winter Universitätsverlag.

678 Merriam, Eve. Hg. 1971. *Growing up Female in America: Ten Lives.* New York. Dell PB.
679 Merrill, E.L. 1963. *Mrs. H. H. A. Beach: Her Life and Music.* Rochester, NY. University of Rochester.
680 Merrim, Stephanie. Hg. 1991. *Feminist Perspectives on Sor Juana Inés de la Cruz.* Detroit. Wayne State University Press.
681 Messinger, Lisa Mintz. 1988. *Georgia O'Keeffe.* New York. Thames & Hudson.
682 Meyer, Doris. 1982 [1979]. *Victoria Ocampo: Gegen den Wind und die Zeit. Eine Biographie,* mit 34 Abbildungen und 15 ausgewählten Essays von Victoria Ocampo. Aus d. am. Engl. von Manfred Ohl & Hans Sartorius. Frankfurt/M. Fischer TB 2251.
683 Meyer, Ursula. 1984. *Albertine Sarrazin: Pathetische und ironische Elemente im Gesellschaftsbild der Autorin und in ihrer Selbstdarstellung.* Konstanz. Hartung-Gorre.
684 Meyers, Jeffrey. 1978. *Katherine Mansfield: A Biography.* London. Hamish Hamilton.
685 Michaelis, Karin. 1948. *Der kleine Kobold: Die Lebenserinnerungen der Dichterin.* Aus dem Engl. von Felix Horst. Wien. Humboldt.
686 Michaelis, Karin. 1950 [1948-9]. *Die wunderbare Welt.* Autobiographie.
687 Michelet, Jules. 1984 [1913]. *Die Frauen der Revolution.* Hg. und aus dem Frz. übs. von Gisela Etzel. Frankfurt/M. Insel TB 726.
688 Middlebrook, Diane Wood. 1993. *Zwischen Therapie und Tod. Das Leben der Dichterin Anne Sexton.* Aus dem Engl. von Barbara von Bechtolsheim & Silvia Morawetz. Hamburg. Arche.
689 Milford, Nancy Winston. 1987 [1975]. *Zelda: Die Biographie des amerikanischen Traumpaares Zelda und F. Scott Fitzgerald.* Übs. aus d. am. Engl. u. Bearb. Gertrud Baruch. München. Knaur TB 2363.
690 Millar, Ronald W. 1970. *Mata Hari.* London. Heron.
691 Miller, Arthur. 1994 (1987). *Zeitkurven: Ein Leben.* Aus dem Engl. von Manfred Ohl & Hans Sartorius. Frankfurt/M. Fischer TB 12124.
692 Mistral, Gabriela. 1958. *Poesias Completas.* Hg. Margaret Bates. Mit einem kritischen biographischen Essay von Julio Saavedra Molina. Madrid. Agüilar. Biblioteca Premios Nobel.
693 Mistral, Gabriela. 1981. *Liebesgedichte und andere Lyrik* (spanisch-deutsch). Hg. und mit einem Vorwort von Federico Schopf. Aus dem chilen. Spanisch von Albert Theile unter Mitwirkung von Gisela Pape und Heinz Müller. Darmstadt; Neuwied. Luchterhand.
694 Mitchell, Yvonne. 1979 [1975]. *Colette: Eine Biographie.* Aus dem Engl. von Hanna Lux. Frankfurt/M. Fischer TB 2135.
695 *Modern American Women Writers.* Hg. Elaine Showalter, Lea Baechler & A. Walton Litz. 1991. New York. Charles Scribner's Sons.
696 Modersohn-Becker, Paula. 1979. *Paula Modersohn-Becker in Briefen und Tagebüchern.* Hg. von Günter Busch und Liselotte von Reinken. Frankfurt/M. S. Fischer.
697 Modotti, Tina. 1995. *Leben – Werk – Schriften.* Kiel. Agimos.
698 Möhrmann, Renate. 1977. *Die andere Frau: Emanzipationsansätze deutscher Schriftstellerinnen im Vorfeld der Achtundvierziger-Revolution.* Stuttgart. Metzler.
699 Møller Jensen, Elisabeth. Hg. 1994. *Nordisk Kvinnolitteraturhistoria.* Band 2. Höganäs. Förlags AB Wiken.

700 Monahan, James. 1957. *Fonteyn. A Study of the Ballerina in her Setting*. London. Adam & Charles Black.
701 Money, Keith. 1975. *The Art of Margot Fonteyn*. London. Dance Books Ltd.
702 Monnier, Adrienne. 1995. *Aufzeichnungen aus der Rue de l'Odéon: Schriften 1917 bis 1953*. Aus d. Frz. von Nicolaus Bornhorn. Hg. u. Nachwort von Carl H. Buchner. Frankfurt/M.; Leipzig. Insel.
703 Monroe, Marilyn. 1980. *Meine Story*. Frankfurt/M. S. Fischer.
704 Monsaingeon, Bruno. 1985. *Mademoiselle: Conversations with Nadia Boulanger*. Manchester. Carcanet.
705 Monson, Karen. 1985 (2. Aufl.). *Alma Mahler-Werfel: Die unbezähmbare Muse*. Aus d. Engl. von Renate Zeschitz. München. Heyne TB 129.
706 Moore, Doris L. 1977. *Ada Countess of Lovelace: Byron's Legitimate Daughter*. London. John Murray.
707 Moraes, Dom. 1980. *Mrs Gandhi*. London. Cape.
708 Morgan, Janet. 1986 (1984). *Agatha Christie: Eine Biografie*. Aus d. Engl. von Viola Eigenberz. Hamburg. Ernst Kabel.
709 Morgenstern, Lina. Hg. 1888-91. *Die Frauen des 19. Jahrhunderts: Biographische und culturhistorische Zeit- und Charactergemälde*. Mit Illustrationen. Berlin 1888 (Bd. 1), 1889 (Bd. 2), 1891 (Bd. 3). Verlag der deutschen Hausfrauenzeitung.
710 Moskowitz, Ira. 1961. *Berthe Morisot: Zeichnungen, Pastelle, Aquarelle, Gemälde*. Hamburg. Rütten & Loening.
711 Mouchard, Christel. 1990. *Es drängte sie, die Welt zu sehen: Unentwegte Reisende des 19. Jahrhunderts*. Aus d. Frz. Hannover. Schönbach.
712 Mowat, Farley. 1988 [1987]. *Das Ende der Fährte: Die Geschichte der Dian Fossey und der Berggorillas in Afrika*. Aus dem Engl. von Lexa Katrin von Nostitz. Zürich. Schweizer Verlagshaus AG.
713 Mühlestein, Hans. Hg. 1951. *Rime scelte di Vittoria Colonna* con versione libera in lingua tedesca per cura di Hans Mühlestein. *Ausgewählte Sonette der Vittoria Colonnna*; italienische Originale samt deutschen Umdichtungen. Celerina/Graubünden. Quos Ego. [darin: Nachwort, S. 87-98.]
714 Müller, André. 1979. *Entblößungen: Interviews*. München. Goldmann TB 3887.
715 Müller, Christa. 1992. *Die Prosa der Grazia Deledda*. Diplomarbeit. Salzburg.
716 Müller, Hedwig. 1986. *Mary Wigman: Leben und Werk der großen Tänzerin*. Weinheim; Berlin. Beltz.
717 Müller, Inge. 1986 [1985]. *Wenn ich doch sterben muß. Gedichte*. Hg. Richard Pietrass. Darmstadt. Luchterhand.
718 Müller, Inge. 1992. *Ich bin eh ich war. Gedichte. Blanche Kommerell im Gespräch mit Heiner Müller. Versuch einer Annäherung*. Gießen. Edition Literarischer Salon.
719 Müller, Nicole & Dominique Grente. 1995. *Der untröstliche Engel: Das ruhelose Leben der Annemarie Schwarzenbach*. Aus d. Frz. von Eliane Hagedorn & Barbara Reitz. München. Knesebeck.
720 Muhr, Caroline. 1970. *Depressionen: Tagebuch einer Krankheit*. Köln, Berlin. Kiepenheuer & Witsch.

721 Muhr, Caroline. 1980 [1978]. *Huberts Reise oder Kein Übel ist größer als die Angst davor*. Frankfurt/M. Fischer TB 2209.
722 Muhr, Caroline. 1982 [1974]. *Freundinnen: Roman*. Frankfurt/M.; Berlin; Wien. Ullstein TB 26006.
723 Mullaney, Marie Marmo. 1983. *Revolutionary Women: Gender and the Socialist Revolutionary Role*. New York, NY. Praeger.
724 Mulot, Sibylle. 1995. »Sir Galahad (1874-1948): Wahnsinnsliebe«, in: Duda & Pusch. Hg. 1995. S. 100-128.
725 Mulot-Déri, Sibylle. 1987. *Sir Galahad: Porträt einer Verschollenen*. Frankfurt/M. Fischer TB 5663.
726 Munzinger, L. Hg. 1979ff. *Munzinger Archiv; Internationales biographisches Archiv*. Ravensburg.
727 Murken-Altrogge, Christa. 1980. *Paula Modersohn-Becker — Leben und Werk*. Köln. DuMont.
728 Murken-Altrogge, Christa. 1991. *Paula Modersohn-Becker*. Köln. DuMont.
729 Murray, Eugene B. 1972. *Ann Radcliffe*. New York. Twayne.
730 Nachtigal, Gustav. 1978. *Tibesti: Die Entdeckung der Riesenkrater und die Erstdurchquerung des Sudan*. Hg. Heinrich Schiffers. Tübingen; Basel. Erdmann.
731 Nagel, Hanna. 1977. *Ich zeichne, weil es mein Leben ist*. Hg. Irene Fischer-Nagel. Einführg. Klaus Mugdan. Karlsruhe. G. Braun.
732 Nagel, Hanna. 1981. *Frühe Arbeiten 1926-1934*. Katalog Künstlerhaus-Galerie, 1981. Karlsruhe. Bezirksverband Bildender Künstler.
733 Naiman, Anatoli. 1992. *Erzählungen über Anna Achmatowa*. Aus dem Russ. von Irina Reetz. Frankfurt/M. S. Fischer.
734 Naso, Eckart von. 1950. *Die große Liebende: Ein Roman um Ninon de Lenclos*. Frankfurt/M. Scheffler.
735 Natan, Alex. o.J. [um 1962]. *Primadonna: Lob der Stimmen*. Basel; Stuttgart. Basilius Presse.
736 *National Museum of Women in the Arts*. 1987. New York, NY. Harry N. Abrams, Inc.
737 Navarro, Marysa. 1977. »The Case of Eva Peron«, *Signs*, vol. 3.1, 229-40.
738 Néret, Gilles. 1991. *Tamara de Lempicka 1898-1980*. Deutsch von Matthias Wolf. Köln. Benedikt Taschen.
739 *Neue Deutsche Biographie*. 1953-1985. Hg. von d. Historischen Kommission b. d. Bayr. Akademie der Wissenschaften. Bd. 1-14. Berlin. Duncker & Humblot.
740 *Neue Deutsche Biographie*. Bd. 1, 1953. Berlin. Duncker & Humblot. S. 57-8.
741 Neumann-Hoditz, Reinhold. 1988. *Katharina die Große in Selbstzeugnissen und Bilddokumenten*. Reinbek bei Hamburg. rororo monographie 392.
742 Nevelson, Louise. 1976. *Dawns and Dusks*. New York. Charles Scribner's Sons.
743 Nicholas, Margaret. 1984 (1982). *Die größten Spinner und Spaßvögel der Welt*. Aus d. Engl. von Ulrich Saßmann. München. Knaur TB 3759.
744 Nicolson, Nigel. 1992 [1973]. *Portrait einer Ehe: Vita Sackville-West und Harold Nicolson*. Aus dem Engl. von Peter de Mendelssohn. Mit

zahlreichen, teils farbigen Abbildungen. Frankfurt/M. Frankfurter Verlagsanstalt.

745 Niemann, Sylke. »Marilyn Monroe (1926-1962)«, in: Sibylle Duda & Luise F. Pusch. Hg. 1999: WahnsinnsFrauen Dritter Band, Frankfurt/M. Suhrkamp TB 2384.

746 *Notable American Women: A Biographical Dictionary*. 1971. Hg. Edward T. James, Janet Wilson James & Paul S. Boyer. 3 Bde. Cambridge, MA. The Belknap Press of Harvard University Press.

747 *Notable American Women: The Modern Period*. 1980. Hg. Barbara Sicherman, Carol Hurd Green, Irene Kantrov & Harriet Walker. Cambridge, MA; London. The Belknap Press of Harvard University Press.

748 O'Connor, Patrick. 1992. *Marlene Dietrich: Der blonde Engel*. München. Heyne.

749 O'Keeffe, Georgia. 1976. *Georgia O'Keeffe*.

750 O'Neil, Hank. 1982. *Berenice Abbott: Sixty Years of Photography*. London. Thames & Hudson.

751 Obermaier, Siegfried. 1987. *Die Muse von Rom: Angelika Kauffmann und ihre Zeit*. Frankfurt/M. Oberon.

752 Oelker, Petra. 1993. *»Nichts als eine Komödiantin«. Die Lebensgeschichte der Friederike Caroline Neuber*. Weinheim. Beltz & Gelberg.

753 Ogilvie, Marilyn Bailey with Kerry Lynne Meek. 1996. *Women and Science – An Annotated Bibliography*. New York & London. Garland.

754 Ohff, Heinz. 1968. *Hannah Hoech*. Berlin. Mann.

755 Ohnesorg, Stefanie. 1996. *»Frauen in der Fremde – Verfremdete Frauenwelten« (Rueck-)Einbindung der Frau in die Geschichte des Reisens. SOFIE: Saarländische Schriftenreihe zur Frauenforschung*. St. Ingbert. Röhrig Universitätsverlag.

756 Okkonen, Onni. 1944. *Die finnische Kunst*. Berlin. Wilhelm Limpert.

757 Oldenbourg, Zoë. 1981 [1966]. *Katharina die Große: Die Deutsche auf dem Zarenthron*. Aus dem Frz. von Ursula von Zedlitz. München. Heyne TB 13.

758 Oldfield, Sybil. 1991. *Frauen gegen den Krieg: Alternativen zum Militarismus 1900-1980*. Aus dem Engl. von Heidi Fehlhaber. Frankfurt/M. S. Fischer.

759 Oliver, Caroline. 1982. *Western Women in Colonial Africa*. Westport, CN; London. Greenwood Press.

760 Oppenheim, Meret. 1984. *Husch, husch, der schönste Vokal entleert sich: Gedichte, Zeichnungen*. Hg. und mit einem Nachwort von Christiane Meyer-Thoss. Frankfurt/M. edition suhrkamp 1232.

761 Oppenheimer, Max. 1974. *Das kämpferische Leben der Johanna Kirchner*. Frankfurt/M. Röderberg.

762 Ormrod, Richard. 1984. *Una Lady Troubridge: The Friend of Radclyffe Hall*. London. Cape.

763 Pacher, Maurus. 1987. *Sehn Sie, das war Berlin: Weltstadt nach Noten*. Frankfurt/M.; Berlin. Ullstein TB 34830.

764 Parkin, Sara. 1994. *The Life and Death of Petra Kelly*. Hammersmith; London. Pandora.

765 Parth, Wolfgang W. 1980. *Goethes Christiane: Ein Lebensbild*. München. Kindler.

766 Patterson, Charles. 1988. *Marian Anderson*. New York u.a. Franklin Watts.

767 Payne, Robert. 1979 [1976]. *Greta Garbo: Biographie*. Aus dem Engl. von Christa Bandmann. München. Heyne TB 5634.

768 Paz, Octavio. 1991 (1982). *Sor Juana Inés de la Cruz oder die Fallstricke des Glaubens*. Aus dem Span. von Maria Bamberg. Versübertragungen Fritz Vogelgsang. Frankfurt/M. Suhrkamp TB 2294.

769 Peine, Sibylle. 1995. *Ohne Furcht in Weite hinaus: Biographien streitbarer Französinnen*. Solothurn; Düsseldorf. Benziger.

770 Perez-Mador, Adam & Stephan Nowotnick. Hg. 1992. *Sor Juana Inés de la Cruz: Der Traum*. Span. und deutsch. Frankfurt/Main. Neue Kritik.

771 Perkins, Alice J. G. & Theresa Wolfson. 1939. *Frances Wright, free enquirer: The study of a temperament*. New York; London. Harper & Brothers.

772 Perón, Eva. *Der Sinn meines Lebens*. Zürich.

773 Perrin, Jean-Marie & Thibon. 1954 [1952]. *Wir kannten Simone Weil*. Aus dem Frz. von Karl Pfleger. Paderborn. Schöningh.

774 Perry, Gillian. 1979. *Paula Modersohn-Becker: Her Life and Work*. London. The Women's Press.

775 Perry, Ruth & Martine Watson Brownley. 1984. *Mothering the Mind: Twelve Studies of Writers and their Silent Partners*. New York; London. Holmes & Meier.

776 Peters, H. F. 1981 [1962]. *Lou Andreas-Salomé: Das Leben einer außergewöhnlichen Frau*. München. Heyne TB 8.

777 Petersen, Karen u. J.J. Wilson. 1978. *Women Artists: Recognition and Reappraisal from the Early Middle Ages to the Twentieth Century*. London. The Women's Press.

778 Pfeiffer, Ida. 1992 [1850]. *Eine Frau fährt um die Welt: Die Reise 1846 nach Südamerika, China, Ostindien, Persien und Kleinasien*. Wien. Promedia.

779 Pfister, Gertrud. 1989. *Fliegen – ihr Leben: Die ersten Pilotinnen*. Berlin. Orlanda.

780 Pierpoint, Claudia Roth. 1998. »The Mother of Confusion: How did Gertrude Stein become the First True Voice of Modern Literature?«, *The New Yorker* 5/11/98, pp. 80-89.

781 Pintzka, Wolfgang. Hg. 1959. *Die Schauspielerin Helene Weigel: ein Fotobuch*. Texte: Bertolt Brecht, Fotos: Gerda Goedhart. Berlin. Henschel.

782 Placksin, Sally. 1985 (1982). *Jazzwomen: 1900 to the present. Their words, lives and music*. London u. Sidney. Pluto Press.

783 Plaidy, Jean. 1975. *Mary, Queen of Scots*. London. R. Hale.

784 Plath, Sylvia. 1979 [1975]. *Briefe nach Hause, 1950-1963*. Hg. Aurelia Schober Plath. Übs. Iris Wagner. München. Hanser.

785 Podljaschuk, Pawel. 1987. *Inessa: Ein dokumentarischer Bericht über das Leben der Inès Armand*. Berlin. Dietz.

786 Poel, Emma. 1860. *Denkwürdigkeiten aus dem Leben von Amalie Sieveking in deren Auftrage von einer Freundin derselben [Emma Poel] verfaßt*. Mit einem Vorwort von Dr. Wichern. Zweite revidierte Auflage. [1. Auflage: 1860]. Hamburg. Agentur des Rauhen Hauses.

787 Pollock, Griselda. 1980. *Mary Cassatt*. London: Jupiter; New York. Harper.

788 Poniatowska, Elena & Carla Stellweg. 1992. *Frida Kahlo: Die verführte Kamera*. Basel. Wiese.

789 Poniatowska, Elena. *Tinissima*. Frankfurt/M. Suhrkamp TB 2856.
790 Poovey, Mary. 1984. *The Proper Lady and the Woman Writer: Ideology as Style in the Works of Mary Wollstonecraft, Mary Shelley, and Jane Austen*. Chicago. Chicago University Press.
791 Popp, Adelheid. 1980 (3. Aufl.). *Jugend einer Arbeiterin*. Hg. und eingel. von Hans J. Schütz. (Neudruck). Berlin, Bonn-Bad Godesberg. J.H.W. Dietz Nachf.
792 Potter, Beatrix. 1990. *Das Journal der Beatrix Potter 1881-1897*. Aus d. Engl. von Eike Schönfeld. Frankfurt/M. Insel.
793 Potts, Lydia. Hg. 1988. *Aufbruch und Abenteuer: Frauen-Reisen um die Welt ab 1785*. Berlin. Orlanda Frauenverlag.
794 Presber, Gabriele. 1988. *Die Kunst ist weiblich*. München. Knaur TB 3905
795 Pryor, Elizabeth Brown. 1988. *Clara Barton, Professional Angel*. Philadelphia, Pa. University of Pennsylvania Press.
796 Pulver, Elsbeth. 1984. *Marie Luise Kaschnitz*. Autorenbücher 40. München. Beck; Text & Kritik.
797 Pusch, Luise F. Hg. 1985. *Schwestern berühmter Männer: Zwölf biographische Portraits*. Frankfurt/M. Insel TB 796.
798 Pusch, Luise F. Hg. 1988. *Töchter berühmter Männer: Neun biographische Portraits*. Frankfurt/M. Insel TB 979.
799 Putnam, Amelia Earhart. 1928. *20 Hrs. 40 Min*. New York. G.P. Putnam's Son.
800 Putnam, Amelia Earhart. 1977 [1932]. *The fun of it*. Chicago. Academy Press Ltd.
801 Quack, Sibylle. 1983. *Geistig frei und niemandes Knecht. Paul Levi / Rosa Luxemburg*. Köln. Kiepenheuer & Witsch.
802 Quine, Judith Balaban. 1989. *The Bridesmaids: Grace Kelly, Princess of Monaco, and Six Intimate Friends*. New York. Weidenfeld & Nicolson.
803 Quinn, Susan. 1995. *Marie Curie: A Life*. New York. Simon & Schuster.
804 Quirk, Lawrence J. 1984. *The Films of Gloria Swanson*. Secaucus, NY. Citadel.
805 Radice, Lisanne. 1984. *Beatrice and Sidney Webb: Fabian Socialists*. London; Basingstoke. Macmillan.
806 Raganelli, Katja. 1996. *Alice Guy-Blaché (1873-1968): Hommage an die erste Filmemacherin der Welt*. TV-Film. Produktion von Diorama Film GmbH im Auftrag des ZDF, in Zusammenarbeit mit arte.
807 Rahm, Berta. 1971. *Flora Tristan*. Zürich. Ala.
808 Raitt, Suzanne. 1993. *Vita and Virginia: The Work and friendship of V. Sackville-West and Virginia Woolf*. New York. Oxford University Press.
809 Ramnefalk, Marie Louise & Anna Westberg. Hg. 1981. *Kvinnornas Litteratur Historia*. Lund. Författerförlaget.
810 Rauch, Judith. 1990. »Mileva Einstein«, *Emma* 10/1990, Seiten 42-48.
811 Razumovsky, Maria. 1989. *Marina Zwetajewa: Eine Biographie*. Frankfurt/M. Suhrkamp TB 2339.
812 Reden-Esbeck, Friedrich Johann. 1881 [Nachdruck 1985]. *Caroline Neuber und ihre Zeitgenossen*. Leipzig. Joh. Ambrosius Barth.

813 Reich, Nancy. 1989. *Clara Schumann.* Reinbek bei Hamburg. Rowohlt.

814 Reichardt, Dieter. Hg. 1994. *Autorenlexikon Lateinamerika.* Frankfurt/M. Suhrkamp TB 2328.

815 Reichardt, Johanna Christiane. 1984. *Zeitgenossin: Marie Luise Kaschnitz. Eine Monographie.* Frankfurt/M.; Bern. Peter Lang.

816 Reid, Robert. 1983. *Marie Curie: Erfolg und Tragik.* Aus dem Engl. von Henriette Beese. München. Heyne TB 106.

817 Reinhardt, Georg. Hg. 1996. *Im Malstrom des Lebens versunken... Elfriede Lohse-Wächtler 1899 - 1940.* Leben und Werk. Mit Beiträgen von Boris Böhm, Maike Bruhns, Georg Reinhardt, Hildegard Reinhardt. Köln. Wienand.

818 Reinken, Liselotte von. 1983. *Paula Modersohn-Becker in Selbstzeugnissen und Bilddokumenten.* Reinbek bei Hamburg. rororo monographie 317.

819 Restout, Denise. 1965. *Landowska on Music.* London. Secker & Warburg.

820 Reumont, Alfred von. 1927. »Vittoria Colonna«, in: *Frauenschicksale in der Renaissance.* 2. Dresden. Wolfgang Jess. S. 3-172.

821 Rey, Jean Dominique. 1982. *Berthe Morisot.* Paris. Flammarion.

822 Rheinberg, Brigitta van. 1990. *Fanny Lewald: Geschichte einer Emanzipation.* Frankfurt/M. Campus.

823 Rheinsberg, Anna. Hg. 1993. *Wie bunt entfaltet sich mein Anderssein: Lyrikerinnen der 20er Jahre – Gedichte und Portraits.* Mannheim. persona.

824 Ricci, Franco Maria. 1977. *Tamara de Lempicka.* Parma. Franco Maria Ricci editore.

825 Rice, Christopher. 1990. *Lenin: Portrait of a Professional Revolutionary.* London. Cassell.

826 Rich, Doris E. 1989. *Amelia Earhart: A Biography.* Washington, DC. Smithsonian Institution Press.

827 Richardson, Joanna. 1985 [1983]. *Colette: Leidenschaft und Sensibilität.* Aus dem Engl. von Renate Zeschitz. München. Heyne Biographie 125.

828 Richardson, Joanna. 1988. *Sarah Bernhardt: Leben, Karriere und Legende.* Übs. aus d. Engl. München. Heyne TB 12.

829 Rieger, Eva. 1985. »Maria Anna Mozart (1751-1829): ›Ich habe mich recht verwundert, daß du so schön componiren kanst‹«, in: Pusch. Hg. 1985, 123-54.

830 Rieger, Eva. 1990. *Nannerl Mozart: Leben einer Künstlerin im 18. Jahrhundert.* Frankfurt/M. Insel.

831 Rieger, Eva. Hg. 1988. *Ethel Smyth: Ein stürmischer Winter. Erinnerungen einer streitbaren englischen Komponistin.* Kassel; Basel. Bärenreiter.

832 Rieger, Eva & Monika Stegmann. Hg. 1996. *Frauen mit Flügel: Lebensberichte berühmter Pianistinnen. Von Clara Schumann bis Clara Haskil.* Frankfurt/M. Insel TB 1714.

833 Rischbieter, Henning. Hg. 1983. *Theater-Lexikon.* Zürich; Schwäbisch Hall. Orell Füssli.

834 Riva, Maria. 1994 [1994]. *Meine Mutter Marlene.* München. Goldmann TB 42616.

835 Rivière, Anne. 1986 [1983]. *Camille Claudel – Die Verbannte*. Aus d. Frz. von Ulrike Schubert. Frankfurt/M. Neue Kritik.
836 Rivière, F. & J.B. Naudin. 1997. *Agatha Christies England*. Hildesheim. Gerstenberg.
837 Roazen, Paul. 1989 (1985). *Freuds Liebling: Helene Deutsch – Das Leben einer Psychoanalytikerin*. Aus dem Engl. von Gudrun Theusner-Stampa. München; Wien. Internationale Psychoanalyse.
838 Robinson, Phyllis C. 1984 [1983]. *Willa: The Life of Willa Cather*. New York. Holt, Rinehart & Winston.
839 Robinson, Roxana. 1989. *Georgia O'Keeffe: A Life*. New York. Edward Burlingame / Harper & Row.
840 Robyns, Gwen. 1978. *The Mystery of Agatha Christie*. Garden City, NY. Doubleday.
841 Röhr, Esther. »›I am. I alone am‹. Hannah Tillichs ›From Time to Time‹«, *Die Tageszeitung (taz)* 6.1.1990.
842 Roeseler, Albrecht. 1987. *Große Geiger des Jahrhunderts*. München. Piper.
843 Rogers, Katharine M. Hg. 1979. *Before their Time: Six Women Writers of the Eighteenth Century*. New York. Ungar.
844 *Romaine Brooks (1874-1970)*. Katalog zur Ausstellung. Musée Sainte-Croix, Poitiers. 27.6.-30.9.1987.
845 Ronze-Neveu, M. J. 1956 (1952). *Ginette Neveu*. London.
846 Rose, Barbara. Hg. 1983. *Krasner/Pollock: A Working Relationship*. East Hampton. Guild Hall Museum.
847 Rose, Phyllis. 1987 [1984]. *Parallele Leben: Fünf viktorianische Ehen*. Aus d. Engl. von Rosemarie K. Lester. Reinbek. rororo neue frau 5857.
848 Rose-Ausländer-Gesellschaft. 1996. *Mutterland Wort: Rose Ausländer 1901-1988*. Üxheim/Eifel. Rose-Ausländer-Dokumentationszentrum. (seit 1997 im Heinrich-Böll-Archiv, Antwerpener Str., Köln).
849 Roselli, John. 1992. *Singers of Italian Opera: The History of a Profession*. Cambridge. Cambridge University Press.
850 Rosen, Judith. 1984. *Grazyna Bacewicz: Her Life and Works. Polish Music History series* Nr. 2; Hg. Wanda Wilk. Los Angeles. University of Southern California.
851 Rosen, Marjorie. 1974. *Popcorn Venus*. 3. Aufl. New York. Avon Books.
852 Rosenstiel, Leonie. 1978. *The Life and Works of Lili Boulanger*. Phil. Diss. Columbia 1974. Rutherford; Madison; Teaneck. Fairleigh Dickinson Univ. Press. London: Associated University Press.
853 Rosenstiel, Leonie. 1982. *Nadia Boulanger: A Life in Music*. New York. Fairleigh Dickinson University Press.
854 Rossiter, Margaret W. 1982. *Women Scientists in America: Struggles and Strategies to 1940*. Baltimore; London. Johns Hopkins University Press.
855 Roster, Danielle. 1995. *Allein mit meiner Musik: Komponistinnen in der europäischen Musikgeschichte*. Echternach, Luxemburg. edition phi.
856 Roten, Iris von. 1991 [1958]. *Frauen im Laufgitter: Offene Worte zur Stellung der Frau*. Zürich; Dortmund. eFeF.
857 Roten, Iris von. 1993 [1965]. *Vom Bosporus zum Euphrat: Eine Reise durch die Türkei*. Zürich; Dortmund. eFeF.

858 Roten, Iris von. 1993. *Blumenblicke*. Zürich; Dortmund. eFeF.
859 Roth, Henry. 1982. *Master Violinists in Performance*. Neptune City, NJ. Paganiniana Publications.
860 Rothenstein, John. 1976. *Modern English painters: Sickert to Smith*. London. Macdonald & Jane's.
861 Rotzetter, Anton. 1990. »Die Theologie des Dienstes als Unterordnung und/oder frauliche Reife. Ein Beitrag zu Biographie und Spiritualität der hl. Klara«, *Laurentianum* 31 (1990), Fasc. 1-2.
862 Rubinger, Krystyna u.a. 1979. *Künstlerinnen der russischen Avantgarde 1910-1930*. Ausstlg.kat. Köln. galerie gmurzynska.
863 Rudolph, Wilma. 1977. *Wilma Rudolph on Track*. New York. Wanderer Books.
864 Rühle, Günther. Hg. 1973. *Materialien zum Leben und Schreiben der Marieluise Fleißer*. Frankfurt. edition suhrkamp 594.
865 Russell, Mary. 1987. *Vom Segen eines dicken, festen Rockes*. München. Scherz.
866 Sachs, Nelly. 1984. *Briefe der Nelly Sachs*. Hg. Ruth Dinesen & Helmut Müssener. Frankfurt/M. Suhrkamp.
867 Sackville-West, Vita. 1982 (1943). *Adler und Taube: Eine Studie in Gegensätzen. Die Heilige Teresa von Avila. Die Heilige Therese von Lisieux*. Aus dem Engl. von Adolf Halfeld. Frankfurt/M., Berlin, Wien. Ullstein TB 30131.
868 Saint-Hélier, Monique. 1990 [1932]. *Traumkäfig*. Übs. von Hedi Wyss. Ausführliches biographisches Nachwort von Charles Linsmayer. Frauenfeld. Huber.
869 Sainte-Beuve, Charles-Augustin de. 1926 (1836). »Madame de Lafayette«, in: *Portraits de Femmes*. Paris. Les classiques pour tous.
870 Salber, Wilhelm. 1985. *Anna Freud in Selbstzeugnissen und Bilddokumenten*. Reinbek bei Hamburg. rororo monographie 343.
871 Salem, Dorothy C. 1993. *African American Women*. New York. Garland.
872 Salomon, Alice. 1936. »Amalie Wilhelmine Sieveking«, in: dies. 1936. *Heroische Frauen: Lebensbilder sozialer Führerinnen*. Zürich; Leipzig. Verlag für Recht und Gesellschaft. S. 102-39.
873 Salomon, Alice. 1983. *Charakter ist Schicksal*. Weinheim; Basel. Beltz.
874 Salomon, Charlotte. 1981. *Leben oder Theater? Ein autobiographisches Singspiel in 769 Bildern*. Mit einer Einleitung von Judith Herzberg. Köln. Kiepenheuer & Witsch.
875 Sankovitch, Tilde A. 1988. *French Women Writers and the Book: Myths of Access and Desire*. Syracuse, NY. Syracuse University Press.
876 Sarrazin, Albertine. 1966 [1965]. *Der Astragal*. München. Kurt Desch.
877 Sarrazin, Albertine. 1970 [1965]. *Kassiber*. München. Kurt Desch.
878 Sarrazin, Albertine. 1970 [1966]. *Stufen*. München. Kurt Desch.
879 Sartori, Eva Martin & Dorothy Wynne Zimmerman. 1991. *French Women Writers: A Bio-Bibliographical Source Book*. New York. Greenwood.
880 Sauer, Jutta. 1991. *»Etwas zwischen Männern und Frauen«: Die Sehnsucht der Marieluise Fleißer*. Köln. Papyrossa.
881 Savigneau, Josyane. 1993 [1990]. *Marguerite Yourcenar: Die Erfindung eines Lebens*. Aus d. Frz. von Rolf & Hedda Soellner. München: Wien. Hanser.

882 Sawyer-Lauçanno, Christopher. 1989. *An invisible spectator: A Biography of Paul Bowles*. London. Bloomsbury.
883 Sayers, Janet. 1991. *Mothers of Psychoanalysis: Helene Deutsch, Karen Horney, Anna Freud, Melanie Klein*. New York; London. W.W. Norton & Company.
884 Schleier, Hans. 1975. *Die bürgerliche deutsche Geschichtsschreibung der Weimarer Republik*. Berlin. Akademieverlag. S. 272-302.
885 Schlüpmann, Heidi: 1984. »Radikalisierung der Philosophie: Die Nietzsche-Rezeption und die sexualpolitische Publizistik Helene Stöckers«, in: *Feministische Studien*, 3. Jg. Mai 1984, Heft 1: *Die Radikalen in der alten Frauenbewegung*, S. 10 - 34.
886 Schluter, Anne. Hg. 1992. *Pionierinnen – Feministinnen – Karrierefrauen: Zur Geschichte des Frauenstudiums in Deutschland*. Pfaffenweiler. Centaurus.
887 Schmidt-Joos, Siegfried. Hg. 1984. Idole, Bd. 6: *Judy Garland, Billie Holiday, Edith Piaf, Janis Joplin*. Berlin. Ullstein.
888 Schneider, Dieter. Hg. 1988. *Sie waren die ersten: Frauen in der Arbeiterbewegung*. Vorwort Monika Wulf-Mathies. Frankfurt/M. Büchergilde Gutenberg.
889 Schneidereit, Otto. 1970. *Fritzi Massary: Versuch eines Porträts*. Berlin.
890 Schöttler, Peter. 1991. »Lucie Varga – eine österreichische Historikerin im Umkreis der ›Annales‹ (1904-1941)«, in: Varga 1991: 13-110.
891 Scholl, Inge. 1977. *Die weiße Rose*. Erw. Neuausgabe. Frankfurt/M. Fischer TB 88.
892 Schottlaender, Rudolf. 1988. *Verfolgte Berliner Wissenschaft. Stätten der Geschichte Berlins* Bd. 23. Berlin. Edition Hentrich.
893 Schröder, Hannelore. Hg. 1979. *Die Frau ist frei geboren. Texte zur Frauenemanzipation*. Bd. I: 1789 bis 1870. München. Beck.
894 Schroeder, Hiltrud. 1997. *Helene Lange: Kommentierte Bibliographie*. Frankfurt/M. Ulrike Helmer.
895 Schultz, Hans Jürgen. Hg. 1988. *Liebespaare*. Stuttgart. Kreuz.
896 Schumann, Eugenie. 1925. *Erinnerungen*. Stuttgart. J. Engelhorns Nachf.
897 Schwarz, Gisela. 1991. *Literarisches Leben und Sozialstrukturen um 1800: Zur Situation von Schriftstellerinnen am Beispiel von Sophie Brentano-Mereau, geb. Schubart*. Frankfurt/M. Peter Lang.
898 Schwarzenbach, Annemarie. 1987. *Das glückliche Tal. Roman*. Mit einem biographischen Nachwort von Charles Linsmayer. Frauenfeld. Huber.
899 Schwarzer, Alice. 1993. *Eine tödliche Liebe: Petra Kelly und Gert Bastian*. Köln. Kiepenheuer & Witsch.
900 Schweers, Andrea. 1992. »Camille Claudel (1864-1943): Begegnung mit einer Vergessenen«, in: Duda & Pusch. Hg. 1992. S. 146-173.
901 Schweers, Andrea. 1995. »Séraphine Louis (1864-1942): Malerin von Marias Gnaden«, in: Duda & Pusch. Hg. 1995. S. 39-70.
902 Schweikert, Uwe. Hg. 1984. *Marie Luise Kaschnitz. Materialien*. Frankfurt/M. suhrkamp TB materialien 2047.
903 Schweitzer, Sibylle. 1990. *Selma Lagerlöf: Eine Bibliographie*. Mit einem Essay von Gerd Wolfgang Weber. Hg. Gunilla Rising Hintz. Schriften der Universitätsbibliothek Marburg 51. Marburg.

904 Schweitzer, Viktoria. 1992 [1988]. *Tsvetaeva*. Aus d. Russ. von Robert Chandler & H.T. Willetts. New York. Noonday Press [Farrar, Straus & Giroux].

905 *Schweizer Frauen der Tat*. 1929. 3 Bde. Zürich, Leipzig, Stuttgart. Rascher.

906 *Schweizerisches Künstlerlexikon*. 1913. Hg. Schweizerischer Kunstverein. Frauenfeld. Huber & Co.

907 Schwendimann, Max A. 1967. *Katherine Mansfield: Ihr Leben in Darstellung und Dokumenten*. München. Winkler.

908 Schwerin, J. 1992. *Got to Tell It: Mahalia Jackson, Queen of Gospel*. New York. Oxford University Press.

909 Secrest, Meryle. 1974. *Between Me and Life: A Biography of Romaine Brooks*. London. Macdonald & Jane's.

910 Seghers, Anna. 1977-80. *Gesammelte Werke in Einzelausgaben*. 14 Bde. Berlin; Weimar. Aufbau.

911 Seibert, Peter. 1989. »Henriette Herz: Erinnerungen: Zur Rekonstruktion einer frühen Frauenbiographie«, *Der Deutschunterricht: Beiträge zu seiner Praxis und wissenschaftlichen Grundlegung* 41.2 (April 1989): 37–50.

912 Sello, Gottfried. 1988. *Malerinnen aus fünf Jahrhunderten*. Hamburg. Ellert & Richter.

913 Semprun, Jorge. 1984. *Yves Montand: Das Leben geht weiter*. Frankfurt/M. Insel.

914 Senesh, Hannah. 1972. *Hannah Senesh: Her Life and Diary*. Einleitg. Abba Ebban. Übs. Martha Cohn. New York. Schocken.

915 Serke, Jürgen. 1996. »›Das war Liebe, als ich von Dir ging‹ - Zwölf Jahre verheiratet mit Heiner Müller – verraten, verschwiegen, vergessen: Inge Müller vor ihrer Wiederentdeckung«, *Süddeutsche Zeitung* Nr. 142, SZ am Wochenende, 22./23. Juni 1996, S. II.

916 Service, Robert. 1991. *Lenin: A Political Life*. London. Macmillan.

917 Sévigné, Mme de. 1972-78. *Correspondance de Mme de Sévigné*. Bibliothèque de la Pléiade. Paris. Gallimard.

918 Sévigné, Mme de. 1979. *Briefe*. Hg. und aus dem Frz. übs. von Theodora von der Mühl. Frankfurt/M. Insel TB 395.

919 Sexton, Anne. 1977. Anne Sexton: *A Self-Portrait in Letters*. Hg. Linda Gray Sexton und Lois Ames. Boston. Houghton Mifflin.

920 Sexton, Anne. 1985. *No Evil Star: Selected Essays, Interviews, and Prose*. Hg. Steven E. Colburn. Ann Arbor. University of Michigan Press.

921 Seydel, Heinz. Hg. 1988. *Welch Wort in die Kälte gerufen: Die Judenverfolgung des Dritten Reiches im deutschen Gedicht*. Berlin. Verlag der Nation.

922 Seymour-Jones, Carole. 1993 [1992]. *Beatrice Webb: Woman of Conflict*. London. Pandora.

923 Shafi, Monika. 1993. »Annette von Droste-Hülshoff«, in: *Nineteenth-Century German Writers to 1840. Dictionary of Literary Biography*. Vol. 133. Hg. James Hardin und Siegfried Mews. Detroit, MI. Gale. S. 49-60.

924 Shen Congwen. 1940. *Ji Ding Ling*. Shanghai.

925 *Sieben finnische Malerinnen*. 1983. Ausstellungskatalog Hamburger Kunsthalle 15.7.-21.8.1983.

926 Siegel, Monique R. 1991 [1989]. *Weibliche Führungskunst: Frauenkarrieren in der Geschichte*. Frankfurt/M. Fischer TB.

927 Siemsen, Anna. 1943. *Der Weg ins Freie*. Zürich. Büchergilde Gutenberg.

928 Signoret, Simone. 1980 [1976]. *Ungeteilte Erinnerungen*. Aus dem Frz. von Gerlinde Quenzer & Günter Seib. München. Heyne TB 5517.

929 Signoret, Simone. 1985. *Adieu Wolodja*. Aus dem Frz. von Elisabeth Lutz. Zürich; Köln. Benziger.

930 Sime, Ruth Lewin. 1996. *Lise Meitner: A Life in Physics*. Berkeley, CA. University of California Press.

931 Simon, Linda. 1977. *The Biography of Alice B. Toklas*. Garden City, NY. Doubleday & Company, Inc.

932 Sinclair, Marianne. 1989. *Hollywood Lolita: Der Nymphchen-Mythos*. Deutsch von Cornelia Zumkeller. München. Heyne.

933 Sintenis, Renée. 1983. *Plastiken, Zeichnungen, Druckgraphik*. Berlin. Georg-Kolbe-Museum.

934 Skinner, Cornelia Otis. 1968 [1967]. *Madame Sarah: Das Leben der Schauspielerin Sarah Bernhardt*. Aus dem Engl. von Günther Danehl. Frankfurt/M. S. Fischer.

935 Slade, Carol. 1995. *St. Teresa of Avila: Author of a Heroic Life*. Berkeley, CA. University of California Press.

936 Slide, Anthony. 1982 [1977]. *Engel vom Broadway oder Der Einzug der Frauen in die Filmgeschichte*. Aus d. am. Engl. von Dagmar Hahn. Münster. Tende.

937 Smidt-Dörrenberg, Irmgard. 1968. *Angelika Kauffmann, Goethes Freundin in Rom. Ein Lebensbild nach ihren Briefen u. nach Berichten ihrer Zeitgenossen*. Wien. Rosenbaum.

938 Smith, Francis Barrymore. 1982. *Florence Nightingale: Reputation and Power*. New York. St. Martin's Press.

939 Smith, Henry A. 1976. »Introduction: Gertrud Kolmar's Life and Works«, in: *Dark Soliloquy: The Selected Poems of Gertrud Kolmar*. Translated and with an Introduction by Henry A. Smith. New York Continuum. S. 3-52.

940 Soltau, Heidi. 1987. »In den Fesseln der Geschichte. Liebe und Sexualität in der bürgerlichen Frauenbewegung der Jahrhundertwende«, *Widersprüche*, Heft 23, 1987, S. 75 - 90.

941 *Sophie Taeuber-Arp / Hans Arp – Besonderheiten eines Zweiklangs*. Staatliche Kunstsammlungen Dresden, Albertinum, 9. Juni bis 11. August 1991. Ausstellungskatalog.

942 Spada, James. 1987. Grace: *Das geheime Vorleben einer Fürstin*. Aus d. Engl. von Gertrud Theiss. München; Wien. Langen-Müller.

943 Spark, Muriel. 1992. *Mary Shelley. Eine Biographie*. Frankfurt. Insel TB 1258.

944 Spender, Dale. 1982. *Women of Ideas (and What Men Have Done to Them)*. London; Boston; Melbourne. Ark PB.

945 Spender, Dale. Hg. 1983. *Feminist Theorists: Three Centuries of Key Women Thinkers*. New York. Pantheon Books.

946 Sperr, Monika. 1983. *Petra K. Kelly: Politikerin aus Betroffenheit*. Reinbek bei Hamburg. rororo TB 5567.

947 Spoto, Donald. 1989. *Die Seeräuber-Jenny: Das bewegte Leben der*

*Lotte Lenya*. Aus d. am. Engl. von Michaela Grabinger. München; Zürich. Droemer Knaur.

948 Spoto, Donald. 1993. *Marilyn Monroe: Die Biographie*. München. Heyne.

949 Spycket, Jérôme. 1977. *Clara Haskil: Eine Biographie*. Mit einem Vorwort von Herbert von Karajan. Bern; Stuttgart. Hallwag.

950 Spycket, Jérôme. 1987. *Nadia Boulanger*. Lausanne. Editions Payot.

951 Ssales, Mehdi Achawan u.a. 1991. *»Gesteh's! die Dichter des Orients sind größer ...«. Persischsprachige Literatur*. Berlin.

952 St. John, Christopher. 1959. *Ethel Smyth: A Biography*.

953 Staël, Germaine de. 1985. *Über Deutschland*. Vollständige Ausgabe. Nach der deutschen Erstübertragung von 1814 hg. von Monika Bosse. Frankfurt/M. Insel TB 623.

954 Stanley, Arthur S., 1973 [1946]. *Madame de Sévigné: Her Letters and Her World*. Folcroft. PA. Folcroft Library Editions.

955 Stanton, Elizabeth Cady, Susan B. Anthony, Matilda Joslyn Gage & Ida Husted Harper. Hg. 1887-1922. *History of Woman Suffrage, in six volumes*. Bd. 1-3: 1887; Bd. 4: 1902; Bd. 6: 1922. Rochester, NY. Charles Mann.

956 Stassinopoulos, Arianna. 1983 (1980). *Die Callas*. Übs. Günter Panske. München. Knaur TB 3215.

957 Stein, Gertrude. 1993 [1933]. *Autobiographie von Alice B. Toklas*. Aus dem Engl. von Elisabeth Schnack. Hamburg. Arche.

958 Steinem, Gloria. 1986. *Marilyn: Norma Jeane*. London. Gollancz.

959 Stendhal, Renate. Hg. 1989. *Gertrude Stein: Ein Leben in Bildern und Texten*. Zürich. Arche.

960 Stephan, Inge. 1989. *Das Schicksal der begabten Frau: Im Schatten berühmter Männer*. Stuttgart. Kreuz.

961 Stephan, Inge. 1992. *Die Gründerinnen der Psychoanalyse: Eine Entmythologisierung Sigmund Freuds in 12 Frauenporträts*. Stuttgart. Kreuz.

962 Stephan, Inge, Regula Venske & Sigrid Weigel. 1987. *Frauenliteratur ohne Tradition? Neun Autorinnenporträts*. Frankfurt/M. Fischer TB 3783.

963 Stephen, Leslie & Sidney Lee. Hg. 1908. *Dictionary of National Biography*. London. Smith, Elder & Co.

964 Sterling, Dorothy. 1984. *We Are Your Sisters: Black Women in the Nineteenth Century*. New York; London. W.W. Norton & Company.

965 Sterling, Philip. 1970. *Sea and earth: The Life of Rachel Carson*. New York. Crowell.

966 Stern, Carola. 1996. *Isadora Duncan und Sergej Jessenin: Der Dichter und die Tänzerin*. Berlin. Rowohlt Berlin.

967 Stevenson, Anne. 1989. *Sylvia Plath: Eine Biographie*. Aus dem Engl. von Manfred Ohl, Hans Sartorius, Friederike Roth. Frankfurt/M. Frankfurter Verlagsanstalt.

968 Stoeckl, Agnes B. 1966. *Mistress of Versailles: The Life of Madame Du Barry*. London. Murray.

969 Stolpe, Sven. 1966. *Christina of Sweden*.

970 Stone, Adrienne. 1947. *Hawaii's Queen: Liliuokalani*.

971 Storm, John. 1959. *The Valadon Drama*.

972 Strachey, Lytton. 1933 [1918]. *Eminent Victorians: Cardinal Man-*

*ning, Dr. Arnold, Florence Nightingale*, General Gordon. New York. The Modern Library.

973 Strachey, Ray. 1931. *Millicent Garrett Fawcett*. London. John Murray.

974 Straub, Harriet. 1990. *Zerrissene Briefe*. Freiburg. Kore.

975 Straub, Harriet. 1991. *Wüstenabenteuer. Frauenleben*. Hg. Ludger Lütkehaus. Freiburg. Kore.

976 Strausfeld, Mechthild. Hg. 1984. *Brasilianische Literatur*. Frankfurt/M. Suhrkamp.

977 Stresau, Norbert. 1985. *Audrey Hepburn: Ihre Filme – ihr Leben*. 6. Aufl. München. Heyne.

978 Stromberg, Kyra. 1989. *Djuna Barnes: Leben und Werk einer Extravaganten*. Berlin. Wagenbach.

979 Stromberg, Kyra. 1997. *Zelda und F. Scott Fitzgerald*. Berlin. Rowohlt.

980 Strong, Roy, & Julia Oman. 1973. *Mary, Queen of Scots*. New York. Stein and Day.

981 Strouse, Jean. 1981. *Alice James: A Biography*. Boston. Houghton Mifflin.

982 Stuby, Anna Maria. 1985. »Sofja Kovalevskaja: ›Prinzessin der Naturwissenschaften‹. Ein Beitrag zur Entheroisierung«, *Feministische Studien* 1/1985, S. 87-106.

983 Stuby, Anna Maria. 1990. »›Ich bin nirgendwo ganz zu Hause und überall ein bißchen‹ – Pearl S. Buck (1892-1973), Nobelpreis für Literatur 1938«, in: Kerner, Charlotte. Hg. 1990. S. 84-110.

984 Studer, Liliane. 1987. *»... auf dem Weg, eine neue Welt zu suchen ...«* Marlen Haushofer 1920-1970. Bern. Unveröff. Ms.

985 Sudendorf, Werner. Hg. 1980. *Marlene Dietrich: Dokumente, Essays, Filme*. Frankfurt/M.; Berlin; Wien. Ullstein TB 27506.

986 Sunstein, Emily W. 1975. *A Different Face. The Life of Mary Wollstonecraft*. New York. Harper & Row.

987 Sunstein, Emily W. 1989. *Mary Shelley: Romance and Reality*. Boston. Little, Brown & Co.

988 Sutherland, Nicola Mary. 1966. *Catherine de Medici and the Ancien Regime*.

989 Suttner, Bertha von. 1889. *Die Waffen nieder! Eine Lebensgeschichte*. Hg. und mit einem Vorwort von Sigrid und Helmut Bock. Berlin 1990. Verlag der Nation.

990 *Svenska Män och Kvinnor: Biografisk Uppslagsbok*. 1942. Stockholm. Bonnier.

991 Sweet, Frederick A. 1966. *Miss Mary Cassatt, Impressionist from Pennsylvania*. Norman, Oklahoma. University Oklahoma Press.

992 Tacou-Rumney, Laurence. 1997. *Peggy Guggenheim*. München. Heyne.

993 Tanz, Sabine. 1993. »Birgitta von Schweden: Heilige im Spannungsfeld von Politik und Visionen«, in: Beyreuther, Gerald, Barbara Pätzold & Erika Uitz. Hg. 1993. *Fürstinnen und Städterinnen: Frauen im Mittelalter*. Freiburg; Basel; Wien. Herder. S. 88-109.

994 Tappert, Tara L. 1988. »Cecilia Beaux: A Career as a Portraitist«, *Women's Studies*, Vol. 14, No 4, pp. 389-411. New York; London. Gordon & Breach Science Publishers.

995 Tast, Brigitte & Hans-Jürgen. Hg. 1984. *Frances Farmer. Kulleraugen-Materialsammlung* Nr. 7. Schellerten. Brigitte Tast.

996 Taubman, M. 1985. *Gwen John: The Artist and Her Work*. Ithaca, N.Y., Cornell University Press.

997 Tax, Sissi. 1984. *Marieluise Fleißer: Schreiben, Überleben. Ein biographischer Versuch*. Basel; Frankfurt/M. Stroemfeld/ Roter Stern.

998 Taylor, Judy. 1987. *Beatrix Potter: The Artist, Storyteller and Countrywoman*. New York. F. Warne.

999 Taylor, Judy. Hg. 1990. *Beatrix Potter's Letters*.

1000 Tenschert, Vera. 1981. *Die Weigel: Ein Bildband*. Berlin. Henschel.

1001 Tewarson, Heidi Thomann. 1993. »Jüdinsein um 1800: Bemerkungen zum Selbstverständnis der ersten Generation assimilierter Berliner Jüdinnen«, in: Dick & Hahn. Hg. S. 47-70.

1002 *Text + Kritik. Sonderband: Ingeborg Bachmann*. 1984. Gastredaktion Sigrid Weigel. Darin: Otto Bareiss: Vita Ingeborg Bachmann, S. 180-185; Otto Bareiss: Auswahlbibliographie 1953-1983/84, S. 186-215. München.

1003 *The 100 Most Influential Women of All Time*. New York. Citadel Press, Carol Publishing Group/Carol Communications, Inc. 1996.

1004 *The Complete Recorded Legacy of Ginette Neveu*. EMI RLS 739 (4 record set 153-53743/&M): Sibelius, Brahms, Chausson, R. Strauss, Debussy, Ravel – hieraus: Die Violinkonzerte von Brahms und Sibelius: EMI Compact Disc CDH 7610112.

1005 *The Habit of Being: Letters of Flannery O'Connor*. Hg. Sally Fitzgerald. New York 1979. Farrar, Straus & Giroux.

1006 Thiele, Johannes. 1996. *Elisabeth: Das Buch ihres Lebens*. München; Leipzig. List.

1007 Thieme, Ulrich & Felix Becker, Hg. 1992 [1907-50]. *Allgemeines Lexikon der bildenden Künstler von der Antike bis zur Gegenwart*. 19 Bde. München. dtv. Unv. Nachdruck d. Ausgabe des Seemann Verlags Leipzig.

1008 Thieringer, Thomas. 1986. »Mit ungewöhnlicher Direktheit zum Erfolg«, *Süddt. Zeitung* 22. 3. 86.

1009 *Third World Women: The Politics of Being Other*. 1977. Heresies: A Feminist Publication on Art and Politics vol. 2 no. 4. New York. Heresies Collective.

1010 Thomas, Adrian. 1985. *Bacewicz. Chamber and Orchestral Music*. Los Angeles. University of Southern California.

1011 Thompson, Dorothy. 1987. *Queen Victoria: Gender and Power*. London. Virago Pioneers.

1012 Tick, Judith. 1986. »Passed away is the piano girl: Changes in American musical Life, 1870-1900«, in: Bowers, Jane & Judith Tick. Hg. 1986. *Women making music. The Western Art tradition, 1150-1950*. Urbana; Chicago. University of Illinois Press, 325-348.

1013 Tillich, Hannah. 1935. *Vom Abschied und von den vielen Gesichtern der Dämmerung*. Papenburg. J.J. Lauscher.

1014 Tillich, Hannah. 1976. *From Place to Place*. Briarcliff Manor, New York. Stein and Day.

1015 Tillich, Hannah. 1992/93 [1973]. *Ich allein bin: Autobiographie*. Aus dem Engl. von Sieglinde Denzel & Susanne Naumann. Gütersloh. Gütersloher Verlagshaus Gerd Mohn.

1016 Tingsten, Herbert. 1965. *Königin Victoria und ihre Zeit*. Übs. aus d. Schwed. Ehrhardt Neumann. München. Callwey.
1017 Todd, Janet. Hg. 1989. *British Women Writers*. New York. Continuum.
1018 Toklas, Alice B. 1973. *Staying on alone: Letters of Alice B. Toklas*. Edited by Edward Burns. With an introd. by Gilbert A. Harrison. New York. Liveright.
1019 Toklas, Alice B. 1989 [1963]. *What is Remembered: An Autobiography*. London. Cardinal.
1020 Toklas, Alice B. 1994 [1954]. *Das Alice B. Toklas Kochbuch*. Aus dem Engl. von Frieda Grafe. Berlin. Byblos.
1021 Tomalin, Claire.1974 [1983]. *The Life and Death of Mary Wollstonecraft*. New York; Scarborough, Ontario. Meridian Books.
1022 Tomalin, Claire. 1992 [1988]. *Katherine Mansfield: Eine Lebensgeschichte*. Frankfurt/M. Suhrkamp TB 2336.
1023 Traitler, Reinhild. 1988. *Briefe an die Unglücklichen*. Zürich. Pendo.
1024 Trbuhovic-Gjuric, Desanka. o.J. *Mileva Maric-Einstein 1875-1948*. Zürich. Jahrringe des Verlags Paul Haupt.
1025 Tristan, Flora. 1983-7 [1833-4]. *Fahrten einer Paria*. 3 Bde. Zürich. Ala.
1026 Trömel-Plötz, Senta. 1992. *Vatersprache – Mutterland: Beobachtungen zu Sprache und Politik*. München. Frauenoffensive.
1027 Troubridge, Una [Vicenzo], Lady. 1975 [1961]. *The Life of Radclyffe Hall. The Arno Series on Homosexuality*. New York. Arno Press.
1028 Tschukowskaja, Lydia. 1987. *Aufzeichnungen über Anna Achmatowa*. Tübingen. Gunter Narr.
1029 Tucker, Anne. 1973. »Diane Arbus«, *The Woman's Eye*. New York. Knopf.
1030 Uecker, Heiko. 1990. *Die Klassiker der skandinavischen Literatur*. Hermes Handlexikon. Düsseldorf. Econ.
1031 Uglow, Jennifer S. 1987. *George Eliot*. New York. Virago / Pantheon.
1032 Uhde, Wilhelm. 1947. *Fünf primitive Meister: Rousseau, Vivin, Bombois, Bauchant, Séraphine*. Zürich. Atlantis.
1033 Updike, John. 1998. »Qui qu'a vu Coco?: Coco Chanel was known not just for her Collections of clothes but for her collections of men«, *The New Yorker* 1998.09.21, 132-143.
1034 Valkonen, Markku. 1992. *Finnish Art over the Centuries*. Helsinki. Otava.
1035 Vallier, Dora. 1971. *Vieira da Silva*. Paris. Editions Weber.
1036 Vallotton, Henry. 1981 [1978]. *Maria Theresia: Die Frau, die ein Weltreich regierte*. Aus dem Frz. von Ulla Leippe. Frankfurt/M. Fischer TB 5028.
1037 Varga, Lucie. 1991. *Zeitenwende: Mentalitätshistorische Studien 1936-1939*. Hg., übersetzt und eingeleitet von Peter Schöttler. Frankfurt/M. Suhrkamp TB Wissenschaft 892.
1038 Veiteberg, Jorunn et al. Hg. 1989. *Zimmer mit Aussicht: Frauenkunst in Norwegen 1880-1990 – Rooms With A View: Women's Art in Norway 1880-1990*. Oslo. Königlich Norwegisches Außenministerium.
1039 Venske, Regula. 1983. »›Ich hätte ein Mann sein müssen oder eines großen Mannes Weib‹ – Widersprüche im Emanzipationsverständnis der Fanny Lewald«, in: Brehmer, Ilse et al. Hg. *Frauen in der Geschichte*, Bd. IV, S. 368-96. Düsseldorf. Schwann.

1040 Venske, Regula. 1988. *Ach Fanny! – Vom jüdischen Mädchen zur preußischen Schriftstellerin: Fanny Lewald.* Berlin. Elefanten-Press.
1041 Vergine, Lea. 1982. *L'autre moitié de l'avantgarde 1910/1940.* Paris. Des femmes.
1042 Vermilye, Jerry. 1985. *The Films of the Twenties.* Secaucus, NJ. The Citadel Press.
1043 Vicinus, Martha & Bea Nergaard. Hg. 1990. *Ever Yours, Florence Nightingale: Selected Letters.* Cambridge, MA. Harvard University Press.
1044 Vickers, Hugo. 1989. *Vivien Leigh.* Boston. Little, Brown & Company.
1045 Viereck, Stefanie. 1990. *So weit die Welt geht: Ricarda Huch.* Reinbek bei Hamburg. Rowohlt.
1046 Vinke, Hermann. 1980. *Das kurze Leben der Sophie Scholl.* Ravensburg. Otto Maier.
1047 Vinson, James, Christopher Lyon & Greg S. Faller. Hg. 1986. *The International Dictionary of Films and Filmmakers. Bd. 3: Actors and Actresses.* London. St. James Press.
1048 Vircondelet, Alain. 1986. *Séraphine de Senlis.* Paris. Albin Michel.
1049 Vircondelet, Alain. 1992 [1991]. *Marguerite Duras. Biographie.* Aus d. Frz. von Michael von Killisch-Horn. Freiburg. Beck & Glückler.
1050 Völker, Klaus. 1990. *Elisabeth Bergner; das Leben einer Schauspielerin – ganz und doch immer unvollendet. Beiträge zu Theater, Film und Fernsehen aus dem Institut für Theaterwissenschaften der Freien Universität Berlin.* Band 4. Berlin. Edition Hentrich.
1051 Vogel, Juliane. 1992. *Elisabeth von Österreich: Momente aus dem Leben einer Kunstfigur.* Mit einem kunstgeschichtlichen Exkurs von Gabriela Christen. Wien. Christian Brandstätter.
1052 Voglhuber, Ingrid. 1963. *Die Kunstform des Romans bei Grazia Deledda.* Inauguraldissertation Graz.
1053 Vogt, Howard. 1988. *Flagstad: Singer of the Century.* London. Secker and Warburg.
1054 Vogt, Marianne. 1981. *Autobiographik bürgerlicher Frauen: Zur Geschichte weiblicher Selbstbewußtwerdung.* Würzburg. Vlg. Königshausen & Neumann.
1055 Volland, Eva Maria & Reinhard Bauer. Hg. 1991. *München – Stadt der Frauen. Kampf für Frieden und Gleichberechtigung 1800-1945.* München. Piper.
1056 Vollmer, Hans. Hg. 1992 [1953]. *Allgemeines Lexikon der bildenden Künstler des zwanzigsten Jahrhunderts.* 6 Bde. München. dtv. Unv. Nachdruck d. Ausgabe des Seemann Verlags Leipzig.
1057 Vollmer, Hartmut. Hg. 1993. *»In roten Schuhen tanzt die Sonne sich zu Tod«: Lyrik expressionistischer Dichterinnen.* Zürich. Arche.
1058 Vollmer, Hartmut. Hg. 1996. *Die rote Perücke: Prosa expressionistischer Dichterinnen.* Paderborn. Igel.
1059 Vulpius, Wolfgang. 1953. *Christiane: Lebenskunst und Menschlichkeit in Goethes Ehe.* Leipzig; Weimar. Gustav Kiepenheuer.
1060 Waagenaar, Sam. 1976. *Mata Hari: Niet zo onschuldig.* Bussum. van Holkema & Warendorf.
1061 Wagner, Renate. 1995. *Heimat bist du großer Töchter: Weitere Portraits.* Wien. Edition S. Verlag der Österreichischen Staatsdruckerei.

1062 Wagner-Martin, Linda. 1992 [1987]. *Sylvia Plath: Eine Biographie.* Aus dem Engl. von Sabine Techel. Frankfurt/M. suhrkamp TB 1986.
1063 Wagnerová, Alena. 1994. *Milena Jesenská: »Alle meine Artikel sind Liebesbriefe«.* Mannheim. Bollmann.
1064 Waldmann, Werner. 1983. *Virginia Woolf in Selbstzeugnissen und Bilddokumenten.* Reinbek bei Hamburg. rororo monographie 323.
1065 Walker, Alexander. 1966. *Sex in the Movies: The Celluloid Sacrifice.* 3. Aufl. Baltimore. Penguin Books.
1066 Walker, Alexander. 1981. *Greta Garbo; ein Portrait, autorisiert von Metro-Goldwyn-Mayer.* Aus dem Engl. von Ingeborg F. Meier. Christian.
1067 Walker, Alexander. 1989. *Vivien: The Life of Vivien Leigh.* New York. Weidenfeld & Nicolson.
1068 Walker, Alice. 1984. »Looking for Zora,« in: Ascher et al. Hg. 1984.
1069 Wall, Renate. 1988. *Verbrannt, verboten, vergessen: Kleines Lexikon deutschsprachiger Schriftstellerinnen 1933-1945.* Kleine Bibliothek; 510: Frauen. Köln. Pahl-Rugenstein.
1070 Wallach, Janet. 1998. *Chanel: Her Style and Her Life.* New York. Nan A. Talese / Doubleday.
1071 Walter, Karin. Hg. 1990. *Sanft und rebellisch: Mütter der Christenheit – von Frauen neu entdeckt.* frauenforum. Freiburg; Basel; Wien. Herder.
1072 Wandel, Elke. Hg. 1991. *Witwen und Töchter an der Macht: Politikerinnen der Dritten Welt.* Reinbek b. Hamburg. rororo TB 8874.
1073 Ward, C. M. 1989. *Mae West: A Bio-Bibliography.* New York. Greenwood Press.
1074 Ware, Malcolm. 1963. *Sublimity in the Novels of Ann Radcliffe.* Copenhagen. Munksgaard.
1075 Ware, Susan. 1993. *Still missing: Amelia Earhart and the search for modern feminism.* New York Norton.
1076 Waser, Maria. 1913. *Die Geschichte der Anna Waser: Ein Roman an der Wende des 17. Jahrhunderts.* Stuttgart; Berlin. »Deutsche Verlagsanstalt. [neueste Ausgabe: Zürich; Claassen 1978]«.
1077 Waser, Maria. 1929. »Anna Waser; 16. Oktober 1678 - 20. September 1714«, in: *Schweizer Frauen der Tat,* Bd. 1, S. 16-27.
1078 Weaver, Mike. 1984. *Julia Margaret Cameron.* Boston. Little, Brown.
1079 Webb, Beatrice. 1926. *My Apprenticeship.* New York. Longman, Green.
1080 Weber, Hermann. 1970. *Lenin in Selbstzeugnissen und Bilddokumenten.* Reinbek bei Hamburg. rororo monographie 168.
1081 Weber-Reich, Traudel. Hg. 1993. *»Des Kennenlernens werth«: Bedeutende Frauen Göttingens.* Göttingen. Wallstein.
1082 Wehr, Gerhard. 1979. *Paul Tillich in Selbstzeugnissen und Bilddokumenten.* Reinbek bei Hamburg. rororo monographie 274.
1083 Weigel, Hans. 1979. *In memoriam.* Graz. Styria.
1084 Weigel, Sigrid. 1987. *Die Stimme der Medusa: Schreibweisen in der Gegenwartsliteratur von Frauen.* Dülmen-Hiddingsel. Tende. S. 33-35.
1085 Weissberg, Liliane.1993. »Weibliche Körpersprache: Bild und Wort bei Henriette Herz«, in: Dick & Hahn. Hg. S. 71–92.
1086 Weissweiler, Eva. 1990. *Clara Schumann: Eine Biographie.* Hamburg. Hoffmann und Campe.

1087 Wellershoff, Irene Astrid. 1982. *Vertreibung aus dem »kleinen Glück.« Das lyrische Werk der Mascha Kaléko*. Diss. Aachen.
1088 Weltge, Sigrid Wortmann. 1993. *Women's Work: Textile Art from the Bauhaus*. San Francisco. Chronicle Books.
1089 Wendt, Gunna. Hg. 1992. *Die Jazz-Frauen*. Hamburg; Zürich. Luchterhand.
1090 Werner, Françoise. 1990. *Romaine Brooks*. Paris. Plon.
1091 Werner, Paul & Uta van Steen. 1986. *Rebellin in Hollywood: 13 Porträts des Eigensinns*. Frankfurt/M.; Dülmen. tende.
1092 Wertheimer, Oskar von. 1981. *Christine von Schweden: Abschied vom Thron*. München. Moewig TB 4404.
1093 Wessling, Berndt W. 1984 (2. Aufl.) *Alma: Gefährtin von Gustav Mahler, Oskar Kokoschka, Walter Gropius, Franz Werfel*. Düsseldorf. Claassen.
1094 West, Mae. 1959. *Goodness had nothing to do with it*. London. W.H. Allen.
1095 Wexler, Alice. 1989. *Emma Goldman in Exile: From the Russian Revolution to the Spanish Civil War*. Boston. Beacon.
1096 Wickert, Christl. 1991. *Helene Stöcker 1869-1943 – Frauenrechtlerin, Sexualreformerin und Pazifistin: Eine Biographie*. Berlin. J.H.W. Dietz Nachf.
1097 Widl, Robert. *Königin Christine von Schweden: Eine Frau erobert den Vatikan*. Mühlacker. Stieglitz.
1098 Wieler, Joachim. 1987. *Er-Innerung eines zerstörten Lebensabends: Alice Salomon während der NS-Zeit (1933-1937) und im Exil*. Darmstadt. Lingbach.
1099 Wiesenfarth, Joseph. 1985. »George Eliot (Mary Ann Evans)«, *Dictionary of Literary Biography*, 21: Victorian Novelists before 1885. S. 145-70. Detroit. Gale.
1100 Wilke, Renate. 1981. »Fortschrittliche Konservative: Amalie Sieveking«, in: Schmidt-Biesalski, Angelika. Hg. 1981. *Lust, Liebe und Verstand; protestantische Frauen aus fünf Jahrhunderten*. Laetare Frauenprogramm. Gelnhausen; Berlin; Stein. Burckhardthaus-Laetare. S. 56-84.
1101 Wilpert, Gero von. Hg. 1988. *Lexikon der Weltliteratur*. München. dtv. Band 1: *Biographisch-bibliographisches Handwörterbuch nach Autoren und anonymen Werken*. 3., neubearbeitete Aufl. Stuttgart. Kröner.
1102 Wilson, Katharina M. 1991. *An Encyclopedia of Continental Women Writers*. 2 Bde. New York: London. Garland Publishing.
1103 Wineapple, Brenda. 1989. *Genet: A Biography of Janet Flanner*. New York. Ticknor & Fields.
1104 Wintersteiner, Marianne. 1983. *Luthers Frau: Katharina von Bora*. Irdning, Steiermark. Stieglitz.
1105 Wocker, Karl Heinz. 1981 [1978]. *Königin Victoria: Die Geschichte eines Zeitalters*. München. Heyne TB 72.
1106 Wolf, Sylvia. 1998. *Julia Margaret Cameron's Women*. New Haven, CT. Yale University Press.
1107 Wolff, Charlotte. 1977. *Flickwerk*.
1108 Wolff, Charlotte. 1980. *Augenblicke verändern uns mehr als die Zeit*. London. Quartet Books.

1109 Woltmann, Johanna. 1995. *Gertrud Kolmar: Leben und Werk*. Göttingen. Wallstein.
1110 Woolum, Janet. 1992. *Outstanding Women Athletes: Who they are and how they influenced Sports in America*. Phoenix, AZ. Oryx Press.
1111 Wysocki, Gisela von. 1980. Die Fröste der Freiheit: *Aufbruchsphantasien*. Frankfurt/M. Syndikat.
1112 Wyss, Johann J. 1916. *Vittoria Colonna: Leben, Wirken, Werke*. Eine Monographie mit 10 Abbildungen. Frauenfeld. Huber.
1113 Young, William C. 1975. *Famous Actors and Actresses on the American Stage*. New York & London. Bowker.
1114 Young-Brühl, Elisabeth. 1995 [1988]. *Anna Freud: Eine Biographie. 1. Teil: Die Wiener Jahre*. Aus d. am. Engl. von Maria Clay-Jorde. Wien. Wiener Frauenverlag.
1115 Yourcenar, Marguerite. 1980. *Les yeux ouverts. Entretiens avec Matthieu Galey*. Paris. Le Centurion.
1116 Yourcenar, Marguerite. 1985. *Lebensquellen: Eine Familiengeschichte*. Aus dem Frz. von Rolf Soellner & Hedda Soellner. Frankfurt/M. Fischer TB 5473.
1117 Yourcenar, Marguerite. 1989. *Liebesläufe: Eine Familiengeschichte*. Aus dem Frz. von Rolf Soellner & Hedda Soellner. München; Wien. Hanser.
1118 Zaharias, Babe D. 1955. *This Life I've Led*.
1119 Zamora, Martha. 1991. *Frida Kahlo: Aufschrei der Seele*. Basel. Wiese.
1120 Zehl Romero, Christiane. 1978. *Simone de Beauvoir in Selbstzeugnissen und Bilddokumenten*. Reinbek bei Hamburg. rororo monographien 260.
1121 Zehl Romero, Christiane. 1992. *Anna Seghers in Selbstzeugnissen und Bilddokumenten*. Reinbek bei Hamburg. rororo monographien 464.
1122 Zeller, Eva. 1996. *Die Lutherin*. Stuttgart. DVA.
1123 Zimmer-Winkel, Rainer. Hg. 1994. *Worte: Stark wie der Atem der Erde: Beiträge zu Leben und Werk der jüdischen Dichterin Rose Ausländer (1901-1988)*. Diss. Trier. Kulturverein Aphorisma.
1124 Zimmermann, Ruth. 1984. *Jenny Marx und ihre Töchter: Frauen im Schatten des Revolutionärs*. Freiburg. Herder.
1125 Zoch-Westphal, Gisela. 1987. *Aus den sechs Leben der Mascha Kaléko: Biographische Skizzen, ein Tagebuch und Briefe mit 62 Fotos und Zeichnungen sowie 19 Dokumenten*. Berlin. Arani.
1126 Zürn, Unica. 1988 ff. *Gesamtausgabe in fünf Bänden*. Hg. Günter Bose und Erich Brinkmann. Berlin. Brinkmann & Bose.
1127 Zweig, Stefan. 1959 (1935). *Maria Stuart*. Frankfurt/M. Fischer TB 1714.
1128 Burgess, Patricia. Hg. 1990. »Jacqueline du Pré«, *The annual obituary 1987*. Chicago; London. St. James Press. S. 612-4.
1129 Easton, Carol. 1989. *Jacqueline du Pré: A Biography*. London; Sydney; Auckland; Toronto. Hodder & Stoughton.
1130 Huhnke, Brigitta. 1989. »Austeilen und einstecken: Eine Frau in der Politik«. dpa-Feature vom 10.10.1989.
1131 Keller-Kühne, Angela. 1996. *Helene Wessel*. Vortrag in Goslar. St. Augustin. Archiv der Konrad-Adenauer-Stiftung.

1132 Wessel, Helene. 1934. *Bewahrung – nicht Verwahrlosung: Eine eugenische und fürsorgerische Notwendigkeit*. Geilenkirchen. van Gils.
1133 Auclair, Marcelle. 1975. *Bernadette: Das Mädchen von Lourdes*. Freiburg. Herder.
1134 Suffran, Michel. 1976. *Lourdes ou les témoins sont aveugles*. Paris. S.O.S.
1135 Werfel, Franz. 1941. *Das Lied von Bernadette*. Frankfurt am Main [Stockholm]. S. Fischer.

# Register chronologisch

| | |
|---|---|
| ca. 497 | Theodora von Byzanz |
| ca. 931 | Adelheid |
| 1194 | Klara von Assisi |
| 1303 | Birgitta von Schweden |
| 1347 | Katharina von Siena |
| 1490/92 | Vittoria Colonna |
| 1492 | Margarete von Navarra |
| 1499 | Katharina von Bora |
| 1499 | Diana von Poitiers |
| 1515 | Therese von Avila |
| 1519 | Katharina von Medici |
| 1542 | Maria Stuart |
| 1565 | Marie le Jars de Gournay |
| 1585 | Mary Ward |
| 1593 | Artemisia Gentileschi |
| 1596 | Ebba Brahe |
| 1620 | Ninon de Lenclos |
| 1626 | Marquise de Sévigné |
| 1626 | Christine von Schweden |
| 1633 | Catharina Regina von Greiffenberg |
| 1634 | Marie-Madeleine de Lafayette |
| 1640 | Aphra Behn |
| 1646 | Glückel von Hameln |
| 1647 | Maria Sibylla Merian |
| 1648 | Juana Inés de la Cruz |
| 1665 | Anne Stuart (Queen Anne) |
| 1678 | Anna Waser |
| 1689 | Lady Mary Wortley Montagu |
| 1697 | Friederike Caroline Neuber |
| 1715 | Dorothea Christiane Erxleben |
| 1717 | Maria Theresia |
| 1718 | Maria Gaetana Agnesi |
| 1729 | Katharina die Große |
| 1741 | Angelika Kauffmann |
| 1743 | Madame Dubarry |
| 1748 | Olympe de Gouges |
| 1751 | Maria Anna (Nannerl) Mozart |
| 1754 | Marie-Jeanne Roland |
| 1755 | Marie-Louise-Elisabeth Vigée-Lebrun |
| 1759 | Mary Wollstonecraft |
| 1764 | Ann Radcliffe |
| 1764 | Henriette Herz |
| 1765 | Christiane Vulpius |
| 1766 | Germaine de Staël |
| 1770 | Sophie Mereau |
| 1771 | Dorothy Wordsworth |
| ca. 1775 | Constance Mayer |
| 1791 | Marie Ellenrieder |
| 1794 | Amalie Sieveking |
| 1795 | Fanny Wright |
| ca. 1797 | Sojourner Truth |
| 1797 | Annette von Droste-Hülshoff |
| 1797 | Mary Wollstonecraft Shelley |
| 1797 | Ida Pfeiffer |
| 1797 | Giuditta Pasta |
| 1803 | Flora Tristan |
| 1810 | Margaret Fuller |
| 1811 | Fanny Lewald |
| 1814 | Jenny Marx |
| 1814 | Louise Aston |
| 1815 | Julia Margaret Cameron |
| 1815 | Ada Byron Lovelace |
| 1818 | Emily Brontë |
| 1818 | Maria Mitchell |
| 1819 | Victoria I. von England |
| 1819 | Clara Schumann |
| 1819 | George Eliot |
| 1820 | Susan Brownell Anthony |
| 1820 | Elisabeth Felix, genannt Rachel |
| 1820 | Florence Nightingale |
| 1820 | Jenny Lind |
| 1820 | Helene Demuth |
| 1821 | Harriet Tubman |
| 1821 | Amalie Dietrich |
| 1821 | Clara Barton |
| 1822 | Rosa Bonheur |
| 1830 | Christina Rossetti |
| 1831 | Hedwig Dohm |
| 1837 | Elisabeth von Österreich |
| 1838 | Liliuokalani |
| 1838 | Victoria Claflin Woodhull Martin |

# Register nach Nationalitäten

**Ägypten**
Kulthum

**Argentinien**
Ocampo, Perón

**Brasilien**
Lispector

**Byzanz**
Theodora von Byzanz

**Chile**
Mistral

**China**
Ding Ling

**Dänemark**
Michaelis

**Deutschland**
Adelheid, Albers, Albert-Lasard, Andreas-Salomé, Aston, Ausländer, Bora, Bühler, Demuth, Amalie Dietrich, Marlene Dietrich, Dohm, Droste-Hülshoff, Ellenrieder, Erxleben, Etzdorf, Fleißer, Glückel von Hameln, Greiffenberg, Harden, Hauptmann, Herz, Heymann, Hintze, Höch, Huch, Immerwahr, Kaléko, Kaschnitz, Kelly, Keun, Kirchner, Kirschbaum, Kollwitz, Kolmar, Lange, Langgässer, Lasker-Schüler, Lehmann, Lewald, Lohse-Wächtler, Luxemburg, Märten, Marx, Meerbaum-Eisinger, Meinhof, Mereau, Merian, Modersohn-Becker, Muhr, Müller, Nagel, Neuber, Rasche, Sachs, Alice Salomon, Charlotte Salomon, Scholl, Schumann, Seghers, Selbert, Sieveking, Sintenis, Stöcker, Straub, Tillich, Varga, Vulpius, Weigel, Wessel, Wigman, Wolff, Wuesthoff, Zürn

**England**
Anne Stuart (Queen Anne), Behn, Brontë, Bryher, Byron-Lovelace, Cameron, Christie, Du Maurier, Eliot, Fawcett, Fonteyn, Freud, Hall, Hepworth, Hodgkin, John, Leigh, Mansfield, Marx, Meitner, Montagu, Nightingale, Potter, Pré, Radcliffe, Rossetti, Sackville-West, Shelley, Smyth, Victoria I. von England, Ward, Webb, Wolff, Wollstonecraft, Woolf, Wordsworth, Wright

**Finnland**
Churberg, Schjerfbeck

**Frankreich**
Armand, Beauvoir, Bernadette, Bernhardt, Bonheur, Lili Boulanger, Nadia

# Register der Haupttätigkeiten und Berufe

## Kirche, Religion:
**Äbtissin:** Therese von Avila
**Heilige:** Adelheid, Bernadette Soubirous, Birgitta von Schweden, Katharina von Siena, Therese von Avila
**Mystikerinnen:** Birgitta von Schweden, Katharina von Siena, Therese von Avila
**Ordensgründerinnen:** Birgitta von Schweden, Klara von Assisi, Ward
**Theologin:** Kirschbaum

## Musik:
**Cellistin:** Pré
**Cembalistin:** Landowska
**Geigerin:** Neveu
**Komponistinnen:** Bacewicz, Beach, Lili Boulanger, Mahler-Werfel, Smyth, Schumann
**Kompositionslehrerin:** Nadia Boulanger
**Pianistinnen:** Haskil, Mozart, Schumann
**Sängerinnen:** Anderson, Callas, Flagstad, Holiday, Jackson, Kulthum, Lehmann, Lenya, Lind, Massary, Mercouri, Pasta, Patti, Piaf, Smith

## Pädagogik:
Nadia Boulanger, Krupskaja, Ward

## Politik:
**Anarchistin:** Goldman
**Feministinnen, Frauenrechtlerinnen:** Anthony, Armand, Aston, Beauvoir, Dohm, Fawcett, Goldman, Gouges, Heymann, Lange, Martin, Roten, Stöcker, Tristan, Wollstonecraft
**Freiheitskämpferinnen:** Truth, Tubman
**Königinnen, Kaiserinnen, Zarinnen:** Adelheid, Anne Stuart (Queen Anne), Christine von Schweden, Elisabeth von Österreich, Katharina die Große, Katharina von Medici, Liliuokalani, Maria Stuart, Maria Theresia, Theodora von Byzanz, Victoria I. von England
**Maitressen:** Diana von Poitiers, Dubarry
**Pazifistinnen:** Immerwahr, Petra Kelly, Suttner, Wuesthoff
**Politikerinnen:** Gandhi, Petra Kelly, Krupskaja, Meir, Mercouri, Perón, Selbert, Wessel
**Revolutionärinnen:** Armand, Figner, Gouges, Ibárruri, Luxemburg
**Sozialistinnen:** Luxemburg, Märten, Eleanor Marx, Jenny Marx, Tristan
**Sozialpolitikerinnen:** Perón, Popp, Alice Salomon, Webb
**Widerstandskämpferinnen:** Jesenská, Kirchner, Scholl, Senesh

## Schreiben, Literaturbetrieb
**Dichterinnen:** Achmatowa, Ausländer, Bachmann, Colonna, Droste-Hülshoff, Greiffenberg, Juana Inés de la Cruz, Kräftner, Lasker-Schüler, Lowell, Margarete von Navarra, Meerbaum-Eisinger, Plath, Rossetti, Sachs, Charlotte Salomon
**Journalistinnen:** Flanner, Jesenská, Meinhof
**Publizistinnen:** Märten, Eleanor Marx

**Salonières:** Herz, Lenclos
**Schriftstellerinnen:** Andreas-Salomé, Barnes, Behn, Birgitta von Schweden, Bowles, Brontë, Bryher, Buck, Cather, Christie, Colette, David-Neel, Deledda, Ding Ling, Du Maurier, Duras, Eberhardt, Eliot, Farrochsad, Fitzgerald, Fleißer, Fuller, Ginzburg, Glückel von Hameln, Gouges, Hall, Hansberry, Harden, Hauptmann, Haushofer, Higuchi, Huch, Hurston, Kaléko, Kaschnitz, Keun, Kolmar, Krusenstjerna, Lafayette, Lagerlöf, Langgässer, Lewald, Lispector, Loos, Mandelstam, Mansfield, McCarthy, McCullers, Mereau, Michaelis, Mistral, Monnier, Montagu, Muhr, Müller, Ocampo, O'Connor, Parker, Pfeiffer, Potter, Radcliffe, Roland, Roten, Sackville-West, Saint-Hélier, Sarrazin, Schwarzenbach, Seghers, Sévigné, Shelley, Sir Galahad, Skram, Staël, Stein, Straub, Tillich, Toklas, Tristan, Wolff, Wollstonecraft, Woolf, Wordsworth, Wright, Yourcenar, Zürn, Zwetajewa
**Tagebuchschreiberin:** James

**Sport:**
**Allround-Athletin:** Zaharias
**Fliegerinnen:** Earhart, Etzdorf, Rasche
**Scharfschützin:** Oakley
**Sprinterin:** Rudolph

**Wissenschaft:**
**Exakte Wissenschaften:**
**Astronomin:** Mitchell
**Ärztinnen:** Erxleben, Straub
**Biochemikerinnen:** Cori, Hodgkin, McClintock
**Botanikerin:** Amalie Dietrich
**Chemikerinnen:** Curie, Richards
**Naturforscherin:** Merian
**Ökologin:** Carson
**Physikerinnen:** Curie, Meitner, Wuesthoff
**Zoologin:** Fossey

**Geisteswissenschaften:**
**Afrikaforscherin:** Tinne
**Anthropologin:** Mead
**Gelehrte:** Katharina von Siena
**Historikerinnen:** Hintze, Varga
**Juristinnen:** Roten, Selbert
**Mathematikerinnen:** Agnesi, Kowalewskaja, Lovelace, Maric-Einstein
**Matriarchatsforscherin:** Sir Galahad
**Orientalistin:** David-Neel
**Philosophinnen:** Gournay, Therese von Avila, Weil
**Psychoanalytikerinnen:** Deutsch, Freud
**Psychologin:** Bühler
**Sexualforscherin:** Wolff
**Universalgelehrte:** Juana Inés de la Cruz

**Wohltätigkeit:** Barton, Brändström, Nightingale, Sieveking

# Geburtstagsregister

| | |
|---|---|
| 03.01.1897 | Dorothy Arzner |
| 03.01.1850 | Sofia Kowalewskaja |
| 05.01.1935 | Furugh Farrochsad |
| 06.01.1882 | Alexandra Exter |
| 07.01.1895 | Clara Haskil |
| 07.01.1901 | Zora Neale Hurston |
| 09.01.1908 | Simone de Beauvoir |
| 10.01.1797 | Annette von Droste-Hülshoff |
| 10.01.1903 | Barbara Hepworth |
| 11.01.1936 | Eva Hesse |
| 14.01.1841 | Berthe Morisot |
| 16.01.1932 | Dian Fossey |
| 16.01.1855 | Eleanor Marx |
| 19.01.1889 | Sophie Taeuber-Arp |
| 20.01.1872 | Harriet Straub |
| 21.01.1845 | Harriet Backer |
| 22.01.1858 | Beatrice Webb |
| 23.01.1585 | Mary Ward |
| 25.01.1882 | Virginia Woolf |
| 26.01.1945 | Jacqueline du Pré |
| 28.01.1873 | Sidonie Gabrielle Colette |
| 29.01.1499 | Katharina von Bora |
| 31.01.1901 | Marie Luise Kaschnitz |
| 03.02.1874 | Gertrude Stein |
| 03.02.1909 | Simone Weil |
| 05.02.1626 | Marquise de Sévigné |
| 05.02.1909 | Grazyna Bacewicz |
| 06.02.1665 | Anne Stuart (Queen Anne) |
| 06.02.1884 | Hedwig Hintze |
| 06.02.1905 | Irmgard Keun |
| 08.02.1876 | Paula Modersohn-Becker |
| 09.02.1874 | Amy Lowell |
| 10.02.1843 | Adelina Patti |
| 11.02.1869 | Else Lasker-Schüler |
| 11.02.1869 | Adelheid Popp |
| 12.02.1861 | Lou Andreas-Salomé |
| 12.02.1814 | Jenny Marx |
| 15.02.1820 | Susan B. Anthony |
| 17.02.1897 | Marian Anderson |
| 17.02.1844 | Bernadette Soubirous |
| 19.02.1917 | Carson McCullers |
| 22.02.1917 | Jane Bowles |
| 23.02.1899 | Elisabeth Langgässer |
| 26.02.1869 | Nadeschda Krupskaja |
| 28.02.1820 | Elisabeth Félix, genannt Rachel |
| 03.03.1911 | Jean Harlow |
| 05.03.1871. | Rosa Luxemburg |
| 09.03.1697 | Friederike Caroline Neuber |
| 09.03.1892 | Vita Sackville-West |
| 13.03.1892 | Janet Flanner |
| 13.03.1925 | Inge Müller |
| 14.03.1923 | Diane Arbus |
| 15.03.1868 | Lida Gustava Heymann |
| 16.03.1822 | Rosa Bonheur |
| 16.03.1596 | Ebba Brahe |
| 17.03.1754 | Marie-Jeanne Roland |
| 27.03.1898 | Gloria Swanson |
| 18.03.1634 | Marie-Madeleine de Lafayette |
| 18.03.1874 | Sir Galahad |
| 20.03.1791 | Marie Ellenrieder |
| 20.03.1872 | Karin Michaelis |
| 20.03.1888 | Renée Sintenis |
| 21.03.1882 | Fritzi Massary |
| 24.03.1811 | Fanny Lewald |
| 25.03.1872 | Ichiyô Higuchi |
| 25.03.1925 | Flannery O'Connor |
| 25.03.1347 | Katharina von Siena |
| 25.03.1921 | Simone Signoret |
| 26.03.1888 | Elsa Brändström |
| 27.03.1770 | Sophie Mereau |
| 28.03.1894 | Sylvia von Harden |
| 28.03.1515 | Therese von Avila |
| 02.04.1647 | Maria Sibylla Merian |
| 02.04.1917 | Iris von Roten |
| 04.04.1914 | Marguerite Duras |
| 05.04.1887 | Maria Martinez |
| 07.04.1915 | Billie Holiday |
| 07.04.1889 | Gabriela Mistral |
| 07.04.1890 | Victoria Ocampo |
| 07.04.1803 | Flora Tristan |
| 09.04.1848 | Helene Lange |
| 11.04.1920 | Marlen Haushofer |
| 11.04.1492 | Margarete von Navarra |

13.04.1519 Katharina von Medici
15.04.1894 Bessie Smith
16.04.1718 Maria Gaetana Agnesi
16.04.1917 Charlotte Salomon
16.04.1755 Marie-Louise-Elisabeth Vigée-Lebrun
19.04.1872 Alice Salomon
22.04.1766 Germaine de Staël
23.04.1858 Ethel Smyth
24.04.1889 Johanna Kirchner
26.04.1888 Anita Loos
26.04.1892 Adrienne Monnier
26.04.1928 Hertha Kräftner
27.04.1759 Mary Wollstonecraft
30.04.1877 Alice B. Toklas
01.05.1874 Romaine Brooks
01.05.1855 Cecilia Beaux
02.05.1729 Katharina die Große
03.05.1898 Golda Meir
04.05.1929 Audrey Hepburn
07.05.1919 Eva Perón
07.05.1748 Olympe de Gouges
08.05.1874 Inès Armand
09.05.1921 Sophie Scholl
11.05.1901 Rose Ausländer
11.05.1894 Martha Graham
12.05.1910 Dorothy Crowfoot Hodgkin
12.05.1820 Florence Nightingale
12.05.1900 Helene Weigel
13.05.1907 Daphne Du Maurier
13.05.1717 Maria Theresia
16.05.1898 Tamara de Lempicka
16.05.1896 Freda Wuesthoff
17.05.1896 Hannah Tillich
18.05.1919 Dame Margot Fonteyn
19.05.1930 Lorraine Hansberry
20.05.1925 Caroline Muhr
22.05.1844 Mary Cassatt
23.05.1810 Margaret Fuller
23.05.1908 Annemarie Schwarzenbach
24.05.1819 Victoria I von England
26.05.1821 Amalie Dietrich
26.05.1689 (Tauftag) Lady Mary Wortley Montagu
27.05.1878 Isadora Duncan
27.05.1907 Rachel Carson
01.06.1926 Marilyn Monroe
01.06.1765 Christiane Vulpius
07.06.1903 Marguerite Yourcenar
09.06.1843 Bertha von Suttner
10.06.1907 Hanna Nagel
11.06.1847 Millicent Garrett Fawcett
11.06.1815 Julia Margaret Cameron
12.06.1899 Anni Albers
12.06.1892 Djuna Barnes
16.06.1902 Barbara McClintock
18.06.1908 Marie Elena Vieira da Silva
20.06.1897 Elisabeth Hauptmann
21.06.1912 Mary McCarthy
21.06.1870 Clara Immerwahr
21.06.1904 Lucie Varga
22.06.1876 Gwen John
23.06.1889 Anna Achmatowa
25.06.1926 Ingeborg Bachmann
25.06.1899 Charlotte von Kirschbaum
26.06.1892 Pearl S. Buck
26.06.1911? Mildred »Babe« Didrikson Zaharias
27.06.1869 Emma Goldman
02.07.1873 Alice Guy-Blaché
04.07.1845 Edmonia Lewis
05.07.1877 Wanda Landowska
06.07.1907 Frida Kahlo
06.07.1907 Mascha Kaléko
06.07.1898 Helene Wessel
06.07.1916 Unica Zürn
07.07.1852 Vera Figner
08.07.1593 Artemisia Gentileschi
08.07.1867 Käthe Kollwitz
09.07.1764 Ann Radcliffe
10.07.1862 Helena Sofia Schjerfbeck
10.07.1640 (Tauftag) Aphra Behn
12.07.1895 Kirsten Flagstad
14.07.1916 Natalia Ginzburg
16.07.1194 Klara von Assisi
17.07.1898 Berenice Abbott
17.07.1921 Hannah Senesh
18.07.1864 Ricarda Huch
23.07.1940 Wilma Rudolph
24.07.1897 Amelia Earhart
24.07.1900 Zelda Fitzgerald
25.07.1794 Amalie Sieveking
28.07.1866 Beatrix Potter

30.07.1818 Emily Brontë
30.07.1751 Maria Anna (Nannerl) Mozart
01.08.1907 Marga von Etzdorf
01.08.1818 Maria Mitchell
07.08.1848 Alice James
07.08.1876 Mata Hari
10.08.1896 Miléna Jesenská
11.08.1919 Ginette Neveu
12.08.1880 Radclyffe Hall
12.08.1899 Thea Rasche
13.08.1860 Annie Oakley
15.08.1924 Selma Meerbaum-Eisinger
15.08.1896 Gerty Cori
16.08.1896 Tina Modotti
17.08.1892 Mae West
19.08.1883 Coco Chanel
19.08.1743 Marie-Jeanne Bécu, Gräfin Dubarry
21.08.1893 Lili Boulanger
22.08.1897 Elisabeth Bergner
22.08.1893 Dorothy Parker
22.08.1846 Amalie Skram
26.08.1898 Peggy Guggenheim
29.08.1915 Ingrid Bergman
30.08.1797 Mary Wollstonecraft Shelley
31.08.1879 Alma Mahler-Werfel
02.09.1894 Bryher
02.09.1838 Liliuokalani
02.09.1864 Séraphine Louis
02.09.1895 Monique Saint-Hélier
03.09.1499 Diana von Poitiers
05.09.1867 Amy Beach
05.09.1764 Henriette Herz
06.09.1795 Frances (Fanny) Wright
07.09.1633 Catharina Regina von Greiffenberg
10.09.1896 Elsa Schiaparelli
13.09.1819 Clara Schumann
14.09.1914 Frances Farmer
15.09.1890 Agatha Christie
16.09.1887 Nadia Boulanger
17.09.1937 Albertine Sarrazin
18.09.1905 Greta Garbo
20.09.1831 Hedwig Dohm
22.09.1896 Elisabeth Selbert
23.09.1899 Louise Nevelson
23.09.1865 Suzanne Valadon
23.09.1838 Victoria Claflin Woodhull Martin
24.09.1879 Lu Märten
27.09.1871 Grazia Deledda
30.09.1897 Charlotte Wolff
06.10.1820 Jenny Lind
06.10.1913 Meret Oppenheim
06.10.1565 Marie le Jars de Gournay
07.10.1934 Ulrike Meinhof
09.10.1884 Helene Deutsch
09.10.1894 Agnes von Krusenstjerna
09.10.1892 Marina Zwetajewa
12.10.1904 Ding Ling
14.10.1888 Katherine Mansfield
14.10.1797 Ida Pfeiffer
14.10.1896 Lillian Gish
14.10.1945 Karin Brandauer
16.10.1678 Anna Waser
17.10.1839 Alexandrine Tinne
18.10.1898 Lotte Lenya
18.10.1925 Melina Mercouri
22.10.1844 Sarah Bernhardt
24.10.1868 Alexandra David-Neel
26.10.1911 Mahalia Jackson
27.10.1932 Sylvia Plath
27.10.1908 Lee Krasner
28.10.1797 Giuditta Pasta
30.10.1741 Angelika Kauffmann
31.10.1899 Nadeschda Mandelstam
01.11.1889 Hannah Höch
05.11.1913 Vivien Leigh
07.11.1867 Marie Curie
10.11.1886 Lou Albert-Lasard
10.11.1620 Ninon de Lenclos
12.11.1648 Juana Inés de la Cruz
12.11.1929 Grace Kelly
13.11.1715 Dorothea Christiane Erxleben
13.11.1869 Helene Stöcker
13.11.1886 Mary Wigman
15.11.1887 Georgia O'Keeffe
17.11.1877 Isabelle Eberhardt
17.11.1878 Lise Meitner
19.11.1917 Indira Gandhi
19.11.1900 Anna Seghers
20.11.1858 Selma Lagerlöf
22.11.1819 George Eliot

23.11.1901 Marieluise Fleißer
24.11.1848 Lilli Lehmann
27.11.1814 Louise Aston
29.11.1947 Petra Kelly
03.12.1895 Anna Freud
03.12.1842 Ellen Henrietta Swallow Richards
03.12.1923 Maria Callas
04.12.1899 Elfriede Lohse-Wächtler
05.12.1830 Christina Rossetti
07.12.1873 Willa Cather
08.12.1542 Maria Stuart
08.12.1626 Christine von Schweden
08.12.1864 Camille Claudel
09.12.1895 Dolores Ibárruri
10.12.1815 Ada Byron, Countess of Lovelace
10.12.1925 Clarice Lispector
10.12.1894 Gertrud Kolmar
10.12.1891 Nelly Sachs
12.12.1845 Fanny Maria Churberg
16.12.1901 Margaret Mead
19.12.1875 Mileva Maric-Einstein
19.12.1915 Edith Piaf
20.12.1893 Charlotte Bühler
24.12.1837 Elisabeth von Österreich
25.12.1821 Clara Barton
25.12.1771 Dorothy Wordsworth
27.12.1901 Marlene Dietrich
30.12.1898 Umm Kulthum
31.12.1820 Helene Demuth

# Bildnachweis

Ala-Verlag, Zürich: S. 77, 307; Alexander Turnbull Library, Wellington: S. 189; Algemeen Rijksarchief 's-Gravenhage, Den Haag: S. 284; Archiv der Paula Modersohn-Becker-Stiftung: S. 215; Archiv für Kunst und Geschichte, Berlin: S. 40, 47, 111, 260; Archiv Klaus Wagenbach, Berlin: S. 140; Archiv zur Geschichte der Max-Planck-Gesellschaft, Berlin: S. 137; Erich Auerbach: S. 243; Jerry Bauer, Rom: S. 107, 256; Bauhaus-Archiv, Museum für Gestaltung, Berlin: S. 17; The Bettmann Archive, New York: S. 19; Klaus G. Beyer, Weimar: S. 15; Bildarchiv der Österreichischen Nationalbibliothek, Wien: S. 187, 238; Bildarchiv Preußischer Kulturbesitz, Berlin: S. 62, 71, 161, 185, 197; Marianne Breslauer: S. 261; Verlag Brinkmann & Bose, Berlin: S. 311; Centre Georges Pompidou, Paris: S. 51; Deutsches Institut für Filmkunde, Frankfurt: S. 38, 75, 108, 120, 124, 171, 218, 268, 279, 301; Deutsches Literatur-Archiv, Marbach: S. 134, 145; dpa, Frankfurt: S. 207; eFeF-Verlag, Bern: S. 249; S. Fischer Verlag, Frankfurt: S. 188; Fondation Nadia et Lili Boulanger, Paris: S. 44, 45; Freies Deutsches Hochstift, Frankfurt: S. 149; The Gernsheim Collection at the Humanities Research Center, University of Texas: S. 56; Gimpel & Hanover Galerie, Riedmatt: S. 280; Giraudon, Paris: S. 94, 190; Internationale Stiftung Mozarteum, Salzburg: S. 221; Internationales Institut für Sozialgeschichte, Amsterdam: S. 186; Peter J. Kahrl, Etscheid: S. 123; Keystone, Hamburg: S. 28, 104, 113, 138, 213, 259; Kobal Collection, London: S. 91 (Eugene Robert Richee), 181 (Clarence Sinclair Bull); Barbara Köppe, Berlin: S. 222; Kore-Verlag, Freiburg: S. 277; Wolfgang Kudrnofsky: S. 159; Kunsthaus Zürich, Leihgabe Gottfried-Keller-Stiftung, Bern: S. 296; Library of Congress, Washington: S. 98, 185; © Man Ray Trust, Paris/ VG Bild-Kunst, Bonn 1999: S. 13; Nationalgalerie, Berlin: S. 126; National Portrait Gallery, London: S. 50, 266; New York Public Library: S. 33, 105 (Ruth Harriet Louise/The Billy Rose Theatre Collection), 244; The Noble Foundation, Stockholm: S. 67; Isolde Ohlbaum, München: S. 152, 233; Princeton University Library: S. 217; Antonio Rodriguez: S. 143; Roger-Viollet, Paris: S. 65, 82, 84, 86, 219, 220; Rose Ausländer-Stiftung, Köln: S. 27; Sammlung Hans Prolingheuer, Köln: S. 154.; G. Baldi Schwarze, Rom: S. 29; Andrea Schweers, Bremen: S. 42; Schweizerische Landesbibliothek, Bern: S. 253; Staatliche Kunsthalle, Karlsruhe: S. 87; Stiftung Weimarer Klassik: S. 294; Süddeutscher Verlag Bilderdienst, München: S. 131; Theatermuseum der Universität zu Köln: S. 225, 302 (Charlotte Rudolph); Mario Tursi: S. 55; Ullstein Bilderdienst, Berlin: S. 34, 49 (Christa Kujath), 60, 69, 100, 115, 132 (Regine Will), 150, 151 (Gebhard Krewitt), 168 (Abraham Pisarek), 199, 206 (Ruth Walz), 250; Carl Van Vechten: S. 135; Peter G. Veit/DRK: S. 101; VG Bild-Kunst, Bonn, 1999: S. 141, 172; Yale University, New Haven: S. 52, 275.

Weitere Nachweise über das Bildarchiv des Insel Verlags.

# Inhalt